U0713513

江苏省教育科学"十三五"规划专项课题(陶行知教育思想研究)初中语文教学中"和而不同"教育策略的研究。

"人本"语文解读

刘维臣 ◎ 著

"人本"语文,伴随一生;各尽其职,科学推进。
"人本"语文,扑朔迷离;"智""机"" 互"解,增效提质。

光明日报出版社

图书在版编目（CIP）数据

"人本"语文解读 / 刘维臣著. -- 北京：光明日报出版社，2016.11

ISBN 978－7－5194－2497－8

Ⅰ.①人… Ⅱ.①刘… Ⅲ.①中学语文课—教学经验—文集 Ⅳ.①G633.302－53

中国版本图书馆 CIP 数据核字（2016）第 290764 号

"人本"语文解读

著　　者：刘维臣	
责任编辑：曹美娜	责任校对：赵鸣鸣
封面设计：中联学林	责任印制：曹　净

出版发行：光明日报出版社

地　　址：北京市东城区珠市口东大街 5 号，100062

电　　话：010－67078251（咨询），67078870（发行），67019571（邮购）

传　　真：010－67078227，67078255

网　　址：http://book.gmw.cn

E－mail：gmcbs@gmw.cn　caomeina@gmw.cn

法律顾问：北京德恒律师事务所龚柳方律师

印　　刷：北京天正元印务有限公司

装　　订：北京天正元印务有限公司

本书如有破损、缺页、装订错误，请与本社联系调换

开　　本：710×1000　1/16

字　　数：395 千字　　　　　　　　印　张：22

版　　次：2017 年 4 月第 1 版　　　　印　次：2018 年 7 月第 2 次印刷

书　　号：ISBN 978－7－5194－2497－8

定　　价：55.00 元

版权所有　　翻印必究

序

孜孜矻矻，为你"解读"

时鹏寿

著书是语文人的一个情结，也许是受了古人"三不朽"思想的熏染，而相对于"立德""立功"而言，"立言"似乎更加贴近自身职业角色；虽然著书未必都能够立说。

刘维臣老师年近花甲，立身杏坛三十六载，孜孜矻矻，勤耕不辍，为大家奉献出近三十万字的《"人本"语文解读》，其情可感，其行可赞。

全书虽然内容驳杂，但是编排有序，主题集中。"人本"语文解读，是作者作为初中语文教师在不同的学校长达36年教学生涯中孜孜不倦地探索语文学科教学及其一切读书活动的体会。

在刘老师的心里，语文是"人本"的：一是"人为本"，父母以子女为家庭教育之本（本质），学校以教师为语文教育之本（主导），教师以学生为语文教学之本（主体）；二是"人读本"，包括"智慧解读"：用"辨析判断、发明创造的能力"开展语文课堂教学及其一切读书活动，特点是充分尊重、定位作者写作意图之本意；"机智解读"：以"脑筋灵活，能够随机应变"为优势的语文课堂教学及其一切读书活动，特点是关注和贴近学生的童心童趣；互动解读：老师与老师（兼命题者）、老师与学生、学生与学生等自主而合作地解读文本，特点是组织者精心设计、组织、培训和参与以小组活动展示为核心的读书交流。

我与刘维臣老师交往时间不长，而且因为身处不同学校，高中初中交集又不多，唯一把我们连接在一起的是南通市语言学会。近年，我们在年会上有过几面之缘，印象很深的是，他每次都认真地准备论文与会，而且提交参加大会评奖，而且常常得奖，而且常常被推荐到大会交流。这，在他这个年龄的教师群体中并不多见，因其难能，弥见可贵。

平时，他会偶尔挂个电话，和我探讨一些科研课题申报、论文写作甚至优秀人才评比之类的话题,虽然我诸事冗杂,身陷其间,每每接到他的电话,我们都会畅聊,开诚布公,有话直说,我因为个性的关系而语多唐突之处,他似乎也不以为忤。

年轻时读武侠小说,对个中常常描写的"白发如新,倾盖似旧"的情形心领神会,我与刘维臣老师的交往似乎可为"倾盖似旧"的注脚,我想。

论年龄,刘维臣老师是我的兄长,而且还有在南京师范大学求学的共同经历,每每看到他对语文教学魂牵梦萦的状态,看到他在教育部门开展的各种竞赛中频频亮相而且往往获奖而归(仅去年就参加了"中国梦·全国优秀多媒体教学课件评选大赛"、教育部"一师一优课,一课一名师"展示等活动并有斩获),我就食不甘味,寝难安席,因为我感受到强烈的鞭策之意。

对于他人的著述,我一直信奉开卷有益的原则。刘维臣老师这本倾注了他数十年心血的著述自不例外,其中,涉及阅读教学、写作教学,有言传更有身教。内容散发着一线教学的土壤的气息,是百分之百的"接地气"的文字,无论教师还是学生甚至研究者,都会从中有所收获,一定的!

著述是供人阅读的,阅读是极度私人化的行为,因此,你可以认同抑或反对我的说法,也可以对著述本身作出你的臧否。

刘维臣老师嘱我为他的这本著述写点什么,我恭敬不如从命,于是有了上面的这些文字。一者表达我对这本著述的一些想法,二者表达我对他的敬意。

回顾上面的这些文字,好像有不少"题外话",其实,哪有真正的"题外话",都是题中应有之义嘛,你懂的!

就此打住,还是让刘维臣老师为你"解读"吧!

2016.8.12 写于"时鹏寿工作站"内

(时鹏寿,江苏省正高级教师,南通市学科带头人,"如皋市名教师",如皋市第一中学教科室主任。)

目 录
CONTENTS

第一卷　"人为本"的语文 …………………………………………………… 1

第一章　父母以子女为家庭教育之本（本质）　3
1　孩子的第一任老师　3
2　现阶段教育孩子的关键　6
3　曾国藩"修身之道"的教育意义　9
4　曾国藩论读书的指导意义　23

第二章　学校以教师为语文教育之本（主导）　28
5　学校德育工作的队伍建设　28
6　参与学科教学的必要条件　31
7　初中语文考试成绩的依赖性　33
8　塑造师生形象　维护学校稳定　36
附录：辉煌背后的默默奉献者的奉献　39

第三章　教师以学生为语文教学之本（主体）　41
9　珍贵的启示　41
10　对"后进"学生的帮扶　43
11　控制课堂秩序的教师因素　46
12　在生活教育的实践中探究问题学生的问题　53
13　班主任工作的理智性与连续性　58
14　看不见的和谐美比看得见的和谐美更有意义　62
15　初一新生军训的德育文化价值及其延伸　66

第二卷　"人读本"的语文 …………………………………………………… 71
第一章　智慧解读　73

第一节 巧借他山之石,破解阅读难点 74

16 要儿童鲁迅对"那罴和鹿行礼"的目的(修辞之石、语境之石) 74
17 鲁迅语言"大约……的确"(语境之石、修辞引用之石) 76
18 片面追求升学率(修辞引用之石、语法之石) 78
19 "河曲智叟亡以应"的原因(语境之石、修辞之石) 79
20 描写农村大娘的"误用概念"的话语(语境之石、修辞之石) 81
21 学科教学的互相渗透(修辞引用之石) 83

第二节 信守自主阅读,创新阅读方法 86

22 分析文章的结构(逻辑法) 86
23 归纳层意(动词法) 89
24 识记说明文的说明方法(系统法) 91
25 判断语言是否得体("三合"法) 95
26 语文选择题的解答原则(成竹法) 97
27 中考作文题要求"诗歌除外,文体不限"(严谨法) 98
28 偶说怎么读书(条理法) 100
29 我发现、发明的一种修辞手法(喻引法) 101

第三节 探索曲径通幽方式 创意语文课堂教学 103

30 语文课堂教学文本解读的思路(破题解析式) 103
31 指导语文复习课程的观点(全面发展式) 105
32 自主阅读的导学(程序解读式) 108
33 灵动的语文教学思路(灵动思路式) 112
34 从揠苗助长到瓜熟蒂落(层递节奏式) 114
35 论多维度质疑比较法在阅读课堂教学中的成功运用(质疑比较式) 118
36 彰显语言美感的"矛盾导读法""诗意培训法"
　　(矛盾探究式、美感训练式) 122
37 语文课学习活动的预设用语类型初探(成果)(概括具体式、含蓄精巧式、
　　归纳超越式) 135
38 彰显"苏派"语文课堂教学的智慧性、有效性
　　(简洁灵动式、厚实精致式) 142
39 我的课堂上的学习合作与竞争(合作竞争式) 148
40 阅读课堂教学的自我修炼模式(回顾评析式) 153
41 "课记"举例(6) 159
42 初中阅读课教学设计与实施互动提质的实践研究(互动提质式) 163

43 让语文教学更加明晰、有趣(以读导写式) 179
44 让语文教学更加温馨、快乐(以写促读式) 182
45 寓语文知识于作文的程序中(知识程序式) 185
46 精彩记叙文的题材(广开材源式) 188
47 作文教学的关键(培养兴趣式) 190
48 初中作文多角度指导研究(多维引导式) 193

附录1　阅读师作　自主欣赏(8) 205
　　新　闻 205
　　夹叙夹议 209
　　县令的正月初一(散文) 212
　　金　猫 213
　　废　人 215
　　面　试 216
　　王婆婆卖猪(小小说) 217
　　品一品"南酒香"(诗歌) 218

附录2　点示文题　心灵游戏(3) 219
　　鲤鱼跳龙门 219
　　蛤蟆爬坡 222
　　无法抹去的记忆 225

附录3　观赏优作　七星闪烁(17) 228
(一)回忆童年生活　品味家庭情趣(3) 228
　　魅力 228
　　奶奶家的石榴树 231
　　难忘啊那件事 232
(二)品味学校生活　提高自身素养(5) 234
　　军训感想 234
　　我们的老师 235
　　我的故事 237
　　圆　规 238
　　《浅谈初中生学习历史的重要性》读后感 240
(三)摄取社会生活　奏响健康旋律(5) 242
　　写一篇景物观察笔记 242
　　好心的＿＿＿＿ 243

将一则材料改写成寓言故事　245

　　　隔壁王叔叔　247

　　　独自出发　248

　　（四）抓住事物特征　有序有趣介绍(1)　251

　　　介绍家乡的土特产　251

　　（五）观点鲜明正确　论述精辟可信(3)　253

　　　写一篇简短的演讲稿　253

　　　以"我爱这样的美"为题写一篇讲演稿　255

　　　成才靠什么　256

第二章　机智解读　259

　　49　解放与包容同学的语文发散思维、创新意识（解放包容心）　259

　　50　破格引导同学背诵课文的启示（破格鼓励心）　263

　　51　作文的功夫（探询劝导心）　265

　　52　关注初中语文文本解读的同学视角（理智关注心）　268

　　53　初中"活动单导学"模式下的优秀生和后进生心理调适的研究
　　　　（心理调适心）　275

第三章　互动解读　291

　　54　教师与教师(兼命题者)的互动解读　291

　　55　教师与学生的互动解读　293

　　56　学生与学生的互动解读　296

教学案例10

　　57　初中语文目标性精要讲解:《送东阳马生序》　300

　　58　《窗》教(学)案　305

　　59　《五柳先生传》教(学)案　308

　　60　《凡尔赛宫》课堂教学设计　312

　　61　《夏》课堂教学设计　316

　　62　《端午日》教学设计　321

　　63　《七律　长征》课件　323

　　64　《冰心诗四首》教学设计　326

　　65　《字词表》课件　334

　　66　《童年的朋友》课件　337

跋　340

第一卷 01

"人为本"的语文

"玉在山而草木润,渊生珠而崖不枯。"(荀子《劝学》)师生重视语文,校园崇尚文明;人们热爱读书,社会趋向进步。

"人本",人,指学生,教师,乃至于读者。本,文本,学科教材,乃至于课外读物。语文,汉语言文学,语文学科。按照辩证唯物主义的观点,语文学科教学及其一切读书活动有两个基本因素:人和书本,这是物质基础,是第一性的东西;而由人与书本之间碰撞产生的意识如知识与技能、过程与方法和情感态度价值观则是精神升华,是第二性的东西。"人本"语文(内涵)的第一层含义就是"人为本":父母以儿女为家庭教育之本(本质),学校以教师为语文教育之本(主导),教师以学生为语文教学之本(主体)。

第一章

父母以子女为家庭教育之本（本质）

这是一个本来不成问题的问题，本来每对夫妇都应该也可以悦纳这样的观点：以子女为家庭教育之本，但由于人们所处社会生活的多样性、复杂性和多变性，会产生各种各样的意识和情感，于是就有必要进行梳理，进行探讨，以获取最为接近真理的认知，达到与己与人与社会与国家与世界最为有益、有效的家庭教育目的。

1 孩子的第一任老师

我上了十多年的学，做了三十多年的老师、二十多年的父亲，前后读书的时间跨度应该不小于四十年！如果不是从教育科学研究的角度出发，为了优化家庭教育进而优化普通教育，我完全没有必要厚人薄己，硬是违背大众化俗语"父母是孩子的第一任老师"，而强调"母亲是孩子的第一任老师"。

从人类生育学的角度来讲，是母亲"十月怀胎，一朝分娩"，据说也有六个月分娩的——"羊身胎"。孩子在母体内孕育，完全靠吸收母亲的营养，并且接受来自母亲对外部世界的信息感受。据报载，有孕妇特意播放美妙动听的音乐来自我欣赏陶醉，从而引起腹中的胎儿也跟着闻乐而动，进行胎教，以培养孩子的音乐天赋，很神奇，"母子连心"！

孩子从出生时的婴儿到幼儿，接受母亲最初的抚育、影响的程度是其他人无法替代、无法比拟的。首先从触觉（衣、住、行）的角度来讲，孩子有一种本能的对母亲的依偎感，即使是父亲也无法取代。我的经验是，孩子在医院出生回到家里之后，假如他抱到父亲的身边睡觉，他会感到不舒服而大声啼哭和躁动。如果赶紧把他抱回到母亲的身边，他就立即安静下来。从饮食的角度来讲，医院里醒目的张贴着"母乳喂养好"的宣传标语；婴儿吮吸母亲的乳汁是大自然赋予人类的本能，即天性。也是人类得以繁衍、生存的需要。他熟悉和喜欢母亲的气味和乳汁,顺从地接受母亲的爱抚和喂养,母亲的每一声哼唱吟哦、每一种表情动作都会对孩子产生潜移默化的影响。如婴幼儿睡眠习惯的培养,有的母亲或其他亲属只是一味地哄骗,恨不得让他在三秒钟之内入睡,好解脱自我,于是把孩子抱起来不断地摇摆晃动,同时嘴里呜呜哼唱。结果却事与愿违,"欲速则不达"。如此,有一必有二。从此,孩子要睡非得如此这般折腾不可。大人麻烦,孩子也麻烦。这就是让孩子被动做事的开始。如果从孩子一开始要睡就顺从孩子的意向,适时把他轻轻地放在铺上或摇篮里,悉心呵护,让他自然入睡,除非他主动要求母亲或其他亲人抱着或是怎样入睡。这就是养成自主做事的习惯的开始,孩子也更舒服了,大人也更省事了。由此可见,母亲对孩子抚育要从小重视从小做起,不能大意随意,更不能抱无所谓的态度。还有,母亲与人交谈时的语言文明优美,表情大方和气,都可以给孩子产生积极的影响,母亲应好好把握。

"近朱者赤,近墨者黑。"母亲的情绪、思想的最直接的影响者是父亲。父母的关系对孩子又会产生间接的影响。我发现,婴幼儿吮吸乳汁或和母亲玩耍的时候,看见父亲也陪伴在场,孩子就会露出舒心的微笑。因此,又可以说,父亲是孩子的第二任老师。父亲在配合母亲养育孩子的过程中,应当成为母亲的得力助手高级参谋。诚然,"人无完人",母亲作为人来讲,不因为是孩子的首任老师就完美无缺。这就要求母亲与时俱进,不断地学习、思考、实践、改进,波浪式地推进,螺旋式地上升;而父亲作为孩子的第二任老师,母亲的得力助手,也是家庭领袖,妙音之神主,在自己注意学习的同时,也要及时提醒和帮助母亲不断提高素质和修养,不断改进育儿方法。如我一家三口:我,妻子宋晓梅,儿子刘晔,尚德,民主,科学,集中,进步,其乐融融。

正像母亲难免有不足之处一样,父亲和母亲之间也难免产生矛盾和冲突。这对孩子的身心健康是有害无益的。矛盾冲突达到紧张以致破裂的程度,就会导致一个结果:离婚。而离婚之后的子女成了最痛苦的孩子——最大的受害者——单亲家庭子女,所谓"问题学生",令老师、家长和社会烦恼、头疼不已!反之,如果做父母的注重学习、思考、实践、改进,正确认识和对待对方的不足,积极帮助对方克服缺点,发扬优点,和睦家庭,那么就给孩子营造了良好的家庭生活和教育环境,促进孩子的全面健康发展;而孩子反馈和回报给父母家庭的就不是烦恼、头疼,而是成功与喜悦!

2009年8月,我的邻居对我说,他在如皋实验初中上学的儿子长期上课走神,作业完不成而且撒谎,放学后偷偷到营业性娱乐场所打游戏。"我恨不得要勒死他"。可他孩子却喜欢到我家来做作业,听我教诲。后来我觉得比较麻烦,应该从根儿上找原因。当邻居又与我诉苦时,我说:"你负责管理他放学后不玩游戏机。他母亲负责陪他做作业、心理辅导和生活指导,因为孩子从小是母亲带大的。怎么样?"他听了之后还担心效果,我说"先试试看吧。"此后,再也没听他说孩子有什么问题了。

(2010 年 11 月)

2 现阶段教育孩子的关键

有一女生不带学生证(胸卡)进学校,遇暂时有校方检查,不说明情况,假装摸了一下衣袋从大门口硬是直撞过去。被检查人员扣留书包之后,家长到学校指责学校不该扣留书包,不该"不让"孩子上课。还举例说"摩托车违规逃跑,交警还不好追呢!"振振有词地为孩子的过错寻找理由,没有半句检讨自己和孩子的话。不承认自己的孩子有不守校规、不讲礼貌、不顾全局的错误。有孩子在学校肆意违反纪律,受到老师相应的教育。家长不但不感谢老师,反而到学校大吵大闹,还诬陷老师"体罚",要上教育局理论的,不乏其人。显然,这样的家长是很野蛮顽固的,保护的不是孩子的身心健康,而是藐视学校教育、轻视学习知识的错误思想;而且客观上助长了孩子目无师长、不守校规、自私自利的歪风邪气,一错再错!

也许这种家长重视的只是自己的孩子在外面"吃得开"、威风,显示自家的"厉害"吧,可是这种家长想过没有:自己的孩子在校目无师长,能保障在家尊敬长辈吗?自己的孩子在校不守校规,能保障在社会上遵纪守法吗?到了"儿(女)子打老子是小事"、因违法犯罪而受制裁的时候又去抱怨谁呢?在学校,老师尽职教育每一个学生。家长理解、支持老师的教育就好;不理解、不支持老师的教育,老师难以教育学生!到头来,子女成人与否、成才与否,只能由父母等家人来承受祸福。在孩子成长的过程中,任教老师的教育是有限的、短暂的,而家庭的教育是根本的长期的,一般来讲,家庭教育直接影响孩子的成长。家庭教育是现阶段孩子教育的关键。

作为具有二十多年教师和父亲双重身份的我,耳闻目睹了各种学生的表现和家长对子女教育的态度,越来越强烈感觉到:在目前的形势下,学校课堂教育只能是对学生进行普遍性的教育和可能性的提高。

这好像是人人皆知的普通道理,但假如人人皆知倒也值得庆幸了。当然,从先天因素看,子女是父母生命的遗传和延续;从后天因素看,父母是孩子的第一任老师,父母是孩子的衣食之源和精神依靠,父母还是孩子的法定监护人。通常父母在孩子心目中的地位,是别人不可替代的。所以,我们必须高度重视、谨慎审视、认真对待家庭教育,必须及时抓住家庭教育不同时期的关键。

夫妻结婚之后就要以身作则。既然生物学已经解释了生物遗传的秘密:所谓"种瓜得瓜种豆得豆""栽什么树苗结什么果,撒什么种子开什么花",那么作为生物的人对于下一代的遗传也是有的,生理的、心理的。因此,夫妻结婚之后应该保持和发扬双方的优点,减少和去掉双方的缺点。据媒体称,国际巨星张柏芝怀孕之后,就解除了吸烟等不良习惯,生怕对宝宝造成不良影响。婚后夫妻应注意提高自身素质如遵纪守法。

孩子婴儿时期就应规范养育。父母除了做好婴儿保健护理,就要养成规范养育的良好习惯。小孩可爱,人称"小把戏"。父母把小孩视为爱情的结晶和生命的延续。"猫生猫痛,狗生狗痛""顶在头上怕跌着,衔在嘴里怕咽着"。这时候,很容易由着自己的性情去,把舐犊之情倾注得淋漓尽致。孩子睡着,不需要抱时也去抱,还要哼哼呀呀地乱摆;孩子睡在褰里,不需要摇动时也去摇动。这时候,有一句古训值得记取并警钟长鸣:惯养忤逆儿。应当使惯养的热情降温!应当抱着客观冷静、实事求是的态度,多向书本和成功父母学习,对婴儿进行科学的养育。

孩子幼儿时期应正确引导。幼儿时期比起婴儿来,知晓的东西多了,会说话会走路了,可以送到幼儿园去接受学前教育了,父母、老师和其他人都可以对孩子产生影响。而这时孩子的可塑性很强。因此父母在规范培养的基础上,应注意正确引导。社会上人多嘴杂,可谓鱼龙混杂。对同一件事有不同的看法,人们似乎要有意使黑白颠倒来考验孩子的智力,似乎要把家里最隐秘的事情通过孩子的嘴揭示出来,觉得只有这样才好玩。如有人对一名幼儿说:"你爸不买糖,你就别上学。"这名幼儿被爸爸用自行车送到幼儿园门口,就果真哭着要买糖;不买,就往回走。后来不听警告一直走回了家。爸爸费了好大劲儿,才让他又上学去了。搞笑归搞笑,教育可不能当玩笑。作为幼儿的父母,对幼儿时期的孩子的教育不能经常搞笑。应该既要关心他们的生活,又要用正确的思想、高雅的情趣引导孩子。这就需要为人父母者,热爱劳动、热爱学习,给孩子以身教与言教并重的良好教育。

孩子少年时期应该严格要求。少年时期的孩子,比起幼儿来,知晓的东西更多了,思想更活跃了,而且反应更敏捷更灵活了,这是人生成长的关键时期。因此父母或其他监护人除了规范养育、正确引导外,对孩子的为人处世、举止言行应多加指导,严格要求。诚然,父母或其他监护人自己首先应起表率作用,应注重学习、提高修养,"其身不正,虽令不行。"对孩子的优点,应及时、适度肯定,鼓励;对孩子的缺点,应及时指出、正确引导。如果孩子沾染了不良习气,千万不要以为"小事一桩",如看黄色书刊、搞网游、赌博等认为可以放他一马。《扁鹊见蔡桓公》所说的防微杜渐的道理和讳疾忌医的教训不可忘记。

以上所述父母在孩子孕育、婴儿、幼儿和少年时期的家庭教育,对孩子一生的发展起着关键作用。我常常思考:为什么初中阶段女孩比男孩更能遵守校规、认真学习?为什么农村孩子比城市孩子更能遵守校规、认真学习?为什么前些年的非独生子女比近几年的独生子女更能遵守校规、认真学习？应该从这里得到合理的解答。

　　孩子青年时期应多些欣赏教育。青年时期的孩子身体、思想已经接近成年人，所以在规范养育、正确引导、严格要求的基础上，应该多进行欣赏教育，也就是粗线条的积极地教育。这不等于可以削弱家庭教育，相反是要加强。比如对孩子的进步，需要给予奖励时决不能吝啬；对其失误，需要给予批评时绝不含糊，并共同探讨改进方法。

　　家庭教育是一门学科，值得重视和研究。每个成长阶段都是关键，都不能忽视。而最大的关键应归结为做孩子教育的有心人。现在教育部门也开设了家长学校，如南通市网上家长学校。希望家长多多关心和参与；宁可少赚点钱，也要多给孩子一点科学的关心和爱护。家长不重视孩子的未来，孩子也不会重视家长的未来。

（2006年8月）

3 曾国藩"修身之道"的教育意义
——议《曾国藩家书(修身之道)》的独到进步性

曾国藩(1811—1872年),初名子城,字伯函,号涤生;汉族,一位儒、道兼修的学者。晚清重臣,湘军的创立者和统帅。清朝战略家、政治家,晚清散文"湘乡派"创立人。晚清"中兴四大名臣"之一,官至两江总督、直隶总督、武英殿大学士,封一等毅勇侯,谥曰文正。

嘉庆十六年(公元1811年)出生于湖南长沙府湘乡荷叶塘白杨坪(今湖南省娄底市双峰县荷叶镇大坪村)的一个普通耕读家庭。兄妹九人,曾国藩为长子。祖辈以务农为主,生活较为宽裕。祖父曾玉屏虽少文化,但阅历丰富;父亲曾麟书身为塾师秀才,作为长子长孙的曾国藩,自然得到二位先辈的伦理教育了。

6岁时入塾读书,但是他童年也是一个笨小孩(详见《百家讲坛》——曾国藩家训(上部)第一集:"谁来拯救笨小孩")。但是他勤奋好学,坚持不懈。至道光十二年(1832年)他考取了秀才,并与欧阳沧溟之女成婚。连考两次会试不中,随后又努力复习一年,在道光十八年(1838),虚岁28岁时殿试考中了同进士,自此,他一步一步地踏上仕途之路,并成为军机大臣穆彰阿的得意门生。在京十多年间,他先后任翰林院庶吉士,累迁侍读,侍讲学士,文渊阁值阁事,内阁学士,稽察中书科事务,礼部侍郎及署兵部,工部,刑部,吏部侍郎等职,曾国藩就是这样坚韧不拔地沿着这条仕途之道,步步升迁到二品官位。十年七迁,连跃十级。

咸丰二年(1852年),曾国藩因母丧在家。这时太平天国运动已席卷半个中国,尽管清政府从全国各地调集大量八旗、绿营官兵来对付太平军,可是这支腐朽的武装已不堪一战。因此,清政府屡次颁发奖励团练的命令,力图利用各地的地主武装来遏制革命势力的发展,这就为曾国藩的湘军的出现,提供了一个机会。咸丰三年(1853年)借着清政府急于寻求力量镇压太平天国的时机,他因势在其家乡湖南一带,依靠师徒、亲戚、好友等复杂的人际关系,建立了一支地方团练,称为湘勇。在团练湘勇期间,他严肃军纪,开辟新的军队,他先后将5000人的湘勇分为塔、罗、王、李等十营,先后将团练地点由长沙移至湘潭,避免与长沙的绿营发生直接矛盾。1854年2月,湘军全体出动,曾国藩发表了《讨粤匪檄》。在这篇檄文里,他声称太平天国运动是"荼毒生灵","举中国数千年礼义人伦诗书典则,一旦扫地荡尽。此岂独我大清之奇变,乃开辟以来名教之奇变,我孔子、孟子之所痛哭于九泉",接着号召"凡读书识字者,又乌可袖手安坐,不思一为之所也",其站在了道德的制高点,故动员了当时广大的知识分子参与到对太平军的斗争当中,为日后的胜利打下了坚实的基础。

曾国藩一生著述颇多,但以《家书》流传最广,影响最大。光绪五年(1879年),也就是曾国藩死后7年,传忠书局刻印了由李瀚章、李鸿章编校的《曾文正公家书》。

显然,他成就了显赫人生和历史地位,与他的个人修养方面的思想不无关系。"曾国藩从未放弃过对自己品德的修养,其至衰年,政治思想极为成熟,他也不曾放弃对自己行为的反思和自责,其一身是'修身齐家治国平天下'的真实写照。不管历史对他有如何的反面评价,仅就其个人品质来讲,曾国藩仍有许多过人之处,可供后人学习。"①

《曾国藩家书》②收集整理1458篇,按年代顺序从道光二十年至同治十年,历时三个朝代三十一年,讲述分成修身、教子、持家、交友、用人、处世、理财、治军、为政九类。《曾国藩家书 修身之道》收集整理160篇家书,系曾氏的思想基础。本文着重讲修身之道中的教育思想,如提倡勤谦,反对惰傲;慎饮食节嗜欲,不迷信巫仙;谨守家训:祖父之八字三不信,自己的八本三致祥之说等。再读《曾国藩家书 修身之道》对于今天我们开展群众路线教育实践活动,清除"形式主义、官僚主义、享乐主义和奢靡之风"具有难得的现实针对性和实践指导性,对于教育青少年学生提高个人思想品德修养,也有现实而深远的意义。

一、立志真坚。

首先立志要真,要坚。如《4. 勉君子应立志》:"四弟来信甚详,其发奋自励之志,溢于行间。然必欲找馆出外,此何意也?……且苟能发奋自立,则家塾可读书,即旷野之地,热闹之场亦可读书,负薪牧豕,皆可读书;苟不能发奋自立,则家塾不宜读书,即清净之乡、神仙之境皆不能读书,何必择地?何必择时?但自问立志之真不真耳!"针对四弟立志要外出求师进行对比劝解,强调真立志就不必择地择时;不择时空,才显立志坚。这议论见解之深刻,远远超出一般人家迁就子女的平庸。

此外,立志要大。针对六弟"自怨数奇(命不好)","屈于小试辄发牢骚",批评"其志之小",并开导说:"君子之立志也,有民胞物与之量,有内圣外王之业,而后不忝于父母之生,不愧为天地之人。"用君子立志之大,在为大众谋求幸福,在内圣外王的事业与之对比,说明小试失败怨自己命不好是不可取的。如此胸襟,非

---

① 张海雷等《曾国藩和曾国藩家书》。
② 张海雷等编译1994年9月中国华侨出版社出版。

一般人所能比拟。只有志向远大,才能为之持久奋斗;为之持久奋斗,才能越来越接近理想,并到达理想境界。立志大才能立志坚。在《83.望来营忘身报国》中对澄、沅弟左右说:"望弟少服药饵,迅速来营,忘身报国。"又补充道:"凡外间谤言无因而至者,余必能解之;凡险远之处,弟不愿往者,余亦不强之。但望弟早早来营。一则受恩太重,不宜久住家中;一则舫仙思归甚切,前敌今春必有战事,余甚不放心也。"则是立志远大并付之行动的具体体现,所谓心动不如行动,而行动则提供便利条件,阐明理由。看来,我们不能简单认为曾国藩是反动的,他至少是爱民爱国的。《96.能死于金陵不失为志士》给沅弟左右:"兹请峰山至金陵一行,劝慰老弟宽怀,专以国事为重。不带勇则已,带勇则死于金陵,犹不失为志士。"并引用袁简斋诗云"男儿欲报君恩重,死到沙场是善终。"来加以劝说,可见得曾氏报效国家的意志之倔强非比寻常,应当来源于立志之真、大与坚;而立志之真、大与坚与否,在于各人自己的思想修养。

二、德业自主。曾氏认为,只有增进道德、研修学业这两件事靠得住,完全应该由自己做主。《12、进德修业全由自主》给四位老弟:"吾人只有进德、修业两事靠得住。进德,则孝弟仁义是也;修业,则诗文作字是也。此二者由我作主,得尺则我之得尺,得寸则我之得寸也。今日进一分德,便算积了一升谷;明日修一分业,便算余了一文钱,德业并进,则家私日起。……昔某官有一门生为本省学政,托以两孙当面拜为门生。后其两孙岁考临场大病,科考丁艰,竟不入学。数年后两孙乃皆入,其长者仍得两榜。此可见早迟之际,时刻皆有前定。尽其在我,听其在天,万不可稍生妄想。"自主的实现,少不了倔强。《132、男儿自立须有倔强之气》给沅弟左右家书中又从家教角度阐述与推理:"吾家祖父教人,亦以懦弱无刚四字为大耻。故男儿自立,必须有倔强之气。惟数万人困于坚城之下,最易暗销锐气。弟能养数万人之刚气而久不销损,此是过人之处,更宜从此加功。"用今天的话来说,也就是在遵循客观事物的发展规律的前提下,自主选择并努力在道德与业务两方面长进,必须有顽强不屈的精神。

三、担当明强。明,聪明,明理;强,坚强,倔强。曾氏在《103 担当大事全在明强二字》给沅弟左右说:"至于担当大事,全在明强二字。《中庸》学、问、思、辨、行五者,其归要于愚必明,柔必强。弟向来倔强之气,却不可因位高而顿改。凡事非气不举,非刚不济,即修身养家,亦须以明强为本。"既要明理,又要倔强。怎样处理二者之间的关系?《109 强字须从明字做起》给沅弟左右:"强字原是美德,余前寄信亦谓明强二字断不可少。第强字须从明字做起,然后始终不可屈挠。若全不明白,一味横蛮,待他人折之以至理,证之以后效,又复俯首输服,则前强而后弱,京师所谓瞎闹者也。"阐明了倔强与明理的关系,明理为倔强提供科学依据。明,用理智而不用忿激,存倔强去忿激。如《131、彼此应以存倔强去忿激互戒》:"弟近年于阿兄忿激之时,辄以嘉言劝阻,即弟自发忿激之际,亦常有发有收。以此卜弟之德器不可限量,后福当亦不可限量。大抵任天下之大事以气,气之郁积于中者厚,故倔强之极,不能不流为忿激。以后吾兄弟动气之时,彼此互相劝诫,存其倔强,而去其忿激,斯可耳。"

诚然,"胜负乃兵家常事",失败了怎么办?第一,明确失败了不要怨天,要咬定牙根,慢慢自强起来。如《152 咬定牙根徐图自强》给沅弟左右云:"困心横虑,正是磨炼英雄,玉汝于成。李申夫尝谓余忼气从不说出,一味忍耐,徐图自强,因引谚曰:'好汉打脱牙和血吞'。此二语是余生平咬牙立志之诀,不料被申夫看破。……每怪运气不好,便不是好汉声口。惟有一字不说,咬定牙根,徐图自强而已。"第二,失败了不要沉溺于烦恼,要咬牙励志,另起炉灶,重开世界。如《155 须咬牙励志切勿自馁》给沅弟:"十八日之败,杏南表弟阵亡,营官亡者亦多,计亲族邻里中或及于难,弟日内心绪之扰恼万难自解。然事已如此,只好硬心狠肠,付之不问而一意料理军务。补救一分,即算一分。……袁了凡所谓从前种种譬如昨日死,以后种种譬如今日生,另起炉灶,重开世界,安知此两番之大败,非天之磨炼英雄,使弟大有长进乎?谚语吃一堑长一智,吾生平长进全在受挫受辱之时。务须咬牙励志,蓄其气而长其智,切不可恭苶①然自馁也。"第三、失败了自我反省,自强不息,切实工作。如《163 以力守悔字硬字两诀自勉》:"近岁忝窃大名,而不敢自诩为有本领,不敢自以为是。俯畏人言,仰畏天命,皆从磨炼后得来。弟今所吃之堑,与余甲寅岳州、靖港败后相等,虽难处各有不同,被人指摘称快则一也。弟力守悔字硬字两诀,以求挽回。弟自任鄂抚,不名一钱,整顿吏治,外间知者甚多,并非全无公道。彼此反求诸己,切实做去,安知大堑之后无大伸之日耶?"

四、做事专业。人的精力是有限的,专业可以集中精力在某一方面长足发展并有所突破,因而更容易走向成功。如《9 讲事贵乎专之理》给四位老弟左右:"凡事皆贵专。求师不专,则受益也不入;求友不专,则博爱而不亲。心有所专宗,而博观他途以扩其识,亦无不可。无所专宗,而见异思迁,此眩彼夺,则大不可。"立论简明:凡事皆贵专;论证角度不同:求师,求友;有专,无专,聚焦相同:论点。说理充分,无可辩驳。专业,表现为遵循"守约之道"。如《告兄弟相处之道》与六弟所讲:"吾以为欲读经史,但当研究义理,则心一而不纷,是故经则专守一经,史则专熟一代,读经史则专主义理。此皆守约之道,确乎不可易者也。"专业,还表现为在复杂多变的情况下应"澄心定虑",排除烦扰。如《37 危疑之际愈当澄心定虑》

---

① 苶,nié,疲倦。

给沅浦九弟左右:"军事变化无常,每当危疑震撼之际,愈当澄心定虑,不可发之太骤。"专业,还表现为做本职工作要有专业知识技能。如《39 带勇以能打仗为要》给沅浦九弟左右:"带勇总以能打仗为第一义。……偶作一对联箴弟云:打仗不慌不忙,先求稳当,次求变化;办事无声无臭,既要精到,又要简捷。"

五、处事稳慎。世事纷扰,复杂多变,人们要想适应社会,把握世事,就要讲求稳慎。

1. 主张谨守富有特色的家训。如《72 再嘱诸子弟谨守家训》给澄、沅、季弟左右:"自去冬至今,无日不在惊涛骇浪之中。所欲常常告诫诸弟与子侄者,惟星冈公之八字,三不信及余之八本、三致祥而已。八字曰'考、宝、早、扫、蔬、鱼、猪'也,三不信曰'药医也,地仙也,僧巫也',八本曰'读书以训诂为本,作诗文以声调为本,事亲以得欢心为本,养生以少恼怒为本,立身以不妄言为本,居家以不晏起为本,做官以不爱钱为本,行军以不扰民为本'。三致祥曰"孝致祥,勤致祥,恕致祥"。稳慎的家风概括为祖父的八字、三不信,自己的八本、三致祥。对此,我们应辩证地对待,批判地接受。

2. 主张弘扬湖南蒸蒸日上风气。《59 望讲求将略品行学术》说:季弟"以训导加国子监学正衔,不胜欣慰。""惟弟此次出山,行事则不激不随,处位则可高可卑,上下大小,无人不翕然悦服。因而凡事皆不拂意,而官阶亦由此而晋。""吾湖南今日风气蒸蒸日上,凡在行间,人人讲求将略,讲求品行,并讲求学术。弟与沅弟既在行间,望以讲求将略为第一义,点名看操等粗浅之事必躬亲之,练胆料敌等精微之事必苦思之。品、学二者亦宜以余力自勉。"所谓"不激不随","不激"就是不激进,遵循规律,讲求"将略",为将有为将的策略;"不随"就是不随便,讲求"品行",做人有做人的操守;所谓"处位则可高可卑"就是讲求"学术",能上能下,随机应变。这是曾国藩对季弟的中肯评价,也是自己为官的见解;这是平时对家人为官升迁的原因的分析与理论的阐述。

3. 主张办事循规律求稳当。有实力还要虚心,能勤苦还要谨慎。如《120 牢记虚心实力勤苦谨慎八字》给沅弟左右:"闻杭城克复之信,想弟亦增焦灼,求效之心尤迫于星火。惟此等大事,实有天意与国运为之主,特非吾辈所能为力、所能自主者。虚心实力勤苦谨慎八字,尽其在我者而已。"在危难之际只求稳慎。《121 望专在稳慎二字上用心》给沅弟左右:"今日接徽、祁信,唐、毛于十七日大败,桂生不知下落。徽、休、祁三城恐俱难保,而江西之患弥大,即湖南亦极可虑。余忧灼之怀,与十一年二月,元年九月相似。本不欲告弟知,但恐弟处稍涉大意,一味攻坚,只求克敌,不求稳慎,故特飞告弟知。望弟不必挖地道,不必攻坚,专在稳慎二字上用心。且待此番大风波过了,再讲金陵克城之法。"如果没有特别大的胜算,就稳稳自守,不用冒险。《123 务望不求奇功但求稳着》给沅弟左右:"初一以后,贼果出城猛扑否?若非有绝大便宜,我军并不出壕,仅稳稳为自守计,应可无碍。……日内阴雨寒森,气象不佳,务望老弟不求奇功,但求稳着。"明喻树大招风,须低调做人,抑然而不悍然。如《88 对外间指摘宜抑然自修》给沅弟左右:"外间指摘吾家昆弟过恶,吾有所闻,自当一一告弟,明责婉劝,有则改之,无则加勉,岂可秘而不宣?鄂之于季,自系有意与之为难。名望所在,是非于是乎出,赏罚于是乎分,即饷之有无,亦于是乎判。去冬金眉生被数人参劾,后至抄没其家,妻孥中夜露立,岂果有万分罪恶哉?亦因名望所在,赏罚随之也。众口悠悠,初不知其所自起,亦不知其所由止。有才者忿疑谤之无因,而悍然不顾,则谤且日腾;有德者畏疑谤之无因,而抑然自修,则谤亦日息。吾愿弟等抑然,不愿弟等悍然。愿弟等敬听吾言,手足式好,同御外侮,不愿弟等各逞己见,于门内计较雌雄,反忘外患。"非常时期非常之人在奏疏中加以检点,不求获福只求免祸。如《159 总以保养身体为第一着》给沅弟左右:"盖世局日变,物论日淆,吾兄弟高爵显贵,为天下第一指目之家,总须于奏疏中加意检点,不求获福,但求免祸……弟此时无论如何懊怫,如何穷窘,总以保养身体为第一着。"

4. 主张务实进取,不纸上谈兵。如《147 不可视文太重而视天下后世太轻》给沅弟左右:"至于有文一篇,便使天下后世知某某为小人云云,则未免视文太重,而视天下后世太轻。此室所论之是非,易一室而彼不以为然,而另一邑而其说更变矣;此乡所服贤士,易一乡而彼不以为然,易一府而屡变不一变矣。况天下乎?况后世乎?"用今天的话来讲,就是不应纸上谈兵,应务实进取。

那么,在紧急状态下曾国藩自己又是如何稳慎应对的呢?

第一,预测到盗匪相互勾结而又有悔改表现的复杂性,因而把握分寸,看准机会处理。如《30 办盗匪案须相机图之》给澄侯、温甫、子植、季洪四位老弟足下:"左光八为吾乡巨盗,能除其根株,扫其巢穴,则我境长享其利,自是莫大阴功。第湖南会匪所在勾结,往往牵一发而全身皆动。现在制军程公特至湖南,即是奉旨查办此事。盖恐粤西匪徒穷窜,一入湖南境内,则楚之会匪因而窃发也。左光八一起,想尚非巨伙入会者流。然我境办之,亦不可过激而生变。现闻其正请绅保举改行为良,且可捉贼自效,此自一好机会。万一不然,亦须相机图之,不可用力太猛,易发难收也。"防患于未然,防止操之过急而生变:盗匪相互勾结而想改过自新,操之过急而生出更大事端,是稳妥明智的。

第二,处在大乱未平之际,应自我保护,少露头角。如《36 处兹大乱应藏身匿迹》给澄侯四弟左右:"朱太守来我县,王、刘、蒋、唐往陪,而弟不往,宜其见怪。嗣后弟于县城省城均不宜多去。处兹大乱未平之际,惟当藏身匿迹,不可稍露圭角于外,至要至要。"

第三,日夜巡守,稳固稳守,消耗反扑方。在《43 须日夜巡守勿懈》给"沅浦九弟左右"的家书中说:"城贼(称太平军)于十七日早、二十日、二十二日夜均来扑我濠,多扑几次,受创愈甚,成功愈易。惟日夜巡守,刻不可懈。若攻围日久,而仍令其逃窜,则咎责匪轻。弟既有统领之名,自应认真查察,比他人尤为辛苦,乃足以资董率。"既有"将略":对手"多扑几次,受伤愈甚",己方"成功愈易。"以逸待劳,先胜一把。又有警示:关键是"惟日夜巡守,刻不可懈。";"若攻围日久,而仍令其逃窜,则咎责匪轻。",还有正面勉励:"既有统领之名,自应认真查察,比他人尤为辛苦。"表现出对事业对上司之忠和对同事之义。"九江克复,闻抚州亦已收复,建昌想亦于日内可复。吉贼无路可走,收功当在秋间。较各处独为迟滞,弟不必慌忙,但当稳固稳守,虽迟至冬间克复亦无可碍,只求不使一名漏网耳。"有的是遵循规律、务求全胜的将略,丝毫没有急功近利、形式主义的浮躁。并且举出反面和正面的实例论证,提出"愿弟忍耐谨慎,勉卒此功"的希望。《38 望不求近功速效》给沅浦九弟左右:"温弟问季牧所索树堂之信……所言效吾之长、惩吾之短及不求近功速效"。从别人书信的角度讲述取长补短、不急功近利;《73 目下不可言战勉守待机》给沅、季弟左右:"此间十二日再攻徽州,过于持重。……此次伤亡虽不满百人,而士气日减,贼氛大长,日下不可言战,但能勉守,专盼左、鲍二军攻克景德镇,或两弟攻克安庆,移师东、建,庶有转危为安之一日。"从失败士气低落的情况作出日下不可言战、勉守待机的决策;《85 宜修养锐气不遽进兵》给沅弟左右:"各处败贼俱萃宁国,杨七麻以著名枭悍之渠,当拼命力争之际,鲍军屡胜之后,杂收降卒,颇有骄矜散漫之象,余深以为虑。目下弟与雪军、季军且坚守芜、太、金柱、南陵、黄池等处,修养锐气,不遽进兵。待鲍军札围宁国,十分稳固,多军进至九洑洲,弟与雪、季再议前进。其秣陵关、淳化镇两处,为进兵之路,须派人先去看明。"取胜之后强调戒骄,稳固、踏实。

第四,审时度势,知彼知己,进退有据。《60 宁国被围仍不能往救》:"近处惟宁国被围紧急,日日告求救援。余因鲍超、张运兰等未到,不能往救,未免望极生怒,谤议日滋。"这的确是很讲求将略的:自己实力不足,就不能去救人。否则杯水车薪,不但不能取胜,还损失惨重。拥有实事求是、知己知彼的态度,没有盲目行事的轻率表现;也明白"未免望极生怒,谤议日滋。"这同时也不忘求救者的心愿和感触。

曾国藩的修身稳慎,不仅有正面肯定与引导,也有反面否定与警戒。如《63 初五信满纸骄矜悖谬》:给沅弟左右"初九夜所接弟信,满纸骄矜之气,且多悖谬之语。"开诚布公,提出问题,一语中的。然后展开论述,分析问题:首先针对"骄矜之气"。"天下之事变多矣,义理亦深矣,人情难知,天道亦难测,而吾弟为此一手遮天之辞,狂妄无稽之语,不知果何所本?恭亲王之贤,吾亦屡见之而熟闻之,然其举止轻浮,聪明太露,多谋多改。若驻京太久,圣驾远离,恐日久亦难尽惬人心。";"分兵北援以应昭,此乃臣子必尽之分。吾辈所以忝窃虚名,为众所附者,全凭忠义二字。不忘君,谓之忠;不失信于友,谓之义。……与其不入援而同归于尽,先后不过数月之间,孰若入援而以正纲常以笃忠义?纵使百无一成,而死后不自悔于九泉,不诮议于百世。";"至安庆之围不可撤,兄与希庵之意皆如此。弟只管安庆战守事宜,外间之事不可放言高论毫无忌惮。"其次针对"悖谬之语"。"孔子曰:'多闻阙疑,慎言其余',弟之闻本不多,而疑则全不阙,言则尤不慎。捕风捉影,扣盘扪烛,遂欲硬断天下之事。天下事果如是之易了乎?大抵欲言兵事者,须默揣本军之人才,能坚守者几人,能陷阵者几人;欲言经济天下,须默揣天下之人才,可保为督抚者几人,可保为将帅者几人。试令弟开一保单,未必不窘也。"并据此得出结论:"弟如此骄矜,深感援贼来扑或有疏失。"还警告说:"嗣后弟若再有荒唐之信如初五者,兄则不复信耳。"始终贯穿着一条谨言慎行、虚心务实的思想红线。

六、品行勤谦。品行足以影响将略,又关系军事成败、家道兴废。或正面提倡谦勤,如《68 子侄须教以谦勤》给澄侯四弟左右:"家中万事,余俱放心,惟子侄须教以一勤字一谦字。谦者骄之反也,勤者佚之反也。骄奢淫佚四字,惟首尾二字尤宜切戒。至诸弟中外家居之法,则以考、宝、早、扫、书、蔬、鱼、猪八字为本,千万勿忘。"用对比手法突出教子侄勤谦的重要,并具体分解出八字方针予以落实。或联系具体信息予以正面推论阐述,如《16 勉事事应勤思善问》给四位老弟足下:"……昔婺源汪双池先生一贫如洗,三十以前在窑上为人佣工画碗,三十以后读书,训蒙到老,终身不应科举。卒著书百余卷,为本朝有数名儒。"肯定、鼓励弟勤学好问,并举例论证,增强信度;或上升到理论高度认识勤谦的意义。如《32 能勤能敬方能兴家》:"诸弟在家教子侄,总须有勤敬二字。无论治世乱世,凡一家之中能勤能敬,未有不兴;不勤不敬,未有不败者。""余深悔往日未能实行此二字也,千万叮嘱。"敬,是谦的表现,是谦的活动。

如何做到勤谦?把握住大方向,在自我德业修养方面可以力求高强,在与人争名夺利方面不可以逞强好胜。《148 自修处可求强胜人处不可求强》给沅弟左右:"弟谓命运作主,余素所深信;谓自强者每胜一筹,则余不甚深信。凡国之强,必须多得贤臣工;家之强,必须多得贤子弟。……至一身之强,则不外斗智乎北宫黝、孟施舍、曾子三种。孟子之集义而慊①,即曾子之自反而缩也。惟曾、孟与孔子告仲由之强,略为可久可常。此外斗力之强,则有因强而大兴,亦有因强而大

---

① 慊,qiàn,憾,恨。不自满。

败。古来如李斯、曹操、董卓、杨素,其智力皆横绝一世,而其福败亦迥异寻常。近世如陆、何、肃、陈亦皆予知自雄,而俱不保其终。故吾辈在自修处求强则可,在胜人处求强则不可。福益外家若专在胜人处求强,其能强到底与否未可知。即使终身强横安稳,亦君子所不屑道也。"辩证地鼓励勤于自修之强,谦于胜人之强。

反对惰傲是曾国藩持家之道的核心思想之一。

在《65 惰傲两字乃失败之由》给沅弟左右的家书中说:"天下古今之庸人,皆以一惰字致败;天下古今之人才,皆以一傲字致败。"提出理论之后联系当前军事实际论述:"吾因军事而推之,凡事皆然,愿与诸弟交勉之。此次徽贼窜浙,若浙中失守,则不能免于吴越之痛骂,然吾但从傲惰二字痛下功夫,不问人之骂与否也。"明确提出"惰傲"二字是失败的缘由,并且认定这一真理为治理军队战斗力之本,而不过多考虑失守及别人的反应这些表象。并且在《66 勉励力戒惰傲二字》给沅、季左右,具体而微到"沅弟以我切责之缄,痛自引咎,惧蹈危机而思进于谨言慎行之路,能如是,是弟终身载福之道,而吾家之幸也。"体现出教导沅弟戒除骄矜之气的实效,流露出得到慰藉的欣喜之情。并且回忆祖父教训的情景和相关历史知识及亲身经历予以巩固:"吾于道光十九年十一月初二日进京散馆,十月二十八早侍祖父星冈公于阶前,请曰:'此次进京,求公教训。'星冈公曰:'尔的官是做不尽的,尔的才是好的,但不可傲。满招损,谦受益,尔若不傲,更好全了。'今吾谨述此语告诫两弟,总以除傲字为第一义。唐虞之恶人曰丹朱,傲;曰象,傲;桀纣之无道,曰强足以拒谏,辩足以饰非,曰谓已有天命,谓敬不足行,皆傲也。吾自八年六月再出,即力戒惰字以儆无恒之弊。近来又力戒傲字。昨日徽州未败之前,次青心中不免有自是之见,既败之后,余益加猛省。大约军事之败,非傲即惰,二者必居其一;巨室之败,非傲即惰,二者必居其一。"最后提出希望:"惟愿两弟戒此二字,并戒各后辈常守家规,则余心大慰耳。"

反惰傲,是富贵之家的必修课。《70 谈戒骄戒傲之理》给澄侯四弟左右:"弟言家中子弟无不谦者,此却未然。余观弟近日心中即甚骄傲。凡畏人,不敢妄议论者,谦谨者也。凡好讥评人短者,骄傲者也。弟于营中之人,如极高、次青、作梅、树堂诸君子,弟皆有信来讥评其短,且有讥至两次三次者。营中与弟生疏之人,尚且讥评,则乡间与弟熟识者,更鄙睨嘲斥可知矣。弟尚如此,诸子侄之藐视一切,信口雌黄可知矣。"据实推理,白纸黑字;以点推面,以不认识的推认识的,以长辈推晚辈,逻辑严密,合乎情理。接着引证谚语:"'富家子弟多骄,贵家子弟多傲。'指出表现:非必锦衣玉食、动手打人而后谓之骄傲也,但使志得意满毫无畏忌,开口议人长短,即是极骄极傲耳。余正月初四信中言戒骄字,以不轻非笑人为第一义;戒惰字,以不晏起为第一义。望弟常常猛省,并戒子侄也。"从严要求,把问题消灭在萌芽状态。且现身说法,《153 近年得力惟有一悔字诀》给沅弟左右:"兄自问近年得力惟有一悔字诀。兄昔年自负本领甚大,可屈可伸,可行可藏,又每见得人家不是。自从丁巳、戊午大悔大悟之后,乃知自己全无本领、凡事都见得人家有几分是处。"谦虚对待自己的本领,善于发现别人的长处。

他教导兄弟反惰反傲,对于别人的赞美又是持什么态度呢?请看《67 余之日记比日知录恭维太过》给沅弟季弟左右写道:"日记册可比顾氏《日知录》,未免恭维太过。"接着通过一个故事加以论述:"四川有一秀才,与卓海帆相国同年同月同时生,只小一日,又同年入学。厥后卓相登庸,渠寄诗云:'只因日上差些子,笑向蜀江作钓翁。'余之日记比顾之《日知》,亦恐日上差些子也。"可见他的谦谨。

七、花费廉俭。在勤谦的基础上发展到廉俭。《86 愿以劳谦廉三字自惕》给沅、季弟左右:"自概之道云何,亦不外清、慎、勤三字而已。吾近将清字改为廉字,慎字改为谦字,勤字改为劳字,尤为明浅,却有可下手之处。沅弟昔年于银钱取与之际不甚斟酌朋辈之讥议菲薄,其根实在于此。去冬之买犁头嘴、栗子山,余亦大不谓然。以后宜不妄取分毫,不寄银回家不多赠亲族,此廉字功夫也。"所谓"劳谦"即勤谦,在勤谦基础上发展到廉。

曾国藩主张爱惜物力,因为首先俭以养廉。如《115 望弟于俭字加一番功夫》给澄弟左右:"围山嘴桥稍嫌用钱太多,南塘竟希公祠宇亦尽可不起。……吾与弟当随时斟酌,设法裁减。""余往年撰联赠弟,有'俭以养廉,直以能忍'二语。弟之直人人知之,其能忍,则为阿兄所独知;弟之廉人人料之,其不俭,则阿兄所不及料也。以后望弟于俭字加一番功夫,用一番苦心,不特家常用度宜俭,即修造公费,周济人情,亦须有一俭字的意思。总之,爱惜物力,不失寒士之家风而已。莫怕寒村二字,莫怕悭吝二字,莫贪大方二字,莫贪好爽二字。"其次俭以养德。如《93 勉盛时宜作衰时想》给澄弟左右:"盛时常作衰时想,上场当念下场时,富贵人家,不可不牢记此二语也。"夹着尾巴做人,与人民接近,能接地气;俭可长久。如《117 以俭字相勖①则可久矣》给澄弟左右:"余身体平安,合署内外俱好,惟俭字日减一日。余兄弟无论在官在家,彼此常以俭字相勖,则可久矣。"细水可长流。

怎样俭?俭以行文。如《101 行文须自简当二字上着力》给沅弟左右:"奏议是人臣最要之事,弟须加一番功夫。弟文笔不患不详明,但患不简洁,以后从简当二字上着力。"又如《154 以后调度文书以少为好》给沅弟:"余见弟与各处函牍,亦颇觉烦读忙乱。以后调度文书以少为好。昔胡文忠亦失之太多,多则未有不纷乱者,殄灭等字,不可轻用也。"俭以日用。先从家风角度说俭,如《102 累世俭朴之

---

① 勖,xù,勉励。

风不可尽改》给澄弟左右:"闻弟居家用费甚奢,务宜收啬,累世俭朴之风,不可尽改。"再联系日常实际说俭,如《116 家门太盛有福不可尽享》给澄弟左右:"弟家之渐趋奢华,闻因人客太多之故。此后总须步步收紧,切不可步步放松。禁坐四轿,姑从星冈公子孙做起,不过一二年,各房亦可渐改。总之,家门太盛,有福不可享尽,有势不可使尽。"

八、家庭和睦。作为身居高位的长兄的曾国藩,如何协调与父母、兄弟子亲之间的关系,也是值得研究的课题。首先从自我检讨的角度,明确兄弟子亲之间互相体谅,不让人见得自己比弟弟好些以及对双亲的不孝。如《6 告兄弟相处之道》给诸位老弟足下:主要回复四弟、六弟和九弟之信。自我检讨"待人不恕""以空言责弟辈""不觉汗下","但愿兄弟五人,各各明白这道理,彼此互相原谅,兄以弟得坏名声为忧,弟以兄得好名声为快。兄不能使弟尽道得令名,是兄之罪;弟不能使兄尽道得令名,是弟之罪。若各各如此存心,则亿万年无纤芥之嫌矣。""臣子与君亲,但当称扬善美,不可道及过错;但当谕亲于道,不可疵议细节。兄从前常犯此大罪,但尚是腹诽,未曾形之笔墨。如今思之,不孝孰大乎是?"其次在学术上提倡争鸣。六弟"来信又驳我前书,谓必须博雅有才,而后可明理有用。所见极是。……以为不博雅多闻,安能明理有用? 立论极精,但弟须力行之,不可徒与兄辩驳见长耳。"第三,在危难之际,没有焦躁与牢骚,而是侃侃而谈,充满理智、情趣。如《122 兄弟间惟有互劝互勉而已》给沅弟左右:"弟军今年饷项之少为历年所无,余岂忍更有挑剔,况近来外侮纷至迭乘,余日夜战兢恐惧,若有大祸即临眉睫者。即兄弟同心御侮,尚恐众推墙倒,岂肯微生芥蒂? 又岂肯因弟词气稍戆①藏诸胸臆? 又岂肯受他人千言万怄遂不容胞弟片言语乎? 老弟千万放心,千万保养。此时之兄弟,实患难风波之兄弟,惟有互劝互勉而已。"第四,倡导孝悌为大学问。如《8 勉在孝弟上用功》给澄侯、叔淳、季洪三弟左右:"今人都将学字看错了。若细读《贤贤易色》②一章,则绝大学问即在家庭日用之间,于孝弟两字上尽一分便是一分学,尽十分便是十分学。今人读书皆为科名起见,于孝弟伦纪之大,反似与书不相关。殊不知书上所载的,作文时所代圣贤说的,无非要明白这个道理"。第五,对亲戚穷困者给予救济。如《10 释何以馈赠族戚之故》给六弟、九弟:"所寄银两,以四百为馈赠族戚之用……所以为此者,盖族亲中有断不可不有一援手之人,而其余则牵连而及"。又如《34 在军中名声极好》给澄侯、温甫、子植、季洪四位老弟

---

① 戆,gàng,傻。
② 语出《论语·学而》:"子夏曰:'贤贤易色;事父母,能竭其力;事君,能致其身;与朋友交,言而有信。虽曰未学,吾必谓之学矣。'"

足下:"兹因魏荫亭亲家还乡之便,付去银一百两,为家中卒岁之资……以后我家光景略好,此项断不可缺。家中却不可过于宽裕。……我现在军中,名声极好。所过之处,百姓爆竹焚香跪迎,送钱米猪羊来犒军者络绎不绝。以祖宗累世之厚德,使我一人食此隆报,享此荣名,寸心兢兢,且愧且慎。"看来他未必就是反人民群众的。第六,对宗族姻党一概敬爱。如《15 对宗族姻党宜敬爱之》给诸位老弟足下:"天破了自有女娲管,洪水大了自有禹王管。家事有堂上大人管,外事有我管,弟只安心自管功课而已,何必问其他哉?至于宗族姻党,无论他与我家有隙无隙,在弟辈只宜一概爱之敬之。孔子曰'泛爱众而亲仁',孟子曰'爱人不亲反其仁','礼人不答反其敬'。此刻未理家务,若便多生嫌怨,将来当家立业,岂不个个都是仇人?"极有处世之道的预见性。

九、养生从心。首先,提出办事不宜焦灼宜平心静气,如《44 宜平心静气勿焦灼》给沅弟左右:"他郡易而吉州难,余固恐弟之焦灼也。一经焦灼,则心绪少佳,办事不能妥善。余前年所以废弛,亦以焦躁故尔。总宜平心静气,稳稳办去。"又如《47 望从裕字上打叠此心》给沅浦九弟左右:"如吉安尚无克复之势,千万不必焦急。……余向来虽处顺境,寸心每多沉闷郁抑,在军中尤甚。此次专求怡悦,不复稍存郁损之怀。'晋'初爻所谓'裕无咎'者也。望吾弟亦从裕字上打叠此心,安安稳稳。"强调怡悦。

其次,提出养身要勤俭净。如《57 望澄弟戒酒早起勤洗脚》给澄侯、沅浦两弟左右:"澄弟之病日好,大慰大慰。此后总以戒酒为第一义。起早亦养身之法,且系保家之道,从来起早之人,无不寿高者。吾近有二法效法祖父,一曰起早,二曰勤洗脚,似于身体大有裨益。望弟于戒酒之外,添此二事。"不必赶时髦追求进食补药,如《149 养老之法不在进食补药》给澄弟左右:"余现在调养之法,饭必精凿,蔬菜以肉汤煮之,……孟子及《礼记》所载养老之法、事亲之道皆不出乎此。岂古之圣贤皆愚,必如后世之好服参茸燕菜鱼翅海参而后为智耶?"

第三,主张以保养身体为主,治病不依赖服药。如《89 治身应以不药二字为药》给沅、季左右:"吾不以季病之易发为虑,而以季好轻下药为虑。吾在外日久,阅历日多,每劝人以不服药为上策。吴彤云近病极重,水米不进已十四日矣。十六夜四更,已将后事料理,手函托我,余一概应允,而始终劝其不服药。自初十日起,至今不服药十一天,昨夜竟大有转机,疟疾减去十之四,呃逆各症减去十之七八,大约保无他变。希庵五月之季病势极重,余缄告之,云治心以广大二字为药,治身以不药二字为药,并言作梅医道不可恃。希乃断药月余,近日病已痊愈,咳嗽亦止。是二人者,皆不服药之明效大验。"体现了真正的顺乎自然、无为而治的养生思想,对于当今医院医生为了追求经济效益、烂用药物是极好地讽刺。

第四,养生须早起务农,疏远医巫。如《91 宜早起务农疏医疏巫》给沅、季弟左右:"余阅历已久,觉有病时断不可吃药,无病时可偶服补剂调理,亦不可多服……吾辈仰法家训,惟早起、务农、疏医、远巫四者尤为切要。"印证了顺乎自然、生命在于运动的科学理论。

第五,养生还须诵读诗词文陶冶情操。如《100 治事之外需有豁达冲融迹象》给沅弟左右:"弟读邵子诗,领得恬淡冲融之趣,此自'是'襟怀长进处。自古圣贤豪杰、文人才士,其志事不同,而其豁达光明之胸大略相同。以诗言之,必先有豁达光明之识,而后有恬淡冲融之趣。如李白、韩退之、杜牧之则豁达处多。陶渊明、孟浩然、白香山则冲淡处多。杜、苏二公无美不备,而杜之五律最冲淡,苏之七古最豁达。邵尧夫虽非诗之正宗,而豁达、冲淡二者兼全。吾好读《庄子》,以其豁达足益人胸襟也。去年所讲生而美者,若知之,若不知,若闻之,若不闻之一段,最为豁达。推之即舜禹之有天下而不与,亦同此襟怀也。"《140 愿常诵《常棣》《小宛》①二诗以自保》给沅弟左右:"弟若无端而郁恼,是与无罪而攻伐同一失也。……愿兄弟常诵《常棣》、《小宛》二诗以自保耳。"《53 读名人文集足以养病》给澄、温、沅、季四位老弟足下:"沅弟买得方、姚集,近已阅否? 体气多病,得名人文集静心读之,亦自足以养病。凡读书有难解者,不必遽求甚解。有一字不能记者,不必苦求强记,只顾从容涵泳。今日看几篇,明日看几篇,久久自然有益。但于已阅过者,自作暗号,略批几字,否则历久忘其为已阅未阅矣。"强调静心读文,拥有健康心态,提高自身素养。

十、国事奉献。主张奉献不贪图名利,善于保养和忠孝悌。如《105 无形之功不宜见诸奏牍》给沅弟左右:"去年进兵雨花台,忠、侍以全力来援,俾②浙沪皆大得手。今年攻克各石城,俾二浦速下,扬州、天、六之贼皆回南岸,此弟功之最大处。然此等无形之功,吾辈不宜行诸奏牍,并不必腾诸口说,见诸书牍,此是谦之真功夫。所谓君子之所不可及,在人之所不见也。"其实说的是,沅弟的运动战在整体作战中发挥了作用,却不必说出。《125 功不必自己出名不必自己成》给沅弟左右:"如奉旨饬少荃中丞前来会攻金陵,弟亦不必多心。但求毕兹役。独克固佳,会克亦妙。功不必自己出,名不必自己成……善于保养,则能忠能孝,而兼能悌矣。"胸怀全局战役,无独吞大功之心;倡导养生和忠孝悌。

---

① 《小雅·常棣》是周人宴会兄弟时,歌唱兄弟亲情的诗。"凡今之人,莫如兄弟",为一篇主旨。不过诗篇对这一主题的阐发是多层次的:既有对"莫如兄弟"的歌唱;也有对"不如友生"的感叹;更有对"和乐且湛"的推崇和期望。《诗经 小雅 小宛》,时世混乱,想念先人,告诫兄弟,小心免祸。

② 俾,bǐ,使(达到某种效果)。

只求积劳,顺乎自然,不求成名,不求享福。如《114 吾兄弟但在积劳二字上着力》给沅弟左右:"古来大战争、大事业,人谋仅占十分之三,天意恒居十分之七。往往积劳之人非即成名之人,成名之人非即享福之人。此次军务,如克复武汉、九江、安庆,积劳者即是成名之人,在天意已算十分公道,然而不可恃也。吾兄弟但在积劳二字上着力,成名二字则不必问及,享福二字则更不必问矣。"这是多么高尚的境界,这是多么的宽广的胸怀!

  追求避名灵动做贡献却不让人知道的善美境界,如《94 须长存避名之念》给沅弟左右:"凡行军最忌有赫赫之名,为天下所指目,为贼匪所必争。莫若从贼所不经意之处下手,既得之后,贼乃知其为要隘,起而争之,则我占先着矣。余今欲弃金陵而攻东坝,贼所经意之要隘也;若占长兴、宜兴、太湖西岸,则贼所不经意之要隘也。愿弟平定大计,趁势图之,莫为浮言所惑,谓金陵指日可下,株守不动,贪赫赫之名,而昧于死活之势。……吾兄弟誓拼命报国,然须常存避名之念,总从淡冷处着笔,积劳而使人不知其劳,则善矣。"如此智慧灵动与谦虚谨慎的品格,正是我们今人所应崇尚、学习的。

(2012 年 6~7 月连载于《新民晚报 新如皋》)

（背景：我偶尔在我们许庄初中图书室里看到一本《曾国藩家书》，十年动乱时期甚至好长一段时间，历史书中认为是"镇压太平天国运动的刽子手"的人，他的家书被正式出版了！我产生的好奇心理和阅读兴趣，驱使我挤时间来看个究竟。）

4　曾国藩论读书的指导意义
——议《曾国藩家书》论读书的独特进步性

具有社会责任感和远大抱负的人，谁不想仿效成功人士而"有所作为"呢？青年毛泽东留诗一首《七绝·改西乡隆盛诗赠父亲》给父亲毛贻昌："孩儿立志出乡关，学不成名誓不还；埋骨何须桑梓地，人生无处不青山。"①他在1917年致友人的信中说："吾于近人，独服曾文正。"②毛泽东服他什么呢？众所周知，从战争胜负的经验教训上来讲，"曹藻比于袁绍，则名微为众寡。然操遂能克绍，以弱胜强者，非惟天时，抑亦人谋也。"③按照历史唯物主义的观点，曾国藩的谋略有独到过人之处。应该看到，他是晚清历史舞台上一位文人带兵打仗而领尽风骚的汉人，也是中国近代历史上最显赫的人物之一。以曾国藩的修养，在当时仕途上官运亨通，十年之中连升十级，并在京师赢得较好声望。在家庭教育方面，他不但培养出曾纪泽这样的外交家，曾纪鸿这样的数学家，孙子、曾孙也都是著名的学者教授，绝不是偶然的。

他是一个时代的强者。强者自有成为强者的理由。曾国藩成为强者的理由有哪些呢？

著名学者南怀瑾在《论语别裁》中说："清代中兴名臣曾国藩有十二套学问，流传下来的只有一套——《曾国藩家书》。"④《曾国藩家书》反映了曾国藩一生的主要活动和治政、治家、治学、治军的主要思想，是研究曾国藩本人及这一时期历史的重要资料。曾国藩还是古文湘乡派的领导人物，具有独特的真实、圆畅的文风。

我们今天改革开放，学习实践科学发展观，构建和谐社会，全面建设中国特色社会主义现代化强国，恰恰需要学习古今中外一切强人的强项，为我所用。

我作为一名教师读《曾国藩家书》，自然特别关注教育方面的内容，"卷二教子

---

① 2011年6月20日《新京报电子版》；http://wenda.tianya.cn/question/72e9f14e2a8ea31b
② 张海雷等编译的《曾国藩家书文白对照全译》中国华侨出版社1994年1月第1版第5页。
③ 《三国志·蜀书·诸葛亮传·隆中对》。
④ 张海雷等编译的《曾国藩家书文白对照全译》中国华侨出版社1994年1月第1版。

之道"成了我关注的重点。如果说有关教子之道的家书重在言教,那么"卷一修身之道"可算是言教的基础——身教;曾国藩的教子之道、修身之道的确具有独特的进步意义。

一、学习的毅力:恒在有志、有识、勤俭

我们平常教育同学学习要有毅力,最多只强调不怕苦,"学海无涯苦(或勤)作舟";要明确学习目的性。

"卷二教子之道"的首封家书题为"读书写字不可间断",是写给儿子曾纪鸿的:他稍感欣慰地听家中人来军营说儿子"举止大方"。于是由"大"字引出别人大多希望子孙做大官,而"余不愿为大官,但愿为读书明理之君子"的独特见解,并解释"勤俭自持,习劳习苦",可处安乐中,可处俭约中,是这样的读书明理的君子。接着介绍自己做官二十年,"饮食起居,尚守寒素家风"并分析原因说"由俭入奢易,由奢返俭难",推理告诫"不可贪爱奢华,不可惯习懒惰";进一步对比论述"勤苦俭约,未有不兴;骄奢倦怠,未有不败",从而要求"读书写字不可间断""早晨要早起",不要败坏了祖辈家风,并再次举例"吾父吾叔皆黎明即起"以诠释祖辈家风。叙议结合,转折自然,妙趣横生:由要求儿子的说理而自己现身说法,又及祖辈的举例,丝丝入扣,层层递进,主旨突出,推论之严密、说理之透彻、文风之朴实风趣,实属罕见。

再看卷一修身之道第五"读书要有志有识有恒",是写给"诸位贤弟"的,应该看作是交流心得体会:先说"四妹小产以后生育颇难",对她家"只须听其自然,不可过于矜持",矜持易生反感也。说"闻四妹起最晚,往往其姑反服事她。此反常之事,最足折福。"正是联系实际的举例论证。可见作为娘家人的睿智,同时对自己妹妹的严格、对妹婿家的宽厚,所谓待人宽律己严的高尚品格。而主旨是"恒",即使是小产了,也不应不坚持早起。今天社会上因为家庭困难而产生矛盾,导致娘家人兴师问罪甚至无理取闹的事情时有发生。要构建和谐社会,就更需要这种待人宽律己严的品格和睿智。

接着说他自己"每日楷书写日记,每日读史十页,每日记茶余偶谈一则,此三事未尝一日间断。"并且"誓终身不间断也。"现身说法,以身作则,增强了说服力。其间还举了"立誓永戒吃水烟""已习惯成自然"的实例,"誓"得彻底,"戒"得也彻底。"不间断"是说"恒","戒吃水烟"能够做到"已习惯成自然"更能说明"恒",也更能折射他的志向高远。同时说明他对儿子和对兄弟的说法是一脉相承的,表明了他的这种思想的原则性、成熟度。

读书做到有志、有识、勤俭,才能恒久。今天我们做到了吗?

二、学习的方法：巧在专一、喜爱、切磋

现在很多人往往都知道博览群书，培养阅读兴趣。

曾国藩有卷一修身之道第七"读书宜专习字宜有恒"是写给"温甫六弟"的，怎么专？说读书"所定功课太多，多则必不能专，万万不可。""先须用笔圈点一遍，然后自选几篇读熟，即不读亦可。""吾之嗜好，于五古则喜读《文选》，于七古则喜读昌黎集，于五言则喜读杜集，七律亦最喜杜诗"。"弟要学诗，先须看一家集，不要东翻西阅。先须学一体，不可各体同学。盖明一体，则皆明也。"紧扣"读书宜专"现身说法、理例结合；而现身说法的例证，又隐含自主学习的意思。

"习字临《千字文》亦可，但须有恒，每日临一百字，万万无间断，则数年必成书家矣"，并说"陈季牧最喜谈字，且深思善悟……实能知写字之法，可爱可畏。弟可从之切磋"，认可老师、学友的引领、互动作用，以保证"有恒"。

这里注重读书写字方法的指导。大概是说读书要有选择性地精读，按照自己的兴趣或培养自己读书的兴趣读，明明白白地读，不可囫囵吞枣；写字向有专长者学习并与之交流。先进的师生互动，从这里可以找到中国较早的文字根据。况且今天的老师引导同学读书做专一选择、随性而读、举一反三，与师"切磋"的又有多少？可见这人的先见之明，这说法的进步意义。

三、学习的思想：重在"勿浪掷光阴"——勤奋、刻苦、敬业

现在有识之士能够认识到学习需勤奋刻苦。

卷二教子之道第二"勿浪掷光阴"，有根据地批评曾纪泽"字画尚未长进""学业未见其益"，接着引相仿年龄的"杏生"家境清贫、勤苦好学而少年成名的事例进行对比，并分析原因"衣食丰适，宽然无虑"，不"复以读书立身"。接着引用古语"劳则善心生，佚则淫心生"，"生于忧患，死于安乐"，进一步推论分析利害，判断纪泽"过于佚（yì，安乐）也"。于是引申要求"新妇初来，宜教之入厨作羹，勤于纺织""三姑一嫂，每年做鞋一双寄余，各表孝敬之忱，各争针线之工；所织之布，做成衣袜寄来，余亦得察闺门以内之勤惰也"，为儿子勤奋刻苦学习求长进营造良好的家庭环境气氛；还现身说法："年老眼蒙"仍读书写字不间断，最后得出结论：趁年轻"一刻千金"，"不可浪掷光阴"。这主要是从家庭教育方面围绕"勤苦"有为来论述教子"勿浪掷光阴"。对比说事，分析原因由现象到本质，作出判断；又从三姑一嫂再到自己，营造教育氛围。勤苦，今天特别需要提倡。难道我们哪个家庭的孩子和其他成员可以不"勤苦"而得以长进？

在卷一修身之道，曾国藩本人是如何与弟弟交流珍惜时光的体会的呢？请看第三十二"能勤能敬方能兴家"：是写给"澄、温、沅、季老弟左右"的，先叙"湖北青抚台今日入省城事"的处理，再叙撤去劝邹心田捐的事，暗示辨伪求真之"勤"；李

鹤人因父亲殉难暂时不能叫他一起出征的情况,暗示对同事部下之"敬"。从而希望诸弟在家教育子侄,"总须有勤敬二字",并且分析其利害关系。照我看,勤即"勿浪掷光阴",敬则是比"勤"更高层次的"勿浪掷光阴"。举例如话家常,无不聚焦中心。而卷一第一百五十二"咬定牙根徐图自强"陈述体会"余庚戌、辛亥间为京师权贵所唾骂,……以及岳州之败、靖江之败、湖口之败,盖打脱牙之时多矣,无一不和血吞之",联系到"弟此次郭军之败、三县之失,又颇有打脱门牙之象",批评"来信每怪运气不好,便不是好汉声口",教导"惟有一字不说,咬定牙根,徐图自强而已"。这可以说是对"勿浪掷光阴"的又一种巧妙注释,因为失败之后怪运气不好,对己是不会有什么裨益的,等于浪费光阴。"咬定牙根徐图自强"是最明智的敬业之"敬"。毫不讳言失败,正视失败,积极应对。兄弟之间的这种交流,主要是讲通过事业上的"勤"与"敬"的途径来实现"勿浪掷光阴"的人生价值。对子女教育来讲,不可能不产生间接而积极的影响。

今天我们在工作上,又有谁能够不靠"勤敬"而获得成功?失败之后发牢骚怨天尤人的大有人在,难道不需要"咬定牙根徐图自强"?

四、学习的态度:贵在"凡事总须谦谨"——谦虚、谨慎、有礼貌

现在不少家长不甚关心孩子在校的表现。

卷二"教子之道"第一百八十一"凡事总须谦谨"。虽没有写称谓,但从内容上看是嘱咐儿子协助处理吏部咨文的,嘱咐先"问要投递否","如不须投",就"径自具呈";见客"代我寄声请安",最后总结一句"凡事总须谦谨。"是从具体办事情的角度嘱咐办事要有计划,谦虚谨慎,有礼貌。卒章显旨。

"卷二教子之道"里同一主题的还有第五十八"戒勿沾富贵习气",教导纪鸿儿在"县试幸列首选"之后,敏感告诫"城市繁华之地,尔宜在寓中静坐,不可出外游戏征逐。"再叙告自己怎样安排银两作为儿子"进学之用"、"印卷之费"、老师的"谢礼"及零用、添衣服之需。说费用筹划不易,以支持"不可出外游戏征逐""在寓中静坐"的说法。然后正反对比分析"凡世家子弟衣食起居,无一不与寒士相同,庶可以成大器;若沾染富贵习气,则难望有成"的利害关系,并用自己"为将相,所有衣服不值三百金"的事实论证,得出"常守此俭朴之风"的结论。这是取得成绩之后从环境、费用角度举例并正反对比论述"戒勿沾富贵习气"的观点,就事论理,再说理下结论。

今天我们的子弟办事能否就有章有法有礼貌?学有所成、地处繁华街市的时候,不也应该提醒他们不可出外游戏征逐?否则很容易若是生非、甚至乐极生悲。这样的事情过去不少,现在还在发生着。

在卷一"修身之道"怎么交流这方面的体会的呢?第十六"勉事事应勤思善

问"讲"送王五诗二首,弟不能解,数千里致书来问。此极虚心,余得信甚喜。若事事勤思善问,何患不一日千里?"这是发现家人正面的表现"勤思善问",及时予以表扬和鼓励,发挥即时评价功能,有利于形成正确的学习导向,符合现代教育理念! 在今天,自然仍有积极的借鉴意义。

第四十一"长傲多言乃致败之端"是写给"沅浦九弟左右"的,从反面说:"古来言凶德致败者约有二端:曰长傲,曰多言。"举例"历观名公巨卿,多以此二端败家丧生",并且自我检讨"余平生颇病执拗,德之傲也;不甚多言,而笔下亦略近乎器讼","我之处处获戾(不顺),其源不外此二者。"并分析"傲"有用言语凌人的,有用神气(表情)凌人的,有用面色凌人的,强调"不可不猛省! 不可不痛改!"这是从自己反面的教训来感应"凡事总须谦谨"的,同时可以看出他总是在严于解剖自己,以自己的不够(而非不为)来作为反面教材,增强说服力。这本身也凸现了他的十分谦谨的品格,隐含不让家人以他为骄傲、傲视别人的良苦用心,令人钦佩。当今傲慢,也是缺乏优良素养的表现,即使同事也不会喜欢;多言,言多必失,给人留下不好的印象;现在同学上课的时候仍有随便插话、不尊重别人发言的表现,影响教学进度。可见曾国藩所说谦谨、礼貌的现实意义。

从上述卷二"教子之道"和卷一"修身之道"等我体会到:曾国藩关于学习、修养的家书思想进步,内涵务实精深。曾国藩将自己的独到见解依据具体人事,往往就事论理再联系自己的实际议论,一唱三叹,前后呼应,使人感同身受。在《曾国藩家书》中,这只是一部分基本内容。其他如卷二教子之道第一百〇二"尽可就所看之书自摅(shū,发表)所见"与卷一修身之道第十二"进德修业全由自主",与现代自主学习、尊重个性发展的素质教育理念不谋而合,而且早于百多年提出。我们没有不认可和拒绝吸收的理由。

(此文获得2012如皋市文广新局、如皋市教育局和如皋新华书店举办的如皋市教师读书征文活动一等奖)

第二章

学校以教师为语文教育之本(主导)

学校承担教书育人的社会责任和义务,除了校舍等硬件因素外,就是人的因素即教师。"仁者爱人",尊重知识,尊重人才,尊师重教,渐成共识。

教师是语文教育之本,具有传授道理、教授学业、解释疑惑和助推社会文明进步的魅力与作用。

学校应以教师为语文教育之本(主导)。

语文教师是语文课堂教学的主导,也应是班主任工作的主导。

5 学校德育工作的队伍建设

德育,也称为思想品德教育,它包括政治教育、道德教育和基本思想观点教育。它是教育者按一定的社会要求,有目的有计划地对受教育者心理上施加影响,以培养起教育者所期望的思想品德。德育的队伍建设,则是教育者为了对受教育者进行有目的的思想品德教育,形成各种组织和组织网络所做的一系列工作,是德育工作成败的决定因素。目前,各所学校都有德育的队伍:校长、政教主任、教导主任、教研组长、年级组长、班主任、班长、组长、组员是一条行政组织系统;党支部、党小组、党员、团支部、团小组、团员,少先大队、少先中队、少先小队、少先队员是一套政治思想组织系统。同时每个学生都有家长,或多或少地与老师联系,以及时了解学生在校的表现;学校开办家长学校,有的邀请社区领导为家长学校负责人,共同做好家长教育孩子的工作。这是社区德育工作组织系统。但是,有些学校德育工作队伍建设的数量和质量,离上级和群众的期望还有一定的差距。究其原因,怕麻烦,顾眼前。尤其在注重考试分数、一张试卷定优劣的情况下,认为没有时间和精力去从事德育工作的队伍建设,只是头痛医头、脚痛医脚,没有认真开展德育工作队伍建设。因而教学秩序混乱,反而麻烦事更多,严重影响教育质量的提高。事实证明,越是要抓教育质量,越是不能削弱德育工作;越是不能削弱德育工作,越是要加强德育工作的队伍建设。

如何加强德育工作的队伍建设呢?身为语文教师的我们认为可以从以下三个方面来加以努力:

一、学校要形成德育工作纵向队伍建设。这包括建设一支既教书又育人的德才兼备的师资队伍;建设一支善于做学生思想品德教育工作的班主任队伍;建设一支能够协助老师做好德育工作的学生干部队伍。

建设一支既教书又育人的德才兼备的师资队伍。大家知道,学校的教育工作主要通过班级授课的形式来开展的。教师应当承担德育工作的主要责任,不仅政治课要承担德育工作的责任,其他课也要承担德育工作的责任。最起码上课时要进行组织教学,提高学生学习本课的重要性和必要性的认识,端正学习态度;在教学过程中多进行正面引导。我们经常说要变应试教育为素质教育。素质教育是什么?就是德育。要成才先成人,先成人后成才。成人是成才的基础,成人是成才的依靠。学生只有加强思想品德教育,才能学习文化科学知识,才有发展前途;成人了,即使由于先天因素成不了大才,做个遵纪守法、自食其力的好公民,也是成功的人生,也有自己的乐趣。

建设一支善于做学生思想品德教育工作的班主任队伍。一般来讲,班主任也兼任一门主要学科。除了教书育人之外,还要联系学校领导与学生、老师与学生、学生与学生家长。班主任工作的优劣,直接关系到班级学风的好坏。而班主任工作的优劣主要取决于是否善于做学生的思想品德教育工作。班会课、课余时间,又是班主任大显思想品德教育身手的好时机。正如群众所普遍认为的,语文教师一般最适宜做班主任,因为语文是汉语言文学。

建设一支能协助老师做好德育工作的学生干部队伍。要做到这一点不难,只要贯彻国家关于在义务教育阶段不办重点校重点班的政策和法规,严格按施教区招生。否则,建设一支能协助老师做好德育工作的学生干部队伍,只能停留在口头上,不能普遍实现;学校的德育工作就注定做不好,学校的教育质量、信誉也注定黯然失色。在正常的办学条件下,这项工作主要靠班主任、科任老师去开展。

二、学校要建立一个由班主任、任课老师——学生——学生家长三结合的横向德育网络。每学年开学之初,就应召开教师、学生和学生家长联席会,通报各位学生的思想品德情况,提出德育工作的对策,制定德育工作的奋斗目标。制定德育工作的奋斗目标可以分为近、远期目标。期中考试之后,再召开学生家长、学生、教师联席会,对照近期目标,通报上半学期德育情况和对智育、体育等方面的影响,表扬优点,指出缺点,并提出切实可行的改进措施。期末考试之后,还要召开学生家长、学生和教师联席会,对照远期目标,通报学生德育表现和对智育、体育等方面的影响,表扬优点,指出缺点,并提出切合实际的整改意见。如果遇到特殊情况,教师可随时与学生家长取得联系,实行面对面的交流和协商的教育方式。

　　三、建立一支由学生到班级干部、由班级干部到班主任和任课老师、由班主任、任课老师到学校领导的德育情况反馈系统。老师们的工作很多,很繁忙;学生学科也很多,很繁忙。学校领导对学生在校内外发生的德育方面的情况,需要及时了解、掌握并控制,就需要建立这样一种自下而上的情况反馈系统。使每个学生都从思想上认识提供德育信息反馈的正义性、必要性,提倡和发扬主动、积极提供学生德育信息的精神,形成人人主动积极提供学生德育信息的良好风尚。学校应安排专人及时认真接受德育信息反馈,形成偶发事件应急预案,及时做好应急处置,并形成记载。应注意积累德育工作资料,研究德育问题的对策和方法,使德育工作更加制度化、科学化、民主化地向前推进,以确保学校教育工作顺利、健康地进行,并创造更加喜人的业绩!

　　　　　　(与王主任合作,原载1996年11月7日《如皋日报》,有改动。)

6　参与学科教学的必要条件

师德,就是教师的职业道德。是教师在教育活动中必须履行的行为规范和道德准则。在以考分作为学生能否升学的主要尺度的今天,教师的职业道德似乎无足轻重了!但是毋庸置疑的实践证明,师德对学校的教育质量起着非常关键的作用。讲师德,教师就可以同心协力做好班级、学校的各项教育工作,优化教育的各个环节,夺取教育质量的大丰收;不讲师德,教师各自为战,各为自己,彼此勾心斗角,甚至为了提高自己的工作实绩,不惜损害同事的利益和学生的身心健康,导致教育教学质量整体下降。由此可见,师德不可轻视,师德不能不讲。师德应当是参与学科教学的必要条件。

联系目前学校教育现状来讲,不能不强调教师职业道德。在追求所谓"任教学科实绩"的浪潮下,我们有的教师甚至是学校领导表现得十分自私,挤占学生课间时间,挤占下一堂课教师的教学时间,扰乱教学秩序,严重损害教师学生的身心健康。看起来天天抓教学质量,人人抓教学质量,可结果教学质量上不去。正如鲁迅所说"是揪着自己的头发想离开地球。"这样的笑话(闹剧)就成年累月地在我们身边上演。

我们应当认识,教师具有了良好的职业道德,才能忠诚于人民的教育事业,才能爱岗敬业,才能和同事协调工作关系,才能和学生协调教学关系。在讲师德的前提条件下,即在不损害学生的身心健康、全面发展各科知识、能力和素养的前提条件下,可以开展"友谊第一、比赛第二"的学科教学,以促进教育质量的提升,而不是以追求个人实绩为目标。这里,应该抱有"淡泊以明志,宁静以致远"的襟怀,淡泊个人名利,以利国利民、成人成才为志向;避开追名逐利的纷扰,为学生的未来、祖国的明天着想。应当鄙视和遣责那种为了个人实绩而不惜损害学生身心健康的、损害其他教师的正当权益的言行。不择手段的参与学科教学实绩的比拼式竞争是片面的、有害的,而参与正常的科学的教学,必须以讲师德、加强师德修养为前提。

一、讲对自己和教育事业的师德,参与正常的学科教学。

作为教师,一言一行都在塑造着自己的形象。原国家教委和全国教育工会颁布的中小学教职工日常行为规范,就是我们教师言行的准则。遵守作息时间等内容很明确。教师特别是青年教师不应视而不见,应老老实实地学一学、用一用,才能规范好自己的言行,遵循教育规律,参与正常的教学。从而塑造好自己的形象,赢得社会的尊重和信任。

　　教育事业是一项神圣的光辉的事业。忠诚于教育事业,是教师职业道德的基本要求。可是有的教师太实用主义,任教几门课如初中英语、地理或劳技,组织上考什么,他教什么;什么课不统一考试(调研考试),什么课他基本不教。致使课程残缺,学生得不到全面发展。而到了高中地理、生物等又变成了主科,学生缺少了应有的基础知识,很难弥补!有的同学因此而失去了升入高校深造的机会而痛哭流涕,这损失无法弥补!请问:谁之过?

　　二、讲对同事和学生的师德,参与正常的学科教学。

　　对学生进行成功的培养、教育,需要教师拼搏的汗水和智慧的协作,需要家庭内部的教育协调,而非哪一门学科的老师压迫学生学习所能实现。教师集体是一个由共同教育任务组成的整体。要使这一集体能够作为一个统一的整体有效地进行工作,所有成员力量的协调一致非常重要。集体中的每一个成员不仅要对自己这份工作认真负责,同时彼此间还要对他人那份工作提供帮助。各科教师,不应采用贬低其他学科的方式,来误导学生对自己任教学科的重视。有的教师就认为学生的精力是有限的,花在你语文学科上的多了,花在我数学上的就少了。于是,有的教师甚至是学校领导,找借口拳打脚踢其他学科的课代表,害苦了无辜的天真无邪的学生,破坏了教师的协作关系。即使自己任教学科考出了"好成绩",可以说是过大于功,有什么积极意义呢?

　　爱护学生,是教师职业道德的核心。教师爱护学生,应该表现在对学生德智体美劳各方面的关心。在教育过程中,应把自己的全部情感倾注在每个学生身上。对他们既严格要求,又尊重信任。应爱护每一个具有个性的学生,引导他们培养各自正当的兴趣、爱好,发展他们各自的特长。可是,有的班主任教师甚至学校领导,只以学生学习成绩甚至单科成绩作为评价学生的唯一标准,评定"三好生"、优秀学生,而故意玩手腕,妨害全面发展的好学生学习进步。

　　为了祖国美好的未来,希望大家重视上述问题,并采取切实有效的措施加以解决。

　　(2002年8月获中央教育科学研究所德育研究中心公民道德建设征文三等奖)

7　初中语文考试成绩的依赖性

2002年下半年,胡锦涛代表中共中央所作的关于党政干部人事制度改革的讲话中指出:考察干部要增加透明度,对实绩的考核要考虑到所从事的工作的特点和难度,具体情况作具体评估。联系我们初中语文教学实绩的考核来说,我认为有相似性、可比性。在语文教学实绩的考核中,有的领导竟说:"我只认得阿拉伯数字。"只进行简单比较。

虽说学生语文考试成绩与语文教师不无关系,但无论从教育理论和教育实践来看,学生语文考试成绩比起其他学科来,都更富于依赖性。老实说,语文教师所教学生的语文考试成绩并不全是由语文教师个人所主宰和决定的:班级有其他学科教师做班主任对语文教师就是一种挑战,更何况他只重视自己任教学科,而非毕业班学生期末考试成绩高低与学生本人升学又无关。文学即人学。学校要优化语文学科考试成绩和班级管理,就要发挥语文教师在班级管理中的主导作用。

教育学指出:"由学校指定班主任专门负责班级的指导管理工作,班主任对班级具有举足轻重的影响作用。""班主任可以通过班级的管理,创造良好的条件,使教师授课成功,学生学习能力提高。"事实也是如此,2002年下半年,我校初二三个班,蒋老师任初二(1)班班主任和语文教师,武老师、柳老师分别任初二(2)班和初二(3)班语文教师,不任班主任。在期末语文统一考试中,蒋老师任教的初二(1)班语文考试成绩均超过武、柳二老师任教的初二(2)、初二(3)班的语文考试成绩。无独有偶,我从事语文教学工作已二十余年了,凡做班主任兼教本班语文课时,尽管平时语文课用功不多,可期末语文考试成绩在平行班中总是领先或上数;凡没做班主任而教语文课时,尽管语文课教的更用功,但还得看班主任重视语文学科的程度、班主任重视自己任教的学科的多,多数学期语文考试成绩不够理想。班主任效应是大家的共识。所以,语文考试成绩具有严重的依赖性,依赖于班主任的主观意向,而与语文教师的重视程度简直没有关系!

班主任对学科考试成绩的影响当然不限于语文,但语文学科受其影响尤为明显。我以为这是由于语文学科的特殊性与班主任人选的复杂性所决定的。

第一,语文学科是语言文学学科,服务并受制于政治、人情世故,而班级最现实的政治、风土人情就是班主任。所以语文学科服务并受制于班主任。

著名教授吴调公先生指出:文学与哲学、美学关系密切。具体来讲,几乎没有哪篇语文课文可以游离于政治(哲学)和风土人情(美学)之外。茅盾的《白杨礼赞》从题目看好像就是尊敬、赞美白杨树这种植物,而内容具有象征意义:白杨树象征中国共产党领导下的抗日军民,象征在民族解放战争中所不可缺的质朴、坚强、力求上进的精神,并具有强烈的感情色彩和鲜明的政治倾向。就是鲁彦的《听潮》,写出了与大自然大海的亲密接触的独特感受,恰也表现了积极的人生态度和对美好未来的热烈追求。每篇课文都是政治和风土人情的生动体现。语文教师课上得再好,也只能引导学生上好语文课,学习好语文学科。这样的结果是更好地服务并受制于班主任。初中生的语文学科的考试也是服务并受制于班主任及其主观意志。

第二,从课程标准关于语文学科的性质和地位来看,语文教师应处于思想政治工作、班级管理的主导地位,否则,必将受到轻视和猜疑。《课程标准》指出:"语文是最重要的交际工具,是人类文化的重要组成部分。工具性、人文性的统一是语文课程的基本特点,语文素养是学生学好其他课程的基础,也是学生全面发展和终身发展的基础。"从"最重要的交际工具""基础"等关键词语可知,语文课程与班务工作关系极为密切。假如语文教师不是班主任,那么在学生心目中,势必猜疑语文教师有什么问题,人品,学识,管理能力?如果语文教师什么问题也没有,那么就是语文学科不重要了!语文老师却要受制于其他学科老师,这种人事安排本身,不是具有很强的偏向性讽刺性吗?学生不重视语文老师和语文学科也就不足为奇了。

第三,从语文学科的学习的特殊要求来看,必须强化语文教学的理念,而事实并非如此。"语文这东西不是随便可以学好的,非下苦功不可。"在各种语言的学习中,汉语的难度尤为突出。20世纪八九十年代的初中语文教学大纲强调:语文学习要多读多练,勤学苦练。而语文老师除了上课四十五分钟这有限的时间,可以引导学生用于语文学习外,不是班主任的很难要求学生在课余时间进行语文的多读多练,即使要求了效果也很难见到;其他学科也要布置作业,有的量还很大。何况语文作业朗读背诵的多,容易被推脱和忽视;也容易被其他学科挤掉。此外,语文教师接受思想教育的频率高,思想境界高,大多不忍加重学生的课业负担,多读多练难以实现。如果班主任不把语文学科放在学科首要位置,语文考试成绩就很难保障。可是非语文教师班主任一般都兼任其他一门主科,他能强化语文而不强化自己所教学科的教学理念吗?

目前,语文考试命题正由课内向课外迁移。解答这类命题,易受情绪左右。班主任对于初中语文学科教学和考试的影响将有增无减。因为"愉快和热爱能驱使人积极地行动。""悲哀和厌恶则会降低人的积极性和活动能力。"(张焕庭主编《心理学》)。因此,在班主任不重视语文学科考试成绩的情况下,不应该把学生的语文考试成绩(差)归咎于语文教师。

综上所述,应该实事求是地看待教学、考试上的特殊情况,认识语文学科教学及其考试成绩的严重依赖性:初中语文学科服务并受制于班主任,关注语文考试成绩教学的特殊性与班主任意识的主观性的直接关系,并运用于考核;充分发挥语文教师在班级管理中的科学的主导作用,兴利除弊,把人民的教育事业办得更加令人满意。

(2003年5月获《现代教育报》主办的第二届全国教师科研论文大赛二等奖)

8 塑造师生形象 维护学校稳定
——2011年上半年许庄初中工作总结
（2011年7月）

在如皋市教育局、如城镇党委和如城镇中心初中的领导下，2011年上半年的许庄初中，深入学习贯彻落实科学发展观，紧密结合本校工作实际，通过健全的组织、得力的措施和精细的管理，彰显出"塑造师生形象，维护学校稳定"的办学特色，胜利完成上级领导交给的艰苦的教育教学工作。

今年上半年，我们许庄初中还有教师30几位，其中临时党支部有党员9人。学校领导组成员3人，任课教师和协助管理人员10几人，另有老弱病残10几人。"麻雀虽小，五脏俱全"。有校长兼党支部书记唐光庆，政教主任陈书键，教导主任陶明怀，协助政教常规管理员刘维臣（语文），协助教导兼联络员杨宝林，年级组长许联华，班主任石老师（化）、孙老师（语）。语文夏小琴，数学缪霞，倪晶晶；英语马淑玲，范宝林；物理明道年，蒋国华；语文郭彦，历史陆老师等任课老师，广播站长吴小奇老师，报刊管理员史新如老师，后勤孙勇老师等。

学生有初三两个班80多人。这些学生比较复杂，都是如皋市实验初中、如皋初中等筛选下来的原许庄初中初二的，又加进了如城三中的十几名同学。几乎都是特殊问题学生，呈现"四特生"为主体的复杂状态：一是品德问题特殊生多，有由于家庭溺爱生性调皮捣蛋、喜欢惹是生非的周某、陈某等，陈某发型是"子弹头"式，经常与各位老师顶撞；姜某发型是"锦卫"式，康某的发型是"飞冲式"。这些学生有逆反厌学心理，似乎认为违反纪律是"勇敢"，学习不学习无所谓，混到毕业去打工。二是残疾问题特殊生多。中考报名借如皋初中网络平台，不少同学完全不会操作，有些同学上机操作完成的时间是如初学生的三、四倍；有连回家、上厕所的路也不认识的谢某，考试连姓名都不知填在哪里；有见老师就傻笑的刘某；有患羊角风病的学生周某，有患小儿麻痹症的章某。三是家庭问题特殊生多。有父亲坐牢、母亲痴呆、回去要服侍母亲的刘某。周某的父母离异，跟父亲生活，学校想请父亲配合老师教育孩子，多次打电话都不接，接了却推给孩子的妈妈；有父母都是聋哑人的李某。四是外来务工子女多。有重庆的李某，安徽的刘某；有的家长已经离开如皋，把子女留在如皋上学，要联系很困难。

由于许庄初中校舍搬迁到如皋初中，我们只能在由二楼食堂改造的教室和办公室开展教育教学工作。办公室是一个筒仓，没有隔出行政办公室、教师办公室和储藏室,并且是背阳的。

面对学校如此复杂状况,教育局金局长先后两次莅临学校视察指导,给学校以关心鼓舞。学校领导和部分党员同志没有丝毫混的思想,而是在中心初中的领导下,带领教师们深入学习贯彻科学发展观,实事求是,负重前行,凸显"塑造师生形象　维护学校稳定"的办学特色。

一、认真制订和实施学校工作计划,自觉加强教师队伍建设

组织教师认真学习上级有关文件和指示,特别是《如城镇2011年教育工作思路》的主要目标。

利用每周一的政治业务学习时间,组织全体教师及时了解和学习上级的有关文件、指示,特别是中心初中制订的《如城镇2011年教育工作思路》的主要目标的相关条文,力求统一思想认识,并分工落实,把工作做到位,强化德育观念、安全意识、教育科学研究思想和工作责任心。

努力开展课堂教学改革,学会和运用"活动单导学"模式。

建立健全教研组,开展正常的交流研讨,发现问题及时研究对策,不断提升教师的课堂教学业务素质。今年上半年组织任课老师迎接、通过中心初中的"活动单导学"模式验收,大大提升了素质教育和活动教学的能力。

注重教育科学研究,组织教师参加各类教育科研活动。

学校提倡教师参加各种业务活动。除了正常参加教育系统的科研活动外,教师还自告奋勇地参加上级有关组织机构开展的活动。孙、夏老师在某语文杂志发表论文,刘老师的《夏》教学设计获得中国教育学会课题组一等奖。不少教师平时很注重读书学习,陶、吴、刘经常在一起论诗。

二、注重和创新德育工作思路,提升教育全体学生的水平和能力

1 领导教师配合值班,保障学校教育教学工作正常开展。

从周一到周五,学校每天都安排行政值班,包括早读、午休时间,大家兢兢业业,提高警惕,生怕学生中不安分的弄出什么事来。接近退休的吴小奇每天准时到校放广播操音乐。唐校长、陈主任和陶主任等亲自值班,认真处理偶发事件。如处理三(1)学生自己碰伤手指事件。不久前的一天下午第一堂课,上课铃响过,三(1)班陈某同学提出要喝茶,不等任课老师表态,擅自走进办公室倒水,还对办公室老师说:"看什么？不认识吗？"老师及时对这种不守纪律、目无师长的行为进行了严肃批评。早读、午休值班最多的是党员、语文教师刘老师,每天及时检查公布日常规范执行情况。早读值班老师有时因特殊情况未到,就自动顶班,教育引导学生。在唐校长的领导下,刘还为有公事请假的老师上语文课,为体育中考之后的体育老师指导看守学生自习,除三(1)有一课倪老师上数学外。

2 针对学生具体情况,多次集中开会训导。

本学期,继续沿用上学期适时利用课间操时间集中学生开会训导的方法。校长亲自宣讲中学生守则、日常行为规范,并有针对性地进行教育;政教主任讲话并实行现场办公,魄力不小;班主任和相关老师参加。用这种方法,能够保证一段时间的教育教学活动的稳步开展。

3 实行课内外全监控,实现"安全工作零事故"。

唐校长掌管全面,陈主任、陶主任分别工作,各位任课老师也各司其职,同时安排刘老师加强课间学生行为监管,如到厕所看有没有学生破坏公物、打搞、乱扔垃圾,发现问题及时处理。唐校长等多次亲自动手带领学生打扫卫生。今年5月13、14、15日三天中考,承蒙教育局领导的关怀,安排在如皋初中考试。学校加强了对7名特殊学生的教育引导,五场考试只有三人次按照规定提前交卷,一名学生由于受他人影响犯了点老毛病,其他绝大多数学生都顺利参加了中考。

由于大家的共同努力,我们终于在这特殊时期特殊生源的学校实现了"安全工作零事故"的目标,得到教育局领导的认可、肯定。

最后,还得鸣谢如皋初中的领导如杨兵副校长、王浩然司务长等的宽厚支持!

(受唐校长委托,撰写这份学校工作总结)

附录:辉煌背后的默默奉献者的奉献
——在2016年实验初中"讲身边人 说身边事"教师演讲比赛活动中的演讲

各位领导、各位老师:大家好!

  每天上午十一点半,我们实验初中下课铃声一响,三千多名甚至近四千名学生和教师就会面带微笑如一条条湍急的水流样地涌向一个地方——学校食堂,分流到三、二、一楼,去品味那热气腾腾而香味扑鼻的白色或赤白相间的饭和各色佳肴。然后好以饱满的热情去开始下午的教学。而这种品味慢慢地向家长和社会传播,形成了人人称道的口碑:实验初中的食堂办得好!看来二楼的朝东阳台北墙上朝南挂着的"江苏省百家餐饮A级单位""南通市中小学文明食堂"、食品卫生等级A级单位的奖牌,那可是名副其实的呀!

  事实上,实验初中食堂成了实验初中各种辉煌业绩背后的默默支撑者,而食堂的辉煌背后的默默支撑者又是什么人呢?显然,是实验初中食堂的上上下下49名教职员工!这49名教职员工里我们首先想到的是食堂负责人沈卫华司务长,这个从2002年就撑起食堂这面旗帜的掌门人。可是沈司务长却出人意料地说出了这样的真心话:"虽然有人说少了谁地球照样运转,但是作为一个集体,在食堂这个具体环境里一个也不能少!是谁最不可缺少呢?是我吗?不是,现在的食堂我两三天不来可以正常运转,刘继平会计一天不来,所有设备、人员出了啥毛病啊,就难以运转了!"这个创造了"两组竞争,多劳多得"管理模式的掌门人如是说,应该有他的道理啊!让我们来参观食堂设施:从外面看,菜谱显示屏、电子收纳系统、刷卡机、售菜间消毒灯。往里面走,从南向北依次是1消毒间,一边是冲水池、清水池,一边是消毒车、保洁橱;2蒸煮间:蒸饭柜、夹层锅,上边朝外是风机;3点心间:烤箱、点心蒸车、蒸馒头箱、电饼铛、保洁橱,上边也是风机;4主厨间:一排五个灶十个锅,上边朝外是风机;5冷菜操作间;6冷藏间:有冰箱冰柜,还有土豆刨皮机、瓜果机、绞肉机。……哪一个设施出了故障,如夹层锅蒸汽管坏了,是谁来维修或购买更换?刘继平会计;下水管道堵塞了,是谁冒着严寒和被污水浅湿衣服的危险去排除淤积物?刘继平会计!电梯、消防设施每月检查两次,谁来接待配合技术人员?刘继平会计;一句话,哪里有故障,哪里就有刘会计。食堂工人有谁退休了,是谁帮助办理手续?刘会计;食堂工人有谁生病了,是谁第一时间将病人送到医院治疗?刘会计。不光是这些,数学老师孙小利在运动会上扭伤了腿脚,又是谁去送医治疗和办理繁杂的工伤手续?刘会计;2013年学生刘铖患白血病,还有谁收集捐款7万多元交给了家长,让这个可怜的学子得以治愈?还是刘会计啊!

　　同志们,刘继平会计,51岁,中共党员。他看起来很内向、默默无闻。埋头走路忙起来遇见熟人也顾不上打招呼啊!作为食堂总账会计,完全可以不管这么多,可是除了做好总账会计工作,所有人员、设备的安全运行的托底重担他自告奋勇地承担了!请大家不要忘记实验初中食堂会计刘继平——一位辉煌背后的默默奉献者的奉献,一位共产党员的高度自觉!也不要忘记和刘会计一样默默奉献的49名食堂工作人员!让我们为他们鼓掌!"莫愁前路无知己,天下谁人不识君"!

　　(代表综合组8分钟演讲荣获2016年实验初中"讲身边人　说身边事"教师演讲比赛二等奖,且获得领导同事的好评。)

第三章

教师以学生为语文教学之本（主体）

过去，学校语文教学模式是老师讲学生听。老师是教学的中心，学生是教学的边缘。而新课改对老师的语文教学模式进行了有效性、活动性的改进：教师为主导，学生为主体，进行活动教学，是课程改革的一大进步。在这种转变过程中，我们应努力进行语文课堂教学的有效性探索。

9　珍贵的启示

——谈如何摆正和调节师生关系

若干年前，戴庄初中的教学质量一向在如皋市上数。而在今年中考，戴庄初中竟创造了如皋市18所初中教学质量第一的辉煌业绩：如中、中专上线人数多达八九十名。作为该校校长、全国优秀教师张怀高同志，在今年八月底城西教育督导组于戴庄召开的教师会上说："教师要做学生的知心朋友，使学生敬而亲之；不要做学生害怕的人，让学生看见你就像老鼠见了猫似的，敬而远之……"这段师生关系的论述，朴实无华，似乎很平常，但给我们留下了印象，令我常常记起：它的确不同凡响，棋高一着，是戴庄初中教学工作和他本人从教的经验之谈，给我们以极为珍贵的启示。这种珍贵的启示至少蕴含以下几层意义：

自尊。无论"敬而亲之""敬而远之"，其共同点都是"敬"。要使学生尊敬，先要自尊。所谓自尊，就是教师要有自己的尊严，实际上就是要为人师表。从课内到课外，从校内到校外，教师都应严于律己，遵守《教师法》。有人认为教师自我要求再高，政治上也比不上当官的，经济上比不上经商的。虽然很有道理，值得同情和研究，涉及党和国家的科教兴国的大计，但在从事教育工作时，多想无益，必须放弃。我们无论做什么工作，要么不做，要做就做出个样子来；教师工作也不例外。老虎"只因威武格，不被世人轻。"人有人格，师有师格。只有自尊，才能被人敬，才无愧于人民教师"人类灵魂工程师"的光荣称号。

爱生。尊师和爱生已是一个词语。作为教师,在自尊的同时理应爱生。爱生,即爱护学生。有人认为提倡爱生就是提倡母爱教育,显然是片面的。爱生,不仅是关心学生的身体健康:注意他们的冷暖、疾病等,关心他们的体育锻炼,减轻他们过重的课业负担,而且要使学生心理健康,教以规矩使成方圆,把学生教育成为社会主义"四有"人才,就是最大的爱生;也是豪杰之情、丈夫之怜,可谓"父爱"。教师爱生,首先应是父爱,使学生心理健康;其次,才是"母爱",使学生身体健康。这样,学生明白老师是如何关心自己的,从而把老师当亲人"敬而亲之"。

民主。在自尊、爱生的基础上,要民主。民主意味着教师思想、方法的解放,意味着师生知心朋友似的平等教育的建立:彼此互相了解,交流思想,增进友谊。教师,认识尺有所短,寸有所长;尽可能地看到并肯定学生讨论问题时所表现的一丝一毫的进步,并积极而耐心细致地引导;即使老师明明讲清楚了的问题,后来又帮助学生订正过了,学生还老是答错,也不应一味地责怪学生。而应该向学生了解为什么老是答错,除了学生的失误需要学生注意外,老师讲课时还应该怎么办。这样,学生就感到老师与自己平等相处了,老师所做的都是为了学生的成长,进而把学习当成他们自己的事情了,也来操操心,分分忧。而教师火也不用发,气也不用生,包袱也不用背了。并且学生还会给老师献计献策,知心朋友也有眉目了。

需要说明的是,上述看法,适用于即使学习成绩不理想而品质优良的学生,但不一定适用于虽智力不错但品质不好的学生。正如《易经第三十三·遯卦》所说"君子以远小人,不恶而严。"

(1996年10月9日拟发表于《南通师专报》)

10 对"后进"学生的帮扶

内容提要:谁不喜欢教优秀学生?但不优秀的学生又不能不教吧!教师往往以自己和优秀学生的标准来衡量后进学生,不免嘲笑、嫌弃、怨恨后进学生。而后进学生终于禁不住自己老师的嘲笑、嫌弃、怨恨,产生消极情绪,破罐子破摔,甚至中途辍学。从保护学生的心理健康、有效地促进后进学生转化的角度,用批评、引导、信任的方式来帮扶后进学生,则后进学生也会转化。

关键词:嘲笑、嫌弃、怨恨后进学生 消极 退步

批评、引导、信任后进学生 积极 长进

人生活的环境,对人的心理健康起着决定性的作用。学校是有目的有系统地对年轻一代施加影响的场所。如果方针正确,方法得当,就能培养社会所需要的"四有"的身心健康的下一代,相反,就会直接或间接造成有身心健康问题的下一代。

当今,每所学校的每个班,哪怕是"实验学校""快班",就学习成绩而论,只要进行考试,就会分出"先进学生""中等学生""后进学生"来,教师对先进学生、中等学生一般不厌烦,厌烦的是后进学生。而且一旦出现后进学生问题,便会成为茶余饭后似乎不可回避的话题。这可以理解:谁不喜欢教天资聪颖的学生?大家都不愿意教先天不足的学生,他们到哪里上学?那么最终的结果又是如何呢?一再伤感的后进学生问题何时才能解决呢?另一方面,我们也应该从教育心理学的角度来分析后进学生问题,从而明白后进学生现象给我们的启示,探索如何有效地做好后进学生的转化工作。

(一)嘲笑、嫌弃、怨恨后进学生,则事倍功半,烦恼晦气。

我们没有理由苛求后进学生。就学习成绩来说,只要有考试测验,就必然会有后进学生在;就是昨天的上中等学生,也难保今天和明天不会变成后进学生。可是我们教师中相当一部分人,总喜欢以自己和先进学生的标准来衡量后进学生,极易出现嘲笑、嫌弃、怨恨的情绪。谈起学习上的事情,老是当面歧视、讽刺、恐吓、辱骂、罚抄等,却不知变换教育方式方法。有时同事之间把后进学生学习上的失误当作笑话传播,引起一阵哄笑;难免给后进学生心理上带来阴影,产生对立情绪,结果后进仍后进,甚至更后进。在目前,教师索性不教他了也罢,教他会有更多烦恼、晦气。

教师发现后进学生学习上的不足之处,经常采取嘲笑、嫌弃、怨恨的教育方式方法,自然会损害他们原本脆弱的学习自信心,培养他们的自卑心理和逆反心理,认定自己是天生的笨蛋,不是学习的材料,破罐子破摔:上课思想开小差,不听讲,不做记录,不完成作业,不发言,乱说乱动,甚至中途辍学。说不定一个未来的华罗庚就这样被我们教师扼杀了。这是多么严重的教育问题啊!

心理学认为,青少年情绪容易冲动、外露而多变,他们的能力不能适应复杂的环境的需要,则开始怀疑,信心不足,产生空虚感、失落感。考试屡屡失败,自信心、积极性便所剩无几,所以就破罐子破摔。对于原本不差的学生,如果通过学习新的知识技能,完善性格结构等主观努力,仍不能适应,就会出现心理上的冲突。一般情况下,心理冲突给人带来不愉快、不安的感受。如果有人再雪上加霜,那么就可能产生心理疾病。在当前的学校、家庭教育中,有的教师和家长只注意知识的传授与接受,而对学生情感、意志、性格等心理品质很少考虑;只注重学生学习成绩,而忽视身心健康。学生一旦碰到挫折时,就会心急、彷徨,产生严重的心理冲突,甚至形成悲剧。这样的悲剧难道还能让它重演吗?

可见,我们教师要想真正提高教学质量,就要多考虑学生情感、意志、性格等心理品质。这已经是很现实的教育要求。

(二)批评、引导、信任后进学生,则事半功倍,轻松愉快。

从理论上讲,当学生成为后进学生的时候,他们担心自己缺少事业成功的必要品质,而陷入一种忧郁和绝望之中。教师就应给以热情的关怀和诚恳的劝告,给以友好的鼓励和帮助,逐步形成积极乐观的心理特征。当然,对学习态度不端正的后进学生的问题是必须先弄清楚原因的。批评、引导、信任是帮扶后进学生的一种有效方法。

1. 友好交谈之后。

2002年下半年,我教初二一个班语文,发现班上有十几个后进学生。而他们的位置基本上被班主任排在最后面。他们大有"你不把我当人,我就不做人"的味道。上课思想开小差,随便说话,不听讲,不发言,不完成作业。因此,所在班是公认的纪律差的班。我认为,这就是所谓"陷入一种忧郁和绝望之中",尽管他们表面上装作轻松。不信,假如你认真找他们谈学习问题,他们一定会说"反正学不上去,不是学习的材料。"这就是典型的消极悲观心理。那么作为教师就应给他们中肯的批评,积极的引导,充分的信任,这符合一般认识规律;也不排除热情关怀,诚恳劝告,友好的鼓励和帮助。我没有拂袖而去,我对他们后进的原因进行了中肯的分析、批评:一是缺乏自信心,二是学习态度不端正,没有走上正确的学习轨道。再进行正确的引导:有没有信心在原有基础上逐步提高?想不想将来做个像样的人？上语文课要如何预习、朗读、听课、记录、发言、做作业,而不忽视看似平凡的学习细节？我问一个典型的后进学生岳春生:"我对你们好不好？"他点点头说:"好。"又一次,午修时间,按约定,语数外物每科一刻钟自修。当天我值日,谁知外语教师提前到班发放试卷,常拖时间。后进学生岳春生预先知道了,就特意把后墙上的石英钟调快了6分钟,让英语时间早点到。等外语老师收完试卷走了,他又把钟调回去6分钟,从而保障了语文等午修时间。可见,即使是被认为最后进的学生,也有素质、情感和灵感。在适当的时候,会迸发出智慧的火花。这种智慧甚至超出了许多"先进"学生！原先想辍学的他,经过我们的教育,本学期又高高兴兴地来上学了。

2. 任命迟交作业组组长之后。

心理学认为,人的情绪越是积极乐观,心理健康水平越高。心理健康能使人们的学习、工作、生活具有高效率。据此,我对经过批评、引导而取得正确认识的后进学生给予信任,从而提高了他们心理健康水平和学习效率。2002年10月,初三(2)班王兆鸿等6人生物实验报告册好几次未能完成了。要么书写一塌糊涂,要么成片空白。我把他叫到办公室问:"作业要不要认真完成？"答:"要。"又问:"你有没有认真完成？"答:"我没有来得及做。"问:"怎么办？"答:"补做,明天交来。"我见他态度诚恳,说:"好,希望你说话算数。"我把另5名学生未完成的实验报告册也拿出来,不无信任地说:"你们班还有5个同学未能完成,请你带过去发给他们补做,还由你收缴给我——你就做组长吧！"他高兴地应允了。

第二天上午第四课之前,我坐在办公桌前准备批改作业,忽然,动作迅速而稳健的王兆鸿将已经完成的6本生物实验报告册送来了。我微笑着点点头:"谢谢！"他走了,我连忙打开这些本子检查,哈,都完成了！我心头一喜:真好,比我一个一个地去找这些学生催缴的效果好多了！他甚至比"先进"学生还要先进！

信任,能促进后进学生学习,激发他们的热情,提高他们的学习成绩。2002年下半年初二某班语文复习期间,我以4人小组为单位组织学生复习。吴蓓丽这个小组4人平时学习成绩均不理想,我也没有把他们调开位置复习,而是充分信任他们。结果在镇组织的期末考试中,他们小组4个后进学生就有3人及格,不再后进了。我非常满意。

(2003年12月评为"健康杯"全国第二届中小学心理健康教育优秀成果三等奖)

11 控制课堂秩序的教师因素

最近几年,综观义务教育阶段课堂教学秩序,不容乐观。上课铃响了,校园里仍然闹哄哄的;非班主任任教学科的课,学生不听老师引导;随便说话、做小动作似乎成了自然现象。与此同时,为了追求经济效益的"重点学校"、"重点班"应运而生。诚然,重点很诱人,似乎进了重点初中、重点班,就已经有一只脚跨进了重点高中的大门;老师也变得时髦起来,组织教学又很轻松。可是非重点学校、重点班的老师们组织教学可就难了!这些学生都是由各种原因导致的问题学生,本来就缺少家庭的关爱,社会的温暖,满怀希望地来到学校这片乐土来寻求快乐,却又不知不觉地被打入"另册",被冠以"慢班"学生的臭名,本来想挺直的腰杆儿又弓下来了,有力的腿也软下来了,自尊的心也自卑起来了,进取的心也无所谓了。对于老师的教育油然而生对立情绪,反正是破罐子就索性破摔了。即使到了初三快要毕业了,也难以生出都德《最后一课》里大家严肃认真的学习态度和学习紧迫感。却仿佛又回到了顽皮不懂事的幼儿园,上课了,迟到,或借故出去;习惯于说自己的话、做自己的事,精神游离于课堂学习之外,甚至吃东西、骂人打人;为了鸡毛蒜皮的小事和同学闹矛盾;只要接近下课时间,就不断地掉头看教室后墙上的石英钟,甚至提醒老师"下课了"。他们除了关心自己的享受,还关心什么?因此,上课引导学生静息、读书,就成了教师最主要的也是最难办的事情。你好心教导他,静下来了,稍不留意,课堂又会嘈杂;即使留意了,并且积极地去教导他,课堂还会不安定。在老师的指导下,学生读一篇三四百字的课文,还没有读完就说累了。种种迹象表明,他们重视自己的自由享乐远远超过自己的课程学习,简直不能算是学生了。

面对如此任性自私、没有教养、不想读书的学生们,按照规定,教师也"无可奈何花落去",只希望"似曾相识燕归来"。完全可以混他一混,不和他怄气。但是作为有天底下"最光辉的职业"的责任感的人民教师忍辱负重,还在孜孜不倦地探索着:怎样尽可能地控制好课堂秩序、引导他们多学习一点呢?

第一,看形势,找对策。也许,善良的中老年人们不禁惊诧:这群孩子怎么会这样呢?现在有这么好的学习条件却不能珍惜,还学坏,太可惜了!和我们中老年人比,他们走到这步田地,绝不是无缘无故的。一是家庭温暖或自由有余而正确引导缺失。应该承认社会的物质文明和精神文明建设都有了进步。不是所有的学生都是问题学生,都令人生厌。但正如前面所说的,现在的问题学生比过去的问题学生更复杂更难教育。过去我们这一代人家庭条件差而思想教育严,除了父母"活学活用"学习的政治知识,还参加家务劳动,"劳动创造了人",劳动改造了人,毋庸置疑;甚至因为不中父母的意就莫名其妙地挨打。所以学会忍耐、热爱学习、艰苦奋斗已成习惯,人们都相对比较单纯;现在这些孩子条件好而思想要求宽松,"工作为生活所累"。改革开放以来,家家户户都解决了温饱问题,有的还提前进入了小康社会。随着文明程度的提高,思想解放了,言行更加自由了。同时有些家长好的东西接受不了,坏的东西无师自通,什么利用娱乐工具麻将、长牌、扑克牌赌博,酗酒,骂人,打架等,对孩子或多或少地造成影响。同时,家长整天只顾挣钱,和孩子待在一起的时间少了,缺少正当的人文关怀和思想教育。而爷爷奶奶见到孙子孙女总是宠爱有加,尤其是见着了孙子简直高兴得不得了。二是社会尊重或保护加强而思想教育松懈。过去,我们这一代从小没有受到专门立法的保护。在学校成绩不好或表现不佳可能会受到老师的体罚或变相体罚,在社会上也有可能因为出言不逊或做错了什么而被人打,甚至被人冤枉。记得节假日我们小伙伴出去采猪草,实在没有草可采了,就摸河草,河草也没了,就只得偷采一点集体的桑叶,竟然有两次被抓去扣留了好久;人走了,篮子又被扣留了好久。14岁那年,一位小伙伴在学校被评为"三好学生"。却因为"亡羊补牢",被冤枉成了狼,有人硬说偷了自家奶奶家的供应粮票,被文盲大队书记关押了一天,直至真凶被抓也无人道歉。每逢放寒暑假,学校还要印发《学生假期表现鉴定表》,开学时由生产队干部签署意见带回学校交给班主任进行总结。现在国家专门立法《未成年人保护法》《义务教育法》等,禁止体罚或变相体罚未成年人,父母对自己只有抚养权,也没有处罚权和过问(隐私)权。没有压力,也没有动力,他们不浮躁空虚才怪呢!于是在不均衡教育下的生源不好的学校,新课标的"自由发展"变成了"自由放任",带坏了耽误了不少的仍有可塑性的中下等学生。

据此,作为"人类灵魂的工程师"的教师,呼吁家庭在给予孩子温暖和自由的同时,应给予充分的正确引导,拒腐防变;呼吁社会在尊重或保护未成年人的同时,加大对品行不端学生的思想教育的力度和有效地制约;实施均衡教育。

教师自己怎么办?碰上问题学生,正确的方法,教师只能按照规定说服教育,说而不服,再说。尽力维持秩序而效果不大,假如有人高高在上,看教师的笑话,甚至听信坏学生的谎言指责教师,那是十分幼稚可笑和昏庸的。教育学告诉我们:"教师在教育过程中处于主导地位,起主导作用,只有通过教师的教育才能把社会客观要求转化为学生内部的需要,否则就不可能促进学生从已有发展水平向新的发展水平转化。""如果把教师放在从属的地位,放弃教师的主导作用,一切以学生为中心,就会混淆教育过程与学生自发学习的本质区别,导致降低教育质量,这种教训在我国和外国都有。"(华东地区省属师范大学协编教材《教育学》88年版178页)教育行政应支持教师控制课堂秩序,教师也应积极努力控制课堂秩序,提高教育质量才有可能;教师应全面认识社会现实对学生的影响和学生的本身性格特点,实行科学的教育,不断探索,不断总结,不断学习,不断改进。

  第二,抓德育,明事理。在人的发展中,思想品德的发展对其他方面的发展起着灵魂与统帅的作用。任何一个国家办教育,都十分重视学校的思想品德教育工作。学生的思想品德并不是与生俱来的,而是在家庭、社会、学校教育的影响下,通过活动与交往逐步形成和发展起来的。现在社会和有的家庭比较复杂,多数女学生一向遵纪守法,努力向上;部分男学生每逢周一和刚开学思想问题就比较多。学校针对这些学生的性格特点和思想动态进行思想教育,需要班主任、科任配合,整体联动,全面开展。班级应有针对性地正常地组织召开主题班会、演讲比赛,不断努力转变学生的思想,使他们明白有关事理,优化思想性格。如开展"今天的幸福生活是从哪里来的?""我国现在人均收入比发达国家差距有多远?""为什么具有五千年灿烂文明史的中华民族却屡遭外国列强欺辱?南京大屠杀的悲剧给我们怎样的警示?"的讨论和演讲,使学生懂得没有共产党就没有新中国的道理;懂得今天的幸福生活是许多共产党人和革命者用鲜血和生命换来的,是包括父母在内的广大劳动人民辛勤劳动的结果,自力更生、艰苦奋斗的精神永远要保持。虽然我国改革开放以来取得了经济建设的伟大成就,但我们现在还不发达,夜郎自大是可笑的;认识政治腐败、经济落后就要被动挨打。南京大屠杀的悲剧警示我们,必须坚持党的领导,坚持人民民主专政,坚持走社会主义道路,坚持马克思、列宁主义、毛泽东思想。肩负起振兴中华民族的历史使命和责任;必须珍惜机会,遵纪守法,勤奋学习,不断创新,以满腔的热忱、优良的成绩报效祖国。经常组织学生学习《中学生守则》《中小学生日常行为规范》,交流学习体会;发挥共产党人舆论宣传的优势,宣传古人头悬梁锥刺股、凿壁偷光、程门立雪的精神,宣传革命烈士邱少云严守纪律、顾全大局、不怕牺牲的品质,张海迪身残志坚、刻苦学习、服务社会的可贵精神。在课堂教学中,经常有针对性地引用名言警句等进行思想感化;讲学好所任教学科的独特意义,并引导学生掌握正确的学习方法;讲上课的常识,如拿出课本并打开,准备笔记;坐正身姿,注意倾听;举手发言;认真写字。

  第三,重组织,做评价。班级、小组这类组织形式,符合群体由活动、相互作用、感情三个相互关联的因素构成的概念,应重视和利用。品德评价,是对学生的思想和行为作出肯定和否定,促使学生发扬优点、改正缺点,鼓励学生不断上进的一种教育方法。教师的主导作用与学生的积极性和主动性的结合,是教育活动取得成功的关键。所以人们常说,以正面教育为主,就是因为哪怕素质很低的学生,自尊心总是有的,甚至毫不逊色。教师正好利用学生的自尊心来组织学习活动的评价,促进学生学习向好。如利用小组进行坐姿评价,倾听评价,朗读评价,发言评价,扮演评价,作业评价等,及时表扬好的,提醒中等的,督促不好的,遏制和减少滋扰课堂秩序的因素,激发他们读书学习的兴致。

  第四,搞教改,勤探索。教学有法,教无定法。应该认真学习教育理论,掌握和熟悉本学科的教学内容和教学原则、方法。在此基础上,对于具体的课程的教学应根据具体班级学生情况恰当处理,如语文早读课我往往安排学生读指定的背诵课文,再当堂默写。次数多了,时间长了,学生自然会产生厌倦情绪,默写的时候就偷偷抄写了。于是,就改变了方式,当堂课不默写了;采用自读自背、互相问答的方式。结果学生的读书积极性又高了。对个别学生的教育也要改变方法。有学生上课时用 mp3 偷听音乐,一般就是没收。一次我隐约听到歌声,有学生在笑。我说:对这个问题我只讲一句话,爱听音乐本是良好的兴趣,但课上听就不是正当的,而且是有害的,因为用错了时间。下面就静下来了。不断地向书本学习,向同仁学习,并结合实际提高认识。而不能故步自封,死板教条,搞老一套,引起学生疲劳厌倦情绪,即使是自己认为科学合理的、过去证明有效的方法。

  第五,促静息,拉距离。学生从小就接受老师的培训,开始上课时静息。这种课堂秩序教育传统应保持。但被娇惯了的独生子女学生,相当任性自私,如前所述,即使上课了,也照样吵闹。这种学生心气浮躁,也很势利。可以一开始就给他一个下马威,吹吹牛,有意抬高自己蔑视对方,产生威严和距离。距离产生美。"人是一种既不能疏远又不能过于亲近的动物。"要以一个公职人员的姿态注视、提醒,找出说话的学生盘问训斥,使其为自己的错误而受到精神的遣责,形成警示震慑力。训练学生学会安静和自学,形成遵守课堂秩序的良好习惯;讲解时应避免一个腔调,以自然平和、抑扬顿挫的语气语调,尽可能运用多种教学方法,避免单调;适当安排和鼓励学生参与学习探讨,进入学习状态;应跳出一些过热的家庭温情的溺爱教育怪圈,与之保持一定的距离,进行"冷"处理。某日我监考初三语文第一次模拟考试,某喜欢顽皮的学生端着方凳来找我:"(考试时临时座位)凳子要坏,不好坐。""送到办公室去!""你是否帮我重找一只?""我不帮你找。"他只得乖乖地端着那方凳上了位。如果我帮她找,他正好趁机捣乱,耍小聪明。不久,某生举手提问:"第 15 题说:画线的'苍凉感''沧桑感'在哪里?没有画线的语句。"我说:"苍凉感""沧桑感"文中是有的,只是没画线。他们问:"在哪里?""自己找。"他们就安静了。我明知在第五页倒数第五行,为什么不直接告诉他呢?因为多次实践证明,我告诉了他,他们就认为老师认错了,老师也有错误,当时就热乎起来,那就不要严肃考试纪律了。老百姓有话:惯要惯在心里,不要惯在脸上。

第六，多提问，绷紧弦。问题学生班级有一个特点：散。"主动加工模型"说认为，多条通道的信息进入意识领域得到知觉加工和识别，人对输入的信息进行意义分析后，根据外界刺激的重要性来选择反应。人们对之做出反应的事物，即为受到注意的对象。一上课就提问，"后次复习前次的概念"，并加以评价，是一种吸引学生注意力进入课堂情境的有效方法。本来上课就该如此，不值得再说。但由于问题学生多，课堂学习气氛淡薄，少数个别学生养成了厌学顽皮性格，无事生非，或提出什么不是问题的问题，或弄出什么动静来，冲击了正常的学习，转移了老师和学生读书的兴趣。应重点检查问题学生，中肯评价，严肃对待，造成紧张气氛，使全体学生思想上都绷紧学习的弦。

第七，请家长，写保证。一般不要把学生的问题公开化、扩大化，以保护学生的难得的自尊心。说起来这方法有点老，也影响家长的正常工作，但面对这些问题学生、末等生源，这是没有办法的办法。对品行不良的学生的教育是一项十分艰巨复杂的工作，需要学校、家庭、社会积极配合，协同一致地采取教育措施。有的违法乱纪造成恶劣影响的，还要通过人民警察会同家长予以教育和处罚；对比较难解决的累教累犯问题，可以采用请家长写保证的教育方式，增加心理压力，使之全面认识自己，反省错误原因，改过自新。家校结合，齐抓共管。如班上有男女二学生，是邻桌，又是邻居，经常迟到，上课随便说话，照镜子，跷脚，乱放衣服，影响恶劣。老师批评教育还暴跳如雷，顶撞，要动手。经过多次说服教育、写保证书，仍然不改。高个子坐在前面，经常转过头来说话。最后只得请家长，家长来了，让他自己检讨犯了哪些错误，他说记不得；直到老师跟他摊牌，一一挑明，辩驳，说明利害关系，才不得不承认错误流下悔恨的泪。又说不会写六百字检讨书，在老师和家长的督促下，才写出来了。一式两份，老师、家长各执一份，以便对照执行。后来才有所好转。

控制课堂秩序的方法远不止这些，还有很大的空间等着我们去探索。无论采用什么方法，都要符合特定学生的教育规律。因此我们在履行对问题学生的教育的职责时，别忘了在思想观念上把握分寸。

第八，看对象，拿尺度。由于学生在心理以及知识、能力等方面存在的个性差异，应当注意因材施教。对这些学生应有符合实际而不是想当然的认识。这些学生之所以是这些学生，而不是别的学生，并非偶然，"冰冻三尺非一日之寒"。不否认与遗传因素有关，而从小父母的言传身教也不可能不产生影响。我曾经到过小学二年级的课堂，发现个别学生上课不守秩序也是习以为常了。上课了，他不能静下来，自己总有说不完的话、做不完的小动作。教过他的老师都说他是横竖累教不改。这样的学生到了初中就能改吗？生成的眉毛长成的骨，想改也难。在目前的环境下,光凭老师在课堂上的努力已不能见效。急躁也没有用。尽管你对他的表现不欢迎,但对他还不能歧视,不能拒之门外。按照规定还要当作自己的孩子看待,尽可能欣赏他哪怕很小的优点;思想方法上要大度,不要小气:认为他破坏了自己的课堂秩序,欺负我,那还了得?给他两下子;要么耿耿于怀,自己折磨自己。其实他本来就这样,切莫恨铁不成钢,有什么偏激的举动。应该在法律的框架下研究对策:"攻城为下,攻心为上。"(《孙子兵法》)可以说服,可以爱抚,可以与之打心理战。据一位包姓老师讲:一次参加期末调研考试监考,看见某学生拿抽屉里的粉笔头乱扔,他索性替他把粉笔盒拿出来,嗔道:"扔啊!"这个学生反而不扔了。为什么?逆反心理作怪,理亏又被她恼怒、出乎意料的大度镇住了,那学生在心理上输了。我们不能用学生的错误来折磨自己,还应分清学生的过错与教师的无过错的界限,灵活处理课上出现的偶发事件,偶然适当留给学生自由活动的空间。俗话说"买卖不成仁义在。"有一次我在讲课时,看见坐在最后一排的一个学生用两块圆形淡黄色的纸遮在自己两只眼睛上,我没有理会,继续注视着其他学生的情绪讲课,不久发现他自己也觉得没趣撤了,正所谓"见怪不怪,其怪自败。"如果你注视着他,他倒反而来劲了,还想做出其他小动作来气气你;如果你放下课不讲去管他批他,而上课的学生注意力都集中到他身上,他觉得没面子,逆反心理趁机涌上来,找借口说:"眼睛不舒服,护眼的,又怎么了?"他就和你顶撞,引起一阵哄笑,弄得你教师显得被动、吃力。退一步讲,我们只能像对待社会上品行不良的儿时伙伴一样,与之相处。在教学具体课文时,他们喜欢简单的机械的粗略的讲解和操作,满足于"知其然",应考虑他们的胃口。

第九,严有格,宽有度。"对待每一个学生都如同对待自己孩子一样。"这话是指教师从内心里看待不同个性的学生。教育要适应并促进人的身心发展,就不能不对他们进行起码的严格的教育,不能像不成功的家长那样,过于迁就孩子,使孩子养成散漫任性的坏脾气。德国哲学家、教育家康德说过:"人只有通过教育才能成为人。"应教育学生说话算数,不该说的宁可不说。"人而无信,不知其可。"古时候有位母亲外出,孩子哭着要跟随其后。母亲叫他别跟着,答应回来后杀猪给他吃。别人以为开玩笑而已,结果母亲回来后却真的把猪杀了。说不准随便说话、做小动作,如果有学生随便说话做小动作了,就要一下子管住管死。该严格的就严格。至于他有没有听、记,那是比较高的要求,可以不管,只要他不随便说话做小动作。然后再鼓励和提倡参与学习,如踊跃发言,大声朗读,热烈讨论。在学习的前提下,动作神态随便一点、开放一点不用计较,以便释放他们个性中的良性,驱使他们走上正常的学习之路,建立良好的师生关系。

最后要说的是,初中课堂上有时会出现极难教育的学生,如我们这里先后有两名学生都是初一时录取了,又转到少体校,少体校不要了,却又转回来了。他们比起没有少年体育学校的问题学生来有过之而无不及。特点是与老师、家长之间容易形成暴力对抗。要么打伤父亲,要么在家里摔保温瓶威胁母亲让他骑摩托;上课时目无老师,随便说话,随便进出,有时跳窗而入,当众对抗、辱骂正常教育他的老师,下位打同学,课后推打教育他的女班主任老师;头发染成黄毛。就是中考,不到半个小时就交卷,还叼着香烟大摇大摆,又着双腿坐在校长室前的台阶上吸烟,不听考点主任劝说。据说只怕少体校他的某老师,一下子把他打趴下。天哪,原来如此!

在目前的情况下,我们遇上这样的学生苦不堪言,但终于"芟夷大难"。我们是否可以这样说:从此我们将不再畏惧问题学生!

(2007年6月28日经全国"敬业杯"教育论文评优活动组委会评为一等奖)

12　在生活教育的实践中探究问题学生的问题

摘　要:学习陶行知生活教育理论,联系教育教学实践,我有以下几点体会:生活教育是广义的生活广义的教育,用广义的生活广义的教育探究条件好的学生的问题及其应对策略;生活教育又是以生活为中心的教育,探究条件差的学生的问题及其应对策略。

关键词:生活教育　广义　中心　应对策略

在生活教育的实践中探究问题学生的问题

学习陶行知生活教育理论,结合教育教学实践,我的体会是:生活教育是广义的生活、广义的教育,用广义的生活广义的教育去探究条件好的问题学生的问题,开阔学生的眼界、丰富学生的智慧,提高学生的素养;生活教育又是以生活为中心的教育,探究条件差的学生的问题,用现实生活教育引导学生,使他们不断进步。

一、认识陶行知所说的"教育"是包括学校教育在内的整个社会生活的广义教育,"生活"是整个自然界和人类社会生活的总体,是人类一切实践活动的总称。

根据陶行知先生的生活教育理论,我们在平时的教育教学活动中,必须具有宽广的胸怀,宽阔的视野,丰富的信息资源,并能灵活运用。不能局限于学校教育、教室的框框来探究教育中出现的学生的问题;也不能只看到课本里讲述的内容信息,要看到与之相关的整个自然界和社会生活、包括人的一切实践活动。联系、挑选用得上的教给学生。课堂教学注意旁征博引丰富知识内涵,也可以联系生活实际来阐述,增加课堂教学容量和透明度,便于理解记忆巩固提升。如语文的文言文教学,判断句、省略句、疑问句否定句、倒装句以及虚实词,完全可以举课外文选的例子加以佐证,这些课外的例子也是"生活"——"人类的一切实践活动"。教学《长征》诗词,可以介绍历史知识中国工农红军两万五千里长征。通过两者比较知道,诗词是文学,历史是史学。而本来条件好而考试成绩不理想的同学问题出在哪里?就是因为没有接受大量与课文相关的生活教育:集思广益。

而在现实的教育活动中,我们教师往往显得很简单:在课堂上发生的"问题"——常常是学生走神分心做小动作、不完成作业、考试失误等,没有查查什么原因,就依据学校教育——课堂上的规章制度来制约学生,对号入座,擅自进行相应的处罚,——有时也有效;有的学生有顽童心理作用——试探老师厉害不厉害,但往往取得的还不是最好的效果;长期影响学生,于是同学之间为了鸡毛蒜皮的小事大打出手的有之。也有的学生考不上理想学校就轻生,考上了理想学校成了博士稍不如意也轻生,药家鑫杀人案也是很典型的,因为没有用广义的生活来教育学生,因为没有联系包括学校教育在内的整个社会生活来教育学生;没有哪怕有针对性地联系自然界和人类社会生活、一切实践活动来丰富认识。因而学生个人阅历不足、修养不深。而只是教育孩子一定要考好,否则就完了!是这种片面的简单的生活教育,当然经不住风浪。

还有些不愿遵守课堂秩序的初三学生,此类学生男生占多数。为什么?因为传统的观念有男孩就"有后"了,父母特别是爷爷奶奶惯得不得了!溺爱有加,怎么能遵纪守法呢?感情用事严重!陶行知的生活教育理论,生活包括整个自然界和人类一切实践活动,不光是社会生活。而家庭的溺爱只能算是人类社会生活的某个特殊不正常侧面。

自然生活其实很有启发性,从来是现实的、严肃的,从来没有故意给我们犯错误的理由和余地。下雷雨天在大树下或淋湿的高大建筑物下或湖边躲雨可能遭雷电,轮船不按照航道航行就会触礁沉没;你在家里种地,没有按照季节播种、施肥、除草、治虫,苗出得不好,长势弱,杂草多,虫子吃掉庄稼,你就收不到粮食。你在家里做饭,把饭烧焦了,怎么办?烧焦了的米不能还原!自己没饭吃,还承担损失。这就是自然生活给我们的教育。有理说吗?和谁说理去?只能怪自己!

二、认识生活即教育:生活教育就是以生活为中心的教育。陶行知先生说:"生活教育是生活所原有,生活所自营,生活所必须的教育。生活决定教育,有什么样的生活便有与之相应的教育,教育是供人生需要、为了生活向前向上的需要的,只有在生活中求得的教育才是真正的教育,实际生活是教育的中心,文字、书本只是生活的工具,不是生活的本身。教育只有通过生活才能产生力量而成为真正的教育。""生活即教育"不是说生活等同于教育,而是说教育与生活经历同一个过程,教育离不开生活,生活离不开教育。

根据陶行知这一生活教育理论,在生活中教育学生,教育他们努力向上向前。那年,我在我们学校协助政教主任对最后一届初三两个班的学生进行一日常规管理。一开始在校长政教主任的安排下,由初三(1)班主任派蒲璐同学考核初三(2)班,由初三(2)班班主任派柳云同学考核初三(1)班。一开始蒲璐做得还算认真,严格要求对方,负责本班打扫,但明显地有推卸包干区责任之嫌。原来班主任就对包干区分配有异议!

而柳云有些被动,常常要我去提醒才把考核单交过来。考核单分列了胸卡佩戴、出缺席情况、自行车排放、两课两操、包干区整洁、公物爱护、课间纪律、典型情况等项目分值,这些项目的考核,是要花费时间和精力的,因此对考核者来说的确是个负担。期中考试之后,柳云就提出不负责考核了,理由是英语成绩上不去。在她提出这个要求之后,我曾经挽留过她,但她执意要去掉这个差事。后来竟不到校而去卖服装了!原来这个女孩是个川妹子,受经商的父母和社会风气的影响比较大,商业生活教育超过了学习生活的教育。

我当时就让她重新物色一个胜任这项工作的同学来做这件事。后来换了一个叫金紫云的女生,胖胖的,但是工作起来很得力,扣分有力度,也不是那种只为本班着想、故意压对方的考核。后来蒲璐璐也许因为占不了上风,虚荣心促使他不高兴参加考核了,我也要求她推荐一个工作认真负责的同学来接替她,她就推荐了班长章瑾。

我对金紫云、章瑾说:"假如没有一日常规考核行不行?不行。有了一日常规考核,可以促进大家自觉遵纪守法,营造良好的学习环境,包括你们自己在内的同学们才能够安心学习。希望为了班级也为了自己奉献力量吧!有什么问题及时沟通。"他们都表示理解和支持。虽然有时候他们不能够在早晨上课之前准时交考核单,但是也没有哪个说不愿意继续干的,一直坚持到最后。我既能容忍他们有时不能及时上交考核单,只是提醒他们上交,也鼓励他们马上就要结束了,站好最后一班岗。在公布之前,根据我了解的实际情况对分数做适当的修改,提高可信度和针对性,在某种意义上对班风校风建设起到良好的导向、支持作用。许多同学下课之后都要看一看黑板上公布的一日常规考核结果。我还告诉他们:要如实考核,这样才有信度,才起教育作用;不要为了自己班级的分数去压对方分数。有时候初三(1)班的同学提意见,说初三(2)班金紫云多扣了他们班的分数,我就把提意见的同学找来,也请金紫云来,当面讨论、协商解决问题,协调好关系。也欢迎金紫云班上的同学监督初三(1)班的评分,使考核更加公开、公平、公正。在日常管理生活中进行教育,在教育中开展日常管理生活。重视正面生活教育。

5月下旬的一天,距离中考大约还有二十天,我在初三(2)班上课,布置大家复习语文课文做作业。等大家安静下来之后,忽然冒文和另一男生说"奇热"。我说:"现在教室里的窗户我也帮你们打开了,电风扇也在运行,你还说奇热,估计在你们毕业之前学校也不可能解决这个问题了。还有更热的日子在等着你们呢!"言下之意要有吃苦耐劳的思想。于是再也没有听到他们埋怨的声音了。因为我用了生活教育他们,成绩不很理想,上职业高中、技工学校,或者打工,难道就没有比5月下旬开着电风扇和一边窗户更热的天气吗?他们这样娇气,不珍惜读书生活,是因为不了解社会生活的艰辛,缺乏艰苦奋斗的思想教育。

在课间,我进行巡视,发现有的平时表现较差的学生如刘某能主动地扶起倒在地上的方凳子,就予以表扬:是爱护公物;发现表现不佳的陈同学用好自来水就关掉水龙头,也予以表扬:是节约能源。尽管我也知道可能是看见我做给我看的,但总比做坏事让我看见好。让他们亲近正确的思想,远离错误的思想。在生活中接受教育、学会做人。还有个双亲离异的孩子,班主任老师很厌恶他,他也很不配合班主任的教育,弄得比较僵。三天打鱼,两天晒网。有一天他来了,恰逢上级来人检查,我和唐校长去检查,唐问"你脚下怎么弄得这样脏?"他说"不是我弄的"。唐又问:"不是你弄的是哪个弄的?"他说:"我怎么知道?"我知道这样下去不利于妥善解决,会使矛盾加深,就说:"现在不管是谁弄的,你高兴的话,把它扫掉。"我的言下之意,关键是要打扫干净,不干净在你的脚下。他听了我的话,就去拿笤帚和箕畚来把那些字纸扫掉了。校长表扬了他。这样在一定程度上培养了这个孩子的自理能力、团队意识。原因是什么?他一向受到班主任的压力甚至不公正的待遇,忽然有老师公平地自由地对待,所以他乐意了。在生活中教育,一方面注重细节生活的正面教育引导,一方面随时随地发现问题及时给予正确(平等、自由的)引导。

在现在的班上,有一位女生倪语洲,本来还是学习小组的组长,可是最近一段时间成绩下降了。是什么原因呢?根据父母的介绍,她的叔伯姊妹里,优秀甚至杰出的大有人在。父母亲经常在她耳边提醒她:你伯伯家的哪个孩子上的是清华,哪个留学哈佛,哪个上的是北大,你可要争气,别给我们丢脸。教育脱离了生活:一个十几岁的初二小女生,在班上本来是个上等生,班上最好的也说不定上北大清华,于是她回答:你女儿不是那种料子,你们别抱那么大的希望了!因为提出不符合生活实际的学习要求,即教育脱离生活。老这么讲,让她心灵承受了不该承受之重!

班上有学生考试经常倒数第一。我回忆曾经把这个学生当成教育的典型,一开始上课就拿问题问他,让他难堪;他作业不能完成,就叫他到前面来补做。这样一回是促进,次数多了,他产生自卑心理,反正不行,上课不带课堂学习《活动单导学练》了。后来,我也不把他当典型,就说只要尽力了就是好的。上历史课大家都用《活动单导学练》,这作为学生来讲是学习"生活所原有、生活所自营、生活所必须的"。又找到他问:"你愿不愿意带新课程自主合作探究学习丛书《初中历史活动单导学练》?"他回答:"愿意。"可是下一堂课他又没有带:忘了。我不点名地批评说:除了第10组个别男生之外,其他同学都已经交了《活动单导学练》。课后我把他喊过来问:下一堂课能不能带过来?正好班主任也在旁边:"他是在校里说忘在家里,在家里说没有作业。"我说:"这样不对。"我又问:"怎么说?"他点点头,我说要说响亮点,他说"能!"我说:"好,我也不啰唆,相信你是说话算数的。"之后的一堂课,我问:"带来了吗?"他把《导学练》拿出来给我看了!这样一个成功的实践，打消了我之前的顾虑。我当着同学的面跷起大拇指说：黄某说话是算数的！什么原因？我在这里注意到学生的生活和心理健康，只要他承诺能够带作业本来，我就不再唠叨、给他精神折磨，让他好好生活。他也就容易接受了。

考试分数滞后可以慢慢引导，而不能以伤害学生的自尊和感情为代价，那是教师容易落入的窠臼，也是不明智的做法。"老师心目中不应该有坏学生。""不要轻易给学生做结论，不要轻易挥动处罚的大棒。"①相信即使考试成绩滞后的学生也会变好的。

生活教育"第一就注重健康。"学生在学校是学生，在家里是孩子。心理健康是第一位的。孩子在家里最亲近的是谁？妈妈和爸爸。无论生活怎样变化，亲情不应消失。在学校，如果老师也像做得好的妈妈爸爸一样的关心他们，他们应该也会享受到爱的温暖阳光，品味到生活教育的甜美，并以此为感情基础去适应不断变化的生活，接受教育的意义。所以苏霍姆林斯基在《怎样才能使儿童愿意好好学习》一文中说："我坚定地相信，诱使儿童自觉地刻苦地从事脑力劳动的一种最强有力的刺激物，就是赋予他的脑力劳动以人情味儿，使他感到愿意给自己的亲人带来喜悦是一种高尚的情操……如果你想使儿童愿意好好读书做作业，学习，使他竭力以此给母亲和父亲带来欢乐，那你就要爱护、培植和发展他身上的劳动的自豪感。"②好友介绍了一位初中生到我们学校读书，考试成绩英语只有18、24、18，给他加油，34，30。又一次我问他："你爷爷有没有问你考试分数？""没问。""你妈妈和爸爸呢？""没问。"什么问题？生活教育不到位，生活中的亲人都不问他英语考多少，他有"诱使儿童自觉地刻苦地从事脑力劳动的一种最强有力的刺激物，就是赋予他的脑力劳动以人情味儿"吗？没有。

我们要用爱心和亲情去温暖学生的心，让他们有一颗健康的心，来不断适应变化的生活，并且有所发现、有所思考、有所创新。

（本文获2012江苏省第四届"行知杯"论文评比二等奖）

---

① 李希贵《为了自由呼吸的教育》第93页，高等教育出版社，2005年2月第1版。
② 苏霍姆林斯基《给教师的建议》，教育科学出版社，1984年6月第2版。

13　班主任工作的理智性与连续性

过去的一学年,我协助政教,管理我校最后一届学生的日常行为规范。令我感到惊诧的是,两个生源都差不多不好的初三班却出现了迥然不同的班风:初三(2)班课堂学习气氛基本正常,一日常规也正常:卫生打扫、自行车排放、胸卡佩戴、课间纪律、两课两操、爱护公物等值日生也管,同学们也比较自觉,尽管偶尔也有打架的事情发生。而初三(1)班课堂纪律比较松散,经常有几个大男学生上课迟到,甚至故意在打了上课钟之后还要借喝茶故出去或在室内走动,故意扰乱课堂秩序,和老师顶嘴;课间大小事故不断:有人把自己的手指弄破,有人与同学打架,破坏公物,室内脏乱不堪……一日常规问题多。为什么当初初一一样分的班,到如今竟会有如此不一样的状况呢?其中的原因值得探究,经验、教训值得记取。

原来三(2)班的班主任兼语文老师还是原来初二时的侯老师,而三(1)班的班主任不知怎么的换成了教化学的金老师,已不是原来初二时的秋老师(化姓)了,秋老师只教语文课。

初三(2)班的侯老师对学生体谅、爱护,但也不缺乏严肃;教育学生态度诚恳,如春风化雨,滋润学生的心田。喜欢当"导师或朋友"。如果有同学闹矛盾,吵架,他总是采取少数个别谈话的方式解决问题,从来不把问题扩大化:动辄请家长,上交学校领导处理。因此学生的自尊心得到有效的保护,平时值日,学生也很愿意听从老师的安排;上课,也能注意自身形象。而三(1)班的女班主任金老师虽能说会道,有宣传鼓动力,作风泼辣,但喜欢鄙视呵斥学生,习惯当"司令"。如果学生闹矛盾、出现了小问题,哪怕上课看小说、打瞌睡这类问题,总喜欢在班上和办公室大声嚷嚷,唯恐大家不知,硬让学生回去或打电话请家长来,或者干脆把矛盾上交到学校领导。于是,有几个大男生经常和她在办公室争吵,甚至要动手。她还喜欢威吓学生,将给予什么处分。而明智的学校领导也只能是说服教育一番而已。久而久之,有的学生与这样的班主任的感情越来越疏远,自尊心也丧失了,索性破罐子破摔,如陈某同学,理着个"子弹头"发型,值日打扫也不参加,上课也不读书,还常常别出心裁扰乱秩序,顶撞老师,无理纠缠,几乎可以说是令人头疼的"神经病"。但据说初一的时候学习成绩还是上数的呢!

由此我们就会自然而然地总结出班级管理的经验和教训:

班主任工作应尽量保持对学生的理智引导,不应动辄一看到负面的东西就发火、责备、发誓或者不闻不问。我想起上初二时的数学老师卢德华主任(后来任乡镇教委办主任),他总是含着笑并且用温情的目光注视着我们讲解,有耐心有魅力,而且有魄力,有时慷慨激昂、理直气壮,使我这个原本不很聪明的学生常常考试夺冠。每个学生一开始都希望自己的作为得到老师和同学的赞美、鼓励,而不希望做错了什么受到老师同学的责备、鄙视。尤其是家庭父母离异的孩子,本身就缺少家庭的温暖和关爱,他们更加渴望得到老师的肯定、同学的尊重。2011年4月14日早晨,初三(2)班刘某大哭,说:"我不上学了。"我关切地问:"为什么?"原来冒文经常打他,因为拖地的事,怪他不去打扫,老逼他去拖地,不去就打。刘某哭诉:母亲脑子有问题(父亲大概因偷窃的事被判刑),自己回家要着炉子烧水、洗衣、做饭,累得很,承认明天起早6点50分来打扫。我说"我理解你,相信你,不过你要说话算数。"并且答应找组长冒文过问一下。他安静下来了。

  对于经常喜欢弄出点动静来的大男孩学生,我们应该注意观察,及时予以正确引导。对于他们取得的成绩,哪怕是点滴的,我们做班主任的都要给予肯定,不能抱着无所谓的态度忽略不计,更不能因为他们某些问题而加讽刺,戴有色眼镜看人。对于他们的存在问题,也应及时指正。如看见范某、房某用自来水时泼水打搞,就批评他们行为不美,还浪费宝贵的水资源,使他们提高认识。

  班主任工作应尽量保持对学生的爱心引导,不应摆班主任老师的架子和威严。从开头的例子可以看出,哪怕是历史原因造成的基础不好的班,班主任也应对学生保持一颗爱心,加以引导;学生应该就会自觉遵守课堂学习秩序,遵守一日常规。这里我有个小小的细节,可以与读者分享。有一节初三(1)班原体育课,校长叫我去和这班基础不好又临近中考的学生一起,引导他们自主复习或读书或做习题。上半堂课,大家都在看书或做习题;下半堂课渐渐地,共有9个同学趴在课桌上睡觉了。我怎么办呢?一是可以大声叫醒、斥责他们,二是可以边摇动他们肩膀边招呼他们醒来,三是可以用手指轻轻地逐个摇动他们耳朵,然后把笔递给他们。我采用了第三种方法,他们中除了一名姓沈的学生稍感不满外,大家都重新做起习题来了。这种爱心引导的教育,效果怎么样?当学生做出了"出格"的违反一日常规的事,即犯所谓低级错误的时候,班主任常常念叨:"气死我了!恨不得撕破他的嘴",这虽属正常人的发誓,但请千万记住:我们是人民教师,是班主任,最不能缺少爱心,忘却引导。注意:轻者,对学生缺乏爱心引导,伤了他的自尊,学生就会敬而远之,甚至产生逆反心理,故意捣乱,导致教育的失败。发现问题,动不动当着大家的面大声责备、呵斥,或把学生弄到办公室,大声数落一番,交给校长、主任处理,使学生觉得面子丢尽了,而最终又似乎没有什么了不起;老师跟学生是敌对的,学生故意和你老师争辩周旋,出出恶气。有的学生宁可躲在厕所里玩,也不到教室里听老师上课,值得思考。重者,我们会触犯法律,这绝不是危言耸听。

　　班主任工作应尽量保持对学生的尊重引导,不应看他们的笑话。由此我不禁想起上初一时的1970年,我家里的确很糟糕,又是兄弟俩上初中,当时的班主任数学老师曹国富坚持给我减免学费两元钱,令我十分感动,至今不能忘怀。常言说得好:"度人亦度己,度己亦度人。"对于家庭问题特殊的学生、学习问题特殊的学生、品德问题特殊的学生、身体问题特殊的学生,我们做班主任的也要一视同仁,而且对于出了问题的他们还应尊重引导。2011年4月28日接近中午上第四课前,在办公室里听见有开关教室门的轰响声,出去一看,是初三(1)沈某在捣乱,我问:"我昨天跟你讲的'要热爱劳动,劳动也锻炼了身体',还记得吧?"沈回答:"记得"。接着我看着他安静地走开了。我没有再说什么。在初三(2)班,又看见曹某正踢沈某的书。对他讲:"你为什么要踢?看见同学的书本掉在地上,不应该踢,应该帮助拾起来。""是的。"他回答说。"那就捡起来。"曹某就把地上沈某的书本捡起来了。我说:"这才对得起你的名字'朝阳',朝阳,心里有一片阳光。"又对班长倪玲莉说:"起带头作用,引导他们。"初三(1)班教室的后门(东门)正好对着办公室的前门(东门)。2011年5月12日第三课下课后,我看见陈某从门外来拉办公室前门的把手关门(好脱离老师的监控),就立即把门打开,走到陈某站立处问道:"你有没有请示老师就关办公室的门?""请示什么?我不懂。"我又问:"办公室的门是老师们的门,是你随便关的吗?你懂不懂规矩?""我还可以不上了呢!""你不上,吓得了谁呀?"他终于承认道:"好,我晓得了。"也就算了。

　　应尽量保持班主任和任课老师工作的连续性。首先不应见异思迁、频繁变动。这方面我过去也曾经有过一段印象深刻的经历。大约在20世纪90年代左右,当时的校长就是这样的用人理念。我和陈老师等从初一开始教一个班到初二,他是个工作态度很认真的数学老师,兼任班主任;我教语文,张老师教英语,都是老实而有作为的人。初一交班考试时,我教的学生语文考试成绩居全乡中游,比招生分班时的基础好了;初二交班考试时,我教的语文考试成绩达到全乡上游了,其中及格率已经达到第一。几门主要科目的成绩都很好,综合考试全乡第一。可是,校长已经换届了。他不再让原来的班主任和科任老师继续任教,把原来的这一个班分成了两个班,掺杂了自己和自己喜欢的人马。结果渐渐地班风下降了,最终中考这两个班的成绩只达到全乡中游偏下水平。可见,只要老师工作态度好,肯努力,如果保持班主任、科任老师工作的连续性,教育效果就会越来越好;而前提不变的条件下,不保持班主任、科任老师工作的连续性,教育效果就难说了,多半是越来越差。据有关老师说上述学校初三(1)班,初二的时候并不是这个样子的。其次老师对特定学生的教育也要保持连续性。正如我的高中老师、如皋市教育原局长钱祖尧所说:做学生的思想转变工作要反复进行,有的要三把棉花两把弓——细弹(谈)细弹(谈),不要幻想一两次谈话就能解决问题。

(本文获 2012 南通市班主任论文评比二等奖,居本校榜首)

14　看不见的和谐美比看得见的和谐美更有意义

提起我们的班主任工作,我想说的是,真正的好班主任老师应当在人们不在场或不易察觉的情况下,为班集体建设的和谐美做出默默的奉献;而这种默默奉献也同样影响着班集体的每个人为班集体建设的和谐美而默默奉献、务实进取。

早在古希腊时期,著名的哲学家赫拉克利特就说过:"美在和谐。"可见,和谐美是一个极古老而又至今依然熠熠生辉的美学命题;又说"看不见的和谐比看得见的和谐更美"。是的,班集体建设不仅需要看得见的和谐美,而且需要看不见的和谐美。

什么是和谐美?什么是看得见的和谐美、看不见的和谐美?"和谐,配合得适当和匀称。"①和谐美,配合得适当和匀称所形成的美。看得见的和谐美,即人们能够察觉到的浅表的配合得适当和匀称所形成的美;看不见的和谐美,是由于各种因素的作用人们暂时不能察觉到的深层的配合得适当和匀称所形成的美。因而看不见的和谐美,能够决定事物的本质特征及其产生的影响,所以从理论上讲应该更有意义。

2013年6月交班考试期间,我校七年级16、17和18班的思品历史考试之前的那天下午,我因为是历史任课老师就提前半小时到班指导学生复习。平时测试都是17班占上风,他们班主任优秀,加上多了几名优秀生。我走进教室,要求学生拿出约40条复习思考题对照历史教材具体形象的内容寻找答案,想想读读背背,即进行回归课本的复习,应该说是很有针对性的。可是由于平时备课组编发了同步复习提纲给学生读作为历史常态作业,使不少学生误认为只要熟悉编发的提纲,就可以在交班考试中高枕无忧了。这样,就有点积重难返的意思了。关键时刻,18班的薛主任来了,并且坐镇支持我严肃地要求学生以课本内容为复习对象。学生都纷纷放下提纲,拿起思考题进行课本内容的探究式复习,结果大快人心的奇迹出现了:18班历史考试成绩在我所任教的三个班中脱颖而出,在年级评比中反超17班,出彩!不仅如此,据说薛主任平时管理严格,也非常注重后进生的管控、促进工作,与科任老师可谓心心相印,心照不宣,和谐统一。这种看不见的和谐美比看得见的和谐美是不是更有意义呢?答案当然是肯定的。因此我想

---

① 中国社会科学院语言研究所词典编辑室编《现代汉语词典》商务印书馆出版1996年7月修订第3版

说,如关注学科教学建设这类班务的盲点,不应当成为班主任工作和考核遗忘的角落,应当成为班主任工作和考核的基本内容。这是一种和谐美,而且常常是班务工作的看不见的和谐美。

长期以来,有人认为班主任工作就是管理某班学生的行政工作或称为杂务,负责学校布置或分配的任务如包干区打扫、收费、完成公益劳动任务等,教室环境布置如出黑板报、教课桌凳的编排,学生管理如组织的建立、座位的安排、学生考试分数的登记、操行等第的评价、文娱活动的组织等,好像不大关注学科教学建设之类。学校对班主任的管理也是这样,只归政教处扎口管理考核。而把学科教学建设只推给了学科教师、备课组、教研组,归教导处扎口管理考核。势必形成班主任管德育而不管"与己无关的"师生学科教学,只关注自己任教的学科教学,甚至把班会等公共课程也挪用来讲练自己任教的数学、外语等。而学生只是唯班主任马首是瞻,给学科教学建设的均衡发展带来人为阻力和消极影响,教师与教师、教师与学生、学生与学生之间也许有时会出现看得见的浅表的和谐美,而匮乏看不见的深层的和谐美,教育效果又能好到哪里去?

为了推进学校教育工作的良性互动和健康发展,需要重视并解决班集体这样的匮乏"看不见"的深层的和谐美的现实问题:在创造班集体建设的"看得见"的浅表和谐美的同时,更加重视和创造"看不见"的深层和谐美,以把班集体建设推向务实高效而文明生态的发展轨道。

从学校教育现状来看,德育和学科教学工作的建设是一条贯穿学期始终的红线。德育工作通过完成校方布置的任务和班集体内部管理工作加以体现,有时也通过学科教学的载体来渗透。而德育又往往通过课的形式来实施。德育与学科教学需实行无缝对接。班主任老师是班集体的总管,自然应该承担起德育与学科教学实行无缝对接的和谐美的监管任务,比起其他教师来,不仅工作量要大一些,而且有时做出的奉献别人未必了解。创造看不见的(隐性的)深层和谐美是班务工作不应忽视的重要方面,如同机械中带动轮子转动的链条环节一样重要。

从班务管理的定义来看,"所谓班级管理就是,班主任按照学校计划和教育目标的要求,充分利用和调动学生班级内外的力量,进行班级教育任务的组织、指导、协调、控制等各种活动。通过对班级的管理,创造良好的条件,使教师授课成功,学生学习能力提高,改善学生之间的关系,促进班级教育目标的实现。"[1]像关注学科教学建设这类别人不大注意的事情,除了其他老师要竭尽全力做好之外,其实班主任老师是责无旁贷的,因为班主任对学生有着不可替代的教育作用;这

---

[1] 南京师范大学主编《教育学》,河海大学出版社1988年2月第一版第377页。

关系到学生的现在和未来,祖国的明天。而考试是检验学科教学建设成败的主要标准。目前甚至今后好长一段时间,作为唯一公平的考试制度还会存在,即使有不完善之处也可以通过改革来完善。所以班主任重视创造学科教学建设这类的"看不见"的深层和谐美是职责所在,且意义重大。

　　关注和创造人们容易忽视的(看不见的)深层和谐美,这个道理似乎人人明白,问一下任意一个班主任他都会说知道,表面也很积极,但是背地里的表现却不容乐观。领导者当然可以看看被领导者是否有"看不见"的深层的和谐美,但是"看不见"的深层的和谐美需要领导带头创造,默默奉献,而不只是居高临下的审视。再说在生源相同的背景下,有的班教学质量长期难以提升,却常常发现长明灯、永不停转的电扇空调和常是存在的地面垃圾!就是由于匮乏和谐美,特别是"看不见"的深层和谐美。难道不值得思考吗?有的年轻班主任老师只在别人看得见时才愿意积极奉献,满足于"看得见"的浅表的和谐美。因为只有别人看见的和谐美才是值得的,才可以评优评先,至少落个好口碑;有的也不要求上进,只生怕自己吃亏。误认为别人看不见的深层和谐美的奉献,那就是出力不讨好的蠢事,只有傻瓜才愿意干。试想这样的班主任管理的班能够真正成为具有和谐美、不断进步的优秀班集体吗?不能。我曾经就做过许多别人看不见的和谐奉献,在班上讲各门功课都要学,而且要学好考好。凭良心说话而已,并不求有什么荣誉。有人在公共场所主动关闭不需要开而依然开着的电器,也不图什么奖赏,但他并不后悔,因为他觉得为班集体看不见的深层和谐美、为社会看不见的深层和谐美尽了绵薄之力,做出了奉献,是应该的。而我们的班集体,我们的社会正是需要大量的这样的自觉创造和谐美特别是"看不见"的深层和谐美的人,班集体、社会才会进步。

　　曾国藩追求"常存避名之念,总从淡冷处着笔,积劳而使人不知其劳"的善美境界。如《94、须长存避名之念》给沅弟左右:"凡行军最忌有赫赫之名,为天下所指目,为贼匪所必争。莫若从贼所不经意之处下手,既得之后,贼乃知其为要隘,起而争之,则我占先着矣。余今欲弃金陵而攻东坝,贼所经意之要隘也;若占长兴、宜兴、太湖西岸,则贼所不经意之要隘也。愿弟平定大计,趁势图之,莫为浮言所惑,谓金陵指日可下,株守不动,贪赫赫之名,而昧于死活之势。……吾兄弟誓拼命报国,然须常存避名之念,总从淡冷处着笔,积劳而使人不知其劳,则善矣。"[①]主张和谐不计功名。也就是追求"看不见"的深层和谐美,终成就了显赫人

---

① 张海雷等编译《曾国藩家书文白对照全译　卷一　修身之道》,中国华侨出版社1994年9月第一版。

生和历史地位。这样的个人修养在今天对于开展群众路线教育实践活动具有现实而深远的教育意义,对于班主任老师的工作,也具有深刻的教育指导意义。假如我们的班主任工作,也能追求"常存避名之念,总从淡冷处着笔,积劳而使人不知其劳"的善美境界,能够顾全大局不计个人名利,创造真正的优秀班集体、培养创新型人才应该水到渠成。

不追求赫赫之名,从别人不注意的地方做起,做出奉献却不让人知道,却反而能够成就一番事业,不是正好说明"看不见"的和谐美的深层魅力吗?天道酬勤。走自己的路,让别人说去吧!班主任老师应当有自己的工作原则,追求班集体的和谐美,特别是"看不见"的深层和谐美,让班集体的每个人的文化积淀、文明素养深厚起来,把越来越多的班集体都真正建设成和谐美、教育质量不断攀升的优秀班集体!

(本文获 2014 南通市班主任论文评比三等奖)

（背景：2015年秋季，在孙校长、杨彭王朱副校长和政教处冒主任等的领导下，我参加了开学前的初一新生军训活动。）

15 初一新生军训的德育文化价值及其延伸

摘　要：初一新生军训有无必要？有什么价值？怎样才更有价值？初一学生入学前的军训具有特定的德育文化价值，将仍然贯穿着影响着这些学生的整个初中阶段甚至一生，发挥着其他形式难以替代的教育作用：初一学生军训的"国防绿"，呼唤着每个学生国防意识的觉醒；多项目的集训，为实施和养成严明的组织纪律性、克服和惩戒散漫任性的不良思想习惯树立了标杆；多项集训的艰苦，磨炼出未来初中学习生活亟须的"艰苦奋斗"克服困难的坚强意志和不屈精神。

关键词：初一新生军训　德育文化价值　延伸　国防意识　组织纪律性　意志　精神

近些年虽然每年都进行初一新生军训，但是这种军训有无必要继续进行，有什么价值，怎样进行才更有价值，人们各有想法，也很少有人探究。今年秋季开学之初，我参加了我校新招初一学生军训。我经历了这些儿童学生在教官的培训和班主任指导下的军训场景：操场上出现了一片片"国防绿"。火辣辣的骄阳下，身穿军装的"官兵"挥汗如雨，或静静地伫立许久、许久，或报数，或向左向右向后转……或跑步向前，或单腿蹲下，或耳边回响着他们响亮的呼号声：教官的口令和学生的回应此起彼伏，延绵不断，好一派"沙场秋点兵"的气势！突然，瓢泼大雨哗哗而下，令人躲避不及，"官兵"们都像刚从水里捞上来似的，整个人都是水淋淋的，但仍然保持着队形。即使是骆驼祥子在烈日和暴雨下的艰难，也被我们的军训"官兵"们顶住了，克服了。他们依旧脸上挂着笑，抖擞着精神，继续进行着下一轮的严格而艰苦的训练。在休息的空隙里，班主任引导学生打扫卫生，保持环境整洁；还撰写军训感想，争取在校园里广播和编成简报发表呢！

终于，三天的紧张而刺激的军训到了尾声。下午，大家聚集在汇报表演大会上，二十个班依次在教官的指挥下展开了军训汇报表演的比拼，也让大家经受了一场特别的考试。在校长们的主持下，经过数字化评比，每个班都收获了各自的三二一等级奖；同学们在班主任的指导下，写出的大量的军训感想，有的被选送校园广播站广播，有的被简报录用发放，连同卫生值日考核，也收获了各自的三二一等级奖。这些，在同学们的心目中都留下了深刻的印象。

本次军训虽然已经结束了,但是这成功的初一学生军训的德育文化价值的释放及其延伸,却远没有结束。将仍然贯穿着影响着这些学生的整个初中阶段甚至一生,发挥着其他形式难以替代的教育作用。

第一,初一新生军训的"国防绿",呼唤着每个学生国防意识的觉醒。现在有的初一学生看上去在听课,可是他们每次做作业回答问题都不合格。学生的生活舒适了,也更容易自由散漫了,缺乏精神追求了。因此,趁着进行军训的良好机会,班主任对学生讲解军训的目的,如启发性提问:军训为什么要穿上绿军装?为什么要请教官来为我们军训?使每个学生都懂得要重视军训,真正学到中国人民解放军的精神风范;听从教官的指导,高标准完成军训任务。初一学生刚进入初中阶段,正当长身体与长知识的黄金时期,及时进行热爱祖国、强我国防的思想教育,非常必要;否则没有解放军主导的国防,就没有我们的一切幸福。"皮之不存,毛将焉附?"热爱祖国、强我国防,"建设一支听党指挥、能打胜仗、作风优良的人民军队,是党在新形势下的强军目标。"①因而让初一学生在真实的军训环境气氛中,认识解放军,学习解放军,拥护解放军,会有真切的体验。初一(8)班李同学写道:"响亮的口令,标准的动作,严谨的态度,是我对周教官的第一感觉。面对不理解、动作不标准的同学,他总是不厌其烦地提示要点,手把手地教着,直到动作近乎完美。将责任演绎淋漓尽致的周教官,实在令人赞叹。"这样的学生,从小细心观察事物,表达拥军意识、国防意识和爱国主义精神,一定会有所建树的。

联系时政,结合纪念抗日战争暨世界反法西斯战争胜利70周年"九三阅兵",教育这些学生深入理解军训活动的深远意义。把严格的军训和刻苦的学习联系起来,把刻苦的学习和祖国的命运联系起来,能够培养学习相对滞后学生的学习动力,也能够点燃相对进步学生的学习激情。

第二,多项目的集训,为实施和养成严明的组织纪律性、克服和惩戒散漫任性的不良思想习惯树立了标杆。随着信息化时代的到来,人民生活水平的提高,独生子女、留守儿童问题的涌现在所难免。如现在每逢上课或做眼保健操,即使播放了上课的音乐之后,教室里仍然人声鼎沸,有的学生大声喧哗,值日的班级干部管不了,有的任课老师来了也不能一下子收敛,宝贵的时间就这样流失了。"马卡连柯指出,学校的集体如果没有好的纪律是很难想象的。他还指出,集体中的一切,归总起来都摆脱不了纪律的形式。而在新生入学之后,即抓紧组织纪律性则为以后教育任务的完成打下良好的基础。班主任应该从思想教育、行政措施、规

---

① 习近平寄语人民军队:听党指挥,能打胜仗,作风优良_中国广播网 http://china.cnr.cn/news/201303/t20130312_512127894.shtml

章制度等多方面入手,使自己的班级从一开始就有严密的纪律性,并在此基础上培养学生优良的作风。"①军训这种活动,是目前培养学生严密的纪律性和优良作风的最好形式。

央视有一则公益广告:"守规矩,打胜仗。"我很欣赏。在初一新生开学之初,班主任配合教官的培训,从立正静静地站在原地开始训练学生的自控能力、忍受能力、耐寂寞能力,5分钟或10分钟之后,能够坚持的同学坐下,而不能坚持的同学继续这项立正训练,直至合格为止。有同学在集训感想中写道:"听着教官立正的口令,我抬头、挺胸、收腹,目光平视,脚跟贴成六十度、两手紧贴裤缝,一动也不动的坚守着,脸上的汗珠直往下掉,掉在地上听到沙沙的声音;更有一只虫子在我脖子上爬,我也不能摸一下;口又渴了,想喝水,心想教官快喊'稍息,坐下!'可是没有,我只有鼓励自己:'坚持,坚持,再坚持。'终于教官喊:'稍息,坐下'了。我由此明白了一个道理:'坚持是通向成功的阶梯。'"在报数的训练中,在向左向右向前向后转和"半转"的训练中,在齐步、跑步的训练中,讲究令行禁止,雷厉风行,步调一致,是对学生进行组织纪律性教育的针对性训练。班主任老师始终不离现场,就是极好的榜样,就是无声的教诲;必要时给予支持和协助,也是在平凡中见精彩,在形式中显精神,必然会保持与放大集训的教育效应。

第三,多项集训的艰苦,磨炼出未来初中学习生活亟须的"艰苦奋斗"克服困难的坚强意志和不屈精神。在素质教育的行政干预下,初中三年的学习生活本不应是很艰苦的,但是顶着升学、教学实绩考核的压力,初中学习生活也并不会轻松;每个学生自己必须具有"艰苦奋斗"克服困难的坚强意志和毅力,才能够完成学习任务、取得理想的成绩。因此学生军事集训不仅是要养成严密的组织纪律性,还要磨炼出艰苦奋斗、克服困难的坚强意志和不屈精神。班主任注意在这方面的积极引导和坚守,就会达到和超越军训本身的教育目标。初一(9)班苏姓同学发表感想:"'转体要快!''出腿要快!'在操场上,教官说得最多的就是'要快',判断要快,思想要快,动作要快,哪一个细节慢了,就会影响整个集体!……不经历风雨怎能见得彩虹?""快"是要付出艰苦努力的。初一(6)班杨某写道:"岩缝中的小草与温室里的花朵不同在何处?经过一天的训练,我就明白了:温室里的花朵与岩缝中的小草只差一步,这小小的一步虽难走,却很有意义。"这是多么敏感而精致的童话!初一(17)班的陈某写道:"笑与泪,痛苦与汗水,才能汇成真正的生活。军训是辛苦的,我们将付出泪水和汗水。我们要用泪水和汗水挥洒青

---

① 华东六省一市师范大学协作编写 鲁洁、梁廉玉主编《教育学》,河海大学出版社1988年2月第一版,第380页。

春,迎来蜕变,从麻雀变成苍鹰,翱翔在九天之上。"这是多么深切而豪迈的预言!我们有理由相信,这些莘莘学子经过军训的磨炼,一定能够在骨子里形成"艰苦奋斗"、克服困难的坚强意志和不屈精神。

"初一新生军训"的以上德育文化价值需要释放并延伸。正如校长寄语所言:"持之以恒,巩固军训成果。"没有人能随随便便成功。要想以军训为起点走向成功,在今后的学习生活上,还需要一个星期、一个月乃至更长的时间,无时无处不按照军训的规则严格要求自己。只有这样才能将之转化成内在的素养,成为初中阶段乃至终身享用的精神财富。班主任和其他老师把军训的德育文化价值释放延伸到体育课、活动课以及其他文化课程中去,去迎接整个初中学习生活的挑战,为祖国未来的命运而坚守与拼搏,是需要时时提醒、复习巩固和拓展创新的课题。记住初一新生军训的"国防绿",呼唤着每个学生国防意识的觉醒;多项目的集训,为实施和养成严明的组织纪律性、克服和惩戒散漫任性的不良思想习惯树立了标杆;多项集训的艰苦,磨炼出未来初中学习生活亟须的"艰苦奋斗"克服困难的坚强意志和不屈精神等等。2015年7月李镇西出了本新书《做个好老师并不难》;我们说,做个好班主任并不难。

(本文曾荣获2015南通市教师专业成长班主任论文评比一等奖)

第二卷 "人读本"的语文

语文学科教学及其一切读书活动就是"人本"语文。"人本"语文(内涵)的另一层含义:"人读本"。"人读本"包括智慧解读:用"辨析判断、发明创造的能力"开展语文课堂教学及其一切读书活动,特点是师生充分尊重与定位作者写作意图之本意;机智解读:以"脑筋灵活,能够随机应变"为优势的语文课堂教学及其一切读书活动,特点是老师关注和贴近学生的童心童趣;互动解读:老师与老师(兼命题者)、老师与学生、学生与学生等自主并合作地解读文本,特点是组织者精心设计、组织、培训与参与以小组活动展示为核心的读书交流。

从"人读本"的语文理念出发,阅读教学、作文教学的概念,是相对而非绝对的:相对者,阅读是偏重于破解、接受信息的过程,作文是偏重于破解、表达信息的过程;非绝对者,读中有写,写中有读,读写结合,读写融合,相辅相成。

第一章

智慧解读

"智慧解读":用"辨析判断、发明创造的能力"开展语文课堂教学及其一切读书活动,其特点是师生充分尊重、定位作者写作意图之本意,再作取舍、拓展。具体体现在以下三个层面:巧借他山之石,破解阅读难点;信守自主阅读,创新阅读方法;探索曲径通幽方式,创意语文课堂教学。不同的文章,不同的课程,赢在选角度,抓特点,得妙法。

文本是个性化艺术作品,是社会生活的缩影;优秀的文本总是有新奇的表达、鲜明的主题,古今汉语有别,外国文学翻译作品呈现别样异国风情的语言风格。我们难免会碰到阅读难点,因而便有"巧借他山之石,破解阅读难点"之说。阅读理解的过程,需要用科学有效的阅读方法,因而便有"信守自主阅读,创新阅读方法"之说。清代诗人、散文家、文学评论家袁枚在《随园诗话》中说过"文似看山不喜平"、"文须错综见薏,曲折生姿"、"为人贵直,而作诗文者贵曲","曲"是使文章结构精巧的重要特征之一。而内容决定形式,"人本"语文的"人读本"也应看清曲径通幽的特点,探索"人本"语文曲径通幽的最佳方式,因而便有"探索曲径通幽方式,创意语文课堂教学"之说。

第一节　巧借他山之石，破解阅读难点

《诗经·小雅·鹤鸣》："他山之石，可以攻玉。"明·程登吉《幼学琼林》第二卷："民之失德，乾糇以愆；他山之石，可以攻玉。"他山石头多又多，可以为玉顺琢磨。

（背景：教学鲁迅《从百草园到"三味书屋"》，对其中"一只很肥大的梅花鹿伏在古树下。没有孔子的牌位，我们便对那匾和鹿行礼。"产生了疑问和探究的兴趣。）

16　要儿童鲁迅对"那匾和鹿行礼"的目的
——试析"三味书屋"的匾下的画（修辞之石、语境之石）

选自鲁迅散文集《朝花夕拾》的《从百草园到三味书屋》，是一篇脍炙人口的散文佳作，多年来被选入初中语文教材。文中三味书屋的匾和梅花鹿伏在古树下的画，新中国成立前曾经散失，新中国成立后党派干部想尽办法才找回来。①

课文中提及这两件宝物的语段如下：

"……从一扇黑油油的竹门进去，第三间是书屋。中间挂着一块匾道：三味书屋。匾下面是一幅画画着一只很肥大的梅花鹿伏在古树下。没有孔子的牌位，我们便对着那匾和鹿行礼。"

画的内容只有一句话："一只很肥大的梅花鹿伏在古树下。"在阅读时，我是这样理解的：

首先联系语境。从下文可知，作者单单不提对着那"古树"行礼，莫非"古树"与"三味书屋"匾含义重复？宋代李淑《邯郸书目》载有"诗书为之太羹，史为杂俎，子为醯醢，是为书三味。"可以看出，"三味书"指"诗书""史""子"，而这些书都是古书。又因为"古书"与"古树"谐音，不说对"古树"行礼，避免重复，也在情理之中。"读书破万卷，下笔如有神"，对书不必敬而远之。

那么为什么要对着"匾和鹿"行礼呢？"匾"，是三味书屋的匾。对匾行礼，是借代说要对诗书太羹、史杂俎、子醯醢三味的儒家经典的书屋行礼，就是拜私塾学校。"鹿"作为一种动物恐怕没有要上学的孩子专门拜的必要，大约是另有所指

---

① 《语文教科书备课手册（一）》115 页（江苏教育出版社 2003 年 6 月第 8 版）

吧。在封建教育制度的历史背景下,"三味书屋"匾下的画上的"鹿",当理解为谐音"禄",俸禄。梅花,好像古代达官贵人服装上的圆形铜钱的花纹,象征着升官发财。"很肥大"暗示高官厚禄。至此,"三味书屋"匾下的画的寓意不难领悟,即三味书屋下面藏有高官厚禄。这与孔子的读书以积极用世的儒家思想是一致的。

耐人寻味的是,对此作者并没有说明,一来小时候不懂是什么寓意,二来设置了悬念,留给读者思考,蕴含了封建社会私塾的教育规则和教育目的,含蓄地讽刺了封建私塾教育对儿童自由活泼天性的束缚。

(1995年10月南通市语言学会第十二届年会交流论文)

（背景：教学鲁迅的《孔乙己》，发现有些语句比较特殊，按照一般的语言习惯，似乎可以看作是自相矛盾的病句，而鲁迅是著名文学家，他的语言应该是自有他的道理。应该怎么理解呢？）

17　鲁迅语言"大约……的确"（语境之石、修辞引用之石）

现行初中语文课本选编的鲁迅作品，至少有三例"大约……的确"等看似自相矛盾的特殊的判断语。

例一，"我到现在终于没有见——大约孔乙己的确死了。"（《孔乙己》）；

例二，"白蛇自迷许仙，许仙自娶妖怪，大约是怀着嫉妒吧，——那简直是一定的。"（《论雷峰塔的倒掉》）；

例三，"我家后面有一个很大的圆，相传叫作百草圆。……连那最末次的相见也已经隔了七八年，其中似乎确凿只有一些野草；但那时却是我的乐园。"（《从百草圆到三味书屋》）。

这类看似自相矛盾的判断语，如果是在一般情况下的造句，当然被视作"自相矛盾"的病句，自相矛盾的病句在语文教学语病分析时经常碰到。那么，为什么它作为鲁迅作品就可以呢？经过研究，我们认为它是一种跳跃式递进关系的诗化了的判断语。

例一，"大约……的确"，写"我"从上一年中秋过后最后一次见到孔乙己"用手"走来，到"现在"（第二年年关）一直没有见到孔乙己，也没有得到他的确切消息，所以用"大约"表示自己的猜测。这是紧承上文的"小照应"；而根据全文所揭示的孔乙己所处的冷酷无情的社会环境，封建科举制度所造成的孔乙己迂腐麻木、好喝懒做（不会营生）的悲剧性格，孔乙己是肯定活不下去的，他的死是确定无疑。所以用"的确"表示这一肯定判断。这是对全文的"大照应"。秦亢宗指出："全句先用'终于'，又用破折号，再用'大约'，最后用'的确'，表示'我'对孔乙己的死的揣测、判断的思路过程。"①因此，这一大一小的照应连接在一起，就构成了跳跃式递进关系的判断思维过程，外化为一种诗化了的判断语。因为诗的语言是跳跃式的，富于想象和情感的。

例二，"大约……那简直是一定的。""大约"表示揣测，是由上文"……他偏要

---

① 参见秦亢宗《鲁迅作品问答》第20页，四川人民出版社出版1979年8月第1版。

放下经卷,横来招是搬非"引起的揣测,发人思考,揣测法海是怀着嫉妒的,自然是"进",不过是与上文的小照应。而"一定"表示肯定,加强了斥责的语气,表达了普天之下的人民对法海的强烈的憎恨,为白娘娘抱不平。这无疑是有关文章反封建精神的大照应。这一小一大照应的连接,形象地反映了作者跳跃式递进关系的判断思维过程,外化为诗歌似的语言;且使论述层层深入,步步进逼,使读者产生情理上的共鸣。

例三,"似乎确凿",说"似乎"是因为时间隔了七八年,对百草园断定"只有一些野草"又有些踌躇,表示是否记得清还不敢肯定。可见用"似乎"是紧承上文,表示揣测,是小照应;"确凿"是说写此文时用成人的眼光来判断其中不会有什么动人之处,为的是反衬下文"那时却是我的乐园",使儿童喜欢探索大自然的奥秘、追求自由快乐生活的情趣表现得更趋自然、强烈,不可束缚。醉翁之意不在"园",在乎"童心童趣"也!这是有关文章主题的大照应。如此一小一大的照应紧密相连,似感突兀,其实不也是构成了一种跳跃式递进关系的判断思维过程吗?不也是外化为诗歌似的判断语吗?

可见,读鲁迅作品语言,不能只停留在字面上,应注意前后照应的小与大,透过字面深入内涵主旨,有时要当着诗歌语言来理解。此外我们的语文教学分析与修改病句,要遵循"尊重原文意思、多就少改"的原则,不要歪曲作者原意、自命清高,把没有语病的句子当成病句去修改。

(1997 年 10 月南通市语言学会第十四届年会交流论文,有改动)

(背景:学习了语言学概论,知道了"语义"——"语义关系"——"反义关系",知道了反义词在词法和句法中的不对称现象,如"日子过得还算舒服"不能说成"日子过得还算难受"。想到人们对"片面追求升学率"的理解,有人竟说"不片面追求升学率,不等于不要升学率"。觉得有必要澄清不正确的语法思想认识。)

18 片面追求升学率(修辞引用之石、语法之石)

"片面追求升学率"的说法一直流传,姑且不论"追求升学率"的思想基础,正统的就业观和社会功利性,单说对这句话的理解至今在相当一部分人中仍含混不清:由于把"片面追求升学率"误解为"片面地追求升学率",有如"这是片面追求升学率","不片面追求升学率","反对片面追求升学率","反对片面追求升学率不等于不要升学率"之类的谈论,必须从语法角度来澄清。

(1)"片面地追求升学率"即只追求升学率的某一方面不合理,无法讲通。众所周知,升学率即由低一级学校升入高一级学校的学生数,与原有的低一级学校毕业班学生数的百分比率。不存在只追求它的某一方面的事情,它没有几个方面。①

(2)"片面追求升学率"与"片面看问题"不是同一句型。反义词在词法和句法中常有不对称现象。如"大海""大陆""大战""大自然""大扫除""大使馆"都没有相对称的反义词。"片面追求升学率"中的"片面",同样没有相对称的反义词,不可以说"全面追求升学率";而"片面看问题"中的"片面"就有对称的反义词"全面",就可以说"全面看问题"。

(3)"片面追求升学率"是主谓倒装的句型。意为追求升学率是片面的,应该培养社会需要的各种人才。这种倒装句自古就有,如"甚矣汝之不惠!"(列子《愚公移山》);"起来,不愿做奴隶的人们"(田汉《义勇军进行曲》);"真的?竟有一百二十个?"乞乞科夫叫了起来(鲁迅译《死魂灵》);"别了,司徒雷登"(《毛泽东选集》)等。主谓倒置往往是为了强调谓语或由于说话急促而先说谓语,然后补说主语。

(原载 1991 年 12 月 15 日云南省语言学会主办的《语言美》报)

---

① 参考刘宁生、刘丹青、马景仑编著《语言学概论》第 157－158 页,江苏教育出版社 1987 年 10 月第 1 版。

(背景:教学《愚公移山》一课,质疑:"河曲智叟亡以应"原因何在?)

19 "河曲智叟亡以应"的原因
——愚公反驳智叟用语赏析(语境之石、修辞之石)

可能是魏晋人搜集有关列御寇的材料编辑而成今本《列子》八篇,其中《愚公移山》被选入初中语文课本。暂且不说别的,仅有57字两句话的愚公的驳语,驳得"笑而止之"的"河曲智叟亡以应"。原因何在?我想,应该是愚公的修辞精妙,表意充分。这里,愚公于不多的言语中竟巧用五种辞格,精彩纷呈,非常雄辩。

(1)顶真,显示了争辩语言的逻辑力量

"汝心之固,固不可彻,""固"字将前后两句顶针连接,使结构紧凑内在逻辑严密,无懈可击;语意连贯,读来又琅琅上口;"子又生孙,孙又生子;子又有子,子又有孙",其中"子""孙"都是顶真,表现了愚公子孙代代相传,繁衍不绝。整句话洋溢着不可阻挡的语言气势和乐观主义精神。

(2)对比,刻画了生动而鲜明的人物形象

"汝心之固,固不可彻,曾不若孀妻弱子",拿智叟和孀妻弱子的心(思想)作对比:"邻人京城氏之孀妻有遗男,始龀",尚且"跳往助之",而智叟却"笑而止之",极为生动而鲜明地表现了智叟思想的保守与落后;"虽我之死,有子存焉。"拿"我"与"子"的"死"与"存"作对比,饱含哲理,闪烁着辩证法的思想光辉;"子子孙孙无穷匮也,而山不加增",用对比表明移山必胜的坚定信心和乐观情怀。

(3)反复,强化了说理语言的表意功能

"虽我之死,有子存焉;子又生孙,孙又生子,子又有子,子又有孙,子子孙孙无穷匮也。"乍一看"子""孙"多得叫人眼花缭乱;仔细瞧,"子"有八个,"孙"有五个,构成了间隔反复的修辞格,而且出现的频率高得惊人,有效地强调了"子""孙"的"生"与"存"以至"无穷匮也",使看似不可思议的移掉"方七百里,高万仞"的"太行、王屋二山"之举成为可能。

(4)排比,产生了奔腾酣畅的语言气势

"子又生孙,孙又生子;子又有子,子又有孙"两组分句,前一组句式为"x又生x",后一组句式为"x又有x",结构相近,组成排比、对偶,产生了奔腾酣畅的语言气势,预示了愚公子孙繁衍延续、前赴后继、移山不止的趋势。

(5)反问,含蓄隽永,巧妙呼应

结句"何苦而不平?"是反问句,显得含蓄而令人回味;既紧承上文而来,又回应上文,而且巧妙地回击了智叟的反问责难。最终达到了"河曲智叟亡以应"的辩论效果,令人欢欣鼓舞。

精彩的对话描写,生动地诠释了人定胜天、矢志不渝的可贵精神。这里没有神话,而产生了与神话无二的表达效果。由此可以窥视我国古代文化的博大精深,为我们中华民族古代文明而感到无比自豪。所以我们不得不叹服作者精湛的文化素养和深厚的表达功底。

(原载1993年12月23日云南省语言学会主办的《语言美》报)

(背景:1994年6月的一天,我观看电视连续剧《风雨大押解》,为武警部队官兵为了人民的安全不避艰难的精神所感动。其中大娘的一段话好像有问题,为什么还写进作品呢?)

20 描写农村大娘的"误用概念"的话语
——评电视剧《风雨大押解》炸大坝之前大娘的一番话的反衬作用(语境之石、修辞之石)

在洪水被大坝挡住、即将危及人民生命财产之时,负责押解囚犯的某武警大队李队长奉命要炸掉大坝。大坝上却还有一位大娘搂着小姑娘执拗地守着身旁一具棺材不肯撤离。一位战士告诉她"大队长来了"之后,她辩白说:"大队长?就是大队书记来了,我也不怕。"接着又说:"老头子不走,我也不走;老头子被冲走了,我也和老头子一起走啊!苦命的老头子哎——"说着竟嚎哭起来了。①

乍听到大娘这番话,确实感到有点离谱好笑,但细细品味,深感个性化语言描写表现着真情实感和奇情妙趣,也为李大队长完成艰险任务又捏了一把汗:

(一)误用概念,符合身份,表意含蓄而深刻。"大队长?就是大队书记来了,我也不怕。"错用了"大队长"和"大队书记"两个概念。战士说的"大队长"指武警部队的大队长,是这支武警大队的最高指挥官,一号首长;还有教导员,负责武警大队的思想政治工作的指挥官,一般兼党的书记,但对外只称军职"大队长""教导员",而不称大队书记。大娘误解为与农村人民公社时期的生产大队大队长、大队书记称谓一样,所以引人发笑。出于一位不懂文化的人之口,则使人感到错得在"理",完全符合特定人物农村大娘的身份,给人以艺术的真实感,自然地再现了一位农村大娘不懂文化却大胆顽强的性格。就整个层递复句而言,还可感悟出大娘要突出的是书记,实质暗示了党的干部应关心人民群众的生活,悄悄地为自己说服对方埋下最充分的理由。

(二)巧用借代,简练直率,表意明白而确定。"老头子不走,我也不走"及下面的"老头子被冲走了,我也和老头子一起走"都巧用了借代手法:"老头子"是指老头子尸体及其棺材,这是以部分代整体。这样说话简洁、直率,便于整句从反面强调:只有把老头子尸体及其棺材弄走,我才有走的道理。

(三)一语双关,并非恫吓,表意层层推进。"老头子被冲走了,我也和老头子

---

① 1994年2月24日中央电视台2套《风雨大押解》。

一起走啊",一层意思是即使老头子被洪水冲走了,她也要和老头子在一起;还有一层意思:老头子已经死了,——走进阴曹地府。如果老头子被冲走了,她跟随老头子也必然走进阴曹地府。就整句话而言,从正面推断"老头子不走"的后果,唤起官兵的同情!

(四)反复声称,抒发真情,突出中心。

在大娘这席话中,前后三次出现"老头子",最后还来了个"苦命的老头子",更使人明白其良苦用心,有效地抒发她对老头子的敬重和怀念的真情实感;突出说话的中心是为了老头子。

综合起来,大娘的这番话,由于其独特的修辞而显示奇妙的情趣,产生不容忽视的感染力与说服力,为下面人民警官李队长命部下带上大娘等,自己带着七名战士徒手抬走这具棺材做了符合情理的铺垫。反衬了我党我军为了人民的生命财产安全不畏任何困难的崇高形象。

(原题为《个性化语言显奇趣》,载1994年10月10日《语言美》报)

（背景：相当长的一段时间以来，甚至于现在，一些学校中仍然存在教师拖课、挤占别人上课时间讲解自己任教学科知识的不正常现象，只替自己教学成绩着想，不替同事着想和学生的成长着想，甚至不择手段逼迫学生只用心学自己任教学科的怪现象。其实教师应当自觉遵守作息时间，多替孩子的未来着想，让他们接受规范、全面的教育。）

21　学科教学的互相渗透（修辞引用之石）

作为一名人民教师，我深深地为近些年学校内发生的教师所教学科之间的摩擦而痛心，由争课时到争课余时间，以致争"学势"（使学生迫于自己的权势而更重视自己所教学科），硬性导致自己所教的学科成绩上去，而同班其他学科下来。以牺牲同事教学实绩和学生总体成绩作为代价来换取自己的"实绩"，争"先进工作者"的荣誉。

教学工作不只是对于某一学科的教学工作，而是整体的教学工作。应当在各门学科教师之间充分提倡团结协作的精神，弄清楚各门学科之间的内在联系及其互动作用，并加以发挥。现以初中阶段一个不大起眼的生物学科为例，论述学科教学可以、也必须注意与其他学科的渗透，以促进整体教学质量的提高、学生的全面发展。

一、生物学科与政治学科的渗透。

生物第三册"遗传与变异"关于性别的遗传和变异："近亲之间的基因来自共同的祖先，相同基因较多，带有相同致病基因的可能性较大……"，对政治《婚姻法》中的有关条文的理解，提供了很有说服力的科学依据。在教学时应加以引用、发挥。在教学政治时，可以引用生物学科知识，增强说服力；在教学生物学科时，也可以引用政治学科知识，使教学更加贴近实际，生活化、情趣化。

二、生物学科与物理学科的渗透。

生物第四册关于鱼类的课文："鲫鱼的身体呈棱形，躯干和尾部都覆盖着鳞片，鳞片表面有黏液，游泳时可减小水的阻力。"与物理知识"流线型可减小空气阻力""润滑剂，表面光滑，可减小摩擦力"的原理相沟通。可提示学生思考："鲫鱼的体内有一个白色的鳔，鳔内充满气体，能够调节身体的比重。在鳍的作用下，使鱼能够在水下不同水层停留"，为什么？与物理的物体的比重和浮力相关。同样，在教学生物学科时引用物理学科知识，能够帮助学生加深理解；在教学物理学科时，引用生物学科知识作为例子，使教学更加生动有趣。

三、生物学科与语文学科的渗透。

生物学科中,有许多与语文学科有关的课文。教学时如能稍加点拨,定能使学生为之一振:体会两门学科的教学的印证(不谋而合)的乐趣。"学而时习之,不亦乐乎?"取得良好的教育效果。

学习语文知识,可以用生物知识来诠释和印证。在现行江苏省中小学教学研究室编写的初中生物第四册第 30 页无脊椎动物里有"蜜蜂是过社群生活的昆虫。在一个蜂群里,只有一只蜂王,少数雄蜂和几千至几万只工蜂。他们之间有严格的分工,完成不同的职能。蜂王的身体最大,是发育完全的雌蜂。它的职能只能是与雄蜂交配。工蜂身体最小,是发育不全的雌蜂,能采集花粉,配制蜂蜜,分泌蜂蜡,建造蜂巢,喂养幼虫、蜂王和雄蜂。"在教学语文时引用上述知识,可以提请学生思考:这与哪一篇语文课文有关?有什么关系?学生自然会想到学过的杨朔的散文《荔枝蜜》及其内容,如"蜂王是黑褐色的,身量特别长,每只工蜂都愿意用自己分泌的王浆来供养它。"还有课文的农民热爱劳动、无私奉献的精神。得到知识的彼此印证的乐趣,学生的学习积极性会大为提高;也会受到团结协作精神的熏陶。也是在第四册有关于鸟类的介绍,如:"企鹅,它们的翼转化为鳍足,羽毛也变成鳞片状,善于在水中潜水游泳,分布局限在南半球。"可以引用并提示学生,与初三课文哪篇有关?《海燕》,"蠢笨的企鹅,胆怯地把肥胖的身体躲藏在悬崖底下。"获取印证或佐证或诠释的乐趣。

至于能够拓宽学生语文知识面,与作文和课外阅读有益的就多了。如关于蒲公英的介绍:"果实顶端有白色的毛,可随风传播。""百合花,……地上茎长的叶长椭圆形,夏季四月开花,花 1 至数朵生在茎的顶端,花被 6 片,乳白色,微黄。"就与现代作家茹志鹃的《百合花》有关,可以得到知识的印证或诠释的趣味。

还有生物课文"阅读材料"有关于"四不像"动物的介绍,"麋鹿的相貌……头似马非马,角似鹿非鹿,尾似驴非驴,蹄似牛非牛,是举世瞩目的珍稀动物。"可以引申到人们常形容不伦不类的事物为"四不像"词语。

学习生物知识,也可运用语文知识来理解、讲练,获得学习的乐趣。如第四册第 21 页"两栖动物的主要特征:皮肤裸露,有辅助呼吸的作用;变态发育,幼体生活在水中,用鳃呼吸;心脏有二心房一心室,体温不恒定。"怎样加深理解记忆?举例,青蛙。欣赏,课文按由成体到幼体,由外到内的顺序介绍的;可以考虑,按照从幼体到成体、从内而外的顺序重新调整句子的顺序,来加深理解和记忆。

重视学科教学渗透,既帮助了同事,帮助了自己,利于团结协作,又有利于学校的整体教育工作的提升,惠及每一个学生。完全不应该再做"利己"损人害集体的蠢事。

希望从事教育的人们,根据形势的变化,自觉更新观念,改进教育和考核办法。

(本文 2002 年 7 月获第四届中国素质教育论坛二等奖)

第二节　信守自主阅读，创新阅读方法

　　语文教学的过程与方法即能力的目标达成，由于其复杂多变性，令人产生扑朔迷离、眼花缭乱的感觉，一般人都喜欢参考别人的做法"依样画葫芦"，但毕竟不是自己的解读，又会产生一些无所适从、削足适履的烦恼。只有信守自主阅读，才能创新阅读方法。

　　（背景：课文分析也是语文教学的难点，偶尔发现连参考书的课文分析也不能自圆其说，照着理解当然有困难。怎么办？应力求正确理解，让同学更容易接受，提高阅读理解的能力、水平。）

22　分析文章的结构
　　　　——《我的叔叔于勒》结构分析辨正
　　　　　　　（逻辑法）

　　课文结构分析是语文课文阅读欣赏的重要一环，是对课文总体框架的把握。如果老师对教学参考书上的课文结构分析无法真正理解，那么怎能教同学理解？

　　说来凑巧，苏教版初中语文课本第六册第四单元《我的叔叔于勒》，本是一篇文质兼美的外国小说。我在备课时自己先读课文，分析结构，觉得可以分为三部分。其根据是主人公菲利普夫妇在家乡哈佛尔、在"特快号"轮船上、在"圣玛洛"船上，围绕"我的叔叔于勒"的来信的活动，来表现对于勒叔叔的态度的变化。分别为第一部分（1—19段）盼于勒、愈盼愈切——开端、发展（从开头到收到第一封信后为开端，到收到第二封信后为发展），第二部分（20—47段）望于勒、愈望愈怕——高潮，第三部分（48—49段）躲于勒、怕再遇见——结局。可翻开《初中语文教科书教师备课手册（第六册）》①一看，却是根据故事情节分为四个部分：第一部分（1—4段）故事的开端——盼于勒，第二部分（5—19段）故事的发展——赞于勒，第三部分（20—47段）故事的高潮——见于勒，第四部分（48、49段）故事的结局——躲于勒。乍一看，很工整，很顺口，很不错。而细心揣摩之后，便知这种结构分析令人费解，甚至牵强附会。

---

① 江苏教育出版社2003年6月第8版。

一、应注意人物情感表达的合理性。"第一部分"与"第二部分"的分析把菲利普夫妇经济拮据、因于勒两封来信而盼于勒、愈盼愈切分割开来,误把菲利普家经济拮据而于勒有第一、二封信就盼于勒的开端拦腰分开,把"第二部分"有第二封信之后继续"盼于勒"误解为"赞于勒"。

课文第一、二段介绍"我"家的住址、生活景况,总体是生活拮据。第三至九段写恰巧收到于勒的第一封带来好消息的信后,菲利普夫妇对于勒的"盼"与"赞"。在这里,赞人是表象,盼钱是实质;赞人是手段,盼钱是目的。这应为第一部分的第一层:开端。第二封信后,菲利普夫妇也是赞与盼,着重点仍然没有变:盼(钱),包括制订"上千种计划",看上二姐的公务员,无一例外,应是第一部分的第二层:发展。显然,并不是如编者所说的:"从第5—19段是赞于勒"!

具体来说,在收到第一封信和第二封信之后,"父亲"总是重复他那句永不变更的话:"唉!如果于勒竟在这船上,那会叫人多么惊喜呀!"这分别是在第四段和第十四段出现的,属于间隔反复,是在竭力渲染、铺排"希望",显然都属于"盼于勒"的情节。至于第一封信之前插叙于勒在家糟蹋钱与之后赚了钱,虽然构成了正反对比:坏蛋、流氓、无赖与正直的人、有良心的人,但对于勒的赞美,包括母亲说的"只要这个好心的于勒一回来,我们的境况就不同了。他可真算得一个有办法的人。"还是"盼"大于"赞"。"福音书"的比喻和两个"拿出来"的细节,表现菲利普夫妇欣喜若狂、急于向人炫耀的心理,具体表现了"希望",也是"盼"。至于为于勒叔叔有钱回国而拟订了上千种计划,甚至还要用这位叔叔的钱置一所别墅,则把对于于勒(钱)的期盼推向了最高潮,更与赞美于勒的为人毫无关系。二姐的婚事成功,说明那位公务员也被于勒信上描绘的美好希望所吸引,也盼于勒发财归来,共享荣华富贵,理所当然是"盼"。

二、应注意故事情节的逻辑性。从故事情节的逻辑性来看,"盼"之后安排"赞"有松散之嫌;安排"望",意外地望见了于勒,形成巧合,使矛盾冲突扣人心弦。望见了于勒又不敢确信,才叫克拉丽丝去辨认;不放心,又去打听,证实之后越望越害怕,最后竟然是"躲"。这才合乎生活逻辑,也使故事情节更紧凑。

有趣的是,该书分析第二部分"赞于勒"所写欣赏文字的中心不外乎"希望""企盼"。其说法的矛盾就更能说明问题了。

此外,该书对《事事关心》结构的分析,也存在过于求细、呆板,以致失当的问题,如第一部分(1—2段)引用对联,交代出处;第二部分(3—6段)解释对联,引出中心论点。其实可以合二为一:引用对联,生发论点。二者关系紧密,引用对联是为了提出论点,提出论点是以引用对联为基础的,总之是提出问题。既好理解,又很简洁。

像该教学参考书这样追求烦琐与"顺口",分析脱离文本竟达到不能自圆其说的程度,实在不敢恭维,而且浪费师生精力,应力求避免。虽然是"参考",但也要有责任心,追求高质量才好。

如有不当之处,请指正。

(2004年获中国教育报刊社培训中心"敬业杯"教育论文二等奖)

（背景：初中语文学习的一个难点，是不会准确归纳层意段意，看到这种要求心生为难情绪，常常得分率低。应该及时科学地探索规律，提供抓手和方法。）

23　归纳层意（动词法）

我们从事初中语文教学工作的，大多有这样的体会和困惑：同学做语文作业或参加语文测试，碰到归纳层意等题目，所做答案往往五花八门，大多不能准确到位。这一类型的题目属主观型命题，在语文教学中理所当然地应划归"写什么"的范畴。不能搞注入式，让学生做归纳层意的奴隶，老师报同学记，而应调动同学的主观能动性，让同学字不离词，词不离句，句不离群（句群），群不离层，自觉自愿地滚起一个个层意的雪团。怎样才能滚起归纳层意的雪团来？冰冻三尺非一日之寒。既要善于解读、发现关键词语，提高感悟归纳内容的水平，又要积累、运用词汇，增强抽象概述内容的能力。这里只能挑几个有代表性的归纳层意的例子略加阐述。

一、明确体裁　选准动词

《口技》一课第四段写口技表演者模拟一场特大火灾的惊险场面的各种声响和观众的强烈反应。这一段可以分为哪几层呢？通过仔细认真的阅读，可以辨析出三小层：第一层（从"忽一人大呼'火起'"到"泼水声"）描写表演进入高潮时听众的强烈反应。根据《口技》这一记叙文体裁和文中具体表达方式分别选用"描写""赞叹"等动词，管层次内容如"表演进入高潮时听众的强烈反应"的宾语，十分贴切。

根据法国著名博物学家、作家布丰《松鼠》一文改编的说明文课文《松鼠》，第三段说明松鼠活动的范围、时间，常吃的食物及寻食的习惯，突出它的驯良。第四、五段介绍松鼠过水的动作、不冬眠、十分警觉、跑跳轻快、叫声响亮、搭窝的方法等，突出它的"乖巧"。围绕开头"驯良""乖巧"的特点，选用了"说明"或"介绍"和"突出"等动词，分别来管"松鼠活动的范围、时间，常吃的食物及寻食的习惯"和"它的驯良"的宾语，准确地概括了说明文《松鼠》的相关段落的内容和特点，给人以恰当、自然、中肯的感觉。

课文《谈骨气》是我国现代著名历史学家、杂文家吴晗写的一篇议论文。1—4段提出"我们中国人是有骨气的"这一中心论点，并作解释和分析。5—9段，列举文天祥宁死不屈、不食嗟来之食、闻一多拍案而起等三个有代表性的事例，从不同角度证明中心论点。第10段总结全文，点明谈骨气的目的。这里根据课文具体内容,选用了"提出""作"等动词,分别来管"'我们中国人是有骨气的'这一中心论点"与"解释和分析"的宾语;选用"列举""证明"的动词,分别来管"文天祥宁死不屈、不食嗟来之食、闻一多拍案而起等三个有代表性的事例"和"中心论点"的宾语;选用"总结""点明"的动词,分别来管"全文"和"谈骨气的目的"的宾语,概括段意,非常准确。

二、抓住关键　感悟归纳

朱自清先生的散文《春》第五段"春风图"。细细咀嚼,便可感觉出其中一些关键词语。如"吹面不寒""抚摸","新翻的泥土气息","青草味儿","各种花的香","鸟儿""唱","牧童的短笛""嘹亮地响"等。它们分别从触觉、嗅觉、听觉三个不同的角度描绘了"春风图":第一层:从触觉上写春风的和煦;第二层:从嗅觉上写春风特有的芳香;第三层:从听觉上写春风吹送的悦耳的声响。

这里首先通过阅读咀嚼感觉关键词语"吹面不寒""抚摸","新翻的泥土气息","青草味儿","各种花的香","鸟儿""唱","牧童的短笛""嘹亮地响",然后对关键词语进行感悟、分类:"从触觉上写"、"从嗅觉上写"和"从听觉上写","写"动词分别管"春风的和煦""春风特有的芳香""春风吹送的悦耳的声响"的宾语。

三、抓中心句,归纳大意

有些课文,特别是说明文和议论文,其某段中各层次、段落的中心句显而易见,归纳大意易如反掌。如竺可桢《向沙漠进军》第四段开头"沙漠逞强施威,所用的武器是风和沙",接着有"风沙的进攻主要有两种方式""一种可以称为'游击战'……一种可以称为'阵地战'……"的中心句。显然,本段可分为两个层次:第一层(第1句),指出风和沙是沙漠逞强施威的武器;第二层(第二句至段末)具体介绍风沙进攻的两种方式:游击战和阵地战。

这里首先找出一段中两个层次的中心句"沙漠逞强施威,所用的武器是风和沙","风沙的进攻主要有两种方式""一种可以称为'游击战'……一种可以称为'阵地战'……",然后使用动词"指出"管由第一层中心句"沙漠逞强施威,所用的武器是风和沙"变式而来的"风和沙是沙漠逞强施威的武器"的宾语,这种变式使意思更加简明。根据说明内容选用动词短语"具体介绍",来管由第二层中心句变得简明化的"风沙进攻的两种方式:游击战和阵地战"的宾语

总之,读文归纳层意段意,看起来难,但只要做有心人,抱着主动学习欣赏的积极而自然的心态,仔细咀嚼品味,不断感悟和总结,就会化难为易,得心应手。

(与朱主任合作,原载《中学教师教研论文荟萃》戏剧出版社,1999年10月第1版,有改动。)

（背景：教学说明文，需要寻找教学规律，提高教学效率。我想，对于其中的说明方法学生要么连名称都说不规范，如"举例子"变说成"举例"；"作比较"说成"对比"或"比较"，"用比喻"说成"比喻"等等，至于教材说平实说明、生动说明和下定义等说明方法，也理解不清层次关系，所以需要进行建设性探讨。）

24　识记说明文的说明方法
——浅议说明方法的系统性
（系统法）

教学说明文常常感到课本中介绍的几种说明方法无法涵盖说明文所使用的方法；同学也无法知道还可用哪些说明方法来理解说明内容，偶尔看到几种别的说明方法如平实说明、生动说明等，又不懂与常见的说明方法是什么关系。为了解决这些问题，更加切实有效地教学说明文，需要建立一个说明方法的教学体系。

首先，要在宏观上把握说明文使用的方法，推出第一层级的说明方法。

说明文是分析或使用说明方法的基地。何谓说明文？"解说事物，剖释事理，阐明意象；以便使人得到关于事物、事理或意象的文字，称为说明文。"①如周建人的《蜘蛛》，就是一篇"解说事物"——蜘蛛的文章，就属于说明文。对这篇说明文，从总体上看，为表现说明内容所用的说明方法有两类：第一至三段用生动形象的文字介绍蜘蛛结网捕虫的技能，用的是生动说明；第四至七段用平平实实的文字说明蜘蛛身体结构之巧妙、蜘蛛丝的用途和不做网的蜘蛛，用的是平实说明。这表明说明文有平实说明和生动说明两类说明方法。

初中语文课本中也多次提及平实说明和生动说明的方法，也无非是对说明文使用的方法的高度概括。如第三册第二单元教学要求"理解平实说明和生动说明"，则是本单元说明文使用的说明方法的总体把握的要求。又如第三册《春蚕到死丝方尽》练习四提示语"采用平实说明的方法还是采用生动说明的方法，在准确说明事物的前提下可以灵活。"同样离不开对说明文所用方法的宏观把握。因此，把平实说明和生动说明称为第一层级的说明方法。

其次，分别根据第一层级的说明方法即平实说明和生动说明的定义，推出第二层级的说明方法即具体的说明方法。

平实说明。何谓平实说明？抓住事物的特点，用简洁明白、平平实实的文字加以说明的方法。根据这个定义，对课本中提及的和未提及的说明方法进行推

---

① 引自《夏丏尊文集·文心之辑》第43页，浙江文艺出版社1983年12月第1版。

理,依次可以归纳出如下具体的说明方法:

(1)分类别。即"根据形状、性质、成因、功用等属性的异同,把事物分成若干类逐一加以说明"的方法。教材有时称分类,欠妥。分类,容易与其他用语相混淆,不能体现分几个方面说明事物的特点。分类别的例子很多,如《听觉的作用》说声音有三要素:第一是响度,第二是音调,第三是音品。

(2)举例子。即"举有代表性的例子,反映一般情况,真实地说明事物"的说明方法。教材有时称"举例""设例",不一致,与议论文中的一个术语雷同;设例即假设例子,因假设的例子来源于生活,所以可以视作举例子的一种。举例子的方法使用频率较高,如《邮票的起源》是这样说明邮票的形式不断创新的:"一九零六年,卢森堡发行一种由四十枚邮票组成的'小型张',一九二一年比利时等国也相继发行这种邮票。"这里尽管未用"例如""如"等表示举例子的词语,但恰恰是举例子,用具体的例子把事物的性质说得明白可信。

(3)用图表。即"为了把复杂的事理解说清楚,在文字说明的同时配备图表"的方法。讲科学道理的说明文,常常采用一些图表。华罗庚的《统筹方法》用泡茶喝来说明统筹方法的原理,依次用了三幅图表来辅助说明,直观明白,使读者对统筹方法省时的特征一目了然。

(4)作比较。即"选择有外部或内部联系的事物进行比较"的说明方法。作比较"既有在本质上具有相同点的两个事物的类比,又有两种相反情况的对比"。教材有时又叫"比较""对比"。"比较"泛指两种事物的辨别异同或高下,不一定专指说明文中把事物辨别异同或高下的方法;对比是一种修辞格,又是一种表现手法。必须明确:作为说明方法的作比较的特点是用另一事物的某种性质来说明这一事物具有或不具有某种性质。属"类比"的如《从甲骨文到口袋图书馆》中"一部几百万字的书,用针鼻那么大的地方储存,还显得绰绰有余",就是用针鼻之小来类比书的储存地方之小;属"对比"的如《苏州园林》用"没有修剪得像宝塔那样的松柏,没有阅兵式似的道旁树。"来说明栽种和修剪树木着眼于画意。

(5)诠释。字面意:说明,解释。作为一种说明方法,就是作解释。它解释说明文中非主要内容或问题所涉及的事物的名称,帮助读者理解说明内容。如"重庆是一座古城,早在三千年前,它就是巴国的首府,古名叫'巴',隋朝改名'渝州',北宋更名为'恭州'。到了公元1190年,南宋有个名叫赵敦的人,他先在这里当王,接着又当上了皇帝,真是喜庆双重,所以,把它改名叫重庆。"(《从宜宾到重庆》)。

(6)下定义。就是为了突出事物的主要内容或主要问题,用简明扼要的话给事物名称立下确定的意义的说明方法;它能确切而简明地说明事物的本质特征或一个概念的外延或内涵。如"海光,是海洋生物发出光亮的自然现象。"(《海光》)。

(7)列数字。是运用一些数字来说明事物特征的方法。如:"舟首尾长约八分有奇,高可二黍许。"(《核舟记》)准确地说明了核舟的长度和高度。

(8)表述。是以较为平实的文字介绍人物的经历、人物与人物、人物与环境的关系等的说明方法。如:"那时候,这个院子里住着两个人。靠左的一间住着一个叫腊却兹·蒲萧列兹的三十来岁的女人,她常常坐在窗口做针线,来往的人从木栅栏外边就看得见她。靠右的一间正屋住着屋主罗斯托玛乞维列,一个规规矩矩的市民。"(《第比利斯的地下印刷所》)。

(9)立论。本是议论文的论证方法,说明文也借用。是先提出某一事理再用理论和事实加以说明的说明方法。立论能把事物的特征阐发明白。如竺可桢《向沙漠进军》的开头:"沙漠是人类最顽强的自然敌人之一。有史以来,人类就同沙漠不断地斗争。但是,从古代的传说到史书的记载来看,过去人类没有能征服沙漠,若干住人的地区反而为沙漠所并吞。"这就是立论,不常见。

第二、生动说明。也叫形象说明,是指用较为形象的文字说明事物特征的说明方法。它可以包括哪些说明方法呢?《蜘蛛》练习二提示语说:"课文在说明蜘蛛如何捕捉小虫方面作了生动的描写,恰当地使用动词、形容词,采取了比喻、拟人等修辞手法。"中央广播电视大学教材《写作通论》里"说明方法"项下第四种"形象说明"就有"比喻、拟人";教材也明确地称"比喻""引用"的修辞方法为说明方法[1]。由此,可以推出以下几种生动说明的方法。

(1)恰当地运用动词形容词。如"它们搭窝的时候,先撒些小木片,错杂着放在一起,再用一些干苔藓编扎起来,然后把苔藓挤紧,踏平,使那建筑物既宽广又坚实,可以带着儿女住在里面,既舒适又安全。"(《松鼠》)连用"搬""放""编扎""挤""踏"等一系列动词,准确而鲜明地写出松鼠做窝的动作及其过程;同时用形容词"宽广""坚实""舒适""安全"说明了松鼠窝的高质量和松鼠住在里面的美好感觉。

(2)打比方。又叫用比喻,即借助比喻的修辞手法以具体形象地说明事物属性的方法。它是常见的六种说明方法之一。如《月亮——地球的妻子、姐妹,还是女儿》这篇说明文的题目就是用暗喻生动说明月亮与地球的密切关系,给人以亲切感。

(3)拟人。即在说明文里把一种动物、植物甚至无生命的事物当作人来描写

---

[1] 参见《写作通论》第230-231页,北京出版社1983年6月第1版。

的说明方法。它能使人以外的其他事物的行为带上人的情调。如"沙漠里不但光线会作怪,声音也会作怪。"(竺可桢《沙漠里的奇怪现象》)。

(4)引用。就是引用名人诗词或著作中的语句来说明事物的某一特征的说明方法。如"'蜂争粉蕊蝶分香',昆虫给花完成传粉授精的任务。"(《花儿为什么这样红》)就是引用温庭筠《惜春词》里的语句来说明昆虫为花传粉授精的。

(5)设问。是用设问句的方式总领和提示事物需要说明的内容的说明方法。设问常常用作说明文的题目,引起读者阅读的兴趣,如《宇宙里有些什么》、《食物从何处来》;也有的用在文中起过渡和提示的作用,如"沙漠里真有魔鬼吗?在那时人们的知识水平看起来,确像是有魔鬼在作怪。"(《沙漠里的奇怪现象》)。

(6)排比。使用排比句式全面地铺开说明内容的说明方法。它不仅能铺开事物的方方面面,而且具有充沛的语言气势。如"公路上,你可以看到汽车在行驶;田野里,你可以看到拖拉机在奔跑;工厂里,你可以看到机器在转动;天空中,你可以看到飞机在飞翔;到江边或海边,你还可以看到轮船、军舰在航行。"(《石的油用途》)

(原载北大中文核心期刊、陕西师范大学主办《中学语文教学参考》1993年第5期,有改动)

（背景：研究中考语文试题，发现关于一条语言得体的选择题与众不同，值得关注与探究。）

25　判断语言是否得体（"三合"法）

看遍1994年江苏省十一市及河南省、安徽省中考语文试题，发现唯独《1994年南通市初中毕业、升学考试语文试题》里有这样一条内容新颖的选择题：

"选出语言得体的一项：（　　）

A 老大爷，您今年几岁啦？

B 敬爱的解放军叔叔，您应邀光临贵校作报告，我代表全校同学表示热烈的欢迎！

C 老师，您今天光荣退休，告别讲台，但您音容宛在，永远活在我们心中。

D 嘿！这次考试让你得了全班第一，下次我可要和你比个高低。"

语言得体做了考点，应引起注意并加以研究。什么是得体？怎样鉴别是否得体？章熊《简明·连贯·得体》之三"得体"部分指出"得体是指……用语要与语言环境保持和谐一致，分寸得当。"①新做修订的大纲说"根据目的、对象、场合选择比较恰当的语句。"实际上就是告诉我们，要从对象、场合、目的三方面分析语言是否与语言环境保持和谐一致，分寸得当——得体，从而选择语言得体的语句。

常言道："一句话引人笑，一句话引人跳。"上面这道题的四个选项中，D项得体，选它。因为它表现了学习力求上进、你追我赶的精神，没有对象、场合、目的等不得体的问题。而A项的"几岁"对儿童说可以，对老大爷说，显然是把对象搞错了；B项是一位同学代表全校学生为欢迎解放军作报告而说的。不说，听者也清楚：他是"应邀"而来的；同学心中，自己的学校确实尊贵，但是这样说与当时讲话的目的相悖：欢迎人家，又点明人家是"应邀"，就表示"不应邀"时或不"应邀"的随从就不欢迎；欢迎人家来作报告，又说自家是"贵校"，似乎表示对方的单位不贵或人不贵。显得傲慢、不礼貌。C项是与即将退休的老师话别，在此场合宜说师恩难忘或夕阳红的话。而用"音容宛在，永远活在我们心中"这种悼念死者的场合才适用的话，开什么玩笑？正式场合显然是不得体的。相反，有的同学说话很讲究场合，"随机应变信如神"。听说有一位农村初中生，中午放学回家后发现中饭未煮，水缸里也没水，自己又怕挑不动水，就去田里找妈妈回来挑水。途中见妈妈

---

① 参见1993年5月陕西师范大学《中学语文教学参考》。

挑着一担胡萝卜,气喘吁吁地赶来,你猜他怎么说?"妈,我是来接你的,晓得你辛苦啦!"妈妈一听,脸上绽开一朵花:"乖儿子,有你这句话,做妈的再苦再累心也甜哪!"

(原载1995年6月25日《语言美》报)

（背景：初中语文试卷选择题题型所占比例近20%，因此选择题就成为师生不能不重视的问题，需要研究这种题型及其对策。）

26　语文选择题的解答原则（成竹法）

现在，语文阅读试题采用标准化命题，而选择题则占相当大的比例。在多次考试之后的阅卷和讲评过程中，发现一种奇怪的现象：不少选择题所涉及的知识学生不是不懂，可是却把答案选错了！究其原因，原来"不识庐山真面目，只缘身在此山中。"比如觉得该选 A，但又放心不下 BCD，自己怀疑自己，最后觉得随便选一个也可以。针对这一问题，我想，应当从原则上给同学以指导，把开启选择题之锁的钥匙交给同学。这把钥匙就是：胸有成竹，对号入座。

例："他的性格在我的眼里和心里是伟大的，_____他的姓名并不为许多人所知道。"这个复句中横线上的关联词和分句间的关系应该是（　　）

　　A 虽然　　转折关系
　　B 但是　　递进关系
　　C 因为　　因果关系
　　D 假如　　假设关系

碰到这样的选择题，必须遵循"胸有成竹，对号入座"的原则。首先看清并分析题目本身的意思，在自己心里形成答案：题目要求两个分句之间的关联词和关系。很显然，关系决定关联词。那么先得把这个复句前后两个分句的关系搞清楚：前一分句"他的性格，在我的眼里和心里是伟大的"是正句，而后一句"他的姓名并不为许多人所知道"是偏句，两句之间的关系应是转折关系，转折关系的复句常用的关联词语有："虽然（或尽管）……但是（或却或可是）……"；再说，这是个倒装的转折关系的复句，复句的正句与偏句之间往往用"虽然""尽管"之类的关联词，"但是（或'却'或'可是'）"的关联词有时可以省略。如此，答案已在自己心里形成：(但是)虽然　转折关系。其次，将自己心里形成的这个答案与备选答案对照，看出 A 完全符合（或相比之下最接近），就确定 A 为应选答案填入指定的空格里。

其他选择题如"下列加点字的注音准确无误的一项是（　　）""下列词语的书写不完全正确的一组是（　　）"等，同样需要遵循"胸有成竹，对号入座"的解答原则。只有遵循这一原则，才能充分提高选择题的解答正确率。

（原载云南日报主办 1997 年 6 月 15《语言美》）

（背景：作为语文老师，应注意研究中考语文试题，以便更好地备战中考。）

27 中考作文题要求"诗歌除外，文体不限"（严谨法）

最近几年，中考语文试题出现单选题有两个答案的怪现象，特别是作文命题流行着"诗歌除外，文体不限"的要求，如2003年镇江市中考语文试题作文题：

每一件事情/都给他一个/快乐的思想/就像把/一盏盏的灯/点亮在砍柴的时候/想的是火的诞生/在锄草的时候/想的是丰收在望与你同行/想着我们共同的理想/与你分手/想着我们会师时候的狂欢。

亲爱的考生，你有时会感到生活的不顺心，觉得生活很平常；其实生活中处处有欢乐，只要你改变自己的心态，只要你用心去欣赏。诗人何达的快乐之源是乐观。你的快乐之源是什么呢？请以"_____，我的快乐之源"为题写一篇文章（横线上可填：读书、运动、助人、乐观……），文体不限（诗歌除外），不少于600字，文中不出现（或暗示）真实的地名、校名、人名。

我们要站在同学的角度，来看这道作文题：设身处地地想一下，这"诗歌除外，文体不限"究竟是什么意思？当然我们并不是不可猜测，命题者的本意可能是要让同学放开手脚，拓宽思路，充分表达自己心中的往事和感想。所以只要不是写诗歌这种文体，其他文体散文、小说类的记叙文，科学小品类的说明文，杂文类的议论文，任你选一种。像上述题目就希望考生或写记叙文，记叙自己这方面的亲身经历，体验；或写议论文，以题目为中心论点，再分层次写分论点，加以论述；或写说明文，从心理学、生理学的角度介绍我"读书……为什么能引起我的快乐"；另一层意思是不限定用哪种文体，可以兼而有之（混为一谈）。这可能是命题者没有想到的。一些考生甚至成绩不错的，把"诗歌除外，文体不限"理解为除了诗歌这种文体外，其他文体均不加界定，随意写成什么。结果写的文章不伦不类，"四不像"。有一初三语文试题作文话题是"责任"，提示语略，要求：(1)可以写自己的经历，也可以写别人的事；可以从正面写，也可以从反面写；可以抒发感情，也可以发表议论；(2)除诗歌外，文体不限；(3)字数不少于600个；(4)文中不得出现真实的人名、地名、校名。于是有考生这样写道：

人人都要有责任心

责任，对于我们初三学生来说，已不是陌生的字样。每个人都有一份差事，也就是责任，必须有一颗做好本职工作的责任心。商人的责任，是真诚地做顾客的生意,不搞坑蒙拐骗、假冒伪劣;警察的责任,是保障人民的生命财产安全、维护社会治安;老师的责任,是教书育人;学生的责任,是学习文化科学知识,提高自身素质。……各行各业的人都应该、也必须有做好本职工作、力争上游的思想,经常扪心自问:在工作、学习中尽责了没有?

举个例子来说吧。那是一个春光明媚的早晨,我来到学校,由于我是数学组长,每天早晨帮助老师收数学作业,却遭到别人的嘲笑。"柠檬,你的分类精华集呢?"我一边说着,一边看看手表:"哎呀,离上早读还差十分钟。"这时舒静走进教室。我向他走去:"舒静,你的作业呢?""我没做完!"她说得如此坦荡,可她却不知道,她给我出难题了!我俩是好朋友。我该怎么办呢?我终于收了她的作业,不管她生多大的气。因为我不能背叛老师对我的信任,忘记我的责任!

她的脸色阴沉,嘴里嘀咕着。忽然数学课代表说不收作业了。我又把作业发下去了。只听到后面的她大叫:"啊!yes……"那声音在我听来特别刺耳。我对后面的同学说:"我是出于责任心,才收你们的作业的!"我的眼睛湿润了。

朋友们,同学们,负起自己的责任,让我们的事业蒸蒸日上,让世界变得更加美好!

这篇作文,从题目到正文第一段,明确提出中心论点:每个人都应有责任心,然后举例论证:各行各业的人都必须对自己所从事的实业负起责任心。最后又是议论,发出号召。由此可见,这是议论为主的。可是中间两段记叙得非常具体,又像记叙文,不是议论文。议论文的记叙应该是概括事实,以作为事实论据。

"诗歌除外,文体不限"还有第三种歧义,即只有写诗歌是限文体的,写其他文体就不限(界)定是哪一种。如此,即使学生写了诗歌也不可看做偏离题意!

综上所述,"除诗歌外,文体不限"会产生歧义,是个病句。它给考生带来的消极影响是显而易见的。

与此相反,2003年江苏宿迁的中考语文作文题却别具一格,没有这种语病:

人人都有一双手,每双手都演绎着一个个独特的人间故事,每双手都记录着一段段动人的情感经历,每双手都昭示着一条条深刻的人生哲理……

请以"手"为话题,写一篇文章。

要求:(1)立意自定,题目自拟,文体自选,写出真情实感;(2)文章中不得出现真实的人名、校名、地名;(3)不少于550字。

这个作文题,就有意避免了"除诗歌外,文体不限"的歧义,明确提出"三自",便于考生自由发挥,写出自己想写的内容,运用发挥学过的语文知识写出自己的力作精品。值得仿效与借鉴。

中考试题用语应当科学严谨、明白好懂,切莫粗枝大叶、信马由缰。

28　偶说怎么读书
——箴言广告语获奖作品举例
（条理法）

(1)乐读与善读

为求知做人而乐于读书,孜孜不倦,知难而进;为求知做人而善于读书,游刃有余,渐入佳境。(2010年度如皋市教师优秀读书箴言评选入选作品)

(2)读书并不难

读书并不难,字(词)典放一旁;书名品明白,目录理出来;前言莫忘读,精神来披露;章节感兴趣,析缕赏词句。(2010年度如皋市教师优秀读书箴言评选入选作品)

(3)"绿色上网"征文活动获奖作品

红灯停绿灯行,绿色上网任君行。(2006年9月四省"绿色上网"征文活动三等奖)

(4)中央深入学习实践科学发展观领导小组办公室主办"祝福祖国　科学发展"箴言短信大赛一等奖作品

科学知识多一点,愚昧言行少一点;

民主政治多一点,腐败现象少一点;

先进生产多一点,落后贫穷少一点;

环境保护多一点,地球灾难少一点;

勤俭节约多一点,铺张浪费少一点。

(2010年4月14日中国共产党新闻网公布一等奖)

(5)中组部"'海油杯'颂歌献给党"红色短信征集评选活动三等奖作品

七月的骄阳,炙烤着大地,回顾党旗的辉煌:

二十八年的革命,创造了一个崭新的国家屹立于世界东方;

二十七年的建设,又成为具有国际影响的伟大国家;

三十五年的改革,带领十几亿人民直奔全面小康!

啊,九十年辉煌的党旗,必将继续辉煌!

(2011.10人民网)

（背景："辞格是用来达意传情的、数目有限的固定格式，而思想感情本身却是复杂纷纭、丰富多彩的，难怪诗人发出感叹：'常恨言语浅，不如人意深。'而要解决这言语浅、人意深的矛盾，就要突破旧有辞格的范围，改造或另创新格。"[①]南京师大王星琦老师的讲课所述明朝刘基趣闻轶事、徐克谦老师讲述魏刘伶纵酒放达和现实生活中人们的语言非常生动别致，给我留下深刻的印象，我要让更多的人知道新的辞格的格式与表达。）

29　我发现、发明的一种修辞手法（喻引法）

刚上课，体育老师发现还少一名学生，便问："他上哪儿去啦？"旁边的同学答："到操场打球去啦！"老师笑着说："还没叫他去，他就去啦！"这一说，立即引起一阵哄笑。我认为，这里包含着一种辞格：用比喻从本义中引出新义，来推论事物的结果。这种手法姑且称之为"喻引"。"喻引"在结构上先后使用同一词语，分别表达由本义和由本义比喻产生的引申义，具有层递关系和夸张功能，语言滑稽风趣，有增强论辩性的效应。根据比喻引申方式的不同，可分为"暗喻引"和"明喻引"。

暗喻引，对词语的本义暗做比喻而引申新义。如现在书摊上出售的推背图，据说是明朝开国功臣刘基（字伯温）所创。其实，真正的推背图早在未传出之前就被刘基亲手焚毁了。当时，刘基正在家里作《推背图》，推演明开国之后的历史变迁。忽然，看见自己的老师手捉一只麻雀脚跨门槛，开口发问："刘基，你在作推背图，是吗？"刘基说是。老师又问："你知我是进还是退？"刘基感到两难：我说进，他可退；我说退，他又可进。只得回答："学生不知。"老师又问："你知我手里的麻雀是死还是活？"刘基仍感到两难，依旧回答："学生不知。"老师大笑道："你呀你，进退不知，死活不知，还作什么推背图呢？"刘基领悟出话中的哲理，就将已经画出的推背图给烧了。

这里，老师把自己门里门外的"进""退"和手里麻雀的"死""活"暗做比喻，引申为刘基不知明以后历史的"进""退"和历史人物的"死""活"，出语风趣而雄辩。

明喻引：对词语的本义明做比喻而引申新义。如魏正始年间"竹林七贤"之一的刘伶，纵酒放达。一日，朋友来访，见其"脱衣裸形在屋中"，就加责问："你怎么

[①]　福建师范大学主编《现代汉语专题说略（上）》第 194-195 页，福建教育出版社出版，1989 年 4 月第 1 版。

连个衣服也不穿?"刘伶答道:"我以天地为房屋,以房屋为衣裤,你怎么钻到我裤衩里来了?"出语滑稽放达,实在令人哭笑不得,难以辩驳。

这里,刘伶将天地比喻引申为房屋,将房屋比喻引申为穿在身上蔽体的衣服,进而推理朋友钻到自己裤衩里来了的笑话。在现实生活中,人们常用"喻引"手法来谈笑取乐和议论事情,以便增强刺激性取得理想的交际效果。

(原载1993年6月15日《语言美》报,有改动。此说收入华中师范大学教授刑福义主编《中学骨干教师辞典总2》,语文出版社1995年7月第1版)

第三节　探索曲径通幽方式　创意语文课堂教学

语文课堂教学,是一个活动性、立体型的话题,也是知识与技能、过程与方法和情感态度与价值观的三维目标达成的滚雪球似的过程。教师需要智慧解读文本,应认识文本是极度个性化的艺术作品,是复杂多变的社会生活的反映,有着奇特的写法和鲜明的主旨。清代诗人、散文家、文学评论家袁枚说"文贵曲"。我们应当探索曲径通幽方式,创意语文课堂教学。

(背景:用课文教学语文,如何才能贴切而有魅力,是作为语文教师的我常常思考的一个重大问题。)

30　语文课堂教学文本解读的思路(破题解析式)

要使语文课课堂教学取得理想效果,不能不活跃课堂教学气氛;而要活跃课堂教学气氛,就不能不寻找课堂教学某课文的"突破口",一针见血。其外在表现,即具有较好的课堂语言技巧。本文只讲其中的一点:从破题入手,理清思路。

透过字面,探求含义。有些课文如《驿路梨花》《井冈翠竹》《海鹰》《白杨礼赞》《松树的风格》等这类以具体事物命题的抒情散文,如何寻找教学的突破口?应透过文题字面意思去从文中探求象征意义,从而引导同学认识其构思特点:或借物喻人,或借景抒情……,学习作者的构思。《白杨礼赞》白杨树的象征意义是什么?(或礼赞白杨树的什么精神?)从文中有关语句可以看出:是象征北方抗日军民和他们在民族解放斗争中所表现的朴质、坚强、力求上进的精神。而这种象征意义的揭示,是通过一条线索"白杨树的不平凡"贯穿于始终,一、四、六、八自然段的反复吟咏,逐层深入地揭示出来的。这样阅读,全文的思路就显现在同学面前了。

寻找奇字,追根溯源。课文题目中含有奇字的,为我们寻找突破口提供了客观条件。我们可以扣住其中的奇字发问,再围绕题眼一路问下去,追根溯源理解其思路和表达的思想感情。如《梅岭三章》可扣住"章"字发问:诗歌的量词常见的是"首",如一首诗、两首诗,诗八首。除此之外,有没有其他量词?有,"章",歌曲诗文的段落。很自然想起"乐章"。题眼是"梅岭","梅岭"在哪里?谁写的《梅岭三章》?在什么背景下写的?如此,就会自然的引入课文"断头今日意如何?

……"从而明白这三章(段)诗围绕"断头"构思,扣住"意如何"展开,从自己写到同志,写到理想;从当前写到过去,写到现在,写到将来。层层深入,扩大。寥寥84字,塑造了一位坚强豁达的无产阶级革命家的高大形象。

辨别文体,有的放矢。课文题目是什么体裁,往往从字面上可以看出;根据不同的体裁反问,也能理清文章的构思内容。如马克·吐温《竞选州长》,一看就知是记叙文,小说。那么,就可以发问:谁参加"竞选州长"?开始怎样,后来怎样,结果怎样?有哪些滑稽或耐人寻味之处?通过读文知道,情节的开端可能是"竞选前"名声好,犹豫;发展高潮可能是"竞选中"猛然遭十大罪名诬陷;结局可能是"我"这个比那俩"声望还好"的人"退出竞选"。从而给读者留下意味深长的思考:当时所谓的"民主竞选"又是怎么一回事?你有何感想?又如马南村《事事关心》一课,不难看出是议论文,杂文。那么,就应该从文中探知:前一个"事"和后一个"事"各是什么含义?作者在文章中主要是提出见解主张即论点,还要有理由即事实和理论来支撑,又有文学性。于是可以发问:本文主要见解和主张(论点)是什么?怎样逐步提出来的?举了什么例子来支撑论点的?为什么说"东林党人读书讲学,显然有他们的政治目的"?如何评价他们的政治目的?如果以上是举例论证,那么作者又是如何说理论证的?请找出第十段中正面说理的语句。作者又是怎样进行正反对比论证的?最终得出了怎样的结论?

题目有时是文章的眼睛,有时是文章的线索,有时是文章的主旨所在……从破题入手,理清文章思路值得探究。其中的语言技巧很多,但精神实质就是寻找课堂教学的突破口,巧设疑问,使同学在不知不觉的有趣探讨中拾级而上,遨游美妙的文学艺术境界。这样,既使同学受到作者巧妙的构思的训练,又得到积极向上的思想感情的陶冶。

(原载1998年4月6日《海安教育》报,有改动)

（背景：语文复习课程如何提质增效？值得探究）

31　指导语文复习课程的观点（全面发展式）

按常规，每学期初中语文复习总要留下近一个月的时间。在这个时间里，语文教师制定计划、备课、上课、测试、评讲、辅导，可谓使出了吃奶的力气，忙得不亦乐乎。因为笃信一条古训：一分耕耘，一分收获。可结果却与自己付出的劳动不成正比，尤其是有的不做班主任的语文老师觉得自己控制不了同学期末考试成绩，留下遗憾、感叹、烦恼，形成了令人难解的谜。

今年上半年初二语文期末考试，我作为未做班主任的语文教师，却交上好运：学生语文考试成绩由上学期的年级第四跃居年级第一！究其原因，指导语文复习课程的思想观念发生了转变。

一、语文复习是古文、现代文阅读与作文的系统结合，而不是只有古文、现代文阅读的片面复习。语文试卷的形式一般分为基础知识、现代文阅读、古文阅读和作文四大板块，而内容只涉及三方面古文、现代文阅读和与当前社会生活有关的作文。相当一部分语文老师，在语文复习阶段只重视古文、现代文阅读，有的分基础知识、现代文、古文阅读，而忽视了作文复习。认为作文无从复习，无东西复习；同学也有的认为自己写的作文没有必要复习，因而在作文上失分较多，影响整体的语文考试成绩。这显然是由于孤立、静止地看问题，片面性所致。其实，古文、现代文阅读和作文三者密切相关，缺一不可。从分值上看，作文占40%；从内容上看，作文与阅读关系密切，有时间上的层递关系，也有逻辑上的示范与效仿的关系。这才符合辩证法全面发展的观点。

在平时讲评典型作文的基础上，复习期间，我引导学生复习作文。先把作文本发给同学，然后要求同学对照教材上的题目或老师布置的原题，看自己写的作文和老师批改，三者联系起来而不是割裂开来阅读理解。这种系列化复习，提高了同学语文知识水平，培养了他们具体分析语文问题、解决语文问题的能力。在此基础上，提醒同学作文由书本知识到现实生活，鲜活的现实生活是作文材料的源头。尤其是写记叙文，要联系日常生活平凡小事，加工提炼，才能创新，并获得成功。

二、语文复习是语文课文常识性阅读与教学重点难点的有趣结合，而不是只是重点难点的孤立、生硬的复习。

有些语文老师往往这样认为：语文复习应该是过去在课堂教学中涉及内容的

复习,只要同学翻开课本、课堂记录本、作业本,内容很多,读读、想想、练练重点难点就行了。如果照教案去复习,肯定来不及,而备复习课,只能是粗线条的复习,于是就备略案只抓重点难点复习,很难给学生完整、有趣的印象。这就大错特错了。孤立地片面地看语文复习问题,放弃了老师的复习主导作用和教材的基础功能,不仅非重点难点复习不了,重点难点的复习也变得肤浅了。语文复习不能以备课笔记、课堂记录之类的材料为依据,应以老师、同学和教材为依据进行新的学习组合,该详则详,该略则略。备书头案既贴切自然,易于被学生接受,又省时省工。设计符合文体特点、突出重点、突出难点的思考题,来组织同学课堂复习讨论,不失为上策。如复习老舍《在烈日和暴雨下》(小说),不光要复习重点难点的景物描写、心理描写表现人物悲惨命运,也要复习开头非重点难点的记叙要素:时间、地点、人物、事情的起因,为理解重点难点做好铺垫,这样学生就学得自在、灵活一些,能进一步认识记叙文是怎么回事,从而对语文课表现人物悲惨命运有合乎情理的理解。

三、语文复习是老师主导评讲试卷与同学主体听讲、参与练习并发表见解的深度结合,而不是老师督促同学订正补做试卷的松散肤浅复习。

毋庸讳言,语文复习少不了大量的成套的试卷的练习与讲评,其程序为练习——讲解——练习。在此,有些语文老师似乎很精明,只让同学提出尚不明白的问题进行讲评,而没能看到有的同学似懂非懂但不想提出问题的特殊性,让学生自己去订正复习试卷,学生很疲倦,形成一种松散、无序、浮于表面的复习。应当充分发挥老师评讲试卷的主导作用,强调同学主体绝对听从老师的评讲,形成老师主导评讲试卷与同学主体听讲、参与练习甚至发表见解的有机结合。这并不是所谓不民主的注入式,而是真正的民主的启发式。也要引导同学分专题复习,以彰显知识的单一性系统性,以强化理解记忆效果。惟其如此,才能保障试卷评讲的深度、广度和有效率。为了增强趣味性,还可以采用讲读结合、口答与板演结合,表演与分析结合的课堂复习方法。

此外,语文复习是提高同学语文学习兴趣知识能力素养与确保同学语文考试成绩优良的有序结合,而不是只提高学生语文知识水平的复习。只知道千方百计诱导同学掌握语文知识,提高语文水平,而没有探询并创造出激发学生考出最佳成绩的机制;只会说服教育同学,认真对待期末考试这一决定性的考试,就依期末考试分数算账。这很容易产生负面效应,增加同学的心理负担,以致由于心情紧张而考试失误。现在,我们采用了"提示、考试比赛、评价"的教育模式,力求对同学的语文考试进行有效的控制和促进,并激发同学语文考试的积极性。这就是提示新的约法三章:以期末考试分数为主,兼顾期中考试分数适当奖惩。经与同学、班主任协商付诸实施。在及格线以上的,若对照其中考试分数进步了,分级奖励加分;没有进步,不加分;在及格分数线以下的,对照期中考试分数没有进步,分级惩处减分。此举,大大激发了学生语文考试争创佳绩的积极性和主观能动性,形成了期末语文考试人人争上游、个个要进步的良好风尚。

综上所述,初中语文复习课程要想取得成功,就要使古文、现代文阅读与作文进行系统结合,常识性阅读(非重点难点)与重点难点进行有趣结合,老师主导评讲试卷与同学主体听讲、参与练习并发表见解进行深刻结合,提高同学语文知识水平与发挥同学语文口头书面表达能力进行有序结合,并采用提示、比赛、评价的教育模式,助推语文考试成绩优良。如果撇开这些要素不谈,只分析景物描写、心理描写和用词的准确性、生动性以及修辞手法等,那么要想语文考试成绩优良,是很难的。

一句话,用唯物辩证法关于全面、发展的观点指导初中语文复习课程。

(2003年8月评为中国教育报刊中心"现代教育理论与实践论坛"论文一等奖,2011年12月发表在中国语文现代化学会会刊、中国核心期刊(遴选)数据库来源期刊《现代语文》上)

（背景：长期以来，我们阅读教学受制于迷信于语文教学参考书，特别是考试也未能突破这种藩篱，不敢越雷池一步，未能分清客观型阅读与主观型阅读，致使语文教学形成不必要的困惑。）

32　自主阅读的导学（程序解读式）

听过于漪老师的成长经历的语文老师都知道：刚参加工作就要养成独立自主阅读思考、贴近同学阅读而设计教案的好习惯。

通过不断地教学实践进修，我终于认识到：只有自主阅读欣赏，虚心学习探索，才可以切实地提高备课效率。而自主阅读欣赏，也是需要语文功底的。

应注意内容决定形式，根据不同的课文内容设计不同的导学程序。散文《夏》是先介绍了夏的特征，然后展开描述，但由于它的语言很有特点，我就安排先通过朗读品味语言特色，再来理解内容及其写法。只要我们勇于并善于探究，在导学程序的创新上就不可能没有作为。

初中语文教学设计应从学习目标和同学认知程序及其环节入手，而且每个环节都计划好时间限制。

一、温故知新，使同学自动进入课文学习。

起始课、新授课、复习课都有一个导入的环节。一般只有 1 分钟。是直接亮出课题，如老师自己一进入课堂就说："同学们，我们今天这堂课学习《孔乙己》。"板书：孔乙己，还是老师一进入课堂，先谈谈生活中的事或复习旧课文学常识说："同学们，可以说说鲁迅是什么人吗？我们以前学过鲁迅先生的什么文章？能否用一句话谈谈感想或收获？"并且引发阅读兴趣："今天这堂课我们来拜读他的一篇描写封建科举制度下奇怪人物的优秀作品——"故意停顿让学生回答："孔乙己。"老师请同学到前面板书课题、作者。显然，前者很简捷，而后者却更有启发性，更有知识性，更有感召力，有利于培养同学学习主体、主动学习的思想习惯。

二、朗读课文，使同学感知作品的意蕴要点。

语文课的重点是阅读，因此朗读是至关重要的一环，正确朗读要求读准每一个字音，根据内容表达的需要，正确地进行标点停顿和句内停顿，重轻音读，语气语调的长短高低升降的变化。朗读课文，老师无论是放录音，还是范读或指名优秀同学朗读，长文也有的依次轮流读，首先就应该提出朗读的上述类似的要求，引起同学们的注意；等朗读结束之后，进行评议：哪些地方读得好？为什么？对朗读者是褒奖，对听读者是学习：不仅学习如何朗读，还受到文学的感染和熏陶，培养健康高雅的审美情趣,主体、主动学习的思想和习惯,以致不让他听读和朗读还不可能。当然,同学听众发现哪些读得不够好的地方,也同样可以提出改进的建议并说明理由。这样,既培养了同学学习语文的高雅兴趣,受到健康高尚的文学的熏陶和感染,又有利于培养同学主动学习语文的思想习惯。如果能够把课文的学习重点和难点都体现出来,那么就是最成功的朗读和探讨,也就是最成功的阅读。例如朗读《郑人买履》:

郑人有欲买履者,先自度其足,而置之其坐。至之市,而忘操之。已得履,乃曰:"吾忘持度。"反归取之。及反,市罢,遂不得履。人曰:"何不试之以足?"曰:"宁信度,无自信也。"

朗读时要让同学注意并在读后探讨:其中"履""度(自度其足)""度(吾忘持度)""遂""宁"属于生字,注音课文注释有,是否能在朗读时读准?标点停顿,逗号停顿是否比句号短,句号和问号停顿是否差不多长?句内停顿根据句子的意义单位和表达的需要确定,如"郑人/有欲买履者"是否准?是否重读"履"(不是"帽")"自"(不是别人)"足"(不是"度")等,为什么?(如使表达意思更为明确,给人留下较为深刻的印象)。"何不"是否重读,为什么?(如加强嘲笑讽刺因循守旧、不知变通的思想,又加强反问语气)能否将"何不试之以足?"的反问语气读出来?句调是否读出升调?"宁信度,无自信也。"是否读出固执己见的语气?而朗读较长篇幅的课文,只要注意抓重要段落和关键语句或学生喜欢的精彩语句,也花不了多长时间。为后面鉴赏课文做好了铺垫,有道是"磨刀不负砍柴工"。

另外扫除文字障碍,可以插入汉字字谜或创造由字形想字义的形象思维记忆方法,以引起学生对汉字书写结构的兴趣,激发主动学习汉字汉语的热情。如"生员与和尚口角,和尚不成和尚,生员不成生员。(打一字)赏。东汉末年,某人专权,引起人民的强烈不满,京城流传这样的童谣:'千里草,何青青;十日卜,不得生。'说谁呢?说董卓虽然威势赫赫,但终究要灭亡。(摘引自《初中生世界》2009、10)并引导和鼓励同学针对难写的字自编字谜;自创由字形想字义的形象思维记忆方法,如"荦",牛前有栏管,栏管前面有草——明显!而且草放到栏管前,落下,读 luò,激发同学主体、主动学习语文的热情和兴致。

三、分析课文,使同学明确重点难点。

通过朗读的体验和评议,同学对课文的重点难点内容也有所了解,可以说是歪打正着。通过题目与内容的分析和比较,把握课文的学习重点和难点,自然就水到渠成了。例如学习鲁迅先生的《社戏》,可以扣住题目通过分析比较,让同学了解课文重点写了什么事情、涉及哪些人、这些人的言行表现了什么性格;哪些地方属于不大好理解的难点,如题目是社戏,课文前三段写在平桥村的乐土生活是否离题了？为什么？引导同学通过思考讨论理解并达成相应的知识目标、能力目标和情感态度价值观目标。

四、寻求突破，使同学体验顺藤摸瓜进程。

课文是一个整体，如何面对课文，找出理解欣赏课文的突破口和通幽曲径，是引导同学正确阅读欣赏课文、取得良好效果的关键。如沈从文的《端午日》的这一天特点是什么？写了哪几件事？同学可以找出"热闹"一词，最后一句："船和船的竞赛，人和鸭子的竞赛，直到天晚方能完事。"可以抓住这一句发问：船和船的竞赛是怎样进行的？用了哪些形象生动的词语来表现竞赛的热闹的？有什么表达作用？能否找到运用联想表现竞赛激烈的语句？感觉效果如何？（探究练习一二印证了这样做的正确性）。当然，我们还可以引导同学探讨"人和鸭子的竞赛"的目的、规模、规则、情景是什么？再（联系探究练习三）讨论：除赛龙舟外的活动，如裹粽子是怎样进行的？为什么要裹粽子？由课内而课外，拓展延伸。

我们完全可以从每一篇课文中找到关键词语，做到纲举目张，水到渠成，有效地避免分析层次不清、不着边际等问题。关键词语在哪里呢？《甜甜的泥土》的课堂实录要找关键词语，可以在初读课文后先从题目入手激趣发问：泥土本身甜不甜？为什么这里是"甜甜的"呢？然后逐步探究。我市特级教师王学东教读《陋室铭》，在初读课文的基础上形成的印象，针对课文题目和最后一句"何陋之有？"逆向提问：为什么说"陋室"不"陋"？返回文中寻找关键词语答案：德馨。然后扣住"德馨"依次理解欣赏方方面面：阶绿、帘青（环境）——鸿儒（交友）——调素琴、阅金经（志趣）等，最后揭示主题：德馨——保持节操、安贫乐道。②又如教学现代作家、教育家叶圣陶的《苏州园林》，我认为在朗读课文的基础上，提问：文中"苏州园林"给我们留下了什么总体印象？回答：我国各地园林的标本。提问："标本"是什么意思？用在这里突出了什么？回答：作为代表的，突出它在我国园林中的地位。为什么说苏州园林是我国各地园林的标本？回答：无论站在哪个点上，眼前总是一幅完美的图画（总体特征）；提问：课文又是从哪些方面围绕这个特征来说明的？回答：讲究亭台轩榭的布局，假山池沼的配合，花草树木的映衬，近景远景的层次。再组织学生逐层分析：苏州园林是如何讲究亭台轩榭的配合的？提示读第三段：亭子、回廊等不对称美术画。为什么又说古代的宫殿、近代的住房对称是图案画呢？最后归纳苏州园林"图画美"的主题；写法：总说、分说：抓住特征从多方面说明、按照从主到次的顺序用作比较的说明方法突出苏州园林亭台轩榭的美术价值。

五、归纳迁移，使同学升华学习意境。

总结课文，可以引导同学用一句话总结课文的主题（如主要内容是什么？写作目的是什么?),并加以表扬或指正。归纳,可以引导同学归纳学习课文重点难点的心得或体会若干条,使学习效果得以升华而更有意义。像刘绍棠的《本命年的回想》归纳:过年我们可以欢天喜地地享受一年的劳动果实,有没有寄托着什么美好期盼?从哪些语句可以看出来,这些语句有什么特点?用一句话归纳怎么讲?运用谚语、俗语、对偶句,来表达人们对未来一年寄托的健康、平安和进步的美好期盼。迁移,也写一句春节谚语、俗语、对偶句来祝福同学或老师。

（背景：2015年南通市中小学教师初中语文暑期培训课程之一：课程："童话教学关键问题"的解决策略——以《皇帝的新装》为例

作业：

（1）很多人在教学《皇帝的新装》这篇童话时按照传统的方法梳理文本，即：以"皇帝爱新装、骗子做新装、君臣看新装、游行穿新装、揭穿假新装"为序。而叶老师在教学过程中做了怎样的改革创新，你觉得这样的设计有什么好处？（2）朗读指导是童话教学的重点，不同形式的朗读不仅能帮助学生理解人物形象，还能从中感悟到作品的主题。在这节课中，朗读指导有哪些新颖的形式？请举例说明。）

33 灵动的语文教学思路
——以《皇帝的新装》为例
（灵动思路式）

童话教学关键问题的解决策略：一、童话解读中"度"的把握；二、童话教学中的儿童立场；三、童话教学中朗读能力的培养。本题目的问题指向主要是如东县实验初中叶敬国老师的教学过程即教学程序的改革创新。叶敬国老师没有按照传统的方式梳理课文，即"皇帝爱新装、骗子做新装、君臣看新装、游行穿新装、揭穿假新装"为序来进行教学引导，而是有效地运用了上述三个策略：智慧地遵循儿童的认知规律，通俗地讲就是沿着儿童的思路走，追求无痕教学风格。从教学视频和教学设计来看，开拓创新了这样的文本解读程序：（一）、骗子嘴里的"新装"；（二）、成人眼里的"新装"（安徒生童话更是写给成人看的）；（三）、小孩眼里的"新装"；（四）、皇帝心中的"新装"。

我们把教参的教学程序与叶敬国老师的教学程序一比较，就可以看出叶老师的课文探究程序有了和儿童思路相一致或接近的新创意。其优越性表现在以下几方面：

一、教学思路创新，灵动而集中。教参的程序不能说不符合原文的故事情节，也不能说不合理不能激起同学的阅读兴趣，但是不免有依样画葫芦的呆板、缺乏贴近儿童阅读理解重新认知的学习心理的律动、弹性。阅读者并不是作者。正如郭沫若所说："活读书，读活书，读书活。"叶老师的追求无痕教学，在课文探究的过程中安排的教学程序，不仅扣住题目要素"新装"，而且深入到文本的内容的四个关键因素：骗子嘴里的"新装"、成人眼里的"新装"（这里我建议把成人眼里的"新装"改为成人眼前的"新装"。因为成人不仅是"看见"，而且是有所想有所说的）、小孩眼里的"新装"、皇帝心中的"新装",显得灵动;这四个程序都是以"新装"为中心语的偏正短语,显得集中。灵动而集中的思路,前后连贯波澜起伏,相互之间产生强烈的对比,给儿童的阅读带来深刻而奇特的美感,便于儿童接受、理解和感悟,进而积极参与发言和朗读表演,实现童话阅读教学的动态化和情趣化。

二、引领文本解读,分明而隽永。叶老师的四个教学程序不仅灵动而集中,便于儿童接受理解和感悟,而且引领文本的解读层次分明含蓄隽永。骗子嘴里的"新装"、成人眼前的"新装"、小孩眼里的"新装"、皇帝心中的"新装"四个环节,是对文本深度解读的结晶,分别从骗子蓄意制造"新装",成人、小孩和皇帝从不同视角来审视"新装"表明态度。在骗子的虚伪"新装"面前,成人变得虚伪自私,只有儿童敢讲真话;老百姓在儿童点破事情之后有所醒悟,议论纷纷,可是皇帝依然我行我素,俨然没有受骗。层次非常分明,同时层次之间含蓄隽永,耐人寻味,表现出骗与被骗的两大类人物的关系,揭露了社会的盲从病态和人性的伪善弱点,还表现出要脱去虚伪、自私、奸猾和盲从的新装是不容易的题旨。再如在每一个环节里解读也是层次分明、含蓄隽永。如(二)、成人眼前的"新装"。1. 课文中受骗上当的除了皇帝还有哪些人?相对于小孩而言,这些人都是什么人?2. 这些成人对于根本不存在的"新装"想了些什么、说了些什么?请同学们速读课文,将这些人所想所说用波浪线画出来,边画边读。3. 假如你是皇帝或大臣,到了骗子织布的地方,会想些什么说些什么呢?请依据课文内容,以该人物的身份到前面来表演。4. 老百姓是怎样评价皇帝的"新装"的?他们为什么也说谎话呢?5. 对"新装"的赞美,老百姓与老大臣、官员和皇帝有何异同?6. 讨论归纳:所有的人都为了面子、虚荣说了谎话,虚无的"新装"折射出虚荣的人性弱点。安徒生要针对成年人的恶习和弱点,为他们竖起一面照照自己的镜子。

关于(2)。朗读训练形式变化,彰显夸张的童话特色。一是用夸张语气语调选择朗读原文语段。如"体会课文第一段有关句子夸张的特点,用夸张的语气朗读。"重读"既不""也不""也不""除非""每一天""每一点钟",凸显皇帝爱新装的嗜好。老大臣对并不存在(看不见)的"新装"赞美的话"哎呀!多么美的花纹,多么美的色彩!"等叹词重读的夸张,生动地刻画了老大臣的虚伪自私形象。老百姓对"新装"的赞美的附和的语气语调,也表现了成人盲从的人性弱点。二是用第一人称演示老大臣、皇帝的看"新装"的所想所说,用夸张的语气语调来演示朗读,形象地讽刺成人的虚伪自私的性格的弱点与可恶,批判了伪善盲从的社会病态。

阅读教学不能固守教学参考书的框框"定论",要用自己的阅读智慧和创新精神,开拓灵动的语文教学思路,给学生以新的启迪。

(被评为优秀作业)

34 从揠苗助长到瓜熟蒂落
——我的"活动教学"课堂中的三"行"三"知"
（层递节奏式）

摘　要：为了不断提高阅读理解类学科（如语文、历史）的课堂教学水平，切实增强"活动教学"（即"活动单导学"）课堂的有效性，学习运用陶行知生活教育理论之"教学做合一"的教学方法论，在阅读理解类学科的课堂教学中边做边学边教，勤于思想与产生新价值之认识：从照本宣科、急于求成到科学调节、水到渠成。认真学习、正确运用陶行知"教学做合一"教学方法论，形成层递、节奏，可以使阅读课堂教学更加和谐、有效与精彩。

关键词：教学做合一；直接"活动"，笔答迟滞；自读画重点，活动仍不畅；自读画重点，互动析重点，活动有层递有节奏，笔答顺畅。

　　回顾语文等阅读理解类学科课堂教学，不难发现常用的教学方法：听听看看想想画画读读讲讲议议写写做做。"想想"是核心，"写写"是落实。"听听"声音、"看看"图文、"读读"课文、"画画"重点、"讲讲"联系、做做板书、"议议"问题等，无不围绕着牵动着"想"，而"想"到最后落实在"写"上。我们从事教学科研：互动，考试，写论文，做课题，订计划，作报告，"写"让解决问题落到实处。古人说"不读书不动笔墨"，俗语"好记性抵不上烂笔头"。对于阅读理解类学科教学，我还专门做过实验比对：初一历史学科期中考试后，检查学生"自主完善"的"活动"题的笔答，初一（16）班55人，没有完成的9人中，及格的只有3人，及格率33.3%；完成了的46人，及格的42人，及格率91.3%；初一（17）班58人，没有完成的9人，及格的7人，及格率77.7%；完成了的49人，及格的48人，及格率97.9%。结论：完成"活动"题笔答的及格率高，没完成的及格率低，完成"活动"题笔答与考试成绩成正比。这也说明了"做"的重要性。但是由于考试学科众多，笔答内容太多也会使学生感到痛苦厌倦，要推进"活动"题笔答完成谈何容易？如何科学协调使用好各种教学方法，又能把"活动"落到实处（完成笔答）取得较好的教学效果，就成为摆在我们面前亟待解决的问题。

　　我国近代伟大的人民教育家、思想家陶行知先生（1891—1946），原名文濬，后改名"知行"，再改名"行知"。虽只是名字的字序调换了一下，表现的意思却大不相同："知行"，先知后行，出发点是"知"；"行知"，先行后知，出发点是"行"。反映了思想认识上的一次质的飞跃：实践第一，认识第二。他创立了生活教育理论的

"教学做合一"教学方法论:"教的方法根据学的方法,学的方法根据做的方法,事情怎样做便怎样学,怎样学便怎样教。教而不做,不能算是教;学而不做,不能算是学。教与学都以做为中心,在做上教的是先生,在做上学的是学生。"①"做"是在劳力上劳心,含有行动、思想和新价值之产生三种特征。目前我所从事的阅读理解学科教学中,深切感受到教师在追求课堂有效乃至高效教学的理想的前提下,学习和运用陶行知先生的生活教育之"教学做合一"的教学方法论,就会常教常新,越教越好。

一"行":有选择地直接开展"活动教学",而后"知"自读画重点的必要。

对于别人的教学设计,只可参考不可照搬。参考别人的教学设计,在实施的过程中发现问题,就加以改进。我们目前开展的课堂教学,是"活动单导学"模式的教学,即所谓"活动教学"。"'活动单导学'的课堂教学流程大体为:创设情境—实施活动—检测反馈。"②而"实施活动""一般由3个左右的活动组成(每一个主活动又包括若干子活动)。每一个活动大致有四个环节,即自主学习—合作探究—展示交流—自我完善。"③阅读理解类课程像初一历史学科,使用的是人教版《中国历史》(七年级 下册),而教学设计主要参照《新课程自主合作探究学习丛书·初中历史活动单导学练》(以下简称"导学练")。在集体备课的时候,听组长讲哪些内容的"活动"是重点,要开展,哪些内容的活动是非重点,可以省略,以便加快课堂教学进度。如第5课"和同为一家"的"回纥的勃兴""车书本一家""苍山洱海间的南诏"涉及的"活动三"的2、3、4,因为这几个目前面加了星号的,如果学生感兴趣让他自己了解一下就可以了。据此,我推想,有些"活动"内容交叉重复,也可以省略,如第9课《民族政权并列的时代》活动一知道辽、宋、西夏、金的并列情况:1介绍各民族所建立的朝代名、建立时间、建立者、主要地点、都城等情况。2结合课本和地图向大家介绍一下金和南宋的情况。很明显,2的活动与1的活动有交叉关系,2是重复的,可以舍弃。这样可以减少无效劳动、腾出时间集中精力引导学生推进重点活动。

在实施改造过的教学设计《导学练》的过程中,还不能满足于已经改造过的教学设计《导学练》的框架。阅读理解类课首先创设情境,从老师喊"上课"、班长喊"起立"时,就应关注学生的"做"的状态:发现初一的学生有的没站好:弯腰捡东西、翻抽屉里的书,就及时进行评价引导,促使他们准备好状态进入学习情境。回

---

① 《陶行知全集》第二卷第289页,湖南教育出版社,1985年版。
② 金海清主编《活动单导学实用手册》(江苏教育出版社2010年12月第1版第17页)。
③ 金海清主编《活动单导学实用手册》(江苏教育出版社2010年12月第1版第21页)。

忆前面学过的相关知识,导入课文题目的同时需要板书亮题目,特意请同学到前边来板书,意在创造让学生"做"的机会。一开始坐在下面的同学有点不习惯,总是用挑剔的眼光对待同学的板书,嘲笑字写得不美观等,但我是"醉翁之意不在酒,在乎山水之间也。"我的主要用意不在学生写得好不好,而在于已经参与"做"了学习课文这件事。于是总是以肯定为主。扣住题目简单介绍课文内容几个目之后,就实施必要的"活动"(解答问题)。根据"活动"问题难易程度,给出"自主学习"阅读思考及小组"合作探究"的时间,简单的问题如果不需要讨论就能解答就让学生代表直接解答,在全班"展示交流",老师作必要的提示,甚至直接讲答案,让学生"自我完善"笔答,最后"检测反馈"。这样进行活动教学一段时间后,发现有些同学还不能够"自我完善"——笔答迟滞。我只好采取权宜之计:特意在"展示交流"后留出时间让大家"自我完善"笔答,还不断地催促写快点——课堂时间有限。不过我感觉这样即使讨论了有时候还会冷场,推测可能是对课文理解不够甚至不理解,虽然课文不长。

正在我疑惑的时候,有个发言踊跃的女生沈某向我提出:能不能课上先让同学自读课文,再讨论问题?我想假如这样,可以让学生更加充分地了解、熟悉课文,在讨论问题即实施活动的时候,做到心中有数,有话可说。既然学生有这个要求,可以一试。

二"行":充实自读画重点后"活动教学",而后"知"互动析重点的必要。

保留在设置情景:复习旧知识导入新课题让学生书写课题、了解课文条目或利用地图了解主要知识的基础上,根据学科特点增加了学生自读课文画出重点(语句)的环节,然后再实施《导学练》若干"活动":各人自主学习(问题)—小组合作探究(问题)—班级展示交流(答案)。学生小组合作探究,学生看起来都很积极。但在展示交流的时候,仍需要老师必要的提示讲解,再"自我完善"——笔答"活动"问题。学生似乎比之前未自读课文画重点时发言踊跃了,做的"自我完善"解答更完备了。但仍需要留出"自我完善"笔答的时间,中途要老师等甚至直接报答案,有的学生还会很慢——迟滞甚至偷懒,老师不得不催促慢的快点——赶时间。我感觉这样做仍有冷场之嫌,还是煮了夹生饭:能不能设法让学生充分理解课文重点及其联系之后自主实施"活动""自我完善"笔答问题?我专门问过学生:是还这样直接讨论一题笔答一题呢,还是先整体讨论了再一下子"自我完善"笔答"活动"问题呢?他们说还这样讨论一题笔答一题。那么笔答很慢是什么原因呢?这说明学生虽然自读画出了自认为的重点,但是接着的"活动"探究的问题的答案,不一定就是他自己画出的重点,彼此衔接不上,所以才会"展示交流"不畅,影响"自我完善"解答。很显然,需要在"自主学习"自读课文画出重点之后,在小组"合作探究"时专门确认一下重点,班级"展示交流"时引导学生分析一下重点之间的联系,使学生的理解变得畅快起来。从而在"自我完善"时瓜熟蒂落。

三"行":充实互动析重点后"活动教学",而后"知"层递性有节奏的必要。

保留在设置情景:导入课题让学生书写课题之后,我感觉板书也应该有变化,比如《气象万千的宋代社会风貌》,如果照抄这个题目即使让学生板书,感觉很一般,还需要考虑下面重点内容的板书,于是调整了一下:"宋代社会风貌　万千气象",意思没变,书写形式变了,却能给学生耳目一新的感觉。在解释"风貌""万千"等、了解课文条目或利用图了解主要知识的基础上,扣题发问:教材介绍了哪些宋代社会风貌的多姿多彩的景象?让学生"自主学习":自读课文画出重点(语句),然后再开展小组"合作探究"确认,再由代表举手"展示交流"读出或说出重点。这时有些学生在下面随便议论"挑刺"或补充,我说:如有不同意见,等人家讲好了再举手发表,交流要有节奏感,乱成一锅粥不好;要有感情地对待同学的展示。于是师生互动,分析重点及其联系,完善板书。对发言有见解的带头鼓掌鼓励。在此基础上,让学生"自我完善":笔答《导学练》"活动"问题。没想到,学生都很高兴很专注很顺畅地进行着笔答。问有没有疑问,答没有。而"活动"问题的笔答、检测反馈也就瓜熟蒂落了。

这样,我们这个阅读理解课的"活动教学"("活动单导学")更有层递感和节奏感了:在"设置情景"之后的"实施活动"中,逐步探索出自己学科教学的"自主学习":阅与画重点—"合作探究":读与说重点—"展示交流":讨论与分析重点—"自我完善":笔答"活动"问题—互动"检测反馈"的层递性的有节奏的"活动教学"。我自然倍加珍惜这接近学生认知规律的层递性的有节奏的"活动教学",因为这是学习运用陶行知先生的生活教育理论的"教学做合一"教学论的初步成果。

(本文获2014年江苏省第六届"行知杯"论文评比二等奖)

35 论多维度质疑比较法在阅读课堂教学中的成功运用
（质疑比较式）

摘　要：提高了阅读课堂教学的品味和实效，探究原因：践行陶行知"教学做合一"的思想，发现和运用了多维度质疑比较法；多维度质疑比较法有三个成功的理由：一是学生应当掌握的最重要的技能技巧；二是兼顾教学目标的要求、初中学生的年龄特征和班级特点、学校环境与教学设备情况以及教师的特长；三是适应了日新月异的不得不时刻创新的社会的需要。

关键词：阅读教学　品味　实效　"教学做合一"　多维度度质疑比较法　三个成功的理由

在我近几年的教学生涯中，我有两件成事至今没有弄明白其中原因（科学道理）：一件事是在2008年给建设初中一（5）班同学上语文课，当时同学们只有语文教科书和练习册（或者称为作业本），我就利用学生既有的这两个文本来引导学生阅读课文。记得在朗读课文、扫除文字障碍的环节，我曾经要求学生阅读课本注释中的生字及写下自己发现的生字，同时翻开练习册这一课的生字注音和解释的练习题，想让他们练一下，或者说自我检测一下。可是发现两者并不对应，于是干脆让他们比较一下有哪些是相同的，哪些是不同的，在这质疑比较的过程中巩固、理解和记忆，然后请两个同学板演默写，再比较对错。文学常识也是这样，课本注释上的文学常识和练习册上的文学常识说法有别，我就引导学生进行质疑比较，哪些是相同的，哪些是不同的，在质疑比较中思考加深理解和记忆。在阅读探究问题的环节，如《济南的冬天》扣题发问：地名多得很，为什么作者老舍只写济南的冬天（或济南的冬天和其他地方的冬天有什么不同）？具体表现在哪些方面？如此顺藤摸瓜地探究问题，随时将发言的两个学生的回答进行质疑比较，让全体学生选择正确和相对好的答案。学生很感兴趣，学得很是认真，三年后看见我仍很感激。一件事是我2009—2010年支教农村初中和最近几年在我校正常兼教初一历史课，也用多维度质疑比较法；最后复习提供约40条复习提要的问题（有的是比较的要求），与平时课堂问题差不多，让学生对照课文理解记忆，仍然采用多维度质疑比较法，出乎意料的是，几乎每次期末大考都能取得一二名的好成绩。所谓多维度质疑比较法，就是在阅读教学过程中，教师引导学生从课文内部文本与文本的质疑比较、文本与阅读补充材料的质疑比较、生活片段与文本的质疑比较、讨论同一问题同学与同学的发言的质疑比较等多维度理解欣赏,循序渐进地达成三维教学目标的教学方法。为什么阅读教学的多维度质疑比较法有如此神奇的教学效果?

　　阅读教学的多维度质疑比较法产生了神奇的教学效果,总体来讲起源于教学实践,又是在做中学、做中教的阅读教学过程中形成的,并且有很强的前瞻性,我认为是符合陶行知教学做合一的思想的:"一、先生的责任在教学生学;二、先生教的法子必须根据学的法子;三、先生须一面教一面学。这是教学做合一的三种理由。"①有了这三个理由,阅读教学的多维度质疑比较法作为"教学做合一"的思想的灵活运用,就没有不成功的理由。

　　一、阅读教学的多维度质疑比较法是学生应当掌握的最重要的技能技巧

　　"我在二十年前曾提出一个目标,即规定出:学生在什么时候,在第几学年,第几学季,应当达到一定的教养水平和阶段,应当掌握最重要的技能技巧。……我分析了通常称为中等教育内容里所包含的全套知识、技能和技巧,好像看到了教养、智力发展和信念的活的血肉依附在上面的那个'骨架',或骨干。这个骨架就是一些实际技能和技巧,没有它们就不可能设想有教学过程。"②苏霍姆林斯基还列出了应当掌握的最重要的技能技巧:1. 会观察周围世界的现象。2. 会思考——即会类比、比较、对比,找出不懂的东西;能提出疑问。3. 会表达关于自己所见、所观察、所做、所想的事情的思想。4. 能流畅地、有表情地、有理解地阅读……不难看出,苏联当代著名教育家苏霍姆林斯基把阅读"会思考——即会类比、比较、对比,找出不懂的东西;能提出疑问"等看成是学生应当掌握的最重要的技能技巧,是有自我实践背景的,是实事求是的科学认识。同理,我们今天的阅读教学的多维度质疑比较法,也是学生应当掌握的最重要的技能技巧。之所以说这类技能技巧"最重要",是因为包含了或承载了学生的教养、智力发展和信念,也正是学生和家长以及社会所期盼和关注的成长要素。阅读教学的多维度质疑比较的技能技巧能产生令人满意的功效。语文课上导入课文、欣赏课文的环节,运用文本与文本的质疑比较,生活与文本的质疑比较,对同一问题两个学生的解答的质疑比较,是常见的,能够吸引学生注意而受益的方法;也能很有效地烘托渲染,对学生产生熏陶感染作用;阅读练习题将相似的不同文本质疑比较,也是很好地巩固、印证与拓展的教学方法。如此也履行了"先生的责任在教学生学"。

---

① 周德藩主编《走近陶行知——教师读本》,高等教育出版社2010年1月第1版第56～57页。
② 苏霍姆林斯基《给教师的建议》,教育科学出版社1984年6月第2版,第314～315页)。

二、阅读教学的多维度质疑比较法兼顾教学目标的要求、初中学生的年龄特征和班级特点、学校环境与教学设备情况以及教师的特长

教师选择与运用教学方法的依据"首先要依据教学活动的目的任务""其次要依据学生的实际,主要是学生的年龄特征""还需考虑班级特点、学校环境与教学设备情况以及教师的特长等因素","教师在选择教学方法时,必须同时全面地考虑上述因素,而不能只孤立地依据其中的部分。衡量教师的一堂课或一项具体的教学活动中所选用的方法是否恰当,主要也是从是否同时符合上述依据来判断。"①。对老师学生来讲,课文是陌生的,练习册也是陌生的,会有疑问,就需要质疑,在质疑中两相比较甚至是多相比较,就使学生产生辨析、判断而有所发现创造的智慧思想过程,而产生新的认知,新的理解,形成新的成果。这比起老师直接让学生看一眼或读一遍产生的思想要深得多,有趣得多。阅读教学实现三维教学目标强调知识和技能、过程和方法、情感态度和价值观,多维度质疑比较法是适用而行之有效的。初中生学习语文、历史课程,多维度质疑比较法是常见的方法,学生乐见的方法。学校环境与教学设备过去很少用多媒体,只能靠学生拥有的课内外读物来进行质疑比较,也是切实可行的,比起不质疑比较的灌输,更受学生欢迎;有了投影仪播放演示文稿或插入知识链接、影视片段,更适用多维度质疑比较法,增加课堂容量,提高阅读教学品味、效率。教师是思考探究型教师,阅读教学用多维度质疑比较法可得心应手;学生在这样的教师引导下,也变成思考探究型学生,即有思想的学生,教学质量必然能有效提升。历史阅读课复习期间设计印发针对课文教学重点难点的复习提要问题,让学生再对照教材质疑比较,既符合平时新授课教学风格,又便于进一步深入思考、加深理解记忆,显然是恰当的。如此看来,阅读教学的多维度质疑比较法客观上也遵循了"先生教的法子必须根据学的法子"。

三、阅读教学的多维度质疑比较法适应了日新月异的不得不时刻创新的社会的需要

"安德烈·焦尔当依据自己多年的教学经验,提出了如何更好地学习的实际建议,并重新定义了学校的角色和地位。他认为在一个日新月异、不得不时刻创新的社会中,我们必须发展一种'质疑文化'。"②安德烈·焦尔当,生物学家与教育科学博士,瑞士日内瓦大学教授,国际著名生物学家和科学认识论研究专家,关于"质疑文化"他指出:"我们必须超越过去的学校所提倡的那种简单的'读写

---

① 南京师范大学主编《教育学》,河海大学出版社1988年2月第1版,第245~246页。
② 《学习的本质》,华东师范大学出版社2015年7月第1版,封底。

算'。如果只谈阅读问题，20世纪初的人们希望达到的水平只是会读报纸，但我们很快就会发现这在今天是不够的。人们必须懂得搜寻、解析、挑选、处理异常多样的资料以及他们所承载的信息。此外在视听材料大爆炸的背景下，仅仅掌握书面材料是很有局限性的。知道如何破译图像（一连串的图像）成了必备能力。随着数据库和电子网络的出现，学习阅读意味着学习解析超文本，以及在其中找到自己的方向——因为路径非常之多，还意味着对学习资料的来源、有效性和适当性进行思考。同时学习如何学习也很重要。他要求人们进行一定的思考，没有这种思考，学习就成了没有意义的口号。人们必须能处理有组织的信息，又能处理不确定和不可预料的信息。排在第一位的不再是教授学科内容，而是学生身上建立一种对知识的开放性，一种走向困难的、不熟悉的知识的好奇心，一种可以应对当前挑战或即将到来的挑战的探究模式。"①通过质疑或者是探究，学生才能够发现复杂多变的学习材料，"懂得搜寻、解析、挑选、处理异常多样的资料以及他们所承载的信息"，其中"解析、挑选"就隐含了比较，比较而选择以加深理解、产生感悟、形成认知，人们包括学生的认识才能够跟上时代前进的步伐，也才能够切实提高自己的认知水平、能力。这也正是学生所关注的、有用的、憧憬的学习。对于语文课学习是这样的，对于语文相近的历史课学习也是这样的。他们适应并参与老师教学过程中采用的多维度质疑比较法，因为这种方法有利于他们适应目前和未来的发展的需要。由此也可见得，为了适应日新月异的不得不时刻创新的社会的需要的多维度质疑比较法，也证明了"先生须一面教一面学"。

通过成功了的实事求是的阅读教学实践，我们发现和创造了阅读教学的多维度质疑比较法；而阅读教学的多维度质疑比较法成功运用的三个科学理论依据，与陶行知先生"教学做合一"的思想三个成功的理由相互印证。由此，我们在今后的阅读教学实践中必须继续举起陶行知先生"教学做合一"的思想旗帜，必须继续学习和丰富自己的教育科学理论，保持和创新优秀的教育教学模式、方法，开拓更加美好的教育教学愿景，为祖国培养更多的有"教养、智力发展和信念"的创新性人才，为实现中华民族伟大复兴的中国梦而奉献自己的青春年华、做好自己的教师工作。"自古逢秋多寂寥，我言秋日胜春朝。晴空一鹤排云上，便引诗情到碧霄。"

（获2016年江苏省第八届"行知杯"论文评比二等奖，居本校榜首）

---

① 《学习的本质》，华东师范大学出版社2015年7月第1版，第176页。

（背景：计划参加2012年11月南通市语言学会吕四年会学术研讨会，根据会务组要求撰写语言与语文教学关系的论文。）

36　彰显语言美感的"矛盾导读法""诗意培训法"
（矛盾探究式、美感训练式）

一、语言学的概念及与语文教学的关系

语言学(linguistics)是以人类语言为研究对象的学科。探索范围包括语言的结构、语言的运用、语言的社会功能和历史发展，以及其他与语言有关的问题。

语言学的历史非常古老。人类最早的语言研究是从解释古代文献开始的，是为了研究哲学、历史和文学而研究语言的。中国在汉朝时产生了训诂学。在印度和希腊，公元前4世纪到3世纪，就建立了语法学。现代的语言学建立于18世纪初期，是随着历史比较语言学出现的。

我们每个人都掌握了关于语言运用的实际知识，能按照一定的规则来发音、选词、组词成句。凭着人们的语言直感，可以知道哪个词用得不准确或不妥当。哪个句子说得不通顺等，这种知识是从他生活的那个社会接受过来的，并已成为人类最基础的知识。但是对于语言的内在规律却所知甚少或全然不知。而语言学正是要对支配人们说话行为的内在规则作出描写和解释，语言学把语言研究变成一门独立的学科，"它以活的语言为对象，建立了一整套理论、原则和独特的研究方法，形成了不同的流派和学说。"[1]

传统的语言学称为语文学，以研究古代文献和书面语为主。现代语言学则以当代语言和口语为主，而且研究的范围大大拓宽。语文学是为其他学科服务的。现代语言学是一门独立的学科。广义的语言学包括语文学。研究语言在某一时期的情况，叫作共时语言学；研究语言在不同时期所经历的变化，叫作历时语言学或历史语言学。对多种语言作综合研究，试图找出其中的共同规律，叫作普通语言学。把语言学知识运用于实际工作，叫应用语言学。通过语音和词形的比较追溯某些语言的亲属关系，叫历史比较语言学。用比较方法发现人类各种语言的某些共同现象，叫类型语言学。为了解决教学或翻译问题而对比两种语言的异同，

---

[1]　刘宁生、刘丹青、马景仑编著《语言学概论》，江苏教育出版社1987年10月第一版第6页。

叫对比语言学。①

目前初中语文教学中涉及的是传统语言学、对比语言学、现代语言学、共时语言学、应用语言学。如共时语言学以一种假定不变的语言为研究对象,揭示语言的内部结构系统,分析各种语言单位,描写语言规则。"现代汉语"及从典范的白话文著作选取的课文就属于共时语言学的范畴。而古代汉语即文言文课文的学习涉及传统语言学、对比语言学。

20世纪50年代,美国语言学家乔姆斯基提出了转换生成语言学理论,以他1957年出版的《句法结构》为标志。乔姆斯基认为语言学的最终任务不应是描写语言,而应是对人的语言能力和语言行为做出合理的解释。他认为人具有一种天赋的语言机制,在得到特定环境的激发之后,就学会了一种具体的语言。② 这种理论对于我们语文课堂营造良好的语文学习环境、激发同学积极参与有效的语文课堂学习具有指导价值。

语言学与我们的日常生活和教学工作关系密切,我们语文老师怎样在课堂上学习好、运用好语言学,也就是说在语言教学的主阵地——语文课堂教学中如何科学运用语言学呢?在这方面做得最成功的是什么人呢?有哪些先例值得我们效仿呢?

二、著名语文特级教师在初中语文教学中的语言学应用及其感想

(一)钱梦龙语文课堂教学案例及其语言学运用启示:生活-文本矛盾导读法。

钱梦龙是著名语文特级教师,现任教于上海市民办桃李园学校,他是语文教学导读派的代表。我认为他应是生活导读的教头:联系生活,紧扣文本,善于发现和利用文本与文本、生活与文本的对立关系,见缝插针,夸张提问,启人心智,层递度明显,立体感强,效果不凡。让我们感受到汉语言的深层次的美妙。

请看他的《岳阳楼记》教学设计,共分为三个课时。

设计思想:能真正"服务"同学的教学设计才是好设计。老师要做出好设计,必须熟读文本,认真品味,方能知道教什么和怎么教。本文的教学不能仅仅满足于词语教学和几个知识性问题,而要侧重于引领学生感悟本文的"美",在寻美的过程中,自然完成教学,让学生既习得知识,又学得方法,同时接受一次思想的洗

---

① 语言学 汉语语言学(语言理论)_百度百科 http://baike.baidu.com/link?url = y11y6nrhrKq - Ls - T8SZx75O3WbWq2V _ S8wzKWssneGOL _ dCLrUpZ6Pq3xgQ2mKoLNW9hfP7C_9uUO6HOHMp0X5oo1qr0LoLqaJNhZHIb3oC

② 参考刘宁生、刘丹青、马景仑编著《语言学概论》,江苏教育出版社1987年10月第一版第5~6页。

礼。文言文也可以用导学法实施教学,以"学生为主体,教师为主导,训练为主线"的思想为指导,本课的设计主要由自读板块和教读板块构成,自读是教读的基础,教读是对自读的整合和提升。这种自主学习、先学后教、循序渐进的教学安排,能够最大限度地保障、提升教学效果。

创意设计:

教学目的:1 积累词语。2 理解句意。3 理解对偶的特点及作用。4 理解本文寓情于景、卒章显志的写作特点。5 理解我国古代进步知识分子"先天下之忧而忧,后天下之乐而乐"的高尚思想。

这种教学目的设计的创意在于:既注重夯实与更正古文教学以字词的识记、句意的理解的知识基础,又突破修辞手法的特点及作用和写作特点的赏析以及主题思想理解的难点,呈现出由小到大、由浅入深、由字面及思想内涵的层递度,使教学双方都易于理解和习得。

第一课时为自读板块。一、导入新课。导读是不可或缺的环节,布置同学自读,要知人论世。因此在导读中引入《宋史》中关于范仲淹身世的介绍:"范仲淹二岁而孤,家贫无依,而少有大志,以天下为己任。发愤苦读,惫甚,辄以凉水沃面;食不给,啜粥而读,人不堪其忧,仲淹不改其乐也。既仕,每慷慨论天下事,奋不顾身。以力主革除弊政,被馋受贬,庆历五年由参知政事(副宰相)谪守邓州。勤政爱民,有政声,常自诵曰:'士当先天下之忧而忧,后天下之乐而乐也。'死之日,四方闻者,皆为叹息。"这段简明文字,辅以思考性提问,让同学明白作者为人为官的思想基础,从而为本文的学习预热。请同学们读一读,再指名学优生读讲。思考:1 范仲淹少年时为什么发愤苦读?2 范仲淹论政事奋不顾身,力主改革,勤政爱民,他的思想基础是什么? 二、指导自学。1 读懂文句:借助工具书和课本注释,读懂文句,初步理解全文大意。2 老师提示重点词语与句子,要求同学自读时注意。在此基础上以问题的形式引导同学整体感知内容:(1)范仲淹写本文的缘由是什么?当时他和他的朋友滕子京的处境如何?(2)找出本文中写景的句子,想一想他们所写的景物各有什么特点?在文中分别起了怎样的作用?(3)本文的中心句(文眼)在哪里? 三、课外作业:1 把小黑板上关于范仲淹的资料抄在练习本上。2 反复朗读,加深理解。

第二课时(教读第一至四节):一、检查同学自读情况:根据上一堂课布置的思考题提问,鼓励同学自由发表意见,目的只是了解同学对课文的理解程度,以便有的放矢地教学。二、研习新课:教读第1段,先指定同学读讲课文,再进行正音、释词。1 要着重理解的词句——"越明年":课本注释为"到了第二年"(庆历五年),而据《岳州府志》之《宗谅求记书》载,滕子京重修岳阳楼在庆历六年。所以,"越还是按它的本义作"过"讲为妥。"谪":(略),"属":同"嘱",通假字。2思考与讨论。引导要点:从"谪"字看,点明处境、自勉勉人……《岳阳楼记》之所以传诵千古,主要原因就在于它不是泛泛的记事写景之作,而是一篇有所寄托,立意高远的好文章。教读第2段,先指定同学读讲课文,再进行正音、释词。1要着重理解的词句——"夫":本文中有三个"夫"(观夫、若夫、嗟夫)进行比较;"然则":承上启下,(既然)是这样,那么。不是《教学参考书》的"然而";"骚人",比"诗人"还多了"恍然失志"的意思,因为《离骚》的作者屈原是一个遭到贬谪的诗人;"得无"本是一个表示揣测的语气副词(如"得无楚之水土使民善盗耶"),但本句中的"得""无"是两个词,相当于现在说的"能不"。2思考与讨论。(1)这一段写"岳阳楼之大观",虽系概括,却写得极为形象,气魄宏大。仔细体味,作者是用了哪些词语才取得了这样的效果呢?引导要点:作者善于选择形象化的词语绘声绘色。如"衔"形象地写出了湖与山的关系,"吞"不仅写出了湖与江的关系,而且声音宽舒洪亮,"浩浩汤汤""气象万千","横"字显得境界开阔而有气魄。(2)本节中有些句子有前后照应的关系,有些句子有承上启下的作用,把他们找出来说明其关系或作用。引导要点:"朝晖夕阴,气象万千","迁客骚人,多会于此,览物之情,得无异乎",其中"情""异"是关键词,是全篇抒情、议论的基础。教读第3、4段,指名同学读讲课文,再进行正音、释词。1要重点理解的词句——"则有……者矣"是一带有长定语的句子。"者"指代"览物之情";"景":形声字,"日"形"京"声。本义是"日光";"锦鳞":鳞,借代鱼,加上"锦"字的修饰,令人想见碧波之中日光下彻、彩鳞闪烁的美丽景象;"浮光跃金",把湖面上"浮动的月光"比喻成"跃动着的碎金"。"静影沉璧":静静的月影宛如沉在水底的白璧。跟上句构成动静相映关系。"把"(两种词性)"其喜洋洋",朗读时"喜"字后要稍顿一下。2思考与讨论。(1)本文写景的特点是寓情于景,情景交融;写愁苦之情是悲情毕现,写欢乐之景则喜气洋洋。写景取得这样的效果,"奥秘"在哪里?主要在于选择景物和渲染气氛。细读这两段写景的部分,说说作者为表现悲喜两种不同的情感,分别选取了哪些有特征的景物?又是怎样渲染气氛的?引导要点:略。(第4段的特点与第3段的相同,可以放手让同学自己分析、体会)。(2)第3、4段除了选择景物和渲染气氛带有浓重的感情色彩这个相同点外,两段在结构上也是完全相同的:都是先写景后抒情,为情设景,缘景抒情,甚至连前后两个抒情句的句式结构也完全相同。试联系上下文想一想,如果把这两个抒情句都去掉,行不行?为什么?引导要点:这两个抒情句是文章思路发展的中心环节——前句写迁客骚人登楼而悲,后句写迁客骚人登楼而喜。联系上文看,是为了落实"览物之情,得无异乎"一句;联系下文看,是以迁客骚人随物而变的心情,衬托古仁人"不以物喜,不以己悲"的思想感情,从而引发出关于"忧乐"的正论。如果去掉,文章思路中断,也破坏了文章的内在联系。三、布置作业:完成"朗读·背诵"一、二。

第三课时(教读第5段,总结):一、检查作业;二、研习新课:先指导同学讲读课文,再进行正音、释词。1要着重理解的词句"先天下之忧而忧,后天下之乐而乐乎",略带揣度语气的肯定句。这一句是作者代古仁人来回答"然则何时而乐耶"的,用"……乎"这样揣度的语气,显得委婉而得体。2思考与讨论:帮助学生理清思路,层层启发,设置疑问:(1)前四段写景抒情,本段以"嗟夫"提起下文,笔锋突转,亮出了"古仁人之心",并且指出"古仁人之心"与迁客骚人的思想感情是不同的。请想一想:作者认为古仁人之心和迁客骚人的思想感情不同在哪里?引导要点:迁客骚人,因个人遭遇或外物的触发而变化;古仁人,则"不以物喜,不以己悲。";(2)这样看来,古仁人的悲喜感情跟外物、个人遭遇没有关系,那么跟什么有关系呢?引导要点:他们"居庙堂之高则忧其民,处江湖之远则忧其君",他们"进亦忧,退亦忧",不是忧"民",便是忧"君"……(3)古仁人有没有快乐的时候呢?引导要点:在天下人感到快乐后,古仁人才会快乐。可见他们的或忧或乐,完全是随着天下人的或忧或乐而转移的。(4)这种古仁人是作者心目中的理想人物,……联系第一课时介绍的有关作者的资料,说一说作者为什么要议论这种实际上不一定存在的理想人物。引导要点:……古仁人之心正是作者的理想。从他力主革除弊政,做官勤政爱民的行为看,确实不是徒托空言。他借滕子京嘱写《岳阳楼记》的机会,推出这种理想化人物,正是为了"假托古人,自写怀抱",表明自己本来就不是为个人的进退、荣辱而悲喜,虽遭贬谪,但决不改变忧国忧民之心,同时也包含着对滕子京的勉慰。最后一句自明志向,以问句的形式表达,委婉含蓄。三、朗读全文,进一步领会"景""情""理"交融的特点以及具有音乐感的语言特色。最后是总结性练习:给生字注音;找出并改正译得不正确的译文"是""然则";弄清第3段和第4段写景抒情的关系及对表现主题的作用;理解两种对偶句的构成。[1]

钱梦龙的上述教学设计,体现了贴近教材、贴近同学、贴近生活的矛盾导读特色。节奏感强,层递度明显。每一课时,都安排同学或导入或检查上一课的作业,再"研习新课";而在研习新课的时候,先指导同学讲读课文,进行正音、释词,然后提出"要着重理解的词句","思考与讨论"段中有价值的问题,最后布置作业,巩固提升。特别是导入课文的时候,引用《宋史》中关于"范仲淹"的身世介绍这种书外的生活资料的深层探究发问,对于理解作者的文章起了很好的铺垫、说明、解

---

[1] 参考《钱梦龙之＜岳阳楼记＞教学设计》,2012.6《中学语文教学参考(中旬)》。

释和激趣作用;用资料对比纠正了参考书、注释的偏差,足以征服同学的童心、化解同学的疑心,也与陶行知先生的教人求真、学做真人的思想一脉相承;在"思考与讨论"中设计的问题,与钱先生一向善于发现阅读材料与现实生活的异同、夸张幽默式的提问是一以贯之的,而且也是循序渐进的,具有强烈的逻辑力量。善于比较激发疑问情趣,如比较第3段和第4段写景抒情的关系和作用;善于推理激发疑问情趣,如"这样看来,古仁人的悲喜感情跟外物、个人遭遇没有关系,那么跟什么有关系呢?""古仁人有没有快乐的时候呢?""联系第一课时介绍的有关作者的资料,说一说作者为什么要议论这种实际上不一定存在的理想人物"等,彰显出古汉语严密的逻辑性和突出的趣味性。据此我们完全有理由说,钱梦龙老师是生活文本矛盾导读派的发明人和领路人。

钱梦龙老师在执教《愚公移山》时,使用了通俗浅显的书外生活语言对文中难点词语的有趣"设问"。举例,老师:我们先来熟悉一下这个人物表。大家说说看,这个老愚公有多大年纪了?学生:90左右。老师:到底是90多,还是90不到?学生:90不到。老师:不到?从哪里知道?学生:"年且九十",有一个"且"字。老师:那个遗男有几岁?同学:七八岁。老师:你们怎么知道的?同学:从"龀"字知道。老师:……这个年纪小小的孩子跟愚公一起移山,他的爸爸肯让他去吗?(同学一时不能回答,稍一思索,七嘴八舌地说:"他没有爸爸!")老师:你们怎么知道的?同学:他是寡妇的儿子——"孀妻"就是寡妇。这里用"这个老愚公""那个遗男""他的爸爸"这样一些现实生活词语,来针对课文里的"且""龀""孀妻"发问,语言通俗亲切,同学无不乐意接受并被感召,这实际上也是一种用不同的语言进行对比夸张的发问艺术。这是从今天社会生活的角度选择白话语言发问,目的是弄清楚文言词语的含义,同学印象肯定深刻。同时也消减了古文在同学心理上遥远、艰深难懂的疑虑,很有情趣。用两个字来形容:活教。

学习《愚公移山》最后一段时,钱梦龙有意寻找文章本意对立面发问,似乎曲解愚公形象,认为他在两座大山面前显得无能——老师:有人说,既然最后还是靠神仙的力量把两座大山搬走了,看来愚公还是无能的。你们同意这个观点吗?同学:不同意。老师:请谈谈你们的理解。(同学自由发表意见)老师:(小结)"操蛇之神闻之,惧其不已也,告之于帝",说明愚公移山的决心和行动使山神都害怕了,不得不向天帝报告:"帝感其诚",愚公精神连天帝都感动了。这不是说明愚公的无能,相反,恰恰显示了愚公移山的力量之大和精神感人之深。愚公千百年来被人称颂的原因,正在于他这种排除千难万险不达目的不止的顽强精神。如此有意发现、建构矛盾的发问用语,产生的强烈反差给同学留下的印象能不深吗?

说钱梦龙老师是生活与文本矛盾导读派的中学语文教学流派的发明人领路

人,更体现在现代文教学上贯彻生活、文本矛盾导读的教育理念。这从他的现代文课堂设问可以明显感受到。教学《食物从何处来》,钱梦龙老师一上课就提出一个稀奇古怪的问题——老师:今天早餐我吃了一个烧饼、两根油条,喝了一杯凉水,后来又吃了一个鸡蛋和一个苹果。谁能告诉我,我吃的都是食物吗?无论说是或不是,都要说出理由来。同学:凉水不是食物。老师:请说出理由。同学:因为它只能参与躯体的构成,但不能供应能量。其他的东西都是食物。老师:讲得真好,老师很满意。赏析:变换了提问的角度:从亲身体验的角度举例问,目的是为了帮助同学弄清楚食物的概念,效果不言而喻。又如教读《论雷峰塔的倒掉》。老师:听说杭州人民正在建议重修雷峰塔。如果鲁迅先生健在,你认为他会反对还是赞成,理由是什么?(有的认为会反对:封建势力的象征;有的认为会赞成:现在重建的是社会主义的象征。)老师:难道雷峰塔非有什么象征意义不可吗?同学:鲁迅把雷峰塔作为封建势力的象征,不过是借题发挥;现在重建,那是跟鲁迅文章毫不相干的……我们不是鲁迅。老师:说得非常好!理解本文的借题发挥手法,是读懂本文,进而欣赏鲁迅杂文艺术的一把钥匙……请大家联系课文想一想:鲁迅借的什么题?发挥了什么意思?同学:他是借雷峰塔倒掉这个题,抨击了那些希望恢复封建社会的文人。老师:说得好!显然,这也是生活导读:夸张地让生活常识与文本内容发生矛盾的兴趣发问艺术的成功实践。这是从社会新闻的角度进行假设性发问,目的是弄清楚鲁迅先生的借题发挥的手法,效果自然好。

教读《多收了三五斗》时,钱梦龙老师是善于发现课文内容的矛盾形成对比式发问。老师:万盛米行的先生对农民说话是有气无力、鄙夷不屑的,而万源祥等几家商店的伙计却不惜工本地叫着"乡亲",同是在一条街上做生意的,为什么态度这样不同?(同学阅读思考讨论)老师:(引导)要回答这个问题,必须透过表面现象,找到两种不同态度之间的内在联系。同学:米行老板利用粮食丰收的时机垄断粮食市场,残酷剥削农民,而农民的日趋贫困又造成了农村市场的萧条,使万源祥等商店的伙计不得不格外卖力地推销他们平时销不出去的商品。两种态度各从不同的侧面反映了农民破产的社会现实。……老师:既然写旧毡帽朋友没有好日子过,为什么不写少收了三五斗,来直接反映旧毡帽朋友的苦难呢?(同学阅读、思考、讨论)同学:可以更深切地知道农民命运的可怜:丰收与歉收得到的是同样微薄的收入。同学:丰收成灾,表达了作者对造成这种现象的旧制度的愤恨和对农民的同情。生活——文本矛盾式发问,往往能产生"一石激起千层浪"的效果,更有助于同学理解文中的"多"和农民朋友"苦难生活"的关系及造成这种现象的社会根源。①

钱先生的生活——文本矛盾发问,可以达到"减头绪、立主脑、脱窠臼"的目的。简笔艺术,黑白分明,自然朴素。而且每个矛盾发问之间也形成了或循序渐进,或由正而反、由反而正的逻辑联系,有效地训练了同学的深层思维能力。

钱梦龙老师的语文课堂教学,与语言学关系密切,无论是古文还是现代文,除了具备我们语文老师所懂得的基本教学方法之外,还具备极为鲜明的教学特色:循序渐进而层递度明显,不是就语文教材讲语文教材,而是夸张地运用社会生活常识来设计针对教材难点的对比式问题或要求,激发同学理解语文的兴趣;也不是游离于教材之外讲生活,而是从语文教材文本走向生活、又从生活走进文本的导读。在追求文本中蕴含的美感的过程中自然破解难点、完成教学。他特别善于把握文本的特色,突出重点和难点,发现与构建生活与文本、文本与文本对比式(矛盾)夸张设问,生活气息浓郁,震撼力大,启发性强,不断激发同学发现课文的语言美感,确保教学进程有趣、高效、精彩推进。

(二)余映潮语文课堂教学案例及其语言学运用启示:诗意培训法。

余映潮老师本是湖北荆州市语文教研员,现全国著名语文特级教师。有着厚重的语文素养和教学功底,他的诗意的课堂令我"似曾相识燕归来"而耳目一新、振奋激动。

追寻诗意的语文课堂。"纵观余映潮老师上的所有的课,我们发现,他的课堂弥漫着诗意,洋溢着美感。美是余老师课堂文化的灵魂,他的每一堂课都是以美为原点来构思的。在教学中,他将所有的教学因素(诸如教学目标、内容、方法、手段、评价、环境等)都转化为审美对象,使整个教学过程转化为同学对美的发现、美的感悟、美的欣赏、美的表现和美的创造活动,使内在逻辑美和外在形式美得到高度统一,使师生都能充分获得身心的愉悦。"②

首先朗读具有符合文本特点的、也符合同学认知规律的反复、多层面的特色。余映潮老师在执教童话《七颗钻石》时的朗读指导——请同学们这样朗读:1.用童声来读,语速要舒缓,语调要清新。2.请带着表情朗读,语音要甜美。3.朗读的时候要有孩子们讲故事的韵味。4.用重音的方式,用上扬的语调,读好故事中的几次"变"。5.可爱的小姑娘感动着我们,让我们进行表演式朗读,来表达这种感动。我想这是一种力图用生活艺术化语感,来诗意解读文本的朗读。

---

① 参考许书明《钱梦龙:课堂提问,何妨"拐个弯儿"》,2012.3《中学语文教学参考(中旬)》。
② 徐国喜、黄启东《追寻诗意的语文课堂——余映潮语文课堂文化初探》,2012年第6期《中学语文教学参考(中旬)》

又如执教阅读欣赏课《我愿意是激流》时的朗读训练——我们这节课的上法是:美美地听,美美地读,美美地品,美美地说。第一个教学板块:美美地听。1 请同学们听男生配乐诵读,听的时候要想象诗中的"画面"。2 请同学们再听女声配乐诵读,听的时候要感受诗中的"情感"。3 请同学们第三遍听读课文,听的时候要感受"以声传情"的细节,同学们要轻声低声跟读。听读的美,体现在不同的声音与落脚点。第二教学板块:美美地读。请同学自己朗读:第一遍:重在整体感受,语音要饱满、圆润。第二遍:重在体味情感,语流要有节奏、停顿、快慢的变化。第三遍:重在进入情境,语气要有轻重、抑扬的变化,并体现出抒情性。这里的朗读,锁定自己的角色定位,但是反复的朗读却各有侧重,指向明确,由浅入深。再看,请大家一起来感受与表达:第一,请同学们先试读首尾两端。第二,请同学们在轻音乐中朗读全诗。这里先是试读部分,再在轻音乐中朗读全诗,设计别具匠心,同学应该是百读不厌的。"非朗读不足以体会文章的铿锵之声,音乐之美;非朗读不足以体会文章的起承转合,急迫缓慢;非朗读不足以体会文章的气势、神韵、风格……"余老师是这样认识和实践的。他的朗读训练形式高雅,有着优美的文学和艺术氛围,所以能够取得巨大的成功。

余映潮老师的提问设计达到了两个境界:第一个境界:主问题的设计——用"牵一发而动全身"的关键问题来带动整篇文章阅读的提问。在《沁园春·雪》的文意理解教学中,余老师设计了这样的训练内容:请同学们自由地用对联的形式概括上下阕的意思。如"上阕绘景抒情,情景交融;下阕议论抒情,评古论今"。这样的设计,暗合了沁园春词牌的特点,体现了语言的快感,彰显了语言的魅力。面对这样的问题,同学需要对课文进行认真的研读和反复的概括,而且不由自主地被吸引和感召着去怀着好奇心去努力探索。第二个境界:微型话题的设计。余老师为《散步》的教学设计了微型话题:课文标题赏析;课文的开头之美;说说课文中的"波澜";课文美句赏析;欣赏课文的情感美;记叙文中的风景画;"世界"一词的意味;我看课文的主题。这种微型话题的设计,是建立在对文本正确理解分析的基础上而进行的符合认识规律、循序渐进而有价值的设计,也是纵横交错、有分有总、使文章语言美感和魅力彰显的设计,也是自主阅读思考、有组织的"自由交流"的生动的课堂教学结构的设计。对于我们把长文教短、短文教长的高效课堂的建构,具有鲜明的导向作用。

余映潮老师的课堂评价也是富有诗意的。语文课堂的流程,需要预设与生成的和谐统一,就需要有恰当的评价,使课堂教学流程始终沿着正确的航向,自然地不断地前行并生发效果。应该深入文本,结合对文本的感悟进行人文、诗意的评价。余老师的评价,"点"到要害,一语点醒梦中人;"评"在关键,精到敏妙,诗意盎然。可我们的语文课堂教学的评价语言比较贫乏,与语文教材和教案设计语言很不相称,随意而说,"说得好""真不错""非常棒"一类不着边际的话信口而出。余映潮老师说:名师和普通教师的区别在于课堂教学方法上,尤其是在课堂提问的方法上。……一位向往着有教学造诣的语文教师,一位追求让同学得到最好的学科教育的语文教师,要尽力克服随口而问的欲望和习惯,要问到精要之处,关键之处。更好的方法是用设计同学长时间活动的方式,用与同学进行对话的方式以及用课堂精讲的方式来减少碎问的量。这也是我们在课堂评价用语上应该注意学习的重要方面。

请看余映潮老师在教学《假如生活欺骗了你》时的一个片段:

老师:下面,静静地、静静地思考一下,准备抒发感受。

同学1:读完这首诗,我想起一首古诗,其中的"山重水复疑无路,柳暗花明又一村"一联广为流传,它告诉我们:遇到挫折不要气馁,假如生活欺骗了你,也要在黑暗中看到希望,在希望中向前奋进。

老师:经历了"山重水复"的痛苦,就会有"柳暗花明"的快乐。谢谢你!

同学2:这首诗虽然没有什么具体的形象,却深深地铭刻在我的心里,试问谁没有被生活欺骗过,这就是生活,这就是真谛。

老师:生活就是海洋,生活就是不平静。

同学3:人生就像大海上的一叶扁舟,当自己迷失方向时,这首诗像灯塔一样,为我指引方向,送我到达成功的彼岸。

老师:它告诉我们,苦难是人生必经的一课。好,继续来。

同学4:它告诉我们,遇到困难的时候,要鼓励自己,不要放弃,要对未来怀有希望。当你成功时,回忆这些苦难,你会品味到成功的乐趣与滋味。

老师:也就是说艰辛能够让你领略到更美的人生风光。

同学5:我们是养尊处优的一代,生活在幸福中,但是人生总会遇到困难。这首诗告诉我们,当你感到无助时,要坚信阳光总会来临,未来的路虽然有曲折,有悲伤,但也有欢喜。

老师:要知道,你同样有坚实的双肩。

同学6:假如生活欺骗了你,就像给你身上留了一块伤疤。对此,你要细细地去品味这种痛苦,镇静地想一想,快乐就会让这个伤疤愈合。

老师:诗意地回忆过去,温馨地展望未来。[1]

---

[1] 徐国喜、黄启东《追寻诗意的语文课堂——余映潮语文课堂文化初探》,2012年第6期《中学语文教学参考(中旬)》

余映潮老师的评价,从语言表现形式上来看,有叠词反复,有精当的对偶,有比喻……工整高雅,听觉冲击力强劲。从语义上来看,有诗意的跳跃与感召,有肯定的归纳与引导,有解释性的补充和鼓励,充分发挥了评判、引导、校补、深化的诗意化功效,使同学受到的诗意的人文的思想感情熏陶、感化与激励。面对同学思维活动中的停滞、定势、中断、旁逸等问题,余老师总能迅速判断,及时点评,以吸引、促进同学思维活动的积极探索与表达,稳步行走在诗意的健康快乐的语文课堂学习轨道上。

余映潮老师课堂评价语言有文以载道、文以传情的艺术追求。请看余映潮老师的《散步》的教学片断:

同学读:这样,我们在阳光下,向着那菜花、桑树和鱼塘走去。到了一处,我蹲下身,背起了母亲,妻子也蹲下身,背起了儿子……但我和妻子都是慢慢地,稳稳地,走得很仔细,好像我背上的同她背上的加起来,就是整个世界。

老师:读得好,有那么一种淡淡的味儿。谢谢!老师提一点改进的意见,就是稍微把有些地方的重音加重一点。哪位同学再来?(另一同学朗读最后一段)

老师:读得好,读出了一点诗味儿。特别是对"整个世界"体会得很好,她没有高声地读"好像我背上的同她背上的加起来,就是整个世界",这叫举重若轻,读得意味深长。

(第三个同学朗读最后一段)

老师:嗯,很好。她进入了一种境界,用全部的感受在读文章,你的几个重音处理得比较好。

我们一起来试一试。注意"我们在阳光下"中,"阳光"两个字要带有一种"走向美好"的意味儿。"到了一处,我蹲下来,背起了母亲,妻子也蹲下来,背起了儿子"中的两个"蹲"字,要稍微地读得重一点儿。还有,第三个同学在"但"字那里停顿了一下,非常好!"但我和妻子都是慢慢地,稳稳地,走得很仔细"中的"很"字,要拖一点。这样,意味就出来了。(同学一起中速、深情地朗读最后一段)。

我认为余映潮老师在这里的评价语,不仅仅体现了对同学的人文关怀,还体现了对文本中人文精神的深入挖掘:通过评价语引导同学读出应有的重音、停顿、延长等,表现文本语言的应有张力和诗意情怀。

合理而明晰的文理赏析是余映潮老师的治学追求和评价语言的艺术特点。请看余映潮老师执教的《纪念白求恩》片段:

老师:我们理解了词语,知道了句式,又体会了作者的情感。我们再来看看,作者在这一段里面将白求恩医生的表现和另外一些人的表现所做的——

同学齐答:对比。

老师:对,这个对比就很有力量。一正一反地说,就使我们更加深刻地、更加清楚地认识了白求恩精神。下面,请同学们把这些对比的句子再读一读。(同学读)老师:通过读,我们很容易弄清文章的三个层次:第一层从正面说,第二层从反面说,第三层从侧面说。请同学们做旁批。我们现在再读细一点。对比,主要从哪些方面对比?我们要抓住哪些关键词语?请同学们找出来,打上着重号,然后发言。

同学1:用"满腔热忱"和"冷冷清清、漠不关心、麻木不仁"作对比。

老师:想一想从哪些方面进行了对比?

同学2:主要是就双方"对工作、对同志、对人民"的态度进行了对比。

老师:把这个句子完整地读一读。(同学读)

老师:好的,通过精读,我们就理解了这一段词语的含义,理解了词语的表达作用,理解了句式,理解了各层次的意思,理解了对比的手法。这就是精读——精心地品读。下面,要读出作者的情感,注意每个层次都要停顿一下。读句式的时候,要注意情感;在读重要词语的时候,要读出重音。(同学读全段)。

这里因为评点精细,导向明晰,而且点明层次与表现手法,知识性强,评价语言才具有了引领同学不断走向成功表达的诗意效果。

再说语言的搭配和谐美。请看余映潮老师执教《小石潭记》的片段:

(同学朗读第1自然段)同学1:这一段写的是小石潭的出现和周围的景物。

老师:把"出现"改为"发现"。老师写的是十个字:小小的石潭,奇异的景色。(同学做笔记,读第2自然段)

同学2:第2段主要讲了潭中游鱼的状态。

老师:"游鱼的状态",说得多好啊。老师概括的是:清澈的潭水,快乐的游鱼。

(同学读第3自然段)同学3:这一段主要是写潭水的源流。

老师:写"潭水的源流",写小溪。老师写的是:蜿蜒的小溪,参差的石岸。

(同学读第4自然段)同学4:这一段主要讲的是凄清的小石潭。

老师:"凄清的小石潭","凄清"用得好,他读出了作者的情感艺术。那么我们可以这样更好地概括:凄清的景色,孤寂的感受。真是"凄神寒骨"啊!

(同学读第5自然段)同学5:是写和作者一起游小石潭的人。

老师:同游的人物,跟随的小生。你看,我们只用五句话,每句话十个字,就把它很美地概括了出来。①

例中,余老师的评价主要采用对称的结构和对偶的形式,非常精美,富有诗意美和和谐美;而且从作者的角度纠正了同学用得不太准确的词语。当然也有如

---

① 赵道夫《余映潮课堂评价语言的温度与精度》,2012.10《中学语文教学参考·中旬》。

"生动,多好,他大概用了两分钟就举手了!""我喜欢你的一句诗:不要让生活在你的人生反复地重新开头!"等这样的诗意的精美的评价语,都很好地发挥了评价的激励功能,同学听后怎么会不被打动和感染?

假借——让语文课堂有趣有效。余映潮老师的《例谈阅读教学设计的诗意手法》令人沉醉。余老师在教学《律诗二首》时,是这样导入的:

老师:今天我们要学习两首古诗,同学们能不能用艺术的优美的语句将"我们要学习诗歌"这个意思表达出来。

同学1:让我们朗读、品析诗歌。同学2:让诗歌进入我们的情感世界。同学3:我们能够认识诗人、领会诗意……

老师:大家说的意思可以这样表达——今天我们与诗人相遇。我们今天的学习活动就是:1与诗人相遇;2和诗人同行;3对诗人讲话。

这里老师发挥了诗歌的想象,假借诗人与我们同在,而与文本对话。教学的语言富有形象与活力,而且构成排比富有语言气势,本身也诗意盎然了。

我们要构建科学的语文课堂,就要遵循语言的运用规律。教学一篇课文,老师要依托活生生的言语作品,让同学从言语现象中发现规律,一点一滴地积累言语生成经验。说话或写文章,都要考虑句子的逻辑顺序、语段的组织形式、文章的表层结构与深层意蕴等。余映潮老师教学《散步》时,建议同学以字词句段对人物的表达作用为方向来品读语言。余老师为同学做示范,他读"我们在田野散步:我,我的母亲,我的妻子和儿子"做出如下评点:"我"这个字摆的地方非常重要,他没有说"我们在田野散步:我的母亲,我,我的妻子和儿子",而是把"我"放在前面。这个位置的摆放就表现出"我"的一种责任感,而且在后面和"我"起的作用是遥相呼应的。另外,这个句式很美,这样写很庄重,开头就说"我们在田野上散步"然后解释"我们",而没有说:"我,我的母亲,我的妻子和儿子,在田野上散步。"表现了散步这件事在"我"心目中很重要。

我在学习余先生的课的时候,也似乎不时浮现自己过去教学的影子和感念,我也很认真履行工作环节,但我却没有像他那样取得如此大的成功。为什么?我想,语文老师成败的关键在于能否持之以恒地挚爱语文教学工作,科学探究教材教法,及时总结教学心得,大胆创造教学特色——如诗意课堂;还有一点很重要,那就是能否积极营造出教书育人的良好环境等。

让我们学习钱梦龙、余映潮老师,在彰显语言美感"特色"上做好做足文章,在自己的语文课堂上也努力构建和创新对同学更有吸引力、感召力的语文课吧!

(2012年11月南通市语言学会启东吕四年会上被评为论文一等奖并被推荐做大会发言交流)

（背景：为参加2014年11月24日南通市语言学会通州学术研讨会，根据组委会的要求，可撰写与语文教学相关的论文交流并申报评奖。我想：语文课我们该怎么上才好？）

37 语文课学习活动的预设用语类型初探（成果）（概括具体式、含蓄精巧式、归纳超越式）

"文似看山不喜平，画如交友须求淡。"①语文课的文章内容丰富多彩而作者个性鲜明，往往解读多样，似乎让人觉得公说公有理婆说婆有理，莫衷一是。信马由缰是低效甚至无效的。这就注定了语文课学习活动的预设用语必须有选择性、针对性和吸引力，因而不同的课文内容与教学重点相关的学习活动的预设用语的形式的选择与定型值得重视与研究。

内容决定形式。正确解读文本是基础。教正确，讲明白，是人们早就提出的基本教学要求。教不正确，讲不明白，又何以让同学正确明白地学？所谓"你不讲我还明白，你越讲我越不明白"的无效教学应避免。要真正从字词句章入手，读懂课文精准把握课文的行文脉络、主旨情感、写作、语言特色，让学生认可，觉得科学有趣，恐怕并非易事，就是教参也有欠妥当的解读，如把刘心武的《错过》当成议论文的，把《济南的冬天》的结构说成总分总的，有人把选自蒲松龄短篇小说集《聊斋志异》的《狼》当成小说来教的。因此"尽信书，不如无书"。② 应摆脱对教参的依赖，倡导自主阅读，从容阅读，快乐阅读。读出真滋味，再参考他人的解读，做出自圆其说的解读。

有了正确的解读，不等于就能有效地选择和定型课堂学习活动的预设用语。我们常常感到奇怪的："这个问题我着重讲过的呀，同学怎么就不明白呢？"对此，应当反思：为什么着重讲过的同学却没能接受？可见从"教正确"到"正确教"即我们这里所谓"有效地选择和定型课堂学习活动的预设用语"，还有很长的路要走。

这里只就关于教学重点目标的学习活动预设用语的选择与定型进行探究。一般地说，应明确重点目标即重点学习目标，增强语文课堂主要教学活动预设用语的选择性、针对性；应符合要求对儿童有吸引力，使儿童感兴趣，如准确、巧妙；

---

① 出自清代袁枚《随园诗话》。
② 出自《孟子》的《尽心章句下》。

应继承优点,大胆创新,不落俗套。

具体地说,语文课主问题的预设用语的选择会有哪些类型呢?

针对诗歌教学,既能紧扣重点目标又使同学感兴趣的主问题预设用语定型,怎样最为有效?根据学习目标进行的主问题主活动的预设,应是一种令同学思想集中、精神爽快的预设。2011年11月底两岸三地有效教学课堂展示活动中,洋思初中刘金玉副校长展示的《乡愁》课,经过加工整理,展示如下:

主活动有:出示学习目标和反复朗读、品味诗歌。一、出示学习目标:1 理解诗歌特色,体味诗歌情感;2 正确流利地背诵诗歌。二、反复朗读,品味诗歌:活动时间:8分钟,活动要求:比谁能正确流利富有个性地朗读诗歌,同时能正确回答下列问题:1 这首诗写得很有特色,请结合诗歌具体内容进行品析,不少于两个方面。2 表达了作者怎样的思想感情?教师指导学法:画、写、评(要求深刻),不会的站起来。教师检测该生朗读。同学评论:读出了作者写作诗歌的感情,但没到位,不是很有感情。老师:呵 hē～护～斥～～,啊 ā láia("来啊"变读)。表达了怎样的思想感情?要说得有理有据。同学:思念家乡的感情。老师:能利用注解。勇于表达自己的意见,同意的地方深刻些,不同意的地方大胆些。同学:分两层,1—3节思念亲人,第4节热爱祖国。老师引领同学合作:

老师:那么作者着重表达思亲还是爱国的思想感情呢?你怎么知道的?

同学小组讨论:"小时候,乡愁是……""长大后,乡愁是……""后来啊……""而现在……"老师就势启发同学点明诗歌特点:反复吟咏;通过具体、有形的事物寄托抽象、无形的乡愁。时间越长感情越深、境界越高。

老师:最后一节有一个字最重要——

同学齐声:"而",表示层递关系。关键是爱国,其中有思亲之情。"思亲"上升到"爱国"。着重表达盼望祖国统一的爱国之情。

分析,板书:

乡愁

小时候　邮票　母亲
长大后　船票　新娘　　(反复)思亲
后来啊　坟墓　母亲
而现在　海峡　大陆　　(层递)爱国
　(具体、有形)　　(抽象、无形)

老师:再齐读最后一节,体味感情。……

两个主活动:"出示学习目标"两点用语只用了12个字和9个字,是高度概括的;达成学习目标"反复朗读,品味诗歌"提出了具体时间要求、朗读要求,预设了两个主问题,是对学习目标的恰当的诠释与演绎,用了100多字,是第一个主活动的5倍多。用语是相当具体的。而且在具体活动的过程中,用了不少于200字的提示点拨的预设用语;而且不枝不蔓,一竿子插到底。据此,将诗歌教学主活动主问题的预设用语有效类型定位为概括而具体。

针对新闻教学,既突出重点又使同学感兴趣的学习活动的预设用语怎样定型最为理想?举例来说。我们教七年级语文《人民解放军百万大军横渡长江》,学习活动按部就班,也能突出重点新闻的结构、特点。应该说有精巧之处,但欠缺不少,如未免先贴上知识标签、概念化的灌输,给学生造成认知的倒置。比起特级教师的来差距就大了。亓东军,北京教育学院丰台分院语文教研员,北京市骨干教师。在中学语文研修网第七期讲座中举了这样一个课例,说某特级教师教学《人民解放军百万大军横渡长江》预设了两个活动板块:第一、同学朗读课文,用一句话、一段话、几段话表述文章内容,理解文章结构。同学朗读后,经过讨论懂得:用一句话表述课文内容的是标题,用一段话表述课文内容的是开头的两句话,是导语;用几段话表述课文内容就是第三句话开始到末尾,分别表述中路军、西路军和东路军横渡长江的战况,是主体。第二板块、老师组织讨论:1 标题中的"横渡长江"改为"胜利渡江"行不行?通过讨论,同学认为不行,那时还没有胜利呢!老师顺势启发讲解新闻的特点之一:新闻必须具有真实性。2 假如作者把这篇新闻写完了不发表,等渡江胜利结束了再发表行不行?为什么?同学经过讨论后,认为不行,过时了。老师顺势启发讲解新闻的特点之一,新闻必须具有时效性。主要教学活动的预设的用语特点鲜明:开始只说朗读课文(注意:未提新闻),一句话、一段话和几段话(未提标题、导语、主体),用修改词语进行比较探究"横渡长江"改为"胜利渡江"行不行?(未提新闻的特点真实性);说写完了不发表等渡江胜利结束了再发表行不行?为什么?(未提新闻的特点时效性),等同学思考讨论后才顺势启发揭示谜底新闻的特点真实性、时效性。既符合阅读认知的规律:由感性到理性,又使同学思考后恍然大悟,产生获取知识的快乐,且留下深刻印象。水到渠成,瓜熟蒂落。如此主学习活动的预设用语含蓄而精巧,是耐人寻味的猜谜语式的预设,是通俗的令人茅塞顿开的预设,也是真正的"启智教学"。

针对鲁迅小说的教学,既能紧扣重点目标又使同学感兴趣的主问题主活动预设用语,怎样定型最为合适?如抓住认识中的矛盾、使同学主动去探求知识,效果如何?大家知道《孔乙己》不大好教。扬州市宝应实验初中杨权应老师教学的《孔乙己》的学习活动用语是这样预设的:

再读课文,感悟孔乙己"半"字人生。

老师:看来,读了课文之后同学们对孔乙己的评价是仁者见仁智者见智,褒贬不一。不过老师读了课文之后呀,发现孔乙己的一生始终没有跳出一个"半"字,不知道同学们有没有注意到。在此基础上老师引导同学再次深入阅读课文,找出文章与孔乙己有关的含有"半"字的语句或暗含"半"字的内容。同学阅读的声音明显大了。

同学:他对人说话满口"之乎者也",总是叫人半懂不懂。

老师引导同学找:文章中"半懂不懂"的话还有哪些?

在师生共同交流后得出结论:他说这些半懂不懂的话是因为受封建科举思想的毒害。

继续追问:还有与这"半"字有关的问题吗?

同学回答后老师总结:在他的心目当中,他就想通过读书升官发财,他就想通过读书博取功名利禄,他就想通过读书光宗耀祖。所以他为了一棵树而放弃了整片森林,而最终的结果是"连半个秀才也没捞着"。……

师:这"半"字与孔乙己真的很有缘。刚才同学们着重找了文章直接含有"半"字的内容,还有暗含"半"字意思的语句呢。讨论讨论。

师:这是我们初步的分析,下面我们从他的思想方面分析。你们说他思想深处跳动的是什么东西,他穿长衫想表明什么?……

生:他做事情也"半途而废"。

师:他做事情为什么"半途而废"?他完全可以通过自己的一手好字谋生,他为什么要"半途而废"?

分析后教师归纳:他认为读书可以做官,他认为万般皆下品唯有读书高,唯有做官好。正因为他有这样的思想,这样的认识,他不愿意去抄书,他做事也就"半途而废"。

老师在这儿也补充一点,在文章的最后,他已经去世了,可他的名字仍然在粉板上,为什么?

分析后教师总结:他整个的身价还抵不过那十九个钱。他死得安心吗?(生答:不。)他被人家牵挂着了吗?(有的回答"有",有的回答:"没。")人家牵挂着是他的?(钱)可怜啦!连自己入土了都不得安心,他真的死透了吗?(生笑,但明显低了。)他的灵魂仍然萦绕于那个粉板之上。

师出示投影,归纳孔乙己一生的"半"。

社会背景:半封建半殖民地

语言:半懂不懂

事业:苦读半生,"连半个秀才也没有捞着"

遭遇:打了大半夜,被打折了腿

身份:各一半

工作:半途而废

归属:肉体死了,可灵魂还留在人间,死一半活一半。

老师作结:从他的这"半"字都与封建科举制度有关,和他的那个低劣品德有关。从他的这"半"字人生中我看到了他的可怜,也看到了他的可憎。鲁迅先生也用了八个字进行了高度概括。

生齐读:哀其不幸,怒其不争。

师:这是鲁迅先生的评价,那么对于孔乙己文中的人物是怎样评价的呢?

师:大家找了很多笑,那嘲笑应该是有内容的,大家找找是怎样嘲笑的,有哪些具体的句子。

师:可是我们的心情都比较沉重,让我们感受到什么?

师:哪些人在笑孔乙己? 那仅仅是咸亨酒店的人在笑吗?①

很显然,这堂课主学习活动的预设用语扣住"半"字人生,讨论鲁迅先生的态度及文中人物的态度,揭露社会的弊病。鲁迅小说教学面广量大程度深,这些预设和追问用语十分有趣而集中,可以视为最为合适的用语类型。

长期以来,我们知道偏离重点、不合逻辑、因循守旧的学习活动的预设用语常常会令同学产生厌烦、疲倦感,那么像郭沫若散文教学学习活动的预设用语如何定型才稳妥? 江苏淮安市涟水圣特外国语学校的张爱艳老师执教的《白鹭》是这样预设主活动主问题的:

师:通过刚才的学习、交流,我们了解了散文家晓雪对散文《白鹭》的评价是"柔婉清丽、秀美含蓄",同时大家从这篇课文中也可以总结出评论的一些基本写法,试试看。

生1:写评论就像写议论文一样,要有观点有依据,在发表自己的观点的时候,可以引用原文。生2……生3:评论的观点一定要鲜明,也就是独特,不能人云亦云。

师:大家说的非常有道理。评论必须观点鲜明,有理有据,最重要的是要独立思考,甚至敢于批判。《白鹭》作为一篇文质兼美的美文,我相信同学们阅读后一定有自己的独特感受和评价。请拿起手中的笔,尝试挑战散文家,写下你的独特评论。十分钟能写好吗?

生(众):能。

生4:我评论的标题是《一首满含意境美的诗》。……好一幅"清田垂钓"图。

---

① 出自殷智新主编《把玩课堂》第250-252页(凤凰出版社2010年7月第1版)。

师：哪位同学评价一下生4同学的评论？

生5：我觉得生4同学的评论避免了晓雪评论的不足……生6：我也非常赞成生5同学的观点，生4同学的评论将观点寓于标题，文字也符合郭沫若《白鹭》意境美的特点。第8段，"黄昏的空中偶见白鹭的低飞……而且具有生命了"。……我也为它起了个名字，叫《低飞的白鹭》。

师：很精当的评价，很有韵味的描绘，你们的智慧让老师动容。并且，你们敢于指出晓雪评论的不足，你们的勇气尤其让老师钦佩！

生7：我补充，第七段同样很有意境美，我给他起了个很简单的名字，就叫《瞭望》。清晨……生8：刚才几位同学主要是从意境美的角度评价文本的，你们的描绘正好帮我表达了我的看法，我就不重复了。我觉得这篇散文还满含绘画美，评论的标题就叫《如画，如诗》。生（众）笑。

师：好样的，集众人所长，是学习的非常重要的方法。同学们要向他学习。

生9：我的评论主要是从主题思想方面谈的。标题是《一切景语皆情语》。本文写于解放战争时期，战火纷飞，人们生活不定。郭沫若先生用含蓄隽永、富有诗意的语言，给我们带来美的享受的同时，也表达了对安宁、自由、幸福生活的向往和追求。

师：真是个善于思考的好孩子，你主要是从文章主旨方面评论的。老师稍稍纠正一下，本文写于1942年，当时正值抗日战争时期。

生10：我觉得这篇文章还有一个很显著的特点，就是形散神不散，因此我的评论标题就叫《一首韵在骨子里的诗》……文章首尾以两个相似的句子呼应，全文行云流水就是一首诗，内容上更是紧扣"诗"含蓄的特点，为我们描绘了白鹭"因常见而被人忘却的美"，表达了作者的独特感受。生11：……

师：你说得太好了！从作家的文章中总结有利于自身写作的方法，你思考问题的角度很特别，对大家很有借鉴意义，谢谢你！①

这堂课张爱艳老师主要进行了两次总结与提示：

第一次，晓雪对散文《白鹭》的评价是"柔婉清丽、秀美含蓄"，是提取式归纳。接着提示"大家从这篇课文中也可以总结出评论的一些基本写法，试试看。"感悟式归纳，而且是超越的。善于启发同学由感性认识升到理性认识。

第二次新的总结与提示："大家说的非常有道理。评论必须观点鲜明，有理有据，最重要的是要独立思考，甚至敢于批判。《白鹭》作为一篇文质兼美的美文，我相信同学们阅读后一定有自己的独特感受和评价。请拿起手中的笔，尝试挑战散

---

① 出自殷智新主编《把玩课堂》第263－264页（凤凰出版社2010年7月第1版）。

文家,写下你的独特评论。十分钟能写好吗?"启发鼓动学生创作,由理性认识指导感性实践。用语类型同样是归纳和超越的。

学生的发言形成了从补充晓雪的评论所省略的《一首满含意境美的诗》《低飞的白鹭》《瞭望》《如画,如诗》,升华到主题探究《一切景语皆情语》,写法欣赏《一首韵在骨子里的诗》。

我们每个语文老师在教学这篇课文的时候,都可以根据教材、教参来引导同学找到晓雪的评论主旨,然后自己重新补充评价关于白鹭描写的独特之美。但是比起张老师的学习活动用语的预设来,缺少对评论的基本写法的总结、归纳,缺少挑战散文家评论写下自己独特评论的超越,活动就缺少教学推进的逻辑力量和节奏感,显得不大稳健、铿锵和保守了。

(作品获2014年11月24日南通市语言学会通州论文评比活动一等奖,经修改参加陕西师范大学"全国中学特色课堂研究征文大赛"活动被评为优秀教学作品贰等奖)

(背景:2016年7月3日撰写完此论文提交参加江苏省"教海探航"杯论文评比活动)

38　彰显"苏派"语文课堂教学的智慧性、有效性(简洁灵动式、厚实精致式)

摘　要:我们的初中语文课堂教学,面对各种类型的文本解读、课型会眼花缭乱;面对繁重的教学任务,容易心生厌倦,会因解读和引领解读文本不顺而头昏脑涨,在应试教育的复杂背景下又陡增心理压力。因此我们静下心来,追求初中语文课堂教学的智慧性有效性显得尤为重要。目前方兴未艾的"苏派"语文教学"清简灵动、厚实精致"具有独特的江苏地域人文风格。尽管目前对"苏派"语文尚存异议,但我认为作为语文教师,不妨参与建设"苏派"语文,一来彰显语文课堂教学的简洁灵动的智慧性;二来要彰显语文课堂教学的厚实精致的有效性。

关键词:彰显　语文课堂教学简洁灵动的智慧性　厚实精致的有效性

从本人任教初中语文与参加学科教研活动的经历出发,认为最让人头疼的,也是最容易出现偏向值得警惕的是:语文教师不是班主任,班主任不支持语文教学,只顾自己任教学科;语文教学为了应付考试面面俱到生硬枯燥、灌输成人解读理念而学生被动接受死记硬背心生厌倦。现在我们江苏的语文教学已经和正在形成以语文教授、著名语文特级教师为中心的"苏派"语文教学,特征是"清简灵动、厚实精致,具有江苏独特的地域人文风格"[①],则显得意义非凡,堪称改革应试语文教学旱地的及时雨。我们可以静下心来参与并着重从两方面作出努力:

一、彰显"苏派"语文课堂教学的简洁灵动的智慧性

对于年代久远、文字艰深的古文课文,需要静心、耐心阅读与解读,从中找出能够充分理解的规律性的东西和别人尚未发现的端倪,以出新意显魅力,化烦杂死板为简洁灵动,取得理想的教学效果。

江苏著名特级教师黄厚江老师执教的是七年级的课文《黔之驴》[②],是否彰显

---

① 《走进苏派语文,感受苏派语文教学艺术——首届苏派语文教育论坛学习总结》http://wenku.baidu.com/link?url=NUpABnCOzr-DHBL225vaRHuMXV。
② 江苏苏州市苏州中学黄厚江《朗读·理解·讲述·拓展·归纳》,2013.3《中学语文教学参考》第42页。

了"苏派"语文课堂教学的简洁灵动的智慧性?我们需要进行赏析。首先朗读:执教者根据学生的学习情况明智地进行朗读方法的选择,教师领读或请读得好的学生领读。应该说是在困难面前最为简洁灵动的方法。其次是理解:在领读的基础上感知文意之后,扣住题目的中心语"驴"的故事来进行解读,寻找直接和间接写驴的语句,落实关键字词的理解。一举两得。应该说是特具可操作性的语文方法,既彰显了人文性内容,又习得了工具性知识。接着进一步探讨驴落得悲惨下场的自身原因,用成语概括,也是兼顾了人文与工具两个方面。转而探究与驴对应的另一方虎的胜利原因,进行探究,进行相对应的词语归纳,并推敲不准确的。富有哲理性、思辨性,也是一举两得的。三是讲述:安排讲故事,分别用课文叙述的语气、驴和虎的口吻来巩固学习成果,不烦琐,也不呆板,还突出了语文语气。四是拓展:最后提出一个牵动全局的理性问题:虎的叙述多而且结局是虎吃了驴,为什么题目叫"黔之驴"而不叫"黔之虎"?以介绍写作意图作为提示,使学生加深理解。五是归纳:辩证地引导学生思考无辜的驴的悲剧的原因其实不是自己,真正原因是"好事者""船载以入"(载驴入黔),很有深度。纵观黄厚江老师执教的《黔之驴》一课,朗读、理解、讲述、拓展、归纳五个环节,环环相扣,披文入情,承转有度;师生互动,以简洁灵动见长,也产生了厚实精致的教学效果,堪称是"苏派"语文的代表作。

我们学习黄厚江老师的简洁灵动的教学风格,教学《从百草园到三味书屋》,明确教学目标鲁迅先生愿儿童健康成长的情怀,对比"我的乐园"百草园的快乐、品味"三味书屋"的无味;简练生动、准确传神的语言。教学思路程序上启用抓住要点、承转有度的方法,并参考活动教学模式"自主探究、小组合作、全班展示"的方式,就可以最大限度地调动最大多数学生参与活动,实现三维目标,提高语文素养。教学过程大致如下:

(一)生活导入课题:简忆自己童年趣事;

(二)朗读课文,探究课文时空推移的写法。

活动一、说百草园之乐:为什么"似乎确凿只有一些野草"的百草园,"那时却是我的乐园"?从中你能看到儿童的哪些天性?(个体思考——小组交流——代表展示)。学生小组1:发言,提炼相关课文内容:百草园之乐景、乐闻、乐事。学生小组2:童心童趣。

活动二、赏百草园之乐:读2~8节,抓住关键词句,品读"乐园之乐",并选择其中一处,跟大家分享。(个人画圈批注——小组选定一处1+1或1+2交流——全班展示——补充质疑)学生小组3、小组4、小组5相继发言,分别赏析百草园春夏秋的乐景:本组最后一名同学发言结束时还来个"欲知后事如何,且听下回分解"式过渡——我们组汇报完了,希望其他组补充或提出意见等。老师播放演示文稿画面文字辅助如"不必说""也不必说""单是"。总结启发提升:老师:对百草园流露出了什么感情?学生:欣赏喜爱。用欣赏喜爱的语气语调齐读第2段。老师:还有哪个季节的百草园的乐?学生小组6:冬天的百草园乐事。合作赏析其中雪地捕鸟的动作过程,老师配图画和文字:扫开……雪地捕鸟。老师:对冬天的百草园作者流露出什么感情?学生:喜爱与怀念。老师:百草园还有什么给作者留下深刻印象?用什么叙事方式来写的?提示:百草园的乐闻插叙。学生小组7:简析美女蛇的故事。刺激、有趣,流露出喜爱与怀念的感情。

继续开展活动三、探究"三味书屋"之"无味"、感悟作者意图:读书得不到解释,下课压制玩耍活动,课上描绘绣像等,理解对比法,感悟作者写作的意图是什么,以取得更好的教学效果。

(三)巩固提升。活动四、借得妙笔成华章。说故事片段,仿写简练生动、准确传神的语言,表达自己的童心童趣。学生站起讨论后坐下写。小组8:推代表展示。

学生(自由)回忆自己童年趣事,引发对鲁迅童年趣事的好奇导入课题;从对关键性文学语言的好奇展开阅读欣赏活动探究;四个活动实施有序探究,助推感悟:读、赏、探、仿、说、写,由粗到细、由浅入深、由此及彼。各小组活动的展示过渡自然,线索分明。一堂课前后8个小组成功展示,发言人数竟达40多!彰显了简洁灵动的智慧性教学魅力和效果。

二、彰显"苏派"初中语文课堂教学的厚实精致的有效性

语文阅读课教学一篇课文,不仅应该做到简洁灵动,而且应该做到厚实精致,化单薄散乱为厚实精致。因为厚实精致才能保障大容量快节奏富效果,才能让学生更多更好地接受知识与技能、过程与方法和情感态度与价值观的熏陶。

江苏省如皋市第一中学教科室主任、正高级语文教师时鹏寿老师在《"四文"兼顾,智趣四溢——王学东老师示范课"烛之武退秦师"品味》[1]一文中说:时鹏寿老师自己多年来一直倡导并躬自践行的文言"四文"(文学、文言、文章、文化,与黄厚江"四文"略同)教学法来考量这节示范课,确实是"四文"兼顾,智趣四溢("激趣·启智·寻法"是王学东老师30多年语文教学生涯的追求)的好课。

首先是"趣说文学",王老师用做游戏的方法,让学生猜"这是一本什么书",并且说明"当你看到我出示的信息的时候,如果明白了,就举手示意,我看到什么点上我们全班同学都能举手了。"进行这种渐进式调动学生参与互动的课文导入,

---

[1] 如皋市第一中学《绿色东皋》甲午夏。

可谓以简洁灵动带来了厚实精致。其中还引入《巨人传》《毛泽东传》等书名进行比较辨析和姓王的学生写的传《王传》进行类比式鼓励,进而解释"传"是解说(春秋)的意思。活跃了课堂气氛,拉近了师生感情距离,为教学的有效开展营造了和谐的气场。

其次是"实解文言",王先生用四名学生依次推磨式推荐分读四段,请大家评价情感朗读、字音朗读,还是在活动中调动学生主体意识,用比较的方法,精致推进朗读识字教学,让学生说读得不准的字,如"逢孙"的"逢"(páng),"秦军氾南"的"氾"(fàn还是sì),"阙秦"(quē还是jué)。

再次是智析文章。《左传》是史记类文章,离不开人物,关联着事情,脱不开背景。王老师在分析文章时引导学生注意人物,并区分出讲了话的人物4个、故事的主角1个,从而锁定烛之武,抓住这一个人物做文章。再比较他平时政治生活中的地位"无用武之地",现在终于可以"危难时刻显身手了",然后补充了冯梦龙《东周列国志》中提到的关于烛之武的资料:

烛之武原是一个圉正。"圉正"的"圉"是怎么写的?是框框里面一个幸福的"幸"。圉正是个什么样的官呢?养马的。相当于《西游记》里面的弼马温。到了他出山的时候已经七十多岁了,头发也白了,身体弯曲,走路蹒跚,这个时候国家开始找他了。

为什么这个时候找他?原来是佚之狐推荐烛之武。教者抓住佚之狐为什么推荐烛之武、烛之武为什么面临的是秦晋联军而偏偏到秦的军营中去劝说秦穆公,烛之武游说计划的几个核心问题条分缕析:既有"逞强""求饶""挑拨"备选方案的选择,又有"亡郑,利晋还是利秦?""晋国,是友还是敌?"关键问题的剖析。前果后因的关联,叙事线索的清晰,让学生对左丘明文章之妙有切实的体会,避免了孤立介绍的生硬、枯燥。

在基本完成了对文本的介绍之后,教者顺势提问:"你佩不佩服烛之武啊?""下面我和大家来做一个口头小练习:就以'烛之武,我佩服你……'或以'烛之武,我欣赏你……'为开头说几句话,好不好?"从总体上回归文本的设计,属于口语表达的训练,体现了学生主体意识、教学民主思想,催生了学生语言表达的精彩绽放。

第四是妙说文化。古代文化常识和文本文化。启发学生先解释"东道主",然后启发学生联系实际造句,比较古今用法的不同,给学生留下深刻的印象。从烛之武的一段话中,我们有没有发现完成劝说使命必须具备哪些方面的素养?感恩之心,报国之勇,报国才能(军事家、外交家、雄辩家、政治家、历史学家、心理学家)之类的文化元素的挖掘,是解读文本基础上的、从学生中来的,是教者厚重文化底蕴的升华。是教教材,更是用教材教。

江苏如皋中学的王学东老师在30多年的教学中形成的"激趣·启智·寻法"的教学模式。从"别出心裁设计导语""不失时机强调意义""张弛有度控制节奏""毫不吝啬夸奖学生"四个方面解读"激趣"的操作要领,从"谨慎把握启智的时机""精心设计启智的提问""努力挖掘启智的深度"三个方面解读"启智"的操作要领,是"四文"兼顾,智趣四溢的示范课。应该说,王学东老师执教的《烛之武退秦师》既体现了对自己教学模式的追求,也彰显了"苏派"语文课堂教学的厚实精致的有效性。

初中语文教学,同样需要根据具体的课文和学生,进行厚实精致为主的教学。我们可以学习王学东老师的厚实精致为主的风格,而灵活运用于自己的语文教学:如悬疑读解升华的模式。目标明确,前有设疑悬念,后有读解比较升华,环环相扣,彼此呼应;随机运用、创新清简朴实的教学过程和方法,注意总结开拓,调动最大多数学生达成教学目标。

教学《郑人买履》我们是这样设计的:明确探究寓言的寓意、识记重要词句:履、度、反、遂、宁等和翻译"宁信度,无自信也。"等疑难句子的教学目标。

教学过程:一、生活导入,巧设疑问:老师先讲了一个邻里失火、主动给予帮助的故事,明理:做人要有爱心,乐于奉献。问:现在学习出自战国时期的《韩非子》的哲理性寓言《郑人买履》(屏显或板书)。什么是寓言?又应明白什么道理?(屏显)二、阅读课文、探讨问题:1 指导学生通过自读课文、读懂文意。2 师生互动,解读课文:(1)分析题意,设置疑问:问"郑人"表示的是什么?答人物(板书);问"买履"表示的是什么?事件(板书)。问:事情的起因、经过和结果呢?(板书)。(2)检查全体学生结合注释自读课文的效果。读懂词句:举例多音多义字"度""宁",归纳特点:形同音义都不同(屏显);通假字"坐""反",归纳特点:形不同音义通(屏显)。总结:多音多义字与通假字的特点恰好相反。古今异义的字"履""遂"等学生认为是生字词的;文中多次出现的词类活用的"之"等。总结:古今异义字:因时间跨度而变化;词类活用:因空间位置而变化。(屏显、板书)。句子内部停顿,如"遂/不得履"等学生不会读的:根据意思表达的需要或意义单位的构成而停顿(屏显、板书)。句子"何不试之以足?""宁信度,无自信也。"等属于疑问、否定的倒装句,学生不会翻译的,抓特点给予点拨。最终读懂全文,用恰当的语气语调齐读;3 解释疑问,感悟道理:欲买履(起因)、自度置之、忘操之、反取之、市罢(经过),不得履(结果)。(板书)追问:为什么一定要"反归取之"?答:宁信度,无自信也。问:用今天的话说,这种可笑的性格是什么?答:可笑性格:只信教条、没有自信。(板书)问:寓言故事是文学体裁的一种,含有讽喻或明显教训意义的故事。这篇《郑人买履》是不是寓言故事？这寓言故事说明了什么道理？答：做事需要自信、随机应变，不可只信奉教条、不知变通。（屏显）如果学生回答能够扣题、自圆其说，也应认可，如忘记带上尺码，做事心不在焉，不专心；有所偏差应给予引导纠正。三、组织表演，巩固提升。组织全体学生两人一组演示故事，讨论揭示寓意：讽刺信奉教条、缺乏自信和随机应变能力的人。（利用"可笑性格""说明的道理""寓意"完成板书）最后复习巩固提升。从这则寓言故事我们可以学到哪些成语？郑人买履，随机应变，心不在焉。四、联系生活实际，讨论如何避免"郑人买履"的错误发生。提示：考试题目内容不变而形式变化。

　　从生活中的事例导入新课，并巧设疑问，诱导学生读文的兴趣；阅读课文，探讨问题。学习文学常识、分析题意，都能随机设置悬疑，引发学生阅读探究的兴趣；学习多音多义字、通假字、古今异义的字、词类的活用都可用比较法区分并归纳特征，加深识记印象；让全体学生参与对话、板书，并贯穿始终；最终——释疑感悟，水到渠成，达成教学目标。应该说时鹏寿教授的"文学、文言、文章、文化"四文都有体现，厚实精致是主旋律。

　　"苏派"语文简洁灵巧催生厚实精致，厚实精致借助简洁灵巧，二者对立统一，又相辅相成。

（背景：响应教育部门号召，参加2015年江苏省第七届"行知杯"论文评比活动，总结探索学习教学做合一的思想的运用成果）

39 我的课堂上的学习合作与竞争
——谈初中阅读课堂教学"傻瓜式六步"模式的诞生与思考
（合作竞争式）

我们从事初中语文、历史等阅读学科教学，总离不开"读读、讲讲、议议、练练"这四种基本的课堂教学方法。江苏泰兴市天星镇洋思初中把这四种基本方法有机结合起来，创造性地提出"先学后教、当堂训练"的教学模式，取得了显著成效。其业绩闻名遐迩。他们成功的教育教学模式示例，给我们留下了深刻、实用的印象和中肯、有益的启示。

我想，洋思初中"先学后教、当堂训练"的教学模式的突出意义，就在于课堂教学过程和操作方法的科学创新。如皋的"活动单导学模式"也是这样。这令我更加钦佩伟大的人民教育家陶行知先生的"教学做合一"的教育理论，决心认真学习陶行知先生的"教学做合一"的教育理论，根据自己的课堂教学的需要"做"出自己的阅读课堂教学模式，追求阅读课堂教学效果的最大化。正如陶行知所说："以实验为根据，以科学为准绳，以适应民族需要为目的，不拘于前人的成见，不囿于已有的经验，不止于既得的成就，在坚持古为今用、洋为中用、博采众长的基础上，竭力探索和创造适合中国特色的教育模式和教育理论，用以科学地指导中国教育的实践。"①

早几年前，我因为工作的需要，到另一所农村学校去代语文等课程。一开始就发现这班同学活泼好动，上课注意力极易分散：对老师讲解课文内容不感兴趣。我琢磨着，如不解决上课注意力极易分散的问题，则不能进行正常的教学活动，更谈不上取得优良的教学效果；要能进行正常而有效的教学活动，就要使每个同学集中注意力于教学的内容、过程和方法上，正如苏霍姆林斯基所谓"每个教师都希望在自己的课堂上学生对学习感兴趣"②。

"希望在自己的课堂上学生对学习感兴趣"，首先就要使每个同学集中注意力

---

① 周德藩主编《走近陶行知——教师读本》第16页，高等教育出版社2010.1第1版。
② 瓦·阿·苏霍姆林斯基 著 杜殿坤 编译《给教师的建议》，教育科学出版社1984年6月第2版）第57页。

于教学内容、教学方法上。也许是由于长期的学习而形成的文化积淀,也许是由于形势所迫急中生智,有一天,在组织同学阅读课文时,针对同学容易分心的毛病,为了聚焦阅读教学内容和教学方法,发挥同学的学习主体作用,我试探着对全班同学提示说:咱分三个大组来分段进行朗读比赛,比赛哪一个大组同学读得最好,哪一大组也读得不错……好不好?他们都大喊"好!"。于是我把语文课文按照内容的相对独立性分成三部分,依次分给三个大组进行朗读比赛。果然,他们都很认真整齐,用普通话,声音洪亮。这也许是原先的老师训练得好的缘故吧?有了比赛,就得有起码的评价。"评价是一种以一定的价值观为基础,对事物所进行的价值判断。""教育评价是对教育效果进行的判断。"①很快,有同学主动举手指出某大组在朗读时出现"冷场",某大组某同学把某字音读错了,某大组同学多读了或是少读了一个字,某同学在大家朗读时没有读出声,渐渐地,他们彼此争论得很激烈。多数是指摘对方的缺点。我想这样也好,开展批评,实际也就是评价,能起到一些激励、鞭策作用。而作为老师更多的教育应是正确引导、树正面典型,发现和赞扬读得好的例子,哪个大组的同学哪里读得最好:如用普通话,声音洪亮,特别是哪个同学语气缓急有度,轻重适当,表达生动等等。这样,该组的同学一齐欢呼"噢——"。同学们的注意力被读书吸引了,积极性被激活了,竞争也更加激烈了。这正是我想要的。"所谓课上得有趣,就是说:学生带着一种高涨的、激动的情绪从事学习和思考,对面前展示的真理感到惊奇甚至震惊;学生在学习中意识到和感觉到自己的智慧力量,体验到创造的欢乐。为人的智慧和意志的伟大而感到骄傲。"②为了避免单调,丰富竞赛活动,单是朗读又创设了多种比赛的方式,如男生与女生朗读比赛,本组挑选(好的)代表比,异组挑选(差的)代表比……真是有声有色,异彩纷呈。比了评,评了比,群情激昂,收获不断。说实话,每当此时,我心里会感到无限的喜悦:这种管理方式比教师一人直接管几十个注意力分散的孩子强了不知多少倍呀!这就是"提示、朗读比赛、评价"的朗读教学模式。

不仅要使每个同学集中注意力于教学内容、教学方法上,还要使每个同学集中注意力于教学过程的每个环节上,才能够让四十五分钟都精彩、高效地走过。朗读之后有了新认识,自然过渡到赏析课文。在欣赏、分析课文时,我提示根据课

---

① 鲁洁、梁廉玉主编 南京师范大学《教育学》,河海大学出版社1988年2月第一版第388页。

② 瓦·阿·苏霍姆林斯基 著 杜殿坤 编译《给教师的建议》,教育科学出版社1984年6月第2版)第57页。

文题目和重点必须思考的问题,各人思考、同座讨论,特别注意比赛哪一大组同学发言声音洪亮优美,某一个问题知识点的解答正确地道,还有创建。也比同学参与板书和演示的成绩,比综合成绩。特意地表扬一下,进行正面评价,对同学的思考与解答起到了不可或缺的回应、肯定和激励的作用。在"提示、赏析比赛、评价"这一主要环节上,也可以先引导同学根据学习目标发现问题或提出问题,以提示大家参与读书思考和赏析发言的竞争;讨论,可以同桌的互相讨论,也可以四人一组讨论……讨论的渠道宽广、方法多样,表达灵活;发言,可以个别举手发言,也可以几人一组协作发言,还可以上黑板笔谈——参与板书,比各大组的综合赏析的成绩、贡献。让大家感受到紧张、自由、快乐的学习,寓教于比,寓教于乐;评价,提倡和鼓励同学参与,老师适时点拨;最后老师或同学认真进行综合评价。如北魏郦道元《三峡》总体地势特征是什么?四季的水文特征又是什么?按照怎样的顺序来描写的?为什么?就提示的问题,一个一个地进行思考、讨论、抢答比赛,看哪个大组回答的成绩最好,哪个大组第二……同时完善板书。也就是"提示、赏析比赛、评价"的赏析教学模式。

赏析过精彩的课文之后,趁热打铁,对精彩的段落展开朗读背诵。在朗读背诵课文时,也组织他们比哪一大组同学先完成背诵任务,如此又极大地激发了他们对这一课堂教学活动的兴趣。背诵的热情高涨、进度倍增。如背诵《生命的意义》保尔的思考。朗读背诵,分出快慢、成绩高低。他们很乐意,我也很乐意。这就是"提示、背诵比赛、评价"的背诵教学模式。

没想到,这么平常自然的提示、比赛与评价却收到了理想的效果。在市教育局和学校组织的期末考试中,语文平均分竟达89、89(百分制),高出平行班不少。

后来到了城镇郊区初中,又发现由于历史的原因,农村孩子比较腼腆,或是文化自卑,往往不喜欢发言,即使不得已而发言,话语比较少,声音也比较低;独生子女多,少数同学缺乏自律、言行不规范甚至张狂。备课,如果照搬别人的优秀教案和教学参考书,而不从自己的课堂教学实际出发,做必要的甚至大刀阔斧的改革,仍由老师一人唱独角戏,包揽固有"唱词",不仅吃力,且不讨好,学习气氛不浓,同学不能深度参与,有的同学就不听! 面对这一情况,有了前面所述的成功的试验,我没有简单粗暴地责怪,而是进一步运用教育理论关于竞赛和评价的知识来解决这一实际问题。

教育理论认为:竞赛活动有利于提高人们的积极性,是管理方式之一;教育评价能调动同学的主体作用。"教学上更重要的是充分利用有关刺激物的特点,使教学过程本身足以引起学生的无意注意。"①因此,我借鉴运用了以前自己在教学实践中创造的分组分段朗读比赛的方法,要求学生在朗读时用普通话、声音洪亮,语气有轻重缓急,还开展创造性朗读即个性化朗读,在不改变朗读主要内容的前提下,对朗读的课文进行反复强调的形式创造,像歌唱一样反复强调;或适当增加一些语句,或是选取主干部分进行分角色扮演式朗读,并加以评价,丰富了"提示、朗读比赛、评价"的朗读课堂教学模式。又由朗读为核心的"提示、朗读比赛、评价"过渡到"提示、赏析比赛、评价"、"提示、背诵比赛、评价"和"提示、归纳(提升)比赛、评价"三个主要环节,索性还在课文教学开头创设了"提示、导入比赛、评价"的环节,在最后增加"提示、练习比赛、评价"阅读课堂教学模式。开始的"提示、导入比赛、评价"的环节,有复习旧课和文学常识的比赛;在布置学生练习巩固与提升这一环节上,针对有同学随便议论不写作业——浪费极为有限而宝贵的时间的问题,提示同学比态度,看哪一组态度最好,鸦雀无声;哪些组做作业态度较好,专心写作业。……老师予以恰当的及时的评价,控制了同学作业情绪,提高了练习的效率。即所谓"提示、练习比赛、(态度)评价"。可喜的是,随着现代化教学手段的推广运用,教学效率的提高,目前"提示、练习比赛、评价"等在大容量快节奏的现在的城市初中得到了很好的实施。

由于"提示·x比赛·评价"阅读教学模式的建立和灵活运用,我所教的同学又在语、政、生课程的期终考试中取得了显著的成绩。期末市镇组织的"调研考试"中,出现了令人振奋的结果:初二(4)班语文平行班第一,初一(2)班生物平均分比我校平行班至少高出2、7分(30分卷),及格率高出22个百分点;初二(3)班思品平均分比其次的平行班高出0、5分,优分率高出14个百分点。现在结合如"先学后教、当堂训练"、"活动单导学"模式的教学,除了要出考试成绩外,我更注重追求的是课堂同学的学习兴趣、参与率和活动品味。

综上所述,原本在乡村为了正常开展教学活动的朗读比赛实验,通过学习教育理论和践行陶行知"教学做合一"的教育思想,经过与同学的教学互动的不懈探索,终于有了更加明确的课改目标:追求教学效果和教学品味,终于建立起独特的较为完备的阅读课堂教学合作竞争六环节:提示、导入比赛、评价——提示、朗读比赛、评价——提示、赏析比赛、评价——提示、背诵比赛、评价——提示、归纳(提升)比赛、评价——提示、练习比赛、评价。总结为"提示、x比赛、评价"为核心的阅读课堂教学"傻瓜式六步"模式。这里的提示,有课文内容的分析提示,也有同学自主阅读、合作讨论与发言的方式方法的提示。这里的评价,是符合认知规律

---

① 张焕庭主编 南京师范大学《心理学》,河海大学出版社1988年5月版第63—64页。

的学习活动基础上的评价;这里的评价,有效地集中同学这一学习主体的注意和兴趣,提高同学课堂学习的参与率和竞争力,同时也培养了他们的团队合作精神和文化品位。尽管曾有少数同学叹息:光比赛又没得奖励!我听在耳里想在心里:应该使参与学习比赛的同学学有所得,乐在其中,乐在奉献。"'民之所好好之',用人民最易懂的方法帮助人民掌握知识。"①

由此,我更加钦佩与坚信人民教育家陶行知"教学做合一"理论的科学性。

(本文"荣获"2015年度江苏省第七届"行知杯"征文评比二等奖)

---

① 周德藩主编《走近陶行知——教师读本》第17页,高等教育出版社2010.1第1版。

(背景：响应教育部门号召，参加2014年江苏省"师陶杯"论文评比活动)

40　阅读课堂教学的自我修炼模式（回顾评析式）

对于不少的语文老师来讲，阅读课堂教学是一项富有挑战性的个性化的业务课题。阅读课堂教学是老师与同学、老师同学与教材的有效对话，这两组三边的对话，决定了阅读课是动态的、多变的，但也是可以通过探索有所发现的。从组织教学、导入课题、到引导阅读、赏析课文、总结归纳，最后巩固提升，每一个环节都应当注意回顾、评析与调整，并以"评析"为核心，进行自我修炼与提升。根据对课堂教学的即时和课后的双重回顾、评析与调整，形成以"评析"为核心的阅读课堂教学改革创新的师生自我修炼模式，可以有效地规避、防止课堂教学失误，不断提升阅读课教学设计的操作水平，增强阅读课堂教学的自控驾驭能力。

一、阅读课堂教学的自我回顾、评析与调整的研究背景

在国家课程改革的大背景下，从20世纪90年代开始，先后出现了洋思初中"先学后教当堂训练"的课堂教学模式，杜郎口初中"预习展示反馈"的旋风，现在我们如皋教育又推行"活动单导学"模式。而在一名初中语文老师来讲，通常情况下，课堂教学注重课前教学设计，有的只注重备课的形式——"借鉴"别人的"优秀教案"；(偶然)更有甚者，因为忙，凭着自己的学科优势，拿着教材和参考书直接走进课堂讲课，还能够有章有法地从容走过45分钟，让随机听课的领导也没有什么正经批语好说的。课一上就算了，不愿再去提及，除非学校组织集体听课评课活动。而不去或很少注意对课堂教学的实际状况，如课堂教学目标的达成度、全体或多数同学的课堂反应情况，课堂主要事件等，及时进行回顾，科学评价分析，并且实事求是做出有针对性的调整，以致学习先进的教学理念、模式只是做做表面文章而已，教学业务水准长期得不到切实有效的提高。为了真正做到教学相长，成就名师，经过一段时间的教学实践、研究与探索，我摸索出了以"评析"为核心的回顾、评析与调整的师生自我修炼模式。

二、阅读课堂教学的自我回顾、评析与调整的创意设计。

什么是"评析"？评价，分析。光说评价，对于我们多数语文老师来讲，似乎显得单薄，所以慎重起见，还要分析。评析自然是以评价为首要。什么是评价？"评价是以一定的价值观为基础，对事物所进行的价值判断。它是一种比较复杂的思维活动。在实践中，人们常运用评价手段经过比较、选择做出行动决策，并调整下一步的实践活动。""教育评价是对教育效果进行的价值判断。他广泛地存在于各

种实际教育活动之中，成为教育过程不可缺少的组成部分。"①现代教育评价，最早是由美国教育家拉尔夫·泰勒于20世纪30年代提出来的，他的教育评价的思想可归纳为以下几点："1. 教育是使人的行为方式变化、改进的过程；2. 学校所要引起的人的行为方式的变化，就是学校的教育目的；3. 教育评价就是看这些教育目标实现的程度；4. 因为人的行为是复杂的，所以评价要从各个侧面进行，不仅要有分析，还要有综合；5. 评价的方法仅靠纸和笔的测验是不够的，还需要观察等多种方法。"②这里所说的教育评价，都是学校内部甚至班级课堂为评价领域的微观教育评价。

老师备课的教案或课堂教学设计，即使是被自己或他人预先认为是最理想的，未经过对实际的具体的班级同学的课堂教学实践检验，谁也不能断定其理想与否。班级同学的思想感情变化无时无处不在，我们大多数老师都是靠实践出真知的普通教学活动主导者，不是先知先觉的圣人。课堂教学的流程的快慢，内容的详略取舍，其实并不完全取决于老师，很大程度上取决于班上全体同学至少是大多数同学。课堂学习的主体应是同学，而主导应是老师。因此作为课堂教学的主导的老师，有必要对课堂上同学一方发生的任何突出或异常的表现进行掌控，即使对同一位同学，他较为突出的积极的表现和消极的表现也应予回顾、评析与调整，以保障教学流程的顺畅和优化；课后对于课堂上老师自己一方教学设计的实施，感觉到的有明显效果的予以回顾、评析，以便保持和发扬；无效的或不当的也予以回顾、评析，并分析形成问题的原因，做出相应的科学的调整意见。特别注意把握住"评析"这一核心环节的科学性。这样，应始终主动适应和科学引导不断变化的同学的思想感情需求，不断优化课堂教学设计，最大限度地保持课堂教学设计流程的良好态势，有效提高课堂教学质量。"现代教育评价的理论和方法对提高教育质量，推动教育改革，起着日益显著的作用，受到世界各国普遍的重视。"③

三、阅读课堂教学的自我回顾、评析与调整的实施程序

1. 根据已知的同学认知能力和教材、教参，编制科学、有趣的课堂教学设计。

课堂教学设计是进行课堂教学的基础性工程，是为优化以教学内容为核心的课堂教学活动而设计的蓝图。

---

① 南京师范大学(鲁洁、梁廉玉)主编《教育学》第388至389页，河海大学出版社1988年2月第一版。
② 南京师范大学主编《教育学》第391页，河海大学出版社1988年2月第一版。
③ 南京师范大学主编《教育学》第388页，河海大学出版社1988年2月第一版。

根据具体班级同学的学风,设计出能够被该班同学认同和接受的行为、吸引同学注意力和感兴趣的导入语。

课堂四十五分钟的教学活动应当基本或完全照课堂教学设计开展。因此课堂教学设计对于课堂教学活动的成败至关重要。作为教师必须十分重视课堂教学设计。课堂教学设计一般分为教学目标:知识目标、能力目标和情感、态度、价值观目标;教学重点、难点;课时安排;各课时的教学程序(流程)、重点难点的体现;作业布置和练习;板书设计这六个环节。进行课堂教学设计,以语文为例,自己必须先学习、熟悉教材,正确领会教材;在此前提下探索教同学用教材学习语文的最佳方案设计;在形成自己的最佳(高效)教学设计的基础上,参阅教学参考资料,探询、估计同学的理解接受能力,完善自己的教学设计;如有必要,还可以学习参考别人的优秀教学设计,进一步完善自己的教学设计。直接拿别人的课堂教学设计用,用时会感觉很被动很尴尬,还增加依赖感。因此,要力求实事求是地编写优秀教学设计,使课堂教学回顾、评析与调整在较高起点上得以推进。

2. 根据课堂教学设计组织课堂教学活动,发现同学问题及时回顾、科学评析、合理调整,以保障课堂教学设计的顺利实施。

(1)依据课堂教学设计实施课堂教学。

辛辛苦苦编写出了教学设计,就应自然严谨地去上课;要防止飘飘然,随意改变教学设计,降低教学水准。

(2)发现同学问题及时回顾、科学评析、合理调整。

在依据课堂教学设计组织课堂教学活动的过程中,由于同学的思想感情活动的复杂性和多变性,我们深深体会到,假如同学学习兴趣不浓,参与率不高,就肯定有不满意的或不想听课的,那么就难免会出现不同程度的干扰课堂秩序的不良现象,诸如同学无故迟到或缺席,不带教材,做小动作如用镜子反射阳光,掰手腕,偷看课外书,睡觉,发呆(思想开小差),不发言,不做笔记,随便说话等。虽然这些不良现象不完全起源于老师因素,但在课堂上出现了,必然会干扰课堂秩序,老师同学有必要的教育引导责任即"回顾";如何教育引导即"评析"。此时最重要的是必须掌握一个原则:莫发火,师生建立友好感情重于教学知识。心态好:好动好玩是孩子的本性,不要把同学玩一下硬看成大逆不道或是自己的过失或者缺少威严。虽然多少延迟了课堂学习进度,但可以因势利导,用客观、理性而艺术的言语,化不利因素为有利因素即"调整"。尊重同学,实事求是,有敏锐的观察力和思辨力,含蓄而幽默的语言表现力。如初一历史课上,老师正评讲试卷,一位韩姓同学趴在桌上睡觉,老师没有急于点他名拉他,更没有急着要骂他(回顾),只是大声说"啊!评讲试卷时也睡觉,什么时候才能注意听讲呢?有这样的同学?"(评析)

同学中有人笑了！（迫使该学生做出"调整"）他立即坐好了，还主动回答了问题"唐太宗值得肯定的表现有哪些？"并在老师安排下将答案认真书写在黑板上。

评析时语言要简练，不要啰唆，对同学的缺点错误点到为止。如上课时，当老师提出思考题、要求同学读课文运用勾画批注的方法寻找答案时，个别同学却做小动作，一看原来教科书也没有（回顾），问："书哪去了？"答："在隔壁。""哎！课前就应该准备好教材，还不去拿？"（评析）结果拿来书正常上课了（调整）。后来他看见老师，解释说：自己的书早已没有了，不过现在上课前借好了。

课上点到了（同学的问题），课后不再点。即使需要在办公室老师之间讨论，也不能让同学听到；批评同学尽量不要点名，既是对事不对人，顾及面子，又含蓄一点，耐人寻味：让当事者提心吊胆，自我反省；旁观者猜想是谁，为不是自己而庆幸。收到大家都得到教益的效果。

3. 课后师生及时回顾课堂教学得失，针对存在问题和突出成绩加以评析，写出调整意见，形成"课记"（日记的仿词，对一堂课的某个方面效果的特殊体验和感想的记述）。

（1）每次上课之后，如有必要，就要回顾存在问题，进行评析，加以调整，形成"课记"。

虽然几乎没有一堂课是同学和老师都百分之百满意的，正所谓"众口难调"，这就是说，有感觉"不如意"的，要回顾。而这"不如意"大多来自于同学方面：如学习情绪低下，难以互动，影响进度。评析同学之所以这样，可能是因为家庭或生活有什么问题，也可能是受到其他老师的过多的批评、责怪（基础不好），也可能自卑而不适应等。针对同学不适应的原因自卑进行调整，写出调整意见，如上课多关心、提问、引导基础不好的同学，适当表扬鼓励其点滴进步，使之克服自卑心理，能形成"课记"。师生进行课堂教学的回顾、评析与调整，评析是核心。主要是针对课堂教学中存在的问题。同学也可以针对自己上课学习情况的得失做"课记"。

（2）每次上课之后，老师假如回顾一下，如有很满意的，更要评析。如初一某班语文老师因事请假，我去代了语文课，没有太大心理负担，是带有科学实验性质的。我的教学思路一般是导入课题，介绍常识：利用课本注释与练习册上的相关课文背景资料、作者简介进行比较；检查预习：利用练习册又叫"作业本"预习题中的生字注音、看拼音写汉字题，结合学生自己需掌握的生字词知识比较，加深理解记忆，获取新的认知，进而了解课文；再用"顺藤摸瓜法"：读题目读正文找关键句（或关键词）同学发言比较确认，利用关键句发问来逐步理解与鉴赏课文（注意同学有不同理解的要比较确认），既耐人寻味、条理分明，又步步为营，学生很爱学。这种以质疑比较为特征的阅读教学，学生若干年后还很怀念。这可以写成"课记",作为经验保留和运用。

（3）有时课上来不及回顾、评析,就进行了适应性调整。如老师上镇级验收课《凡尔赛宫》时是上午第四堂课,让同学高声朗读课文,思考问题。老师看见同学默读或直接动笔做答案了,当堂顺势调整教学设计,肯定了同学作答案的做法,没有责怪同学。让课堂教学顺利进行下去。课后再回顾上午一、二、三堂课刚刚进行了语文或其他课听课活动,同学们花了较多精力朗读了课文、回答问题,接下来这第四堂课又一老师来上语文研究课或验收课,且课前已布置同学阅读了课文,所以同学不想读了。评析:可以理解。写"课记",记下作为自己灵活处置课堂特殊情况的成功实践。

4. 把"课记"作为以后课堂教学设计的思想基础和参考依据。

"课记"是对自己任教的具体班级同学进行课堂教学的得失的回顾、评析与调整的科学实践资料,尤其是"评析",其价值对于任教者来讲,至关重要。因为是老师执教的真情流露,所以不必勉强,有话则长、无话则短;突出的是科学性、趣味性和实用性。自愿做"课记",不仅强化了老师的工作责任心,为进一步备好课提供了科学依据,提高了课堂教学业务的备课水平,而且不断增强了驾驭课堂教学能力、提高了课堂教学的服务质量。

5. 平时多读书、多思考、多实践、多听课、多积累,为自己科学而有趣地教育同学端正课堂学习态度、提高课堂教学设计业务水平打下扎实的基础。

从以上各个环节,如编制课堂教学设计,实施课堂教学设计、科学驾驭课堂复杂多变情况,回顾课堂教学得失情况进行"评析"并写出调整意见的"课记",把"课记"作为以后编写课堂教学设计的思想基础和参考依据。不难看出,从事课堂教学工作需要热爱课堂教学工作,有无私奉献、持之以恒的刻苦钻研精神,也要有丰富的科学知识和教学阅历,勇于探索、善于思考的科学研究能力。这些都得靠自己的不懈努力来获取。通过平时的多读书、多思考、多实践、多听课,来逐步积累课堂教学理论和业务知识,并运用这些知识指导自己的课堂教学实践,形成自己优良的课堂教学业务素质和功底,为成功地进行课堂教学的回顾、评析和调整蓄势与张本。

四、阅读课堂教学的自我回顾、评析与调整的操作要点

1. 根据教材、教参和同学的实际认知能力,编写课堂教学设计。

以语文为例,静下心来,杜绝浮躁,按部就班地从熟悉班级学风开始,设计教态、导入语,再到自己学习课文,勾画圈点批注,再思考怎样用最高效率的方式教导同学学会阅读欣赏课文,形成课堂教学设计初步草案;最后参阅教参,结合同学的认知能力修改完善课堂教学设计草案,形成较好的课堂教学设计。重点是自己

编写教学设计,不怕当丑小鸭。

2. 根据课堂教学设计组织课堂教学活动,发现同学问题及时科学评析、积极引导,保障顺利实施教学设计。

珍惜来之不易的课堂教学设计,正常组织同学实施。发现同学有问题正确引导、解释;有毛病及时回顾、科学评析,积极调整,化不利为有利。要尊重同学,言语理性、含蓄,有艺术;反应快,不啰唆。

3. 课后及时回顾课堂教学得失,主要针对存在问题加以评析,写出调整意见,形成"课记"。

课后写"课记",也是要言不烦。抓住突出问题来进行以"评析"为核心的回顾、评析与调整,就可以少走弯路,节省时间和精力,收到理想效果;突出的成功探索,更要评析与记载。

五、阅读课堂教学的自我回顾、评析与调整的效果评析

通过课堂教学活动的回顾、评析与调整,一方面,不断适应课堂教学活动中同学复杂多变的思想情感,融洽师生关系,化解和避免可能导致的师生紧张对立情绪,保护同学课堂学习热情,形成和保持良好的课堂师生互动协调的教学态势。自从我探索出课堂教学的回顾、评析与调整的自我修炼模式以来,课堂上同学调皮捣蛋的现象越来越少了,也从未出现过同学与老师争吵的不和谐现象;我在下课以后也没有找一个同学到办公室来批评训斥,所有的课堂发生的不愉快都在课堂上很快化解;课后除非有同学主动来找我谈事情,也没有谈不拢的。另一方面,通过不断回顾、评析与调整课堂教学设计,不断摸索不同班级同学的学习能力、兴趣和同一班级不同时期同学的学习能力、兴趣,更加合理地安排教学内容、进度和方法,优化教学设计,提升了课堂教学设计和实施课堂教学设计的水平和效率。本学期在中心初中组织的评课验收活动中得到了好评,课堂教学设计《凡尔赛宫》获得某教育杂志社评比一等奖,并发表在《初中教学研究》2010年第9期上。从而不断提高学生的知识水平,不断增强学生运用知识解决问题的能力,不断提升课堂作业和考试的正确率,如上学期的代初一某班的语文,期末考试平均分较高,没有受到不良影响;初一某班历史课期末考试成绩(与平行班比)是显著的,达镇第一名。本学期南通市初二地理会考原本基础处中下的某班学生都在C等以上,达全市(县)中上水平。还有课件《长征》、《人民解放军百万大军横渡长江》、教案《夏》《端午日》获得本系统省部级比赛一二等奖。

(本文被评为2014年度江苏省教育科学研究院"师陶杯"征文活动三等奖)

41 "课记"举例6

美文难点　仔细辨析

(2010年12月6日第二课时,教初三1班《关于散文白鹭》)

首先辨析文体,是评论。

设计并组织探讨问题:

1. "我"为什么喜欢散文?(引导回答,板书:随意性、多样性;没有固定格式)

"我"喜欢哪些散文?为什么喜欢郭沫若的《白鹭》?(引导回答,板书:柔婉清丽　秀美含蓄。)

2. 为什么说《白鹭》柔婉清丽、秀美含蓄?(引导同学分别找出郭沫若关于白鹭整体美、外形美的语句,古人描述、莱辛的语句来回答。)而《白鹭》如何表现"秀美含蓄"的?

同学回答的不足之处,是未能把"柔婉清丽"与"秀美含蓄"分开回答。

注意引导同学区别两者的不同:"柔婉清丽"可扣住郭沫若的描述"适宜"来理解;"秀美含蓄"可扣住古人(姚鼐)的描述和莱辛的话"品味"来理解,还别忘了到《白鹭》中去找答案。重要之处要细心阅读欣赏,不可走马观花。

3. 归纳文学评论的写法。

由于教学思路清晰,不啰唆,同学对这样的美文学习倒是有些兴趣。

老师应具有赏析文章的水平和驾驭课堂的能力。

顺藤摸瓜　有序欣赏

(2011年2月16日下午第二堂课初三(2)班语文课"课记")

目标:引导学生正确阅读古诗《观沧海》,欣赏作者所要表达的思维感情。

导入:简介作者、写作缘由;

学习生字词;

范读,齐读;

师生对话文本,品词语赏内容。1 曹操向东靠近碣石有没有目的?有。你怎么知道的?以,这里用了表示目的关系的连词。目的是什么?观沧海(板书)。2 什么是"沧海"?它有什么值得观赏的?水何澹澹(板书)。"澹",念 dàn,浩淼,水波荡漾;山岛竦峙(板书)。"竦峙"是什么意思?耸立。有水有山,水波荡漾,山岛耸立,值得一看。这是个概貌(板书:概貌),还算平静(板书:平静)。再细看看,山岛(板书:山岛)是不是荒岛?不是,你怎么知道?"树木丛生,百草丰茂。"(板书)丛生:繁杂密集;丰茂:旺盛。(板书:局部　旺盛)。好家伙,不但不是荒岛,而且树木百草长势旺盛呢!不过请想一想,谁能保障它一直平静下去吗?不能。那么势必会出现怎样的情景呢?曹操"秋风萧瑟,洪波涌起。"(板书)"萧瑟"是什么意思?树木被风吹动的声音。大海上无风三尺浪,有风呢?谁能想像一下说出来并用四字短语描述一下。这是动态(板书:声势不凡　动态)。从哪些角度来写的?(板书:听觉视觉)。3写实景,先静后动。作者在写实景的基础上又写了什么?目的是什么?"日月之行,若出其中;星汉灿烂,若出其里"是想像,间接写沧海开阔宏大(板书:想像　开阔宏大),表面上赞美沧海的开阔宏大,其实是抒发作者自己的胸怀怎样?开阔宏大(板书:胸怀　开阔宏大)。

引导学生读古诗下面赏析文字,谈谈不同感受。

读课文三遍,背一遍。默写。

本班班风相对稳定一点。学生还比较专心地听讲和参与新课的学习。有好奇心。据此上课应充分利用好奇心质疑,提高学习兴趣和效率。

简明扼要　留有余地

(2011年2月28日初三2语文"课记")

(1)导入课题:说明有关情况,导入古诗词曲第二首《江城子·密州出猎》;

(2)教师朗读,要求学生注意思考生字词和上下阕主要内容;

(3)引导学生联系注释解读课文常识、生字词。

(4)引导学生赏析:

提出思考题,引导学生思考、讨论:上阕写什么?(谁、做什么),突出的是什么?下阕写什么?为什么写"酒"、"何日""会"?表达了什么理想?

班级交流、板书:

出猎　老夫(苏轼自谓)发少年狂:牵、擎、卷、射(老当益壮　壮志豪情)

抗敌"酒"(借酒壮胆)"何日"(盼得重用)"会"(为国而战)(老而不服　报效国家)

(5)引导学生朗读古诗和欣赏文字,结合插图,加深理解;可全面质疑;

(6)练习背诵。

由于班风相对稳定一点,组织教学比较省事,而能比较专心地欣赏课文;"可全面质疑"留有余地,培养探索精神。

巧妙鉴赏　拓展延伸

(2011年3月16日初三2班语文。)

教室里比较安静。

首先导入课文:山坡羊·潼关怀古;

解题:"山坡羊""潼关怀古"什么意思?

关于作者:能否简介一下张养浩?

引导同学朗读课文理解有关注释。

老师范读课文,提醒同学注意生字词如踌躇的形音义;

引导同学自读、齐读;

提出思考题,引导同学理解赏析:

第一句中哪个词照应了题目?"表里"是什么意思? 在潼关路作者看到了什么?"如聚""如怒"流露了什么情绪?"西都"文中经有哪些朝代?点出了题目中那个词? 为什么"踌躇"? 表达了怎样的思想感情? 归纳写法上的亮点。

思考、交流、板书:

潼关　表(外)　如怒(河)　不平
　　　里(内)　如聚(山)　关注

怀古　西都　秦汉　踌躇　伤心
　　　宫阙万间化作土
　　　兴、亡——百姓苦

(对封建统治给人民造成苦难　同情)(叙议结合　情景交融)

为什么兴亡百姓都苦?

封建制度的罪恶,人民始终处于被剥削压迫的社会底层。

最后指导同学读课文和课文下面的评析,比较异同,加深理解;并练习背诵古诗词。

本课同学比较专心学习,参与讨论。引导同学读书思考的问题与组织思考交流的过程设计,同学能够认同和参与,最后一个思考题引导同学深入探究,创新思维。

驾轻就熟　因人施教

(2011年4月7日上午第三课初三1班"课记")

引导学生学习《山坡羊·潼关怀古》,导入课题(板书)。

学习字词、关于课文的题目、作者知识;

范读、齐读、自读;

师生互动赏析:
(1)"潼关路"的位置在哪里?"峰峦"是哪座山的?"波涛"是哪条河的?如何理解"峰峦如聚""波涛如怒"?
(2)作者如何怀古?"望"哪里?"意"怎样?
(3)由此悟出什么道理?言外之意是什么?
组织学生思考、交流,板书:
潼关路 华山(里)如聚;黄河(表) 如怒(关注 不平)
望 西都

意 踌躇 伤心 秦汉 宫阙万间 土
|
(悟) 兴 百姓苦,亡 百姓苦——封建统治黑暗
引导学生朗读背诵课文并默写;
看板书齐背。
本课文是第二次上,驾轻就熟;在学风欠佳的班上,以浅显简洁为好。组织教学基本没有不和谐的因素。

面对学困生 无声胜有声
(2011年5月31日下午第一课初三1班语文"课记")
语文课代表发放语文复习试卷(二);
上课仪式:老师喊上课,班长喊起立,老师让坐下;
布置做试卷(二),要求:端正态度;自主练习;尽力做好,必有收获;
制止少数像刘某交头接耳;
安静,少数学生记9个睡觉,走过去用手指抚摸耳朵,等醒来,把笔递给他,就开始做起来;只有沈某一人不满。

如前所述,本班学风不好,那么对表现不好的同学进行教育,应更加慎重。最后的环节,我采取了新的切实可行无声语言的教育方法,有爱抚,又有引导、规劝,一改教师有声说教多的教风,所以大多能接受。

还有课后在办公室注意不要大声议论问题学生的问题,否则让这个学生听到了,就会加深师生之间的隔阂、误会与矛盾。

42　初中阅读课教学设计与实施互动提质的实践研究
（互动提质式）

（南通市中小学教学研究室第十一期重点课题）

江苏省中小学教学研究课题
申报评审书
（2015）年度第（十一）期

课题名称：　初中阅读课教学设计与实施互动提质的实践研究
课题主持人：　　　　刘维臣　冒国军
所在单位：　　　　　如皋市实验初中
申报日期：　　　　　2015-7-10

江苏省中小学教学研究室二○一五年制
一、课题研究人员基本情况（略）
二、课题设计论证（限8000字内，可附页）

(一)课题的核心概念及其界定

"初中阅读课教学设计与实施"：

"初中阅读课教学设计"，"设计"：在正式做某项工作之前，根据一定的目的要求，预先制定方法、图样等(《现代汉语词典》)。"教学设计"：根据课程标准的要求和教学对象的特点，将教学各要素有序安排，确定合适的教学方案的设想和计划。所谓教学设计就是在教案的基础之上，加了一些学情分析、教学环境分析、设计的教学思想理念等栏目。"初中阅读课教学设计"则是根据初中即义务教育阶段 7－9 年级语文阅读课(或历史等)课程标准的要求和教学对象的特点，将语文阅读课教学各要素有序安排，确定合适的教学环节的设想和计划的文本。换言之，初中阅读课教学设计是根据初中即义务教育阶段 7－9 年级语文阅读课课程标准规定的阅读课教学目标和学生的特点，经过阅读分析教材、搜集参考资料、酝酿构思，运用语文阅读课教学的行之有效的系统方法，对参与语文阅读课教学活动的各种要素所进行的有逻辑程序的操作设想和计划的文本。一般包括阅读课教学目标、教学重难点、学情分析、教学环境分析、设计的教学思想理念、教学方法、教学步骤与时间分配等。

"实施"，实行。这里是由任课老师利用这已有的("初中阅读课教学设计")文本，来组织引导学生成为学习主体，有顺序地有节制地开展各项阅读教学环节活动，满足阅读课教学要求并达成教学目标的动态过程。

"与"是连词，这里连接上述两个名词，表示它们两者之间存在某种必然的联系，将要发生某种关系。"初中阅读课教学设计"与"实施"，是静态与动态的关系，愿景与实现愿景的关系；也是动态与动态的关系，即预设与生成的关系，指导与被指导的关系。实际上两者背后隐藏着一个关键因素，没有这个关键因素两者之间不可能发生关系，这个关键因素就是人：任课老师、学生。

"初中阅读课教学设计与实施"就是由阅读课任课老师根据初中即义务教育阶段 7－9 年级语文阅读课课程标准规定的阅读课教学目标和学生的特点，经过阅读分析教材、搜集参考资料、酝酿构思，运用语文阅读课教学的系统方法，对参与语文阅读课教学活动的各要素所进行的有逻辑程序的操作设想和计划的文本。并且，由任课老师利用这已有的("初中阅读课教学设计")文本，来组织引导学生成为学习主体，有顺序地有节制地开展各项阅读课教学环节活动，满足阅读课教学要求并达成教学目标的动态过程。

"互动提质"："阅读课教学设计"与"实施"是动态预设与动态生成的关系，是指导与被指导的关系；又是静态的愿景文本与动态实现愿景过程的关系，而且两者之间隐藏着的任课老师是阅读课教学设计的设计者，也是实施阅读课教学设计的组织者、引导者和参与者；听课学生是实施阅读课教学设计的被动者、参与者和主体。任课老师的"阅读课教学设计"与任课老师、作为参与者主体的听课学生的"实施"二者之间会出现顺势吻合、亮点生发和逆势错位、盲点纠结等，从而形成"互动"。任课老师应当也需要及时引导学生肯定、放大顺势吻合和亮点生发，判断、调适逆势错位和盲点纠结，提高阅读课堂教学品质；并在课后及时回忆感悟(或集体交流)，写下教育日记，修订阅读课教学设计，提高教师自我教学业务素质，也就是"提质"。

"初中阅读课教学设计与实施互动提质的实践研究"：

阅读课任课老师根据初中即义务教育阶段 7－9 年级语文阅读课课程标准规定的阅读课教学目标和学生的特点，经过阅读分析教材、搜集参考资料、酝酿构思，运用语文阅读课教学的系统方法，形成对参与语文阅读课教学活动的各种要素所进行的有逻辑程序的操作设想和计划的文本(初中阅读课教学设计)。并且(与)，任课老师再利用这已有的文本，来组织引导学生成为学习主体，有顺序地有节制地开展各项阅读课教学环节活动，满足阅读课教学要求并达成教学目标的动态过程(实施)中，任课老师设计撰写的"阅读课教学设计"与任课老师、作为参与者主体的听课学生的"实施"二者之间会出现顺势吻合、亮点生发和逆势错位、盲点纠结(互动)，任课老师应当也需要及时肯定、放大顺势吻合、亮点生发、判断、调适逆势错位、盲点纠结,提高阅读课堂教学品质;并在课后及时回味感悟(或集体交流),写下教育日记,修订阅读课教学设计,提高自身教学业务素质(提质)的实践研究课题。

(二)国内外相关研究领域现状述评及研究意义

　　从网络和有关专家的著作如南通大学师范学院时金芳《语文教学设计》中得知,语文阅读课教学设计的内容、要素、特征和原则的研究现状:
　　内容主要包括:阅读课教学目标的设计、教学内容的安排、教学策略和方法的选择、教学板书和媒体的设计、教学评价的组织、教学方案的编制等。课内语文阅读课教学系统的要素,就静态系统而言,指的是教师、学生和语文阅读课教材;就动态系统而言,除上述要素外,还有一类要素组成了系统运行的逻辑程序即教学过程。前者形成了系统的空间结构,后者形成了系统的时间结构。语文阅读课教学设计必须具备以下特征:一是以科学的教学设计理论为构架。语文阅读课教学设计要解决的问题,就是如何将对象需要、目标预设、策略开发、媒体选择、效果检测等要素有机地联系在一起,揭示他们之间的内在联系及相互影响的客观规律,形成一个整体联动的教学设计系统。二是必须针对语文学科的特点,反映语文学科的个性。三是真正体现"为学习设计教学"的思想。
　　语文阅读课教学设计应遵循的原则:语文性原则、以学论教原则、互动性原则、科学性原则、实用性原则。语文性原则,必须针对语文学科的特点,反映语文学科的个性:工具性、人文性。以学论教原则,就是语文阅读课教学设计应秉持"以学生为中心"的教学设计观,强调学生是教学活动的中心,是教学设计的出发点和归宿。当代语文阅读课教学设计依据加涅"为学习设计教学的理论"的理论,把语文教学过程分为学习事件和教学事件两部分,对学生语文阅读课认知结构和行为技能改变起到支持和推动作用。科学性原则,体现在以新课程理念、有效教学、教学设计、建构主义及多元智能理论等为基本理论。新课程标准认为,语文课程必须根据学生身心发展和语文学习特点,倡导"自主、合作、探究"的学习方式。互动性原则。语文教学设计是以学习者所面临的问题为出发点,进而捕捉问题,分析研究解决问题,最终达到学会解决问题的目的。师生之间学生之间与文本之间的互动是捕捉、分析研究解决问题的常用方式之一。实用性原则,语文阅读课教学设计,有评价标准。语文教学设计的评价标准是什么?①教学目标:符合课程标准的要求,符合学生的学习实际水平;体现语文的学科特点;目标设定与教学内容一致;表述简明扼要,问题集中;知道自己要教什么;注意教学的连续性。②教学内容:教学内容切合学生的实际需要;教学内容与语文课程目标一致;教的内容与学的内容趋向一致;想教的内容与实际在教的内容一致;教学内容与学术界认识一致;教学内容与听说读写的常态一致;教学内容相对集中,教的是语文的内容;教师对所教内容有自觉的意识;不孤立地为一节课而教,还需要把它放置在前一堂后一堂乃至前一周后一周课的关系之中,关注的教学内容连续性,进入连续性考察。③教学程序:教学环节清晰、简洁、集中。④教学方法:能较好地实现教学目标,完成教学内容,能根据学生和教师自身的特点,能启动学生自主积极地学习,教学民主,学习气氛活跃。(1)教学基本技能:①教态:神态自然,感情充沛;认真;热爱学生。②教学媒介:课件、板书设计合理,能反映出教学内容的内在联系,显示出分析问题、解决问题的思路。书写规范,使用视频、教具直观、形象,有效地传递信息。③教学语言:普通话读音准确,语言合乎规范,生动。体态语恰当,有感染力。(2)教学即时效果:①兴趣:能激发学生学习语文的兴趣,集中注意力,开动脑筋;学生能积极投入学习活动,呈现愉悦。②反馈:教学中有反馈的环节,并利用反馈信息调节教学。③活动方式:课堂上学习活动方式多样,对话、问答、小组活动实际有效。④练习训练:听说读写能力训练多样化;练习量适中,以质取胜,体现出思维训练的深度。

研究意义：

1. 研究阅读课教学设计的主要内容、要素、特点和原则，我们可以系统地了解和认识阅读课教学设计应该有什么、什么样和怎么做，可以规范地进行阅读课教学设计，并且彰显阅读课教学设计的个性，有效地提高阅读课教学设计的品质；

2. 研究阅读课教学设计的主要内容、要素、特点和原则，为实施阅读课教学设计、提高阅读课课堂教学品质和效率铺平道路，并产生积极而深远的影响。

(三)研究的目标、内容(或子课题设计)与重点

研究的目标：

1. 研究初中阅读课教学设计与实施的互动,提高对语文阅读课教学设计的概念、主要内容、要素、特点、原则、理论依据、具体程序、评价标准的认知水平及运用能力；

2. 研究初中阅读课教学设计与实施的互动,提高阅读课教学品质和教师教学业务素质。

研究的内容：

1. 阅读课教学设计与实施的概念、主要内容、要素、特点、原则、理论依据、具体程序和评价标准。

2. 阅读课教学设计与实施的互动的顺势吻合、亮点生发的肯定放大。

3. 阅读课教学设计与实施的互动的逆势错位、盲点纠结的判断调适；

4. 阅读课教学设计与实施的互动反馈的后续价值的确认和升华。

研究的重点：

1. 阅读课教学设计与实施的互动的逆势错位、盲点纠结的判断调适；

2. 阅读课教学设计与实施的互动反馈的后续价值的确认和升华。

(四)研究的思路、过程与方法

研究的思路：

1. 阅读相关书籍、搜集文献资料、撰写读书笔记、结合教学实际酝酿本课题实验；

2. 语文阅读课教学设计的自我文本解读即自我教材分析；阅读相关教学参考资料：纸质的含集体备课资料和网络的教学设计等；吸取相关教学参考资料亮点完善自我教材分析、酝酿撰写高起点的"阅读课教学设计"；

3. 利用已得"阅读课教学设计""实施"课堂教学 – 反馈顺势吻合、亮点生发和逆势的错位、盲点纠结 – 及时肯定和放大顺势吻合、亮点生发,判断和调适逆势错位、盲点纠结,提高课堂教学品质 – 后续回顾感悟(或集体交流)顺势吻合和亮点生发、逆势错位和盲点纠结,写下教育日记、修订阅读课教学设计,总结升华课堂教学感悟,创新理念；准备与展示专题课；

4. 阅读相关书籍、搜集文献资料、撰写读书笔记、服务本课题研究 – 回忆总结感悟创新,写作论文参赛与投稿；

5. 集体讨论个人执笔撰写实验报告；

5. 注意搜集整理用于验收的应有资料。

研究的过程：

一、准备阶段(2016年2月 – 2016年3月)：

1. 在语文阅读课集体备课集思广益、较高起点地提出交流代表性教学设计,开展听评课的基础上,主持人酝酿且组织申报本课题。

2. 课题组各成员发扬雷锋"钉子精神"挤时间钻书本写读书笔记;搜集相关文献资料,提高个人相关文化素养和业务能力,服务于本课题研究。

二、实施阶段(2016年3月-2016年10月):

3. 在集体备课的较高起点的阅读课教学设计基础上,各成员综合自我教材分析、学情分析和相关教学参考资料含集体备课的教学设计亮点,酝酿、撰写高起点的"阅读课教学设计"。

4. 各成员利用既得高起点"阅读课教学设计"来"实施"阅读课教学、注意捕捉顺势吻合、亮点生发和逆势错位、盲点纠结－及时肯定放大顺势的吻合和亮点生发、判断调适逆势的错位和盲点纠结,提高课堂教学品质。

5. 后续自我回顾感悟(或集体交流)顺势吻合和亮点生发、逆势错位和盲点纠结,写下教育日记、修订教学设计,总结升华阅读课堂教学的感悟,创新理念。

6. 利用研究课、公开课展示本课题研究成果和风采。

7. 准备阶段性审验。

三、结题阶段(2016年11月-2016年12月)

8. 各成员搜集、研读有导向性的与"阅读教学设计和实施"相关的著作、论文等文献资料,注意存档;做读书笔记,丰富"阅读教学设计和实施"相关理论和阅历。

9. 各成员积极回忆创新构思写作论文及征文参赛与投稿,力争取得更多优秀科研成果。

10. 集体讨论并撰写实验报告。

11. 搜集整理读书笔记集、文献资料集、教育日记集、阅读课优秀教学设计集、优秀专题课、论文集、实验报告,准备结题。

12. 申报结题。

研究的方法:

1. 对比法:将经自己综合完善的"阅读课教学设计"与"实施"情况进行对比,进行即时互动提质和后续回忆感悟提质。将课堂学生的学习反馈意见和教师本人的教学设计意见进行对比甄别,为提质服务。还要将实验班级和不实验班级进行阶段性调查对比,按照课题实验要求做出记载和小结,为写实验报告积蓄资源。

2. 实验法:个人选择一个班进行"阅读课教学设计与实施互动提质的实践研究"实验,积极探索感悟,及时捕捉和肯定放大的顺势的吻合、亮点生发与判断调适逆势的错位、盲点纠结,提高阅读课教学品质;进行后续回忆感悟,写下教育日记,修订阅读课教学设计,提高教师自我教学业务素质。实验资料存档。

3. 读书法:注意搜集、研读有导向性的"阅读教学设计和实施"相关的著作、论文等,做读书笔记;搜集文献资料存档,丰富"阅读教学设计与实施"的理论、阅历,用以指导本课题各环节实验。

4. 文献法:注意阅读搜集相关文献资料,用以指导本课题实验,为本课题实验的开拓创新提供理论支撑。

5. 谈话法:找老师、学生了解调查"课堂教学设计与实施"的做法、感觉、看法和建议,注意倾听吸收其中有用的信息。为有效推进本课题研究实验服务。

6. 提炼法:将获取的相关资料、关键信息及时梳理与提炼、升华,力求有所突破,为撰写论文、上好课等提供条件、资源,为推进本课题研究输入正能量。

(五)主要观点与可能的创新之处

主要观点：

1. 初中阅读课教学设计与实施的互动，可以提高对语文阅读课教学设计的概念、主要内容、要素、特点、原则、理论依据、操作程序和评价标准的认知水平及运用能力；

2. 初中阅读课教学设计与实施的互动，可以提高阅读课教学品质，提高教师教学业务素质；如驾驭课堂能力、接受学生反馈自我革新提质的能力和阅读课教学设计水平等。

可能的创新之处：

1. 初中阅读教学设计与实施互动提质的实践研究，可以通过师的"阅读课教学设计"与师生双方的教与学的"实施"互动碰撞和反馈，即时肯定放大顺势吻合、亮点生发（不断发掘学生长期积淀的阅读理解的成长优势），判断调适逆势错位（有时学生的不同意见是对的甚至有创新）、盲点纠结，提高课堂教学品质和学生素质。

2. 初中阅读教学设计与实施互动提质的实践研究，可以通过师的"阅读课教学设计"与师生双方的教与学的"实施"互动碰撞和反馈，后续跟进回忆感悟，写下教育日记、论文，修订创新阅读课教学设计等，提高教师业务素质并推进课改。

（六）预期研究成果

	成果名称	成果形式	完成时间	负责人
阶段成果（限5项）	阅读课教学设计与实施互动提质的文献资料	文献资料集	2015.12	刘维臣 陈建华
	阅读课教学设计与实施互动提质的特点教育日记	日记	2016.9	司锦芬 冯小军 徐玲玲
	阅读课教学设计与实施互动提质的优秀课教学设计	教学设计	2016.10	谢霞 严海梅
	阅读课教学设计与实施互动提质的实验报告	实验报告	2016.11	叶茂 姜红杨
	阅读课教学设计与实施互动提质的优秀论文	论文集	2016.12	姜宏波 刘维臣
最终成果（限3项）	阅读课教学设计与实施互动提质的优秀课教学设计	教学设计	2016.10	谢霞
	阅读课教学设计与实施互动提质的实验报告	实验报告	2016.11	叶茂
	阅读课教学设计与实施互动提质的优秀论文	论文集	2016.12	姜宏波 刘维臣

（七）完成研究任务的可行性分析（包括：①课题组核心成员的学术或学科背景、研究经历、研究能力、研究成果；②围绕本课题所开展的前期准备工作，包括文献搜集工作、调研工作等；③完成研究任务的保障条件，包括研究资料的获得、研究经费的筹措、研究时间的保障等。）

1. 课题组核心成员都是经过语文学科高等教育的、长期在语文教育岗位工作接受各项业务培训的、并在语文教学岗位上有所建树取得课题研究立项与结题、论文竞赛获奖与发表、教学比武胜出等多种学术成果的专业技术人员,有的还是县市级学科带头人、骨干教师和教坛新秀,有的已经获得高级职称并向着正高、特级努力。

　　2. 各成员长期从事初中语文教学和研究,特别注重研究"阅读课教学设计与实施"的相关问题,力求提高阅读课教学品质和效率,用最少的阅读课教学时间产生最多的阅读课学习效益,用快节奏带出大容量,学生语文中考成绩在全市名列前茅、在本县多次摘得桂冠;几乎每周都开展教研课听评课活动,通过教研课听评课提升阅读课教学设计水平和课堂驾驭能力,呈现令人惊叹的学生小组"活动教学"的赏读才华,成员开设公开课,县市级比赛课获得一等奖;有的参与省级立项课题研究并结题,多人参与市级立项课题和多项县级微型课题并通过结题。每年在县市省级教育部门举行的班主任论文比赛、读书征文比赛、行知杯论文比赛、师陶杯论文比赛、教海探航比赛、教学创意比赛等活动中,捷报频传、战绩辉煌。在市级、省级和国家级报刊上发表论文近百篇。

　　3. 围绕"初中阅读课教学设计与实施互动提质的研究"各成员长期开展阅读类教研组定期听评课活动,并得到专家的翔实指导。阅读教育局推荐的多种阅读课教学相关书籍,开展多次与课题相关的读书笔记评比、读书征文评比活动。通过读书获得了丰富的文献资料如《语文教学设计》提出的系统的语文教学设计必须具备的特点、语文教学设计的文章学原理、语文教学设计的方法论原理、语文教学设计的构成要素;需求预测、目标分析、策略开发、媒体选择、效果检测等。也从网络上搜集到语文教学设计的原则、要素、主要内容、程序和评价标准等文献资料;多次开展与本课题相关的调研活动,向师生了解"阅读课教学设计与实施"的问题并征询意见建议,如阅读理解仍是难点,有的题目要回答的方面很多,连老师也答不全等。

　　4. 学校聘请成尚荣、冯卫东等和省著名高校专家、学者担任顾问,参与课题研究过程的指导。我校有大量的藏书报刊,图书馆为优秀图书馆,正常开放;还支持教师订阅杂志。研究经费支出报销有规定程序。每周安排有专门的教研课活动时间和活动空间作为保障,精心安排有梯度的教研课并组织有感触的听评课活动。各成员早都具有笔记本电脑和上网搜集整理资料的得天独厚的条件和能力。

　　5. 作为本课题申报与研究者,都是一线教师;该研究与实践将互渗透共成长见实效!

关于承担南通市中小学教学研究课题的通知

如皋市实验初中

　　刘维臣、冒国军同志所主持的课题"<u>初中阅读课教学设计与实施互动提质的实践研究</u>",经评审被列为南通市中小学教学研究(第十一期)市重点课题。

课题组应遵从课题管理办法,认真实施课题研究,定期报告研究进展,按时完成研究计划,力争取得最佳科研成果。

南通市教育科学研究中心(印章)
2016 年 1 月 18 日

南通市中小学教学研究课题

(2015)年度第(11)期

开题论证书

课题名称：__初中阅读课教学设计与实施互动提质的实践研究__

课题立项编号：_____

课题类别(重点、立项)：_____重点_____

课题主持人：_____刘维臣　谢霞_____

工作单位：_____如皋市实验初中_____

组织开题单位：_____

开题日期：_____2016.5.6_____

南通市教育科学研究中心二一五年制

一、课题研究具体方案

一、研究背景

（一）阅读课堂教学现状变革的需要

由于传统的教学观念在教师脑海中已根深蒂固，走进许多传统的阅读课堂，往往呈现出如下现状：(1)阅读课堂教学设计照搬参考书或别人的优秀教学设计，用成人视角去组织教学，主观型练习题也死记硬背，学生难以接受和有效回应，出现畏难情绪。(2)阅读课堂教学设计不能认真解读文本、按照新课标的要求进行，缺乏启发性、组织性和儿童视角，学生的阅读能力不能有效提高，反而出现畸形认知。(3)阅读课堂教学设计与课堂教学实施之间出现冷场或者矛盾、反差，不能及时发扬优点、克服缺点。

（二）新课标阅读目标的达成的必要

新课标各门课程的教学目标都是知识目标、能力目标和情感态度价值观目标，而初中语文的教学目标可以具体到知识、智慧和趣味。把情感态度价值观目标具体理解为趣味。因为趣味的含义是：使人愉快、使人感到有意思、有吸引力的特征，这种特征也正是情感态度价值观在初中语文阅读教学中的体现。初中阅读课教学设计与实施互动提质的实践研究，正是为了创造和谐、健康、进步的课堂教学环境气氛，更高效率地达成知识、能力和趣味的三维目标。

（三）构建理想的阅读课堂的实施途径

初中阅读课教学设计与实施互动提质的实践研究，通过教学设计与实施的有效互动，及时发现、保持与发扬教学设计的亮点，克服出现冷场和学生分歧的缺点，吸取教学经验，提高教学设计的水平能力与驾驭课堂的操作能力，从而构建理想的阅读课堂的事实途径。

二、课题核心概念的界定

"初中阅读课教学设计与实施"：

"初中阅读课教学设计"，"设计"：在正式做某项工作之前，根据一定的目的要求，预先制定方法、图样等（《现代汉语词典》）。"教学设计"：根据课程标准的要求和教学对象的特点，将教学各要素有序安排，确定合适的教学方案的设想和计划。所谓教学设计就是在教案的基础之上，加了一些学情分析、教学环境分析、设计的教学思想理念等栏目。"初中阅读课教学设计"则是根据初中即义务教育阶段7－9年级语文阅读课课程标准的要求和教学对象的特点，将语文阅读课教学各要素有序安排，确定合适的教学环节的设想和计划的文本。换言之，初中阅读课教学设计是根据初中即义务教育阶段7－9年级语文阅读课课程标准规定的阅读课教学目标和学生的特点，经过阅读分析教材、搜集参考资料、酝酿构思，运用语文阅读课教学的行之有效的系统方法，对参与语文阅读课教学活动的各种要素所进行的有逻辑程序的操作设想和计划的文本。一般包括阅读课教学目标、教学重难点、学情分析、教学环境分析、设计的教学思想理念、教学方法、教学步骤与时间分配等。

"实施"，实行。这里是由任课老师利用这已有的（"初中阅读课教学设计"）文本，来组织引导学生成为学习主体，有顺序地有节制地开展各项阅读课教学环节活动，满足阅读课教学要求并达成教学目标的动态过程。

"与"是连词，这里连接上述两个名词，表示它们两者之间存在某种必然的联系，将要发生某种关系。"初中阅读课教学设计"与"实施"，是静态与动态的关系，愿景与实现愿景的关系；也是动态与动态的关系，即预设与生成的关系，指导与被指导的关系。实际上两者背后隐藏着一个关键因素，没有这个关键因素两者之间不可能发生关系，这个关键因素就是人：任课老师、学生。

"初中阅读课教学设计与实施"就是由阅读课任课老师根据初中即义务教育阶段7－9年级语文阅读课课程标准规定的阅读课教学目标和学生的特点，经过阅读分析教材、搜集参考资料、酝酿构思，运用语文阅读课教学的系统方法，对参与语文阅读课教学活动的各要素所进行的有逻辑程序的操作设想和计划的文本。并且，由任课老师利用这已有的（"初中阅读课教学设计"）文本，来组织引导学生成为学习主体，有顺序地有节制地开展各项阅读课教学环节活动，满足阅读课教学要求并达成教学目标的动态过程。

"互动提质"："阅读课教学设计"与"实施"是动态预设与动态生成的关系，是指导与被指导的关系；又是静态的愿景文本与动态实现愿景过程的关系，而且两者之间隐藏着的任课老师是阅读课教学设计的设计者，也是实施阅读课教学设计的组织者、引导者和参与者；听课学生是实施阅读课教学设计的被动者、参与者和主体。任课老师的"阅读课教学设计"与任课老师、作为参与者主体的听课学生的"实施"二者之间会出现顺势吻合、亮点生发和逆势错位、盲点纠结等，从而形成"互动"。任课老师应当也需要及时引导学生肯定、放大顺势吻合和亮点生发，判断、调适逆势错位和盲点纠结，提高阅读课堂教学品质；并在课后及时回忆感悟（或集体交流），写下教育日记，修订阅读课教学设计，提高教师自我教学业务素质，也就是"提质"。

　　"初中阅读课教学设计与实施互动提质的实践研究"：

　　阅读课任课老师根据初中即义务教育阶段7-9年级语文阅读课课程标准规定的阅读课教学目标和学生的特点，经过阅读分析教材、搜集参考资料、酝酿构思，运用语文阅读课教学的系统方法，形成对参与语文阅读课教学活动的各种要素所进行的有逻辑程序的操作设想和计划的文本(初中阅读课教学设计)。并且（与），任课老师在利用这已有的文本，来组织引导学生成为学习主体，有顺序有节制地开展各项阅读课教学环节活动，满足阅读课教学要求并达成教学目标的动态过程（实施）中，任课老师设计撰写的"阅读课教学设计"与任课老师、作为参与者主体的听课学生的"实施"二者之间会出现顺势吻合、亮点生发和逆势错位、盲点纠结（互动），任课老师应当也需要及时肯定、放大顺势吻合、亮点生发，判断、调适逆势错位、盲点纠结，提高阅读课堂教学品质；并在课后及时回味感悟（或集体交流），写下教育日记，修订阅读课教学设计，提高自身教学业务素质（提质）的实践研究课题。

　　三、国内外的研究现状

　　从网络和有关专家的著作如南通大学师范学院时金芳《语文教学设计》中得知，语文阅读课教学设计的内容、要素、特征和原则的研究现状：

　　内容主要包括：阅读课教学目标的设计、教学内容的安排、教学策略和方法的选择、教学板书和媒体的设计、教学评价的组织、教学方案的编制等。课内语文阅读课教学系统的要素，就静态系统而言，指的是教师、学生和语文阅读课教材；就动态系统而言，除上述要素外，还有一类要素组成了系统运行的逻辑程序即教学过程。前者形成了系统的空间结构，后者形成了系统的时间结构。语文阅读课教学设计必须具备以下特征：一是以科学的教学设计理论为构架。语文阅读课教学设计要解决的问题，就是如何将对象需要、目标预设、策略开发、媒体选择、效果检测等要素有机地联系在一起，揭示他们之间的内在联系及相互影响的客观规律，形成一个整体联动的教学设计系统。二是必须针对语文学科的特点，反映语文学科的个性。三是真正体现"为学习设计教学"的思想。

　　语文阅读课教学设计应遵循的原则：语文性原则、以学论教原则、互动性原则、科学性原则、实用性原则。语文性原则，必须针对语文学科的特点，反映语文学科的个性：工具性、人文性。以学论教原则，就是语文阅读课教学设计应秉持"以学生为中心"的教学设计观，强调学生是教学活动的中心，是教学设计的出发点和归宿。当代语文阅读课教学设计依据加涅"为学习设计教学的理论"的理论，把语文教学过程分为学习事件和教学事件两部分，对学生语文阅读课认知结构和行为技能改变起到支持和推动作用。科学性原则，体现在以新课程理念、有效教学、教学设计、建构主义及多元智能理论等为基本理论。新课程标准认为，语文课程必须根据学生身心发展和语文学习特点，倡导"自主、合作、探究"的学习方式。互动性原则。语文教学设计是以学习者所面临的问题为出发点，进而捕捉问题，分析研究解决问题，最终达到学会解决问题的目的。师生之间学生之间与文本之间的互动是捕捉、分析研究解决问题的常用方式之一。实用性原则，语文阅读课教学设计，有评价标准。语文教学设计的评价标准是什么？①教学目标：符合课程标准的要求，符合学生的学习实际水平;体现语文的学科特点;目标设定与教学内容一致;表述简明扼要,问题集中;知道自己要教什么;注意教学的连续性。②教学内容:教学内容切合学生的实际需要;教学内容与语文课程目标一致;教的内容与学的内容趋向一致;想教的内容与实际在教的内容一致;教学内容与学术界认识一致;教学内容与听说读写的常态一致;教学内容相对集中,教的是语文的内容;教师对所教内容有自觉的意识;不孤立地为一节课而教,还需要把它放置在前一堂后一堂乃至前一周后一周课的关系之中,关注的教学内容连续性,进入连续性考察。③教学程序:教学环节清晰、简洁、集中。④教学方法:能较好地实现教学目标,完成教学内容,能根据学生和教师自身的特点,能启动学生自主积极地学习,教学民主,学习气氛活跃。(1)教学基本技能:①教态:神态自然,感情充沛;认真;热爱学生。②教学媒介:课件、板书设计合理,能反映出教学内容的内在联系,显示出分析问题、解决问题的思路。书写规范,使用视频、教具直观、形象,有效地传递信息。③教学语言:普通话读音准确,语言合乎规范,生动。体态语恰当,有感染力。(2)教学即时效果:①兴趣:能激发学生学习语文的兴趣,集中注意力,开动脑筋;学生能积极投入学习活动,呈现愉悦。②反馈:教学中有反馈的环节,并利用反馈信息调节教学。③活动方式:课堂上学习活动方式多样,对话、问答、小组活动实际有效。④练习训练:听说读写能力训练多样化;练习量适中,以质取胜,体现出思维训练的深度。

最近,著名教育家李镇西主编《做个好老师并不难》指出:"预设是基础,灵动地生成是关键。……尊重学生的独特体验,要创造机会让学生在一定范围内选择学习的内容、学习的方式、学习的伙伴,让生命的个体在宽松的课堂中悄悄地出智慧。""善于思考,反思让我们成长。课堂教学历来被称为'遗憾的艺术',每位教师都会有这样的教学体验:教案初成,往往难以发现毛病;下课结束,教学设计的疏漏之处不找自现。在优秀的教师,在成功的教学,也难掩瑕疵,所以教师不要因自己的失误而小看自己,必须对自己的课堂教学进行自我反思。""总结成功的经验。每堂课总有成功之处,教师要做教学的有心人,坚持吧这种成功之处记录下来并长期积累。"(石春红)(《做个好老师并不难》青岛出版社2015年8月第1版,第188—193页)

四、课题研究的目标与价值

研究目标:

1. 研究初中阅读课教学设计与实施的互动,提高对语文阅读教学设计的概念、主要内容、要素、特点、原则、理论依据、具体程序、评价标准的认知水平及运用能力;

2. 研究初中阅读课教学设计与实施的互动,提高阅读课教学品质和教师教学业务素质。

研究价值:

1. 理论价值。研究初中阅读课教学设计与实施的互动提质的实践研究,对于贯彻与丰富陶行知"教学做合一"的教学思想内涵,丰富新课标的义务教育语文课程标准"课堂教学的评价语文课程评价具有检查、诊断、反馈、激励、甄别和选拔等多种功能,其目的是为了考察学生实现课程目标的程度,检验和改进学生的学习和教师的教学,改善课程设计,完善教学过程。应发挥语文课程评价的多种功能,尤其应注意发挥其诊断、反馈和激励的功能,有效地促进学生的发展。"的理论。

2. 实践价值。本课题研究在课程改革再出发背景下,努力践行陶行知"教学做合一"的教学思想和新课标关于课程评价的要求,最大限度提高初中语文课堂教学品位和质量,促进教师的教和学生的学得到创新协调发展。

五、课题研究的内容、研究重点及分工

课题研究内容:

1. 阅读课教学设计与实施的概念、主要内容、要素、特点、原则、理论依据、具体程序和评价标准。(刘维臣、陈建华)

2. 阅读课教学设计与实施的互动的顺势吻合、亮点生发的肯定放大。(叶茂　谢霞　姜红杨　严海梅)

3. 阅读课教学设计与实施的互动的逆势错位、盲点纠结的判断调适;(姜宏波　陈建华　冯小军　司锦芬　徐玲玲)

4. 阅读课教学设计与实施的互动反馈的后续价值的确认和升华。(谢霞　叶茂　刘维臣)

课题研究重点:

3. 阅读课教学设计与实施的互动的逆势错位、盲点纠结的判断调适;(姜宏波　陈建华)

4. 阅读课教学设计与实施的互动反馈的后续价值的确认和升华。(谢霞　叶茂　刘维臣)

六、课题研究的思路与方法

研究思路:

1. 阅读相关书籍、搜集文献资料、撰写读书笔记、结合教学实际酝酿本课题实验;

2. 语文阅读课教学设计的自我文本解读即自我教材分析;阅读相关教学参考资料:纸质的含集体备课资料和网络的教学设计等;吸取相关教学参考资料亮点完善自我教材分析、酝酿撰写高起点的"阅读课教学设计";

3. 利用已得"阅读课教学设计""实施"课堂教学－反馈顺势吻合、亮点生发和逆势错位、盲点纠结－及时肯定和放大顺势吻合、亮点生发,判断和调适逆势错位、盲点纠结,提高课堂教学品质－后续回顾感悟(或集体交流)顺势吻合和亮点生发、逆势错位和盲点纠结,写下教育日记、修订阅读课教学设计,总结升华阅读课堂教学的感悟,创新理念;准备与展示专题课;

4. 阅读相关书籍、搜集文献资料、撰写读书笔记、服务本课题研究－回忆总结感悟创新,写作论文参赛与投稿;

5. 集体讨论个人执笔撰写实验报告;

6. 注意搜集整理用于验收的应有资料。

研究方法:

1. 对比法:将经自己综合完善的"阅读课教学设计"与"实施"情况进行对比,进行即时互动提质和后续回忆感悟提质。将课堂学生的学习反馈意见和教师本人的教学设计意见进行对比甄别,为提质服务。还要将实验班级和不实验班级进行阶段性调查对比,按照课题实验要求做出记载和小结,为写实验报告积蓄资源。

2. 实验法:个人选择一个班进行"阅读课教学设计与实施互动提质的实践研究"实验,积极探索感悟,及时捕捉和肯定放大的顺势吻合、亮点生发与判断调适逆势错位、盲点纠结,提高阅读课教学品质;进行后续回忆感悟,写下教育日记,修订阅读课教学设计,提高教师自我教学业务素质。实验资料存档。

3. 读书法:注意搜集、研读有导向性的"阅读教学设计和实施"相关的著作、论文等,做读书笔记;搜集文献资料存档,丰富"阅读教学设计与实施"的理论、阅历,用以指导本课题各环节实验。

4. 文献法:注意阅读搜集相关文献资料,用以指导本课题实验,为本课题实验的开拓创新提供理论支撑。

5. 谈话法:找老师、学生了解调查"课堂教学设计与实施"的做法、感觉、看法和建议,注意倾听吸收其中有用的信息。为有效推进本课题研究实验服务。

6. 提炼法:将获取的相关资料、关键信息及时梳理与提炼、升华,力求有所突破,为撰写论文、上好课等提供条件、资源,为推进本课题研究输入正能量。

七、主要观点与可能的创新之处

主要观点：

1. 初中阅读教学设计与实施的互动,可以提高对语文阅读课教学设计的概念、主要内容、要素、特点、原则、理论依据、操作程序和评价标准的认知水平及运用能力；

2. 初中阅读教学设计与实施的互动,可以提高阅读课教学品质,提高教师教学业务素质：如驾驭课堂能力、接受学生反馈自我革新提质的能力和阅读课教学设计水平等。

可能的创新之处：

1. 初中阅读教学设计与实施互动提质的实践研究,可以通过师的"阅读课教学设计"与师生双方的教与学的"实施"互动碰撞和反馈,即时肯定放大顺势吻合、亮点生发(不断发掘学生长期积淀的阅读理解的成长优势),判断调适逆势错位(有时学生的不同意见是对的甚至有创新)、盲点纠结,提高课堂教学品质和学生素质。

2. 初中阅读教学设计与实施互动提质的实践研究,可以通过师的"阅读课教学设计"与师生双方的教与学的"实施"互动碰撞和反馈,后续跟进回忆感悟,写下教育日记、论文,修订创新阅读课教学设计等,提高教师业务素质并推进课改。

3. 初中阅读教学设计与实施互动提质的实践研究,可以使初中语文课堂教学设计备课备人,践行《义务教育阶段语文课程标准》"阅读是学生的个性化行为""珍视学生的独特感受、体验和理解",让预设与生成更加精彩纷呈。

八、课题的组织架构和研究过程

组织架构：

本课题研究坚持集体讨论和资源共享,课题主持人领导下的子课题承担制。对于课题中的核心概念,在充分讨论的基础上,达成共识,贯彻于各子课题之中。课题的问卷共同设计,共同使用,根据自己研究的主题,分类选取、统计其中的研究主题。课题在主持人的召集下,定期交流研究的进展情况。

研究过程：

本课题研究分三个阶段完成：

一、准备阶段(2015 年 7 月 – 2016 年 5 月)：

1. 在语文阅读课集体备课集思广益、较高起点地提出交流代表性教学设计,开展听评课的基础上,主持人酝酿且组织申报本课题。

2. 课题组各成员发扬雷锋"钉子精神"挤时间钻书本写读书笔记；搜集相关文献资料,提高个人相关文化素养和业务能力,服务于本课题研究。

3. 组织课题组教师学习相关理论学,寻求教育专家对课题研究的理论指导,进一步完善理论支撑；

4. 构思、规划、制订出本课题研究的总体方案及各阶段的实施要点,制定课题研究方案；

5. 组建研究组织机构,明确课题分工,确立各子课题研究方案,建立课题管理制度；

6. 做好课题开题的各项准备工作。

二、实施阶段(2016 年 5 月 – 2017 年 6 月)：

1. 结合开展的本课题研究实际,形成调查报告；

2. 通过公开课、展示课、评价课等形式,完善优化初中阅读教学设计与实施互动提质的实践研究组合工作；

3. 在课题实施过程中,建立子课题组,使课题组各实验教师能根据自己的优势和特长进行有侧重点的专题研究,在此基础上通过各级的研讨活动,加强课题组教师的总结和交流研讨。在集体备课的较高起点的阅读课教学设计基础上,各成员综合自我教材分析、学情分析和相关教学参考资料含集体备课的教学设计亮点,酝酿、撰写高起点的"阅读课教学设计"交流。

4. 各成员利用既得高起点"阅读课教学设计"来"实施"阅读课教学、注意捕捉顺势吻合、亮点生发和逆势错位、盲点纠结 – 及时肯定放大顺势吻合和亮点生发,判断调适逆势错位和盲点纠结,提高课堂教学品质。并组织交流。

5. 后续自我回顾感悟(或集体交流)顺势吻合和亮点生发、逆势错位和盲点纠结,写下教育日记、修订教学设计,总结升华阅读课堂教学感悟,创新理念。撰写论文参加行知杯、师陶杯和教师专业成长论文评比。

6. 利用研究课、公开课展示本课题研究成果和风采。

7. 分析和收集课题相关的典型案例,通过案例研究建立相关目标评价体系;

8 邀请市、县教科研部门专家进行阶段性研究评估,准备中期阶段性审验。

三、结题阶段(2017年6月－2017年10月)

1. 各成员搜集、研读有导向性的与"阅读教学设计和实施"相关的著作、论文等文献资料,注意存档;做读书笔记,丰富"阅读教学设计和实施"相关理论和阅历。

2. 各成员积极回忆创新构思写作论文及征文参赛与投稿,力争取得更多优秀科研成果。

3 采用统计、比较等方法进行教学质量的对比,对学生获得的人文素养等经历进行评估;

4. 集体讨论并撰写实验报告。

5. 搜集整理读书笔记集、文献资料集、教育日记集、阅读课优秀教学设计集、优秀专题课、论文集、实验报告,准备结题。

6. 申报结题。

九、课题预期研究成果

阅读课教学设计与实施互动提质的文献资料	文献资料集	2017.5	刘维臣 陈建华
阅读课教学设计与实施互动提质的特点教育日记	日记	2017.5	司锦芬 冯小军 徐玲玲
阅读课教学设计与实施互动提质的优秀课教学设计	教学设计	2017.10	谢霞 严海梅
阅读课教学设计与实施互动提质的实验报告	实验报告	2017.5	叶茂 姜红杨
阅读课教学设计与实施互动提质的优秀论文	论文集	2017.10	姜宏波 刘维臣

二、开题论证组意见

《初中阅读课教学设计与实施互动提质的实践研究》是南通市中小学教学研究(2015)年度第(11)期重点课题,该课题由如皋市实验初中承担,刘维臣、谢霞同志主持。应课题组约请,如皋市教育局教研室组织专家于5月6日对该课题进行了现场开题论证。论证组成员认真审读了课题研究方案,对相关问题进行了质询。经讨论评议,形成如下论证意见:

1. 我们的初中语文课堂教学设计与实施至少目前不可能是完美无缺的。提升初中语文教学品位和质量途径不是单一的,应是多种措施并存且同时进行的,当前初中语文提升课堂教学品位和质量的主要途径是教学设计与实施互动提质。初中语文课堂是提升教师教学业务水平能力和学生语文学习素养的主阵地,在这个主阵地,可以最大限度地实施陶行知"教学做合一"教学思想,践行新课标初中阶段语文教学课程评价的理论要求,弘扬扩大教学设计与实施互动的闪光点、缩小消除盲点,实现初中语文课堂教学的提质增效。因此,进行此项课题研究具有十分重要的意义。

2. 课题组认真思考和分析了课题研究的目标,挖掘出课题所需要解决的问题,设定了课题研究的路线,具有较强的目的性和针对性。在此基础之上,课题组对该课题的研究内容进行了翔实且深入的分析,将课题分解为四个子课题,并明确了相关的负责人,可操作性强,研究思路清晰,研究对象、内容与方法及实验步骤明晰。

3. 课题组成员都是从事一线教学工作的骨干教师,教学经验丰富,善于学习,勤于调查,乐于实践,对教育科研工作有很大的热情,科研能力强,这为课题研究的顺利进行提供了保证。

综上所述,该课题研究思路清晰,研究内容明确,研究步骤合理,保障措施得力,具备了开展课题研究所需条件,专家组成员一致同意如期开题。

论证组 组长(签字)
年 月 日

三、论证组成员(至少5人)

序号	论证组职务	姓名	工作单位及职务、职称	签名
1		鞠九兵		
2		万国权		
3		秦洁元		
4		孙晓明		
5		丁国林		

四、县教研室意见

单位公章:
年 月 日

五、南通市教育科学研究中心终审意见

单位公章：
年 月 日

43　让语文教学更加明晰、有趣（以读导写式）

毋庸讳言，长期以来，语文教学的状况不容乐观，存在着不如意的情况。最突出的问题是读写分离。往往花费大量的人力物力来教学课文阅读，一个单元下来了，做一次作文练习。而这篇作文常常不能与阅读及时有机结合起来。读时只顾读，写时只顾写，似乎读和写井水不犯河水；或是读的过严，写的过松，混淆了语文教学也要明晰易懂与语文表达上的局部模糊性的区别，削弱了语文教学的科学性、趣味性。

读和写原本是语文教学的具有内在联系的两个方面：读，就是阅读欣赏课文，用眼睛看书是阅读，用耳朵听别人读或说也应算是阅读。阅读是通过看书或听讲来获取作品的信息，接受作品的知识和情感的熏陶，以丰富自己的知识和情感的学习方法。写，就是写作文；说给别人听，其实也是作文，口头作文。作文偏重于直接表达自己的或借助对他人描述来表达自己的思想感情信息。作文是使用阅读得来的知识、信息，联系社会的实际，发挥自己的写作技能，表达自己的某种思想感情的表达方式。诚然，阅读和作文的表达方向相反：阅读偏重于接受、理解书刊和有声读物信息，但是，阅读和写作只是两个相对概念。事实上，读中有写，写中有读，很难截然分开。通常阅读是作文的前提和基础，作文是阅读的延续和运用。读和写是既有区别，又有联系。应当将二者有机结合起来，产生互相融合、互相促进的效果，使语文教学通过内部恰当的组合产生新的生机活力。"机"可以理解为二者之间的共性，都考虑写什么、怎样写和为什么写。因此，要开创读写结合更加明晰有趣的新局面，就要抓住"机"遇，以读的情境展开联想来设计写的练习。

先学习别人的优秀作品，后学习写自己的作文。这是符合人的认知规律的。以读导写、触类旁通正是依据这样的规律进行的教学探索，将使阅读更充分，作文更科学。具体可以从写作缘由、构思、表现手法和语言等方面入手。

一、学习课文的写作背景、缘由，联系社会现实背景进行作文的类似立意和选材

课文的写作背景是写作的外部条件，是客观存在的因素。根据存在决定意识的哲学原理，时代背景决定了作者的写作缘由、意图。而时代背景虽不是引导学生阅读每篇课文都要介绍的，但介绍了将有利于理解课文。了解写作背景，就能了解写作缘由、意图。这对阅读欣赏课文极为关键。如学习《谈骨气》的写作背景：20世纪60年代初由于国内外许多因素，我国人民曾经面临经济和政治双重困

难,一部分人犹豫彷徨起来,甚至对前途失去信心。在这样的关键时刻,吴晗同志没有动摇,写下了《谈骨气》这篇杂文,提出了"我们中国人是有骨气的"见解,鼓舞人们战胜困难的信心和斗志。学习了这个写作背景,可以联系现实生活中应试教育(师道尊严、分数至上)展开联想,如引导学生根据学生中存在的上课怕发言的倾向,指导学生以"谈勇气"为题,也写一篇议论文,同学一定兴趣盎然。又如学习法国小说家都德的《最后一课》,了解课文的写作背景是普法战争,法国惨败,被迫割让阿尔萨斯和洛林。作者通过一所小学的最后一堂法语课,来表现强烈的爱国主义思想感情。由此引导同学针对班上学习目的不明确的学生,平时不爱读书,忽然知道就要初中毕业了,将要面临失去读书机会的现实,写一篇题为"最后一堂语文(或数学等)课"的记叙文。学生就会有感而发,有事可叙。

二、学习课文精巧的构思,写类似的构思精巧的作文

教材里有许多构思精巧的名篇,具有很高的学习、鉴赏价值。通过对课文精巧构思的教学,进行类似精巧构思的作文练习,是切实有效、科学简便的方法。学习陶渊明的《桃花源记》,欣赏世外桃源的仙境和理想,以渔人的行踪为线索,把发现桃源、亲历桃源、离开桃源、再寻桃源(不得)的情节贯穿起来的构思,引导学生结合环境保护的要求,也以作者的行踪为线索,进行发现名胜、游览名胜、离开名胜、再寻名胜的构思,描写名胜的美好纯净的境界,也会使作者心旷神怡。又如学习罗广斌、扬益言的《挺进报》陈然被捕片段第2—6段的构思,第二段:组织同志转移(起因);第3—4段:情况紧急却舍不得离开,连夜赶印《挺进报》。听到脚步声临危不惧、挂好扫帚(经过);第5—6段:陈然被捕,市委委员脱险(结果)。有两个感人之处:组织通知转移但他舍不得离开,表现了他置个人生死于度外的忘我工作精神;听到敌人的脚步声,挂好扫帚,表现了他高度的革命责任感和临危不惧的崇高品质。据此引导同学回忆或设置一个相似的情境,如某生放学后独自留下来打扫教室,忽然一股乌云压下来,狂风大作,他没有仓皇逃跑,而是关好门窗,继续打扫。等他打扫完毕,已经是暴雨倾盆,等到天黑了也没能回去。写一篇题为《使我感动的一个镜头》的记叙文,同学能够受到心灵的洗礼,得到精巧构思的训练。

三、学习课文恰当的表现手法,运用这些表现手法写类似的作文

课文的表现手法可谓多矣!像高尔基的《海燕》运用象征手法,鲁迅的《故乡》闰土形象塑造运用了对比手法,《社戏》写放牛、掘蚯蚓、钓虾用了衬托手法,此外还有多种描写方法,人物语言、动作、心理描写等;科学小品有说明方法,议论文又有引用论证、对比论证、类比论证、举例论证等方法。

学习阿累的《一面》,对鲁迅先生的三次集中的外貌描写,认识不同的描写角度和表达作用。第一次是远视,侧重于整体,突出他"瘦"的特点;第二次是由远及

近,侧重于面部,突出他"瘦而有神"的特点;第三次是近视,侧重于综合,惊异、敬仰而想认清是谁,给人以完整而不寻常的印象。既表现他为革命忘我工作的高贵品质,又表现他刚强不屈、勇往直前的战斗精神。再引导同学通过联想来设置类似的情境,采用多层次的外貌描写来突出主人公的可贵精神。如写自己尊敬的长辈、老师等,也先远视他或她的精神风貌,再由远及近描写他的工作状态,最后近视他的言谈举止神态。将这几层精神风貌的描写穿插在叙事的过程中,表现自己对所描写的主人公的逐步认识的过程,真切地揭示主人公的立体的形象,应该收到很好的练习效果。

学习说明文《宇宙里有些什么》运用的分类别、举例子等多种说明方法,如"许多红色的星,很大很大,有的可以装得下八十万万个太阳。""也有一些恒星非常小:有的比地球还要小""还有数量众多的中等的恒星,这些恒星像太阳一样,体积不太大,密度不太小……"为了说明清楚宇宙里的恒星大小,作者运用了分类别、作比较等说明方法,把恒星的三种类型有条不紊、具体可感地呈现在读者面前。在这种情况下,指导学生以"我镇(或学校或家等)有些什么"为题,也抓住特征有层次地运用分类别、作比较等说明方法来加以介绍,应该说是很有教学意义的练习。

顾颉刚《怀疑与学问》,为了论证怀疑也是积极方面建设新学说、启迪新发明的基本条件,就摆事实:清代的大学问家戴震,幼时读朱子的《大学章句》,便问:大学是何时的书,朱子是何时的人。塾师告诉他《大学》是古代的书,朱子是宋代的大儒;他就问:宋代的人如何能知道一千多年前著者的意思?大学问家在幼年读书时能够不断怀疑发问。很有说服力。这里是运用了例证法。由此可以启发同学展开联想,以"素养与工作质量"为题,也运用例证法,写一篇议论文。可采用白求恩在战地医院救治伤员的例子来加以论证,使同学从中得到启发,提高素养和论证能力。

四、学习自己感兴趣的课文语言,写类似的具有语言个性的作文

语文课文中有许多有个性特色的语言,组成各种语言特色的作品。现代作家老舍的《济南的冬天》,以准确生动的口语化语言来抒发对济南冬天的喜爱之情。老舍无愧于语言大师的称号,学习老舍准确生动的口语化语言,写"家乡的春天"(或秋天或夏天的)体现地方季节特色的散文式作文,是多么令人振奋的学习方式。鲁迅的回忆性散文《从百草园到三味书屋》描写百草园的奇妙景物,语言简练生动,准确传神。如碧绿的菜畦、光滑的石井栏、高大的皂荚树、紫红的桑葚、肥胖的黄蜂伏在菜花上等,具有很强的表现力。学习了鲁迅的简练生动、准确传神的语言,引导学生联想自己所喜爱的家园、校园、公园、花园,也用简练生动、准确传神的语言写一个片段或一篇作文,不但可以巩固所学语言知识,也可以享受到仿写著名作家笔法的成功的荣耀。

44　让语文教学更加温馨、快乐(以写促读式)

我们进行课文阅读教学之后,都要及时布置练习加以巩固。其中也许有在阅读指导下的力求神似的作文训练。但其思维训练的单向局限性也是显而易见的。为了充分发挥作文教学的创造性,活跃学生的学习思维,进行"学而时习之"的温馨、快乐的教学,对课文阅读知识从新的角度加以审视与理解,并得到升华,还需要进行逆向思维的读写结合——针对课文进行积极的多种形式的作文训练。

一、改写重要课文或段落。

广义的改写,就是以课文为训练材料,对课文进行重新认识,重新把握。根据自己的需要进行某一方面的写作训练,包括改写、扩写、缩写和补写。

1. 改写。根据一定的要求,改变文章的形式和部分内容的一种作文训练,可分为改变体裁、改变顺序、改变语言和改变人称。任何形式的改写,都离不开对原文的中心意思、结构层次、写作特点的正确把握。可以也应该在此基础上发挥自己的创造力,根据要求重新构思、精心组织,保留关键词语、精彩语句。如用现代汉语把《愚公移山》改写成一则故事,要求主题突出,人物神态逼真,对话生动,动作简练、夸张得体。也可以将《同志的信任》(倒叙)改为按情节发展的先后顺序。如此,既复习了课文知识,加深了对课文的理解,又锻炼了我们的构思能力和表达能力,有一石三鸟之效。

2. 扩写。将简短的文章加以充实扩展,使它成为结构更完整、内容更充实、主题更鲜明的文章。这种练习,也要求作者抓住原文中心意思、结构层次和写作特色,诊断出"笼统"之处,发挥想象和联想,加以必要的扩充、延伸和细化。有些学习语文兴趣不高的同学,写作文只能写到三百字左右,尤其需要进行这种训练。以某篇文章或自己的习作为题材进行有目的的扩写,是很好的作文能力的训练。如把《两小儿辩日》这篇文言短文扩写成六百字以上的小故事。首先是用现代汉语,字数就已增加;再力求根据当时情境发挥想象,描写环境气氛、人物的语言、神态和动作,写出应该突出的细节。六百字更容易达到甚至超过了。通过这样的训练,可促使我们再度品味课文,认识宇宙间客观事物的复杂性,即使是博学多闻的人也会有所不知;孔子谦虚谨慎、实事求是的科学态度值得学习;提高想象、联想的思维能力和进行具体生动的人物描写的水平;并且获得"按要求努力就能有所进步"的体验。

3. 缩写。把篇幅长的文章按一定要求压缩成篇幅短的文章。缩写也要求先把握原文的中心意思、结构层次和写作特色,在此基础上"删繁就简二月树,标新立异八月花"。如果是记叙文,应扣住原文的中心意思,保留与此关联的时间、地点、人物和事情的起因、经过和结果,主要人物的心理、语言、动作和神态。如果是议论文,就要抓住原文的中心论点、分论点及其主要论据,体现原文的结构层次。是说明文,就要抓住原文的说明事物的特征和说明的方方面面及其说明顺序。举记叙文缩写的例子来说,读一部长篇小说,留下一个比较完整的印象,最后归纳一下主要故事情节,对照一下"故事梗概",可以看成是一次缩写。

4. 续写。写出原文未写或未写尽的内容,使之成为一篇完整的文章。"原文未写"是指原文原该写,本当有,只因某种原因或出于某种需要暂未写出的人和事。"未写尽",指在已写的部分中曾经提到、涉及、说过但未充分展开的内容。"续写"和"已写"部分之间存在必然的联系。《红楼梦》的作者之一高鹗就是续写的高手。他继承曹雪芹前80回本而续写了后40回,使我们今天能看到一百二十回本的完整的代表古典文学艺术顶峰的小说,堪称续写的楷模。分三大文体来讲,记叙文的续写要把握原文的记叙要素,在此基础上探索出该记叙文的主题,并根据该主题大胆合理地想像出续写的情节,制造出震撼人心的艺术效果。议论文的续写,是在把握原文主题即中心论点之后,续写新的论据,以增强说服力;续写分论点,使论述更加全面、周密和深刻。说明文的续写,也要把握原文的主题即说明的事物的特征,然后看围绕着事物的特征已经介绍了哪些方面,还有哪些方面需要继续介绍的,确定为续写的内容而加以续写。续写要力求准确、自然、生动。

成语"滥竽充数"出自《韩非子·内储说》,原寓言故事说:南郭处士根本不会吹竽,却跑到喜欢听三百人一起吹竽的齐宣王那里,要求参加吹竽。齐宣王大概正缺人手,没有想到还有人会冒充吹竽手,就高兴地收下他。后来齐宣王死了,齐冥王即位,却要每个人单独吹竽给他听,南郭处士只好逃跑了。请以"南郭处士逃跑之后"为题,写一篇续写。则给同学提供了一次难得的续写机会,留下了宽广的构思和表达空间,定然会写出众多的优美的续写作文。学了《我的叔叔于勒》,扣住对拜金主义批判的主题,可以设计"装穷的于勒"作为续写的命题,使同学在复习原文的基础上,把握好命题的用意,续写出故事情节精彩纷呈的续篇小说,令人发笑与解恨。

5. 补写。这类题目一般设计为文章缺开头或缺中间或缺结尾。要求同学正确地补写所缺的部分。这种训练在课文(特别是重点课文)教学过程中可以穿插进行。通过补写练习,再与原文进行比较,发现优缺点,提高对课文的鉴赏水平和自我表达能力。如学了《鲁迅自传》后,可以设计这样的补写:在"家庭状况"和"工作简历、创作成果"之间,补写"求学过程",可参考鲁迅先生的《藤野先生》等资料,突出先生不平凡的求学经历所体现的忧国忧民思想。这种方法阅读课也经常用。

二、写读后感。读书看报,或多或少会产生一些感想;把这些感想写下来,构成文章,就是读后感。"感"可以是从文章中领悟出来的道理,也可以是由文章引发的联想和想象。读后感,是将读书心得表现出来的一种形式。比起上述几种改写来,具有更大的自我发挥的余地。读后感属于议论文,应该抓住原文中自己印象深、感触大的一点,来提出自己的观点(论点),用原文中的材料、自己的亲身经历作论据来论述,得出正确的结论。如在学习了《事事关心》后,引导同学以"为振兴中华而读书"为题写一篇读后感,会产生"学而时习之,不亦说乎"的感觉,也会培养联系自己实际、解决思想问题的活泼性情。

可见,以写促读,温故知新,可以让语文教学更加温馨、快乐!

(2008年7月"文心雕龙杯"全国新课标协作才艺大赛组委会作文教学论文二等奖)

45　寓语文知识于作文的程序中(知识程序式)

有的同学在作文的时候,打个不恰当的比方,好像是老鼠搬鸭蛋——没处下手;也有的是一提起作文就没劲,认为自己本来就不是写作文的料,写的东西太差劲! 其实,这些都是我们常人学习语文所碰到的常见问题。作为初中生来讲,通常是阅读好,作文也好。所以,只要学会作文的程序和运用语文知识来写作文,这些问题就解决了。记住:寓语文知识于作文的程序中。作文的程序一般可分为两大步:写什么和怎样写。四小步:审题,选材,组材和表达。写什么应该包含审题、选材,怎样写应该包含组材和表达。在其整个过程中都必须寄寓语文知识,并使语文知识很好地表现题材。

一、寓课文标题知识于写什么(即审题、选材)的过程中

审题、选材即写什么的问题,是作文的首要问题。审题正如建房用的名称,走路去的地方,审题、选材决定作文的方向,弄不好是会后悔的:所谓南辕北辙;下笔千言,离题万里!

在审题时,不仅可从语法的角度分析题目,了解中心语、修饰语,以弄清楚取材的范围、重点,而且可参考类似的课文标题及其正文的关系,来确定所要写的正文内容及重点,即模仿。这对初中生来说还是很有必要的。假如作文题是"难忘师恩",动宾结构,"忘"动词,修饰语"难",强调"忘"的速度;"恩"名词,"师"修饰和限制"恩",强调恩的性质。难以忘怀老师的(教育)恩情。取材范围:自己没有忘记的能体现老师(对我教育)的恩情(的生活片段)。重点:老师(对我教育)的恩情。可参考魏巍的《我的老师》,在那个时代写了哪些生活片段,我们今天又可以写出哪些生活片段。

至于供料作文、话题作文,先提供材料、引言,再提出要求,有的要求自拟题目。我们如何根据提供的材料或引言去拟题呢? 我想,抓住供料或引言中的关键词,归纳一个中心语,再回忆课文中与之有联系的加以参考,拟出有特色的题目。课文中值得模拟的题目比比皆是,如《最后一课》《谁是最可爱的人》《紫藤萝瀑布》《变色龙》《驿路梨花》等,精炼、含蓄,文采斐然。模仿课文题目拟订题目,再比照课文内容思索写什么。立意要准确,就要从材料中自然生发;立意要正确,就要表达积极向上的情怀。我们的语文课学习了那么多的课文,几乎每篇都归纳了中心意思,当然也可以归纳以下所选作文材料表达的中心意思呀! 如有的同学喜欢背后厚此薄彼、搬弄是非,妨碍公正与团结。可以提炼出人与人之间应坦诚相

见、平等相待的中心意思。

当然,也有的话题作文题目是半命题(先选择自己最喜欢的词语填空,把题目补充完整),那么给我们审题提供的条件就更充足了,自然更便于我们运用语文知识来想好写什么了。

二、寓语文知识于怎样写(组材、表达)的程序中

通过审题,可以知道取材的范围和特点,根据选取的材料提炼出中心意思,即立意。知道写什么。

中心意思确立之后,就是组材(构思),谋篇布局。以中心意思为尺度,对材料进行衡量与取舍,选取最能突出中心意思的展开来详细写,其余的简略写或不写;再作便于突出中心意思、吸引读者的顺序安排,如设置悬念,前后呼应,承上启下等,力求新颖独到。应当参考课文有关写作特色来组材。如以"感人"为题,选了材料,要组材,就可以模仿《挺进报》的"陈然被捕"的写法,在曲折多变的情节中形成对比和细节描写;再把组材过程(构思)写下来,形成提纲。

最后,在表达的环节里,也就是真正动笔写的时间,要按照提纲,有意吸收自己应掌握的词汇,如鲁迅的《从百草园到三味书屋》"不必说……也不必说……单是……"极有铺陈表现力,给人以滑稽、幽默之感。如果也用来描写景物,则具有铺陈的效果,又使人感到幽默风趣。义务教育课程标准实验教科书七年级(上册、下册)《语文》①课本后面《字词表》"常用词语"如诠释、憧憬、裨益、危言耸听、摇摇欲坠、惊羡、半明半昧、明艳、幽灵、湍急、刹那、猝然、肇祸、巍然、涟漪、淅沥、诧异、烟波浩淼、百看不厌、眼花缭乱、鸦雀无声、镌刻、怡然自得、明察秋毫、白驹过隙、积攒、摒弃、犀利、和蔼、撷取、惆怅、自诩、沸沸扬扬、涕泗横流、撺掇、凫水、婵娟、佞臣、乘奔御风、匍匐、静谧、等因奉此、卷帙、大穰、不愤不启、不悱不发、篝火、盈盈、脉脉(上册);颤动、发绺、丰润、敏捷、懊悔、莽撞、摩挲、颓唐、虐待、恣情、相得益彰、抉择、轩然大波、摩天、遴选、手不释卷、启箧、龌龊、万籁俱寂、乾坤、菜畦、桑葚、蟋蟀、蜈蚣、斑蝥、脑髓、缠络、秕谷、啄食、蝉蜕、狗窦、倜傥、锡箔、面面相觑、倏忽、嫉妒、枸杞、蚱蜢、蹑手蹑脚、缝隙、花蕊、腻味、渺茫、凄楚、口头禅、不堪设想、螺旋、风靡、恍惚、喋嚅、胆怯、橘子、蹭、兀地、攥、盘盂、庑殿、镶嵌、销毁、挑衅、旌旗、呼啸、峻峭、天堑、叱咤风云、陵墓、南麓、突兀、森郁、巉岩、嵯峨、断垣颓壁、吻合、灵柩、竣工、琉璃、门楣、津梁、参错、奉安、装潢、精湛、芳草如茵、轶事、佳木葱茏、络绎不绝、井邑、接踵摩肩、炫耀、蛰伏、点缀、流苏、鞘翅、蠡斯、憨态可掬、濒危、璀璨、浩瀚、栖息、孤僻、分娩、翌日、哺乳、繁衍、跳踉、噬、垂绥、鸿蒙、序齿、嗟

---

① 洪宗礼主编,江苏教育出版社2005年6月第3版。

叹、骁雄、悭吝、亘古、蹒跚、粗犷、俯瞰、扶摇直上、问鼎苍穹、国徽、沧桑、自怨自艾、褴褛、梦寐、凤阙、氤氲、归宁、馥郁、心旷神怡、矜持、泥淖、稍逊、机杼、朔气、辔头、童稚、金柝、荡漾、斑斓、梳妆、征蓬、荒秽（下册）……都应当充分理解记忆,可借助汉字表意功能进行形象思维,并着力用于造句作文。

我深信,我们的同学只有强化语文知识的学习和运用,并按照作文的程序去规范酝酿作文,才能有效保障作文质量;只有逐步把学到的语文知识用来恰当表现自己要说的话,才能逐步提高作文质量。同学们,努力!

（此文获1999年12月31日第八届"奥林匹克杯"全国作文大赛教师论文三等奖,有改动）

46 精彩记叙文的题材(广开材源式)

我们读一篇精彩的文章,往往被它的题材所吸引,特别欣赏题材选得好,能扣人心弦,突出主题。可是有的初中生面对作文题感到束手无策、苦思冥想也想不出写什么。下面我就以记叙文为例,和大家一起探讨精彩作文的题材是从哪里来的,以便同学们习作、考试时能够得心应手、夺取作文满分!

从有意识的社会实践活动中选取写记叙文的题材。我国现代著名语言学家、教育家吕叔湘说:"为了让学生做有内容的文章,教师可以想方设法给他们创造条件,使他们占有材料。例如出个'火车站见闻'的题目,带学生到火车站去观察二、三十分钟,借以搜集材料。""出个'记一场精彩的足球赛'的题目,组织学生看一场精彩的足球赛,印象很深刻。"然后按照所见所闻的顺序记叙下来,突出有价值有趣味的情节,适当议论抒情,突出一个中心意思。学生也可以自己组织有意识的社会实践活动,选取题材,写作文。经常训练,可培养起观察事物、记叙事情的良好习惯和创作能力。

从自己亲身体验过、感受过的事情中选取写记叙文的题材。虽然我们可以"将写先看",但在更多的情况下,还得依靠生活的积累。无论是课堂作文,还是考场作文,在看到作文题之后,就得选取自己作文最好的素材,而要选取自己作文最好的素材,当然是从平时积累的生活素材库中挑选。平时经历的事情很多,可能够激起自己感情波澜的很少。这样的事情在头脑中印象比较深刻,逐个被积累到材料库中,到需要的时候,再被挑选出来,用到最恰当的地方,发挥最理想的作用。如鲁迅先生的回忆性散文《藤野先生》的题材,就是作者留学日本时的一段经历。藤野先生作为日本人,给予孤身在异国他乡的、被日本"爱国青年"歧视的中国留学生以同情、关心,确实能激起作者的感激之情,成为日后作文的题材。现代作家魏巍《我的老师》的题材,如排解纠纷,不也是这样的吗?这些作品都很感人,都是脍炙人口的佳作。我们可以从中受到启迪。把自己感触较深的事情思考一下:有什么教育意义;收藏在自己的生活素材库中,以备作文。

从人民群众讲述的优美动人的故事中选取写记叙文的题材。众所周知,清朝著名作家蒲松龄未有名作之前,在路旁搭一顶棚架,内放一张桌子几条凳子,用热茶招待过往行人,聆听他们讲好听的故事,然后一一记下。如此日积月累,加工整理,终于写成了古代中国文学史上有名的短篇小说集《聊斋志异》。著名作家能够向人民群众学习,从他们讲述的优美动人的故事中选取写记叙文的题材。我们为什么不去仿效呢？这方面我有真切的体验。2000.09《农家致富顾问》刊发的《县令治邪》（散文）的题材，是我听一位老木匠讲的一个故事。同学也可去实践。

从大量的有意思的阅读中自然生发出写记叙文的题材。如果说上述三点是"行万里路"，那么这一点就是"读万卷书"。杜甫说："读书破万卷，下笔如有神。"古人重视读万卷书，写出了众多鸿篇巨制；现代人认真读书，又写出大量名作。巴金把《古文观止》两百多篇文章背得很熟，他说"这两百多篇'古文'，可以说是我真正的启蒙先生。我后来写了二十本散文，跟这个启蒙先生很有关系。"读书对作文有不可低估的作用。读书促进了作文，作文得力于所谓'自然生发'，就是抓住读书得来的一鳞半爪，展开想象、联想或加工改造。明代兰陵笑笑生的千古奇书《金瓶梅》，是由《水浒传》西门庆与潘金莲的故事衍生而来的；现代著名诗人郭沫若《天上的街市》，就是根据"牛郎织女"的传说进行加工改造的读书创作。

虽然写记叙文的题材不完全等于作文，但记叙文如果抽取了题材，那么它还有什么？如果同学们能够像这样从多方面去获取写作记叙文的题材，那么在考场、习作时就能胸有成竹，一气呵成，夺取高分。写议论文也不愁举例论证的事实论据，只要用概括的语言去表达。区区六百字，不经意间就有了！

（原载 2004 年 11 月上旬刊《现代语文》）

47 作文教学的关键(培养兴趣式)

"兴趣是最好的老师。""知之者不如好之者,好之者不如乐之者"。是否具有浓厚的兴趣,这对于能否学好一门知识或掌握一项技能是至关重要的。教育心理的研究结果也已证明,在一般情况下,浓厚的学习兴趣与学习效果是成正比的。因此,能否培养同学的写作兴趣,是作文教学成败的关键所在。

那么,在作文教学中如何培养写作兴趣?

(一)亲身感知写作的社会功用

中国人大多是很实际的,无论面临什么问题,都喜欢问:"这样做(或这个)有什么用?"(实用主义,导致轻视自然科学研究和理论创新)因此目前教学作文,不要忘了让同学感知写作的社会功用。

同学对于写作的社会功用并非一无所知,他们也想表达自己对自然、社会、人生的独特感受和真切体验。那么,为什么他们往往不能把这些认识和欲望转化为写作动力呢?原因就在于他们仅仅从书本或老师那里获得了这些知识和欲望,缺少亲身的成功实践体验。"纸上得来终觉浅,绝知此事要躬行",当他们"躬行"而体验品尝到快乐之后,写作的动力产生了,如泉水喷涌而出,"一发而不可收",要他不写,只怕挡也挡不住,正所谓"两岸猿声啼不住,轻舟已过万重山。"

因此,教师要积极为同学的写作创造条件:命题,需要有社会现实意义;指导写作,需要引导同学联系社会生活实际;在日常生活中,必须鼓励同学写好记叙类散文、说明类科学小品和小论文,借条、收条、留言条、请假条、日记等,自我感知写作的用途。也要对同学的写作进步及时给予肯定,使之体验成功的快乐,变被动作文为主动作文,变害怕作文为喜欢作文。

写完后,帮助他们修改得更具有生活气息,并且鼓励同学向同学宣读自己的作文,把优秀的文稿投向报纸杂志等新闻媒体。一旦同学的作品受到同学赞扬,或被媒体采用,对作者是一种巨大的精神鼓励,对其他的同学也是一种激励,还会产生积极的社会影响。同时要注意对投稿未被采用或获奖的同学进行心理辅导,学会面对挫折:引导他们主动查找原因,取得认识上的进步,为以后的写作铺平道路。

(二)亲身体验吐露真情的畅快

作文是创造性极强的活动,哪怕是模仿性的作文,也离不开同学的创造性思维。而在创造性活动中,情感又起着十分重要的引领作用。各种情感,比如热爱、愤恨、快乐、痛苦、惊奇等，都可以成为作文创造性活动的导火线。托尔斯泰说过："一切作品要写得好，它就应该……是从作者的心灵里唱出来的。""必须去叙述的，决不是使他无动于衷和可以缄口不谈的事物，应该是他不能不说和热爱着的事物。"虽然同学的作文不能与作家的创作相提并论，但是努力的方向是一致的，真实的情感，表达的欲望，都是需要的。

怎样亲身体验吐露真情的畅快呢？注意从生活中找米。同学生活的环境不是真空，无论在学校，在家庭、社会，还是白天、夜晚，都有可能受到各种信息的刺激，而在心灵上留下印记，激起或多或少的涟漪。这是必然的，毫无疑义的。注意把耳闻目睹的生活片段甚至细节进行分析、综合、升华，提炼出积极向上的主题，就可以取得写作的素材和题材，根据不同的作文要求构思表达，形成作文。针对某人的不文明行为言论如随地吐痰、好吃懒做，自私扭曲的人格言行如在家庭矛盾中的偏袒，发表感想，形成作文。在学校的课堂上，教师还可以创设使同学畅所欲言的情境。情境可以是富有生活美感的画意，也可以是富有思辨、哲理的诗情。情境可以由教师直接提供；也可以由老师引导，同学生成；还可以由同学自己选取或创设。如老师选取优秀文学作品最精彩的片段或细节，去引导同学进行合理的想象和补充、扩展，而构成新的故事，突出新的主题。通过选取精彩课文片段，去唤起同学对自己生活的回忆和联想，触类旁通，抒发自己的或喜或怒或哀或乐的思想感情。还可以组织同学走出课堂，充当小记者深入工厂、农村、部队、机关参观采访先进典型，获取丰富的写作素材，用自己独特的构思、恰当的表达方式和自己精彩的语言，讲述自己的见闻感受，表现积极向上的主题。或者组织几名同学，就某一容易引起争论的事件或话题进行正反双方的辩论，同学为听众和评委，老师为导引；以便开启同学智慧，活跃思想，获得认识上的飞跃，然后加以整理，形成作文。

总之，老师可以引导同学从眼前点滴小事，也可以从上下几千年、纵横数万里的广阔文化时空中，选取恰当的题材，设置感人的情境，使同学做到"胸中之情，不吐不快""胸中之理，不说不宁"，具有强烈的写作冲动。这样有多少同学不兴致勃勃地提笔作文呢？

(三)及时在作文的信息反馈中获得愉悦

各种作业都有个及时阅批反馈信息的问题。同学作文是同学在老师的指导下辛勤劳动的成果。他们把作文上缴之后，大多是以急切的心情等待老师给以评价。这就要求老师迅速地阅批作文，及时地讲评作文，充分肯定作文的成绩。

可在实际教学过程中，因为教师忙与应付学校教育的其他工作，而不能达到以上要求。直到急需发放讲评之前才匆匆阅批。这样并没有节省工作时间，却影响了作文教学效果,冷落了同学期盼老师肯定自己作文成功的热情。因此,合理安排时间,尽可能迅速阅批作文,及时讲评作文,充分肯定同学作文成绩,显得意义重大。

　　作文收讫之后,既要根据作文的要求,又要结合同学的实际给予阅批、评价,充分肯定同学的作文优点,诚恳指出存在的不足,并提出中肯的修改意见。切忌以老师的成人标准来衡量同学的作文,专挑作文毛病,甚至讽刺嘲笑同学作文的种种短处,以显示自己的文才之高。因为这样不仅不公正,而且挫伤了同学作文的兴趣、难得的自信心和可贵的创作欲。应努力发现和保护同学的作文兴趣、积极性,激发同学作文的进取心,促进同学主动作文,认真修改作文,取得更加突出的语文成绩。

　　(2013年11月陈建华老师与我合作,后推荐发表于吉林教育学院学报)

48　初中作文多角度指导研究（多维引导式）

如皋市学校教育科研课题
研究手册

学　　　校：　　如皋市实验初中　　
学校负责人：　　　郭富慧　　　　
课题名称：　初中作文多角度指导研究　
课题主持人：　刘维臣（原许庄初中）　
立项级别：　　　　县　　级　　　　
立项时间：　　　2004 年 6 月　　　
结题时间：　　　2011 年 12 月　　　

江苏省如皋市教育局教育科学研究室制

课题名称	初中作文多角度指导研究
课题题解（把课题名称里的主要概念解释清楚）	初中作文多角度指导研究:初中作文是一个比较复杂的教学难题,应该设法从多角度进行指导,以满足全体同学的学习需要。应从教师率先垂范即亲自写下水作文的角度来引领学生作文,使学生学有参照;教师写下水作文可以知道写作的门道和艰辛,更加理解和尊重学生的付出,构建和谐师生关系。尤其是比较难写的作文题,下水作文的垂范,还可以起到引领、鼓舞作用。又应引导学生根据题目进行审题,或者根据作文要求自己拟定题目,然后选择材料、组织材料(构思)和进行实际作文书面语言表达,使学生学有门道;而当作文上交到老师手中之后,老师进行批阅的过程中,还应是从审题或拟题、选材、组材(构思)和语言表达这四个方面进行鉴赏评点,使学生学有所得。还应注意安排、引导和鼓励学生参与审题、选材、组材和表达的指导与鉴赏,当小老师。

研究本课题的主要理论依据	写下水作文,是教师亲自参加写作实践,"实践出真知",实践了才更有发言权;同时可以鼓舞学生的写作热情。 　　作文指导(点拨)四步,是根据原国家教委中学语文教学大纲,关于指导学生作文必须先解决写什么和怎样写的问题而设立的。写什么:审题(或拟题)、选材;怎样写:组材(构思)、表达,符合认知规律。 　　而学生佳作鉴赏点评,是对作文指导的反馈和深化,也是作文教学的不可缺少的规范化操作环节。安排、引导和鼓励学生参与作文教学的指导和鉴赏,体现教师为主导、学生为主体的新课改理念。 　　主要理论依据:陶行知教学做合一的思想。
研究的目的	全面提高初中教师和学生的语文阅读能力和作文能力,让教师能够鉴赏和识别学生优秀作文,让学生能够迅速成长、脱颖而出,达到教学相长的目标。
研究的内容	教师写下水作文,率先垂范;知学生作文甘苦,做切合实际的作文指导与评点。教师进行作文科学方法的指导,紧贴中考和期末考试的命题作文、话题作文,从拟题或审题、选材、构思和表达角度对学生进行过程性指导;发现和利用学生典型作文也按四个步骤进行鉴赏点评,使学生受到深刻和有效的启发。安排、引导和鼓励学生参与作文指导特别是作文鉴赏点评,形成互动,提升质量。
研究的方法	实践法:备课时,教师写下水作文,然后发放给学生阅读;用四步法指导学生作文。 　　积累法:上好阅读课和提倡课外阅读,提高学生语文鉴赏水平和能力;上好作文课,积累教学经验。 　　观察法:指导学生有意识地观察大自然和社会生活,注意学会积累提炼生活素材。
研究步骤	一、起始阶段:2004年1月至2月,制定方案,培训教师,积累数据,组织开题活动。通过主持人制定初中作文多角度作文指导研究的活动方案,来培训教师,召集组成人员一起研究讨论如何实施;在认识统一的基础上,各自准备积累资料:一是从生活中积累资料;二是通过阅读积累知识、提高鉴赏水平和能力,为实施多角度作文指导做好准备。申请立项。 　　二、运行阶段:2010年4月至2011年10月或更长时间。在各成员注意实践、积累和收集数据的前提下,组织阶段性集体活动,整理和交流研究数据,组织教师撰写论文,参加专家讲座和阅读有关资料文献。继续指导学生作文实践;并及时发现优秀作文和撰写优秀论文参加教育科研部门举办的有关征文竞赛活动,或者向有关报纸杂志推荐,激励写作热情。收集和整理三个角度的有关成果资料,结集出版。对学生语文学习(作文写作)中存在问题进行分析研究,及时提出对策和整改方案:认真落实和完善多角度作文指导研究计划。

	三、总结阶段:2011年10月至12月。本课题组各成员认真收集和整理有关作文教学的下水作文,包括发表的和获奖的;指导学生作文的四步法的教案;发现和推荐获奖作文及其鉴赏式评点材料,出版的书籍及整理获奖材料。 四、结题阶段:对照如皋市教育局教科室微型课题结题要求,整理和完善各种材料,请专家审核。
预期成果 及呈现方 式	下水作文汇编;初中作文多角度作文指导研究的教学案;优秀作文的评点鉴赏、获奖或发表的证明材料;集下水作文实践引导、作文指导过程引导和作文点评鉴赏引导的正式出版物。学生语文特别是作文考试成绩提升的证明材料。
学校意见	签名(章)　　　年　月　日

关于初中作文多角度指导研究的调查问卷及统计分析资料
(刘维臣、陈建华)

一、问题的提出

如城镇许庄中学地处城郊,由于城区办了重点初中,吸引去了优质生源,近来学校学生思想相对复杂、浮躁,部分学生学习态度不够端正,影响整体素质的快速提高。就基础课、工具课甚至决定人一生发展的语文学科来讲,需要狠下一番功夫。一是写作入门难、审题难、易离题;拟题难。不像题;难有话说,平时观察、积累、提炼生活不够;有"话"难说,易文不对题;易失之笼统或失之啰唆;详略安排不容易,遣词造句表达思想不容易。无怪乎有的到了初中毕业,还写不出像样的作文。二是鉴赏难:有的学生写出好作文还不知是好作文,众说纷纭;而写不出好的作文还以为是好作文,"文章自己的好"。一篇文章摆在面前,不知应该以什么标准来衡量……于是习惯于抄袭别人的优秀作文,严重干扰了自身作文能力的增强和作文水平的提高,妨碍素质教育的推进。于是,提出了多角度、全过程作文指导研究课题。

二、研究的对象和方法

1. 研究的对象:从本校的初中生中各成员任教班级学生与平行班未进行本课题研究的班级进行对比研究。

2. 研究的方法：

实践法：备课时，教师写下水作文，然后发放给学生阅读；

积累法：上好阅读课和提倡课外阅读，提高学生语文鉴赏水平和能力。

观察法：指导学生有意识地观察大自然和社会生活，注意学会提炼素材。

问卷法：对各个成员任教班级的学生进行调查问卷，及时了解有关情况，研究改进措施。

三、研究问题与分析：

根据课题实施方案，我们主要从以下几个方面开展了前期调研工作，以了解作文指导教学的现状问题：

3.1 问卷调查

我们有针对性地设计了一份学生问卷，通过调查，发现了实际作文教学中学生表现出的问题：

3.1.1 学生作文兴趣不浓

愿意自主习作的学生占不到80%，学生作文的目的不是为了满足表达的需要，不是为享受表达的快乐，不是为提高表达的水平，而是为了完成老师的任务或急于提高考分。

3.1.2 学生作文动力不足

部分学生作文动力不足，是因为作文没有得到充分甚至应有的肯定、鼓励。

3.1.3 学生作文表达不畅

部分学生不会表达跟学生阅读有关，也与作文指导的方法有关。试想，为什么许多同学平时说话时滔滔不绝、绘声绘色，可一写作文便语言贫乏、言之无物。我想，最关键的问题是作文指导没有与阅读教学结合，没有与生活实际结合，反映活生生的现实，艺术地表达积极向上的主题。

3.2 行动调查

主要方法有两种：一是查阅学生作文、日记，二是对自身的作文教学现状进行反思。

通过查阅和统计学生写的作文、日记发现，现实的作文指导教学普遍存在着作文命题呆板，不能激发学生表达欲望，作文指导方法不当，太过于注重作文知识空洞说教，缺少针对性指导，学生的日记、作文内容空泛，语言贫乏，缺少鲜活个性。

从自身教学方面看，作文指导普遍存在的问题是：

(1) 命题限制学生作文选材和表达的自由，影响表达水平提高。

(2) 作文选题脱离学生表达需要，没有触及学生表达的"兴奋点"，作文"疲于应付",没有表达热情。

(3)指导方法不当,不注意有针对性地指导学生自由表达,有的甚至教学生用"速成法"背优秀作文以应付考试。

(4)只注重批改学生上交的作文本,不注意向学生渗透修改作文的方法,影响作文质量的提高。

总之,通过第一阶段多方面的调查,我们较为全面深入地了解了作文指导的现状问题,积累了第一手资料。进一步认识了开展初中作文多角度指导研究的必要性和重要性,为下一步深入课堂开展体验初中作文多角度指导教学研究、"文章本天成,妙手偶得之"奠定了基础。

根据课题实施方案,我们又进行了第二阶段的中期调研工作,以便发现实施多角度作文指导教学与研究工作碰到的问题,及时解决。

问卷与行动调查:

对成员语文任教班级进行为期两个月关于多角度作文指导教学与研究的问卷和行动调查,检查实行的效果:

实验角度 显示效果 班别	不实验	下水作文实验	多角度实验
初二(1)	反应冷淡70、6%的符合要求		
初二(2)		有积极性82、3%的符合要求	
初二(4)			既有积极性又有明显进步96、1%的符合要求

四、结论与对策:

实行初中作文多角度指导研究,对于调动学生学习语文特别是写作文的积极性和主动性具有现实的重要意义;实行下水作文示范比不实行下水示范更能调动学生的学习积极性;实行三个角度(多角度)比只实行下水作文更能调动学生的作文主动性和综合写作能力。

但是还存在7%左右的不合格作文,主要原因是这些同学没有能充分认识老师写下水作文和自己写作文的关系,也没有注意作文的审题或拟题、选材、组材和表达的连贯性和艺术性。

对策:多关注这些同学上课时的举止神态,多启发他们走上多角度作文学习之路,及时引导他们的科学实验性学习,及时肯定和鼓励他们的点滴进步。

作文多角度指导研究课

在记叙中作必要的描写

——赏析《我们一起走过》与写作《我一眼就认出了他(她)》

教学目标

1. 了解欣赏文章的基本知识,养成良好的阅读欣赏习惯,针对作文"表达"环节进行探讨。

2. 学会运用欣赏的文章描写方法,写成特色作文。

活动重点　阅读文章,感受美点,总结规律迁移到写作中去

突出方法　1. 品读法。在整体感知文章内容的基础上,针对"表达"环节培养学生鉴赏能力和写作能力。

　　　　　2. 讨论法。讨论作文题的"表达"难点问题。

教学时数　1 课时

教学过程

一、导入

由作文题目导入,激发学生阅读兴趣:今天给同学们阅读的是去年南通中考满分作文,作品很感人,其中作品思想性很好,作品很有生活气息,下面请同学带笔阅读并做好批注。

二、学生自主阅读并作点评批注,教师多媒体播放轻音乐营造阅读氛围。

三、小组合作交流

为什么这些文章能在众多的考场作文中脱颖而出?

(学生结合阅读圈点出来的描写性佳句或片段进行赏析感悟)

四、小组展示

每个小组推选一名代表展示本小组交流意见。

教师适时引导学生对记叙中描写的精彩语句作感情朗读,并将学生分析引向深入。

五、归纳总结

各小组的发言都十分有道理,那我们一起把同学们的发言整理归纳一下,一篇文章我们可以从哪些角度去欣赏?

（一）揣摩字词

揣摩文章中用得好的字词,含用得准的字词,用得美的字词,用得妙的字词。

（二）赏读佳段

选取文章中你感觉最好的描写进行欣赏。如：

1. 欣赏景物描写

（1）句式之美

（2）表达方式之美

（3）层次之美

2. 欣赏人物描写

（1）细节之美

（2）语言之美

（3）心理之美

可以从这些角度去进行:层次结构,细节描写,遣词用字,句式安排,情感抒发,手法运用,动静虚实等。

（三）寻找美点

从文章中找出自己认为写得好,写得美的描写去欣赏,如：品味雅词,感受佳句,析读精段,体会妙思,感悟美意。

（四）抓关键词

重点围绕描写的一个字,一个词对文章语句、篇章进行品读,赏析,就是用这一个字,一个词牵动对文章的整体的欣赏。

（五）抓线索

从文章中找出能贯穿全文的线索去欣赏。

（六）反复品读并总结：

（1）精美的思路

（2）健美的结构

（3）秀美的段落

（4）丰美的哲理

（5）优美的句式

（6）醇美的修辞

（七）模仿训练

《我一眼就认出了他(她)》或自拟题目

要求:1. 立意自定；

    2. 在记叙中作必要的描写；

3. 学习运用上文所品读的描写特色
4. 不少于600字。(陈建华、刘维臣)

关于"初中作文多角度作文指导研究"的结题报告

一、研究的缘由

如城镇许庄中学地处城郊,由于城区办重点初中吸引去了优质生源,近期学生思想相对复杂、浮躁,部分学生学习态度不够端正,影响整体素质的快速提高。就人文性、工具性甚至决定人一生发展的语文学科来讲,需要狠下一番功夫。一是写作入门难、审题难,易离题;拟题难,不像题;难有话说,平时观察、积累、提炼生活不够;有"话"难说,易文不对题;易失之笼统或失之啰唆;详略安排不容易,遣词造句表达思想不容易。无怪乎有的到了初中毕业,还写不出像样的作文。二是鉴赏难:有的学生写出好作文还不知是好作文,众说纷纭;而写不出好的作文还以为是好作文,"文章自己的好"。一篇文章摆在面前,不知应该以什么标准来衡量……于是习惯于抄袭别人的优秀作文,严重干扰了自身作文能力的增强和作文水平的提高,妨碍素质教育的推进。于是,提出了多角度、全过程作文指导研究课题。

二、课题概念的界定:

初中作文多角度指导研究:初中作文指导从教师率先垂范即亲自写下水作文的角度来引领学生作文,使学生学有参考;又引导学生根据题目进行审题,或者根据作文要求自己拟定题目,然后选择材料、组织材料(构思)和进行实际作文书面语言表达,使学生学有门道;而当作文上交到老师手中之后,老师进行批阅的过程中,还是从审题或拟题、选材、组材(构思)和语言表达这四个方面进行评点鉴赏,使学生学有印象。教师写下水作文可以知道写作的门道和艰辛,更加理解和尊重学生的付出,构建和谐师生关系。尤其是比较难写的作文题,下水作文的垂范,可以起引领激励作用。

三、研究的目标:

全面提高初中教师和学生的语文阅读能力和写作能力,让教师能够鉴赏和识别学生优秀作文,让学生能够迅速成长、脱颖而出。

四、研究的内容:

教师写下水作文,率先垂范;知学生作文甘苦,做切合实际的作文指导与评点。教师进行作文科学方法的指导,紧贴中考和期末考试的命题作文、话题作文,从拟题或审题、选材、构思和表达角度对学生进行过程性指导;发现和利用学生典型作文也按四个步骤进行鉴赏点评,使学生受到深刻和有效的启发。

五、研究的方法:

实践法:备课时,教师写下水作文,然后发放给学生阅读等;

积累法:上好阅读课和提倡课外阅读,提高学生语文鉴赏水平和能力。

观察法:指导学生有意识地观察大自然和社会生活,注意学会搜集、提炼素材。

问卷法:对各个成员任教班级的学生进行调查问卷,及时了解有关情况。

对比法:不同的班级进行作文多角度指导和不进行作文多角度指导的对比。

六、研究的过程(实施情况):

2004年 2月28日	1. 课题组主持人制定活动方案或计划,召集各成员聚会,印发、阅读和讨论计划,取得认识的统一。 2. 布置各成员在语文教学中实践本课题思想内涵。	通过培训,大家认为课题很有价值,要求认真实施;如发现问题,再组织探究,及时解决。
2004年 9月19日	组织下水作文交流活动。展示发表和未发表的下水作文。	大家对课题研究更有信心了。
2007年 10月26日	组织论文交流活动。主要是关于审题、选材、构思和表达方面的。	提高了指导审题或拟题、选材、组材(构思)和表达能力。
2008年 3月30日	组织作文指导四步法教案交流活动,相互展示成绩,学习对方优点;发现自己的不足之处,加以改进	提供了一次互相学习的机会。
2009年 4月14日	组织作文批阅、评点交流活动。检查是否按照审题或拟题、选材、组材和表达四步进行作文鉴赏式点评,有什么体会。	更加彰显了课题的研究内涵的魅力。

2010年 9月26日	组织成员交流引导和组织学生观察社会生活、自然景物、提炼生活素材的体会。	解决部分学生无话可说、篇幅不足的问题。
2011年 6月12日	1. 组织交流研讨活动：个人谈自己在教学实践中取得的收获、体会以及碰到的问题； 2. 讨论如何进一步巩固已有成绩，解决存在问题。	通过座谈，大家针对自身教学实际，谈了学生作文的积极性提高了，学习语文阅读的积极性也提高了，更加关注社会生活和大自然。
2011年 12月20日	1. 组织交流实施作文多角度指导研究总体收获； 2. 各自准备结题材料。	大家感觉实施初中多角度作文教学指导受益匪浅，已经达到了预期的效果。是该结题了。

七、成果及形式：

1. 发表和获奖的：

序号	成果类型	成果名称	效果及作用简述	是否发表或获奖
1.	专著	初中作文多角度引玉集（刘维臣）	收集了下水作文实践引、作文点示学法引和学生佳作鉴赏引的已经发表或获奖资料，自成一体，对学生作文具有启发和引导作用。（其中下水作文中有2004年7月发表在《现代语文》杂志上的《精彩记叙文的题材从哪里来》等多篇论文）	由中国文史出版社2004年10月出版；2007年1月被中国中小学幼儿教师奖励基金会评为200部优秀作品。
2.	获奖作品	奶奶家的石榴树（学生张晶晶，指导老师刘维臣）	在多角度作文指导研究过程中发现的学生佳作，写出了学生的真情实感，具有极强的感染力和可读性。	获2006-2007年度全国中小学生江苏赛区金钥匙科技竞赛综合实践活动一等奖。

3.	证明	关于初中作文多角度指导研究实践效果的证明(刘维臣、陈建华、姜红杨、夏淑琴、刘晖)	运用多角度作文指导,教学质量上升。	在35个初三班竞赛中获语文、作文第三、第四各一次;期末、交班考试成绩优良。
4.	获奖证书	文心雕龙杯第一届新课标才艺大赛作文指导奖(刘维臣)第十一届、十二届"新世纪"杯全国中学生作文大赛作文指导奖(陈建华)等	对语文教学产生了鼓励作用。	一、二、三等奖。

2. 陈建华、姜红杨、夏淑琴、刘晖和刘维臣在实验这一课题期间都撰写了论文。

(见材料)

八、结论、体会和感想:

在原许庄初中校长王桂林、范广余同志的鼓励和支持下,在市局教科室领导关怀下,经过本人的努力,终于在2004年6月得以立项县级课题。通过原计划一年、实际多年的学习、实践、探索和完善,我和陈建华、姜红杨、夏淑琴、刘晖老师一起,后来分别在各自的语文教学工作岗位上,努力实践"初中多角度作文指导研究"课题思想内涵,都取得了比较显著的进步和较为丰硕的收获。因此,请组织上予以审核结题。

回顾过去为此课题所做出的努力,体会不浅,感慨良多。

除了上述表格中体现的,补充如下:

在下水作文环节还首先设置了记叙文的素材这个环节,从社会生活中选取简单的事件梗概,然后诠释、演绎成一篇六百字以上的作文。意在向学生展示写记叙文实际就是一个大幅度的扩写,是对题目的诠释,社会生活事件概况的演绎。在作文四步指导的教学环节上,各成员通过写下水作文、教案和学生优秀作文鉴赏式点评予以呈现。

从实际出发,各个成员努力写下水作文。姜红杨老师写了同题作文《尊重》,陈建华老师写了《永恒的回忆》,刘维臣在2005年5月根据同事的经历和传说写了《面试》,9月根据传说与回忆写了《废人》,2009年9月10日写了《我家之"天"》(载"人民网")。

在教学过程中，各成员注意在作文备课中运用多角度指导研究理念写教案。姜红杨老师写了《落满阳光的回忆》教学设计，陈建华老师写了《我的新老师》教学设计。

在语文教学过程中，全体成员都能认真批阅学生作文，并且落实四步鉴赏式评点，起到了激励作用。刘维臣点评了学生佳作《我心震撼——浅谈初中生学习历史的重要性的读后感》，姜红杨点评了学生佳作《尊重》、《青春的旋律》、《跑跑跑》，陈建华点评了《永恒的回忆》、《我爱我家》、《梧桐树下的秘密》，刘晖点评了《陌生人，我多想对你说》等。

姜红杨老师撰写了《学会审题》的论文，陈建华老师撰写了《作文写作中选材的技巧》、陈建华、刘维臣合作《作文教学的关键》的论文，刘晖老师撰写了《浓妆淡抹出美文——小议扮靓作文的技巧》，夏淑琴老师撰写了《作文四步指导之构思》《千万不能冷落写字教学》；征得冒校长的支持，刘维臣老师撰写了《让语文教学更加快乐、温馨——以写促读》的论文，并组织6名教师指导多名学生作文参赛首届全国"文心雕龙杯"新课标作文大赛，分别荣膺1人教师论文二等奖，6人优秀指导老师奖，10人优秀作文等级奖，并有1人荣膺"全国优秀教师"荣誉称号。

今后除了继续保持本课题的有效性之外，我们将继续努力探究、学习和改进，为把所在学校的教育教学工作推向更加美好的未来而不懈奋斗！

感谢市局教科室领导袁玥、我校陈玉兵书记和教科室严丽华主任等领导给予的支持！

江苏省如皋市教育规划课题结题证书

由刘维臣　　同志主持的如皋市教育科学"十二五"规划微型课题《初中作文多角度指导研究》已完成结题工作，通过专家鉴定。

如皋市教育科学规划领导小组办公室（印章）

二〇一一年十二月

附录1　阅读师作　自主欣赏(8)

初中同学语文阅读名家名作课文之后,解答阅读主观型题目、做作文写(或说)不好怎么办?为你在阅读名家名作课文与解答阅读主观型题目、做作文之间架设一座心理桥梁:阅读师作,自主欣赏。

按照写什么(内容)、怎样写(写法)、为什么写(这样写的好处)的顺序,在老师的素材与作品、作品的记叙与说明议论抒情、作品的段与段甚至语句之间之中重点自主欣赏,向着知识能力素养的三维目标,展开心灵的对话,培养解答阅读主观型题目与做作文的胆识和科学思想、方法。

新　闻

[题型特点]

1. 概念。新闻有广狭义之分。广义的新闻,是指以写实的手法反映现实生活中的具有典型意义的人和事,包括消息、通讯、调查报告等;狭义的新闻又叫消息,是指在报纸、电台、电视上经常出现的、用概括性叙述的方法、简明扼要的文字,及时而准确地报道国内外新近发生的具有典型意义的事实、重要事件的应用文。

2. 类型。这里所说的新闻是指狭义的新闻,通常有四种:

①动态消息:迅速准确地报道国内外新近发生的新情况、新成就。篇幅短小,表达简洁。

②经验消息:及时反映贯彻党的路线、方针、政策的某方面的典型经验,指导当前工作。一般要交代情况,叙述做法,反映变化,总结经验,引出结论。

③综合消息:及时综合反映带有全局性的情况或成就,要点面结合。

④述评消息(新闻述评):以叙事为主,间以评论。评论以事实为基础,事实又以评论为中心。

3. 特点。①时效性强;②概括性强。叙述简明扼要,一般只要求写出事件的轮廓和概况,不要作详尽的叙述和具体的描述;③真实性强。内容必须绝对真实,用事实说话,任何夸张和虚构都是不允许的。

[写法指要]

新闻的写作有其程序化,它的结构由标题、导语、主体、背景、结尾五个部分构成。

1. 标题。一般有引题、正题和副题之分。引题交代形势、说明背景、引出正

题;正题高度概括报道内容;副题对正题作补充说明。如:

以名牌产品为依托利用外资"借船出海"(引题)

黄金村绣衣集团走向世界(正题)

去年该村人创外汇一万元(副题)

可三项题俱全,可只有正题,可只有引题和正题,可只有正题和副题。好的标题准确、鲜明和简洁。

2. 导语。概括新闻的事实或中心。常见的写法有叙述式、提问式、结果式和描写式。采用何种写法,要看题材内容而定:重大事件一般用叙述式,敏感事件一般用提问式,奇特事件一般用结果式,着急事件一般用描写式。不管用哪种写法都要抓住事实的本质,把"谁、干什么、结果怎样"三方面准确交代出来。文字简明而又生动活泼、引人入胜。简明新闻,实际上只是一个导语。

3. 主体。具体地展开事实或进一步突出中心的部分。主体通常有两种结构形式。

①纵式结构。按时间顺序叙述,即按事情发展的过程来安排层次。动态消息大多采用这种结构。

②横式结构。按逻辑(即事理关系)叙述、说明,各层次之间的关系或并列、或因果、或补充、或主从、或总分等等。经验消息、综合消息、述评消息常常采用这种形式。

4. 背景。用来介绍事物产生的条件、现实环境以及与其他事物的关系。它可以是独立的部分,也可以是主体的一个层次。如《心系桑梓地 合力建琼州》主体部分的第一句话"海南是我国著名的三大侨乡之一"就是背景。

5. 结尾。收束全篇,加强主题的表达。如果正文已经把叙述内容写完,就不必再加结尾。

[误区探析]

1. 名曰新闻,其实是旧闻。尽管强调了新闻的定义和特点,但写出的新闻"似曾相识",题材属旧。究其原因,不了解新近发生的重要事件,又没有深入采访。

2. 名曰新闻,其实是采访记。采访了,并做了详细的记录:采访人怎样去采访、怎样采访、被采访人怎样介绍、看见了什么等等,一股脑儿地写进"新闻"中去,成了篇采访记。究其原因:报道的对象不明确。

3. 名曰新闻,却没有导语。初中生写新闻少,往往会出现这种毛病:有标题,一行、多行都可以写;也有主体,能具体展开事实或进一步突出中心,就是没有导语,怎么也找不着概括报道事实或中心的部分。究其原因,未能正确理解和掌握新闻的结构特点;写记叙文写惯了,不习惯于新闻先给读者一个概括报道的事实的总体印象。

[范文题目]

走自我积累自我发展之路
农业服务组织趋向产业化

[审题要点]

1. 由引题"走自我积累自我发展之路"交代形势,说明背景,引出正题"农业服务组织趋向产业化"这一消息内容的高度概括。

2. 引题"走自我积累自我发展之路",主语探下省"农业服务组织"。

3. 引题"走自我积累自我发展之路"与正题"农业服务组织趋向产业化"有因果关系。

4. 写什么:写如何进一步完善家庭联产承包责任制,把一家一户办不好的事办好。县乡村各级注重抓好农业服务组织建设,走自我积累自我发展的道路,使农业服务组织趋向产业化。

5. 怎么写:A 可以是导语用结果式概括事件,主体用横式结构具体报道这件事的情况;B 也可以是导语用叙述式概括事件,主体用纵式结构展开这件事的经过;注意安排详略以突出中心。

[范文选读]

走自我积累自我发展之路
农业服务组织趋向产业化

本台消息 如皋市县乡村三级农业服务体系自身建立并趋向产业化,成为机制健全又具有法人资格的经济实体,为完善家庭联产承包责任制发挥了积极的主导作用,得到农民朋友的信任。

实行家庭联产承包责任制后,如何进一步完善家庭联产承包责任制,把一家一户不能办好的事办好,便成为摆在市(县)乡各级领导面前的问题。他们认真分析研究:建立农业服务体系有哪些条件?会碰到哪些问题?如何解决这些问题并制定规划付诸实施?

他们分别在市(县)乡村三级建立相应的服务组织:市建立以农业局为中心,联结农业技术推广中心、种子公司、农机公司、农科所等服务网络;乡建立以农业公司为中心。联结农技站、种子站、农机站、排灌站、植保站等服务组织;村建立综合服务队,专人分管农技、种子、土肥、农机、排灌、植保等项目。在纵向上是上下一条龙。

这些农业服务组织的机构和人员不是靠统一向农民征收费用来建立和维持

的,而是靠自身的努力,走自我积累、自我发展之路,逐步趋向产业化的。

他们主要有两种途径和方法:一是以自身的令人满意的服务来获得报酬,如管植保的帮助农民防治病虫害,见效则收取报酬;管排灌的帮助农民排涝,排不出水不收费;帮助农民抗旱,放不到或放不足水不收费。二是发挥自身的优势,发展多向经济,如管农机的利用农闲搞运输增加收入,管排灌的趁淡季搞加工业积累资金。通过这样两种途径和方法来建设农业服务体系,把服务实体办成相对独立的、取得法人资格的、内部管理健全的服务企业,使农业服务组织趋向产业化。

［范文评价］

通篇按逻辑关系来组织材料:导语,采用结果式概括这一具有特色的服务体系的现状和意义。主体,采用纵式结构(按事情发展的顺序组织安排材料)展开这一服务组织的形成和发展的事实:先总述各级领导对农业服务组织的重视;及时分析研究的问题;再叙述建立组织体系的过程,最后交代农业服务组织的运作模式。突出了该组织运作的两种途径和方法及其重要意义。突出靠走自我积累自我发展的道路,趋向产业化。主题明确而集中。

［练习举隅］

1.《分类写作初步》出版发行

(构思提示)导语用叙述式概述《分类写作初步》出版发行的事实(包括编撰者、书名、出版社和出版日期),主体用横式结构展开叙述《分类写作初步》的主题和特色,背景补充说明与其他事物的关系,突出《分类写作初步》的出版指导意义和参考价值。

2. 领导深入实际调查研究制定土管方案

某某县土管工作形势喜人

(构思提示)导语采用结果式概括某某县土管工作形势喜人的事实,主体用纵式结构具体报道某某县土管工作形势喜人的原因(注意点面结合),领导如何深入实际调查研究制定土管方案,对群众产生怎样的积极影响。

3. 某某某大赛举行

(构思提示)导语叙述或概括报道大赛的简况:历史(包括名称、内容、规模、赞助者等)、现状(包括名称、内容、起讫日期、参赛对象和主办单位等),主体再用横式结构具体展开大赛主要活动及相关说明,最后写明通讯地址、邮编、联系电话、邮箱等。

4. 缅怀先烈创业的艰难　认清改革深化的必要

(构思提示)导语,采用提问式概括报道某某学校今年清明节瞻仰某某烈士陵园这一事实。主体,采用纵式结构报道瞻仰烈士陵园的主要过程,突出师生代表致辞主要内容,缅怀先烈创业的艰难,认清改革深化的必要,积极推进并投身改革大潮,加快"四化"建设步伐。

(原载《分类写作初步》中国国际广播出版社1993年5月第1版,有改动。)

夹叙夹议

一、指导

在写记叙文的过程中,当你围绕中心叙述情节、描写人物时,就会情不自禁地用上边叙述边议论的方法,以增强表达效果。

1. 由记叙而生发议论。如方纪的《挥手之间》:

主席也举起手来,举起他那顶深灰色的盔色帽。举得很慢很慢,像是在举一件十分沉重的东西,一点一点的,一点一点的,等到举过头顶,忽然用力一挥,便停在空中,一动不动了。主席这个动作给全体在场的人以极其深刻的印象。这像是表明了一种思索的过程,作出了断然的决定。主席完全明白当时人民的心情,而用自己的动作把这种心情表达出来。这是一个特定的历史性的动作,概括了历史转折时期领袖、同志、战友和广大革命群众之间的无限的亲密,他们的无比的决心和无上的英勇。

这段叙述写的是"挥手送别"场面中主席挥手动作的过程及其特殊的历史意义。先记叙主席挥手的一系列动作和细节,连用了五个"举"字,既细致地描写了毛泽东主席挥手告别的动作全过程,又突出了毛泽东主席的伟大形象和他留给人们的深刻印象。并就此极为自然贴切地发出议论,议论这挥手动作的意义是"表明了一种思索的过程,作出了断然的决定"。再从历史的高度议论:"概括了历史转折时期领袖、同志、战友和广大群众之间的无间的亲密,他们的无比的决心和无上的英勇"的特殊意义,给读者以完美的英雄群像和奇妙的艺术感染。

2. 由议论而引出记叙。如鲁迅的《藤野先生》:

东京也无非是这样。上野的樱花烂漫的时节,望去却也是绯红的轻云,但花下也缺不了成群结队的"清国留学生"的速成班,头顶上盘着大辫子,顶着学生制帽的顶上高高耸起,形成一坐富士山。也有解散辫子,盘得平的,除下帽来,油光可鉴,宛如小姑娘的发髻一般,还要将脖子扭几扭,实在标志极了。

这段叙述一开始就用"东京也无非是这样"的议论,流露了对东京的失望厌倦情绪;然后以冷嘲热讽的口吻描写了"清国留学生"附庸风雅、思想腐朽、不学无术种种丑态,表达了探求救国救民之道的鲁迅对他们的思想行为十分厌恶的感情。可以说,议是中心,叙是材料,二者有机结合,相得益彰。

3. 记叙中插入议论,承上启下,交代原因。如曹雪芹《葫芦僧判断葫芦案》:

……雨村便徇情枉法，胡乱判断了此案。冯家得了许多烧埋银子，也就无甚话说了。雨村便忙修书二封与贾政并京营节度使王子腾，不过说，"令甥之事已完，不必过虑"之言寄去。此事皆为葫芦庙内沙弥新门子所为，雨村又恐他对人说出当时贫贱事来，因此心中大不乐意，后来到底寻了他一个不是，远远地充发了才罢。

这段文字叙述了案子的结局。先记叙贾雨村徇情枉法、胡乱判案的过程；最后交代如何处置门子。中间插入议论，承上启下，交代对门子处置的原因：一是因为"此事皆为葫芦庙内沙弥新门子所为"，门子掌握了贾雨村徇情枉法的把柄；二是因为门子了解贾雨村的底细，"恐他对人说出当时贫贱时事来"。表现了小说刻画人物形象的艺术真实性和故事情节的合理性。

应注意的问题：

1. 记叙文中的夹叙夹议不同于议论文中的夹叙夹议：叙要具体、生动、形象，议要简洁明快，成为点睛之笔。

2. 记叙文中的夹叙夹议往往带有浓郁的感情色彩，与心理活动关系密切。所以，议放在哪里最好，要视具体语境而定，不要拘于一格。

[名家例文]

路　口

沈善增

一个同学告诉过我这样一个故事。

他很有一点小聪明，可是那时待分配在家常常"吃饱了饭没事体做"。一天，他邀了两个同学，到大街上去寻求刺激。

他们来到闹市口的一个阴沟边，蹲下，全神贯注地往里看。不到一分钟，他们身后已站下五六个人。"看什么?"有人问。

"一只大老鼠，浑身雪白，这么大。"我那同学用手比划说。

"喏，头露出来了!"他的同学趁机起哄。七八个脑袋立刻一齐凑向阴沟洞。

"缩回去了，等会儿还会出来的。"

不消十分钟，阴沟边上已围满了几圈人，外围的人焦急地向里层的人打听："什么东西?""什么东西?""白毛鼠，绿眼睛，连尾巴两尺长。""哟!"

我那同学和他的同谋，悄悄地引退了。待他们从别处逛了一大圈再回来时，那里已围得黑压压的。十字路口被堵塞了，排成长蛇阵的电车、卡车像乌鸦一样狂叫。

"什么事?"我那位同学拉着一位踮脚张望的人问。

"一只大老鼠。"那人摆摆手，向人圈里挤。阴沟边有人在喊："头露出来啰!"

多么伟大的愚蠢啊!

[评析]

这是篇旨在讽刺无聊生事和盲目从众的人们的氛围小说。记叙中夹杂简洁明快的议论,显得错落有致、和谐协调,主题鲜明突出。一开始在交代了故事的来源之后,用议论句将"我那同学"的个性特征展示在读者面前:"他有一点小聪明",常常"吃饱了饭没事体做","寻求刺激"。随之则展开记叙闹市口起哄看"大白鼠"堵塞交通的事件。不仅写出了"我那同学"的无聊生事起哄,而且写出了黑压压的人们的盲从愚昧。最后以点睛之笔议论道:"多么伟大的愚蠢啊","伟大"二字极富讽刺性。

二、练习

题目:留在我记忆深处的

要求:用夹叙夹议的方法进行叙述。

[佳文]

留在我记忆深处的

张勇征

在我的记忆中,有过欢乐的情景,也有过窘困的片段。随着时间的流逝,许多事在我的头脑中渐渐地模糊了。但有一件看来很小的事,却常常留在我的记忆中。

那天,我骑着自行车去姑妈家。途中,有一块坟地。听姑妈说,那里有时闹鬼。虽说已是十来岁的学生,对那些鬼的迷信说法有些认识,但每次经过那里,心里总是发怵;即使过了那块坟地,也觉得有鬼在跟着我。这次,我又到了那块坟地,心中不免紧张起来,不知不觉地把自行车的速度加快到了极点。突然,前面闪出一个老奶奶;我的恐惧感,使我完全失去控制,不知所措。自行车的速度是那样的快猛,老奶奶的身影是那样的迟缓。我骑的自行车到了大概离老奶奶三十米的地方,老奶奶才好像意识到什么似的,因为路很窄,她只往边上移动了一点点。自行车越来越近了,到了老奶奶旁边,车龙头一歪,自行车后轮往下一滑,正巧压在她的脚上。她倒下了,这场景使我的头脑猛然醒悟过来:我撞的是人,不是鬼。我吓了一身汗,恨不得插翅远离这是非之地。我猛地看见她坐在地上,捧着脚,脸上显着痛苦的神情。我想起我长时间留在这里的后果,连一声招呼也没打,骑上自行车飞快地跑了。我生怕有人突然从后面追上来。到了姑妈家,已是满头大汗了。

此后,每当走到那块坟地,我心中就充满了悔恨。心中的鬼自然没有了,而且再也不敢骑快自行车了。我多么想再次见到那位老奶奶,亲自向她道歉。

[评析]

读了这篇作文,我似乎不知不觉地也和作者进入了那种场景。这主要得力于作者运用了夹叙夹议的写法:开头一段议论点明这是一件"看来很小的事",却深深地留在我的记忆中。语言幽默,具有吸引力。在叙述这件事的过程中,以恰到好处的议论点缀其间,带有鲜明的判断,不仅使记叙的内容增色,而且点明了主题,如"我撞的是人,不是鬼。"结尾一段最后的议论极为重要,没有它,就没有鲜明而深刻的主题,也没有耐人寻味的效果。

(原载《记叙文写作训练教程》陕西人民教育出版社1995年3月第1版,有改动。)

素材:2000年春天,我在加力亲戚宋家①,听一个韩姓木匠讲述了县令的正月初一的故事,感觉到构思精巧,意蕴深邃;更感悟到侠义情怀。

作品:

县令的正月初一(散文)

这个故事发生在哪朝哪代,已无从查考。只知某年的正月初一早晨,一位县令为了了解民情而要微服私访了。

这位县令扮作送财神者,来到一个医生(郎中)家门前,只听医生正燃香祈祷:"菩萨,菩萨,保佑我医业兴旺,伤病者来我家就医者多多益善。让我早开财门,赚个钵满盆满矣!"县令赶紧避开,又来到一个"四门店"老板门前,听老板也在燃香祈祷:"菩萨,菩萨,保佑我店生意兴隆,死亡者买我棺材者多多益善,让我早开财门,赚个盆满钵满矣!"

县令听罢立即离开,顿觉义愤填膺,心想:"此二人心术不正,不求神佛赐福于黎民,反要神佛只为自己早开财门,而不惜降灾于百姓,当设法惩之。"于是再到医生家,见医生,说完吉利顺口溜,领过小赏,作焦急状,告知医生:"先生,先生,你可知,四门店老板娘病重矣!若去诊治,必多有赏!"说完,又奔四门店老板家来,见老板,说完吉利顺口溜,领过小赏,告之:"老板,老板,你可知:医生家'老'人了,要来买棺材,好生接洽。"

不久,医生挎着药箱到老板家,不便开口,东张西望。老板见医生来,问:"医生,医生,棺材货源充足,质量保证,你家要大要小?任你挑。"医生闻言十分惊诧:"新年图吉利,你这什么话?我家又不买棺材,挑什么挑?我听说你家老板娘病

---

① 传说南宋岳飞拴马的老槐树西宋家:宋邦文(1918~1989),二十世纪五六十年代任如皋县人民法院副院长;兄宋邦基任江苏省军区后勤部副部长,《解放军报》有报道。

重,放心不下,乡里乡亲,才特来瞧瞧!""什么?我老板娘身体安然无恙,谁说病重?新年伊始,口无遮拦,你不是咒人?我揍你!""你才咒人!我拳头也不吃素!"两人边吵边拉着要见官评理,谁也不让着谁,谁也没有细想原委,一直闹到县衙前,击鼓鸣冤。

公堂之上,县令身着官服,端坐案前,审理该案;堂下两旁衙役个个"威武",执杖排列。县令听罢医生、老板讼词,斥责堂下医生、老板,心术不正,诅咒无辜黎民百姓或病或死以满足自家发财私欲,喝令每人杖打四十。

(原载湖南省科技信息所主办《农家致富顾问》2000.9)

素材:大约是在1998年,我家老鼠特别猖獗。我从老家父母那儿捉来一只金黄色竹节猫。这只猫是春天出生的,特别机灵、通情,我甚至把他看成是家庭第四号成员。可是第二年秋天就失踪了。为此我惋惜不已,作文以志感慨。

作品:

金　猫

七月十二日,第四号家庭成员金猫失踪。倒不是"溜掉的鱼总是大的",我那金猫,就是谁用了那么大块黄金跟我换,我也不见得肯。寻觅,疑惑,遗憾,怀念……陆续在我的意识里奔涌、激荡。

记得去年夏天,为了采用生物防治:以猫制鼠,我从故里请来了一位"客人"——一只通体金黄色的竹节猫。听它"咪呀"一声,宛如听时下歌星最美妙的清唱;瞧见它绿莹莹的碧眼闪烁着祥光,恰似得了绿宝石那样快慰;嫩红的小嘴两旁放射出几根银丝,简直就是它的无线电天线!我妻子儿子都喜欢得不得了,给它起了个漂亮的名字"金猫"。

俗话说"春猫聪明。"金猫有灵性,通人情。儿子放学回家,总喜欢抱抱它,摸摸它的前肢,亲近得要和它接吻,举着它如《封神榜》上的花狐貂。晚上,儿子做作业,金猫就主动伏在他的旁边做伴儿,或伏或躺,其安详、宁静、平和、乖巧,令人动情。儿子吹着口哨欣赏它的雄姿,说它像虎,虎也属猫科,它就摇着尾巴,轻柔地唱和一声。鸡子拉屎随便邋遢,遭人唾弃;金猫大便像人一样,先在田里刨个坑,拉了屎再用泥土掩上。

秋天,妻结毛衣,末端一团毛绒垂挂下来,金猫托起它,捧起它,玩起狮子舞:它腾挪辗转,屈伸扑抓,灵巧自如;它神采飞扬,令人喝彩,连一向忙碌的妻子也为之动容,啧啧称奇。

金猫扑食苍蝇神气活现。别看那苍蝇生性狡黠:飞起来忽上忽下,忽左忽右,忽前忽后;时而绕圈子,时而直飞,扑朔迷离,难以捉摸;这儿一盯,那儿一爬弄得人坐立不安！有我们的金猫在，它双目炯炯，如孙行者火眼金睛识妖魔，紧盯一只苍蝇不放，等它低飞盘旋时，就轻捷灵巧地扬起前肢，如闪电一般扑下这只正在得意忘形的害虫，然后咔嚓一声吃掉，极为利索！

金猫逼鼠。金猫来了，还没有捉拿一只老鼠，我家那些一向肆无忌惮的梁上君子们，夏天大雨中在院子蔬菜田地里大摇大摆走动的老鼠们，差不多销声匿迹了。

寒风呼啸，树叶飘落，"落红不是无情物，化作春泥更护花。"金猫特别喜欢依偎在人身边，有时难分难舍，情意绵绵。它喜欢食油渣、鱼儿，买给它；它喜欢吃净水，舀给它。于是在它毛色发湿、瑟瑟缩缩之后，又见它风采依旧，且蹑脚寻觅食物、健步如飞追踪猎物的身影。

金猫无愧于"老鼠克星"之称，提起捉老鼠，人力何及？

傍晚，忙碌了一天的人们，脸上挂着满意、疲倦回家了。金猫神出鬼没，不知从哪里逮出一只臭老鼠（个儿小，嘴尖，毛青黑，散发着奇异的刺鼻青涩味道。据年长的乡亲讲，是二战时入侵我国的日寇带来的种），像"捉舌头"似的朝地上一掼，臭老鼠似乎蠕动了一下，想逃？没那么容易。金猫极其熟练地将它拨来拨去，调弄几番，死了。金猫不食。

夜幕徐徐降临。金猫时而在丈把高的院墙上跑来跑去，时而又站住，张望，谛听，样子十分警觉，好似个神探。

不久，金猫从厨房里捕获一只硕鼠，扯着粗嗓门"咪呜——咪呜——"地叫，好像在痛斥宣判这只硕鼠，拖往外边菜地里去处理了。

春天的金猫，体格日渐高大雄健了。

入夜，金猫从厨房开着的窗户跳出去，奔向田野，奔向粮仓，奔向一切可能有老鼠活动与藏身的地方，去履行捕"盗"捉"贼"的光荣使命！六月二十八日，狂风肆虐，夹着阵阵雨雾，凉飕飕地乱窜。深夜，我们关门就寝许久，蓦地好像听见它急促的叫声伴着滋滋的抓纱门声。开门一看，果然是它。"有什么事啊？"我问，它走进房间后，有意向外叫了一声。我心领神会，把它抱下楼去，它用前肢拨门：啊，要外出执行光荣使命呢！我不禁愕然，它能想到门窗关闭之后怎样出去，它能想到怎样找我家人，他能想到怎样请家人开门：金猫也有思想，通人性。

金猫，美丽而纯朴；金猫，活泼而聪明；金猫，忠实而勇敢。我们家的金猫比起有些人来，有许多长处！只是有些人能说话罢了。

（此散文创作于2000年，吸收了如中陈根生老师的宝贵意见）

素材:人各有志,即使在同一所学校同一学科任教的老师。有人喜欢追求食欲的享受而不听甚至反感养生忠告,结果不到50就得了"富贵病"而致残。"忠言逆耳利于行。"2005年9月根据两名教师传说与自我回忆创作。

作品:

废　人

"天有不测风云,人有旦夕祸福。"

公元两千零五年八月,我邂逅一位昔日的同事,他告诉我:我原来任教的那所中学的方校长中风了,而且中得不轻,走路时侧身、跛足、曲手,像个螃蟹,麻木的废人。我有点怀疑。后来我又听一位同事告诉我说他是已经变成了废人。这消息得以证实,我感到奇怪:他曾经是个校长啊,中风前是个副校长,只比我大两岁,才四十九,怎么就变成了个废人呢?

我竭力寻找答案,仔细回想起过去的时光里有关他的印象,结合同事的分析,这种奇怪便渐渐淡去了。

大约是1993年的春天的某天晚上吧,班上一位学生家长请老师吃饭。学校领导当然是要去的。我们披着朦胧的月光,听着田野里低低的虫鸣,七转八拐地来到那户热心的人家。先到的有我们的这位方校长、顾老师和我。

在雪白的灯光下,我们接受了主人的热情迎接。三人除了一个"等"字,却也无事可做,有点寂寞。

"人,其实还是粗茶淡饭的好。"趁着这家人不在场,我偷偷地说了这句:一来活跃一下气氛;二来我喜欢把读书看报得来的科普知识讲给同伴听,共享读书心得,算是打个预防针。不料,在经常被请吃喝的人看来,是多么地扫兴与不谐!

"废话!粗茶淡饭,还要提高生活水平干什么?"方校长开口了。"我认为刘老师说的粗茶淡饭没有错,和提高人民的生活水平并不矛盾。"顾老师听了有点不对劲,辩证地阐明了自己的观点。

方校长当时没有应答。他很可能在心里嘀咕:那这顿饭不是粗茶淡饭,我就不信你们还不吃了!只是寡不敌众,没有说出口。

后来到了1994年暑假,我们那所学校被撤并了。我们也分开了。据说,这位有些自负的校长,到了城里另一所学校任副校长,还主动请缨"慢班"班主任,到学生或其他什么人家吃喝的机会也远比我们普通教师多了。

短短几年工夫,可以断定,他不读书学习、薄弱的保健意识、及时享乐的思想并没有多少改变,应该是有"请"必应,所谓"不吃白不吃、能多吃就多吃。"可原本身体健康、道貌岸然的人物,竟然变成了一个侧腰、跛足、曲手、像螃蟹一样的麻木的废人!着实令人感慨。

素材：这是一个真实的富有刺激性的面试故事。人们认为，无论哪级哪类招聘，好像笔试是过硬的，而面试最容易通关系。这与官场风气密切相关；反腐倡廉民心所向，任重道远。

作品：

面　试

县公路管理站"本着公平、公正、公开"的原则，在全县范围内招考10名收费站工作人员。在一些人看来，这是多么惬意的肥缺啊！消息一传出，就成了市井爆炸性的热点新闻。当天，县行政服务中心交通局窗口陆续涌来100多名报名者，尽管报名费就得交100元！

王小姐这位英语临时代课教师，趁着暑假的当儿，顶着烈日也来报名参加这不足10比1的艰难角逐。

报名者先参加了在党校进行的笔试。经过一番拼搏和等待，第二天上午，随着一轮红日的冉冉升起，应试者的笔试分数终于张榜揭晓，王小姐赶到党校张榜处一看：自己竟然名列第一！她也颇感意外，但似乎也应该是这样的。王小姐带着喜讯回到家，一家人也很高兴：因为这不仅是荣耀，而且以此类推，接下来的面试也不成问题。不想再考个第一，凭自己的素质，考个二三名总不成问题吧？况且无论综合素质还是长相，作为已经经过严格考试取得教师资格证书的她，怎么也不能掉到10名之外。所以本次被录用应该是理所当然的事。一家人如此推想，也就没有打算通关系。下午，接到面试通知的王小姐就很自然地去认真面试了。结果发挥超常，感觉特好。只等面试分数公布了。好去那人们普遍认为的肥缺上班了。想着想着，她脸上荡漾着欣喜的笑容。

这天天气有些闷热，经过在王小姐看来长时间的苦苦等待，根据面试成绩确定的录用名单终于从交通局窗口传出来了。她还是欣喜地去打听，可是这回录用名单上没有她——无情的现实把她的美梦击碎了。经查，她的面试成绩被排在了第11名，名落孙山。她浑身瘫软，差一点没瘫坐下来，她鼻子一酸眼圈就红而湿润了。

回到家，她又反复斟酌，对这样的结果颇感意外。她和她的家人怎么也想不通笔试和面试的结果会有如此大的反差！想到过去的拼搏和发挥与眼前的败落和惨痛，王小姐不禁潸然泪下了。

王小姐终于擦干了眼泪，她拒绝接受这样的反差！她认定这样的反差背后肯定有诈：县里流传着这样的说法："过去招聘，聘的不考，考的不聘；现在招聘，面试面试，面子之事。"她断定是没有通关系而导致的必然结果。

经过活动，他们家终于找到了市交通局的一位局长，局长一个电话打到县公路管理站,站长恭敬地接上了电话。

"……笔试第一,怎么面试竟落榜了?"

"噢,她好像是普通话不行。"

"哼,人家也是个考得教师资格证书的人,怎么到你这儿普通话就不行了呢?你们录用的人普通话都比她好吗?"

"局长啊,实话实说吧,这十个名额早已被县里的局长们定去了。考试只是个形式而已呀。"

"那好啊,你给我听好了:不管想什么办法,都得把她收下来!"

"好、好,这样吧,省里给了两个机动名额,就给她一个。"

"那还行,就这样吧!"

王小姐终于接到录用通知,进了县公路收费站这个令多少人垂涎的肥缺。

上班了,站长对王小姐说:"你辅导他们10个人的普通话吧!"

"啊?你不是说我的普通话不行的吗?"王小姐不无惊诧地反问了一句。

"噢,现在行了。"站长一笑。

王小姐似乎一阵眩晕,眼前漂浮着一个又一个怪圈。(2003年根据石老师讲述整理)

素材:2001年,我听父亲刘松祥讲述他深有感触的真实故事:某某卖猪的前前后后,觉得如今社会经济生活蕴含着美而深的哲理:经济运行速度快,供大于求。

作品:

王婆婆卖猪(小小说)

潮水有涨有落,猪价有涨也有跌。

那年秋天,听说猪价正在往上涨,王婆婆瞧着自家猪圈内四头大肥猪,喜上眉梢。她嘴里念叨着:"早一盆食,晚一盆食,看看能卖个什么样的好价钱,也算没有白忙活大半年,对得起老夫妻俩的一番苦心。"

这天下午,来了两个买猪的,王婆婆问:"你们出什么价啊?"买猪的说:"我看了你家的猪再议价吧!"说着走进猪棚瞧了瞧说:"最多四块零五一斤。"王婆婆坚持说:"最低价四块二!"买猪的走了。

过了几天,又来了两个买猪的,问:"四块二一斤卖不卖?"王婆婆回道:"四块二不卖,要四块四。"买猪的走了,留下一句话:"您……卖给别人吧。"

过了几天,又来了两个买猪的,看了看猪,认真地说:"不报虚头,四块四一斤。"王婆婆说:"四块四不卖,要四块六。人家都卖四块六。"买猪的说:"哎呀!朝中间靠靠,四块五,四块五。"另一个补充说:"这已经是撑破天喽。"边说边从钱袋里掏百元大钞,想做成这笔生意。可是王婆婆坚持说:"不卖不卖,少于四块五角五不卖!"买猪的无奈,摇摇头走了。

又过了些日子,消息灵通人士告诉王婆婆:"猪价开始大幅下跌了。"此话,不久就成了事实。王婆婆心里发了慌。这天,来了两个买猪的,看了看猪,态度坚决地说:"三块九角五一斤,不卖拉倒,还要降价呢!"这样,王婆婆才忍痛把那四头壮猪卖了。

不久,猪价继续下跌,王婆婆暗自庆幸,而内心也有所感悟。

(原载《农家致富顾问》2001.6,稍有改动)

品一品"南酒香"(诗歌)

素材:据《江海晚报》启事,为庆祝"南酒香"米酒上市,江苏大富豪啤酒有限公司开展有奖征文活动,诗歌、小小说、笑话均可。人人应当克制一己之私欲,爱护万众之生态。

作文:

品一品"南酒香"

品一品"南酒香",
想不想把歌唱?
田野精耕细作,
金谷贮满粮仓!

朋友你可知道?
人们面临自戕:
蛤蟆也遭浩劫,
谷物加剧污染。

蛤蟆鸟儿益虫,
人人理应呵护;
法律命令禁捕,
怎成一纸空文?

(2011年11月荣获江苏大富豪啤酒有限公司入围奖)

附录2　点示文题　心灵游戏(3)

面对作文命题不知如何运作怎么办？

《礼记·中庸》："凡事豫则立，不豫则废。言前定则不跲(jiá，绊倒)，事前定则不困，行前定则不疚，道前定则不穷。"豫，亦作"预"。意思是：任何事情，事前有准备就可以成功，没有准备就要失败。说话先有准备，就不会理屈词穷站不住脚；做事先有准备，就不会遇到困难挫折；行事先计划有定夺，就不会发生错误后悔的事。走路先定好路线，就不会中途走不通。

做作文也需要预先谋划。

做作文的谋划，需要对生活素材的精准提炼和大胆创新，需要语文知识的支撑。

命题作文如何运作？从文题的点拨、设想开始。为你提供从审题或拟题、选材、组材到表达的符合认知规律的心灵游戏规则。

审题或拟题，审题应严格，进行语法分析，突出重点；拟题应醒目，简明精炼；含蓄隽永。

选材应广泛，"巧妇难为无米之炊"。

生活中从不缺少美，而是缺少发现美的眼睛。看似平凡的生活(素材)，却蕴含着不平凡的哲理；看似平凡的人物，却彰显着不平凡的性格。

组材即构思，应精巧新奇，吸引读者。可读性强，震撼力大，能最大化地表达主题。

表达应在语言上发力。要用真情来表达，"悲愤出诗人"；把学到的优美词语用在作文上，看似简单几句话的生活(素材)，可以演绎出字数六百的充实作文；看似平凡几句话的生活(素材)，可以加工成动人心魄的精彩作文。

鲤鱼跳龙门

〔作文要求〕

写童话故事，想象丰富，记叙与描写结合。

体裁：童话(儿童文学的一种体裁，通过丰富的想象、幻想和夸张来编写适合于儿童欣赏的故事)。

范围：写以"鲤鱼跳龙门"为题材的童话故事。

〔作文审题〕

分析题词:"鲤鱼跳龙门"是主谓句。"鲤鱼"是名词主语,"跳"是动词谓语,"龙门"是名词,做宾语。

要点(选材):(1)鲤鱼为什么要跳龙门;(2)鲤鱼怎样跳龙门;(3)鲤鱼跳龙门的结局。其中(2)鲤鱼怎样跳龙门是过程,是重点。

脱题:(1)故事的主人公不是鲤鱼,或主人公是鲤鱼却不是跳龙门的情节;(2)没有借助想象和夸张的表现手法;(3)故事对儿童没有教育意义。

偏题:(1)侧重写跳龙门之前的鲤鱼怎样,且与跳龙门的情节没有逻辑关系;(2)侧重写跳龙门之后的鲤鱼怎样,与跳龙门的情节没有逻辑关系。

紧扣题意:借助想象(含拟人)和夸张的表现手法、用记叙和描写结合的表达方式,写出鲤鱼跳龙门的起因、经过和结果对儿童有教育意义的故事。

〔写法引导〕(组材)

写法一:首先简介龙门的外观、来历,引出鲤鱼跳龙门的话题;其次详细描述鲤鱼怎样去跳龙门:名叫马峰的鲤鱼追求理想、知难而进;父母担忧,想念师傅;前去拜别,路遇师兄;一同辞行,态度迥然;来到龙门,师兄马遥急于求成遭失败;鲤鱼马峰认真准备、奋力拼搏终于成功。最后交代师傅闻讯,组织徒儿庆贺:跳了一场迪斯科。

写法二:首先描写鲤鱼飞飞跳跃龙门的雄姿,接着插入黄河龙门简介和跳龙门不易的叙述。详写这条跳过龙门的鲤鱼飞飞如何受到龙王的礼遇,并被封为"飞腾将军"统领杂鱼蟹将虾兵。上任不久因蟹将虾兵嫉妒和拆台愤然离去:路遇黑鱼捕食鱼儿幼蟹虾仔,暗中盯梢的蟹将虾兵吓得直往岩石丛中钻;鲤鱼飞飞施展飞功撞翻黑鱼,救下鱼儿幼蟹虾仔。杂鱼蟹将虾兵目睹此景,悔恨不已,拦住鲤鱼飞飞道歉挽留。鲤鱼飞飞振作精神,继续统领杂鱼蟹将虾兵。

〔示范作文〕

鲤鱼跳龙门

古时候的某一天,在蜿蜒长江与茫茫东洋大海交汇处,一夜之间神奇地矗立起一座巨大的、由两根金碧辉煌的竖直柱子和横眉上加庑顶构成的门,它足以令数千年后法国拿破仑的凯旋门设计者、中国明代皇宫紫禁城宫门设计者蒯祥等羡慕不已而望洋兴叹!相传,这是玉皇大帝派神仙下凡为东海龙王修建的供龙王及其龙子龙孙们进出水晶龙宫的宫门,简称"龙门"。不过鲤鱼只要能够跳过龙门,也就能够进入水晶龙宫。

过年啦!伴着哔哔剥剥的爆竹声,看,家家户户的年画上,鲤鱼跳龙门热闹极了:大大小小的鲤鱼纷纷勇跳龙门,而能够跳过去的"运动员"却少得像张乐平笔下的三毛头上的毛——稀稀的!每条鲤鱼只有两次机会,两次跳不过去的鲤鱼就别想再跳了。

宋·苏轼作《惠崇春江晚景》吟咏道:"竹外桃花三两枝,春江水暖鸭先知。蒌蒿满地芦芽短,正是河豚欲上时。"鸭子浮游在水面,偶尔一个猛子扎下去,就能吃到水产鲜货。河豚正是生长旺盛、长得肥美的时候,自由活动在水下。在雄伟壮观的龙门西约九十里的长江中,生长着一条雄姿勃发的鲤鱼叫马峰,趁着早晨阳光明媚、江面上波涛荡漾,正在思忖:鲤鱼跳龙门正是时候,自己十二分地想跳过龙门,到龙宫仙境一游,并谒见咱们水族至尊龙王爷,实现鲤鱼人生价值和理想。可是龙门就是龙门,不是想跳就能跳过去的!又一想,追求理想怎能知难而退?何况"鲤生"能有几回跳龙门?不怕龙门高,就怕不敢跳;不怕跳不过,就怕没高度。

主意已定,他就游回家——江底一块岩石下,把自己的想法禀告了父母。听老态龙钟的父母为他担心的话,他不禁想起了师傅:两年来,师傅以他精湛的技艺和温暖的爱心,风里雨里白天黑夜地言传身教他跳龙门,硬是把他这个原先跳不了一米高的鲤鱼,教成具有足以跳过雄伟龙门五六米高的飞功的鲤将!他觉得师傅就是他的信心和保障。为了今日跳龙门的成功,他还一定要去向师傅讨教和辞行。

途中,见马遥师兄在家睁着眼睛假睡,就说:"遥兄,为什么不去跳龙门、逛仙境呢?你比我强,你我为伴,一同去,一同成,而且由你带队好吗?"他知道马遥喜欢荣耀,甚至爱虚荣,所以加上最后一句。马遥一听这话,心里喜欢得不得了,一下子就跳起来,假装谦虚了一回:"不不……"又立马表示:"承蒙你看得起我,恭敬不如从命。"在马峰的提醒下,一同摇头摆尾到了师傅的练功场——江中一处拐弯打着漩涡的深水区。马遥见师傅和几个徒弟在休憩,就有点作势地说:"师傅,"还没等师傅答应一声,抢着说:"师傅您歇着,等着你高徒我成功的喜讯:今儿去跳龙门,你说岂不是鲲鹏展翅九万里?一定是马到成功、旗开得胜啊!哈哈哈……"马峰听着倒觉得难为情,红着脸说:"对不起,师傅。"说着竟跪下行礼,"无知徒儿今儿个跳龙门去,特请师傅临行赐教。"师傅急忙扶起他:"徒儿,别这样。要我说,只说两点:一要重视,加倍努力,把吃奶的力气和全部的本领都用上去。二要沉着,把控自己,别害怕莫慌乱,不出现跳的角度的任何问题。"马遥听罢,说:"师傅的教诲徒儿记住了,谢谢师傅临阵指教。徒儿告辞,再见!"可那马遥只从鼻孔里哼了一声,不大以为然。怎么也沉不住气,心思早已飞到水晶龙宫里去了。只听马峰说"再见"二字,就与马峰顺流东下。真快,他俩尾巴只摇动了三五下,雄伟的龙门就近在咫尺了。

马遥走在前头,仰视眼前雄伟壮观的龙门,觉得自己渺小多了。要真想跳过去,不禁紧张起来。先前的傲气吓没了,就像泄了气的皮球瘫软下来,可是为了自己的"强""带队"的虚荣,他不得不振作起来,仍自矜地对马峰说:"兄弟,谁先跳?还是先看我的好戏吧!"。也没等马峰回答,就"呼啦"一声向着龙门顶上直窜而去,还真得佩服他的爽快!眼看就要飞上小庑顶跳过去了,不料"嘣"的一声尾巴碰到了小庑顶的左端的翘角上,从琉璃瓦上翻滚下来,摔倒在起跳点上,腰脊柱扭伤了。他恨恨地叫道:"这门上的小庑顶怎么了?跟我过不去!我要把它灭了!"

俗话说得好:"别睡不着觉怪床帮。"马峰见此情景,也没有再说什么。耳边如闻师傅的教诲:一要重视,二要沉着。他认真地按照师傅教给的步骤和方法,并有所创新地做起来:看准角度、择定起跳点、摆动腰肢、做深呼吸、开足马力、冲向目标、摆尾晾翅、飞越庑顶、飘入海水!说时迟,那时快:"唰——哗——"马峰就跳过了龙门,进入奇妙的水晶龙宫甬道——游龙宫仙境——谒见水世界的至尊龙王爷去了。

鲤鱼师傅的练功场上,喜气洋洋,气氛热烈。师傅带着徒儿们召开了节俭的庆祝宴会,然后狂喜地跳了一场江中迪斯科。

〔范文简析〕

这篇童话一开头就展开想像,把读者引进童话天地。主体部分的特色是用对比的表现手法,记叙了两条鲤鱼跳龙门的故事。鲜明地赞扬了马峰追求理想、谦虚好学的可贵精神,贬斥了马遥爱慕虚荣、骄傲自满的错误思想。其中神态、语言、动作描写,不仅突出两条鲤鱼的不同特点,而且表现了童话的教育意义。结尾的节俭的庆祝活动,深化了主题。

〔心香一瓣〕

平淡的思考,就做不出奇妙的文章;真情的喷发,才会产生动人的辞章。

(原载《初中作文题点拨与示范》陕西人民教育出版社1992年5月第1版,有改动)

蛤蟆爬坡

〔新题设计〕

河床被雨水冲塌了一丈来宽,形成了一段新陡坡。新陡坡的边缘躺着一只不知从哪里来的地老虎。正在下边河水里游弋的蛤蟆望见了,就不顾一切地沿着新陡坡向地老虎爬去。眼看就要捕食到那只地老虎,不料脚下泥土一松,"嗒、嗵"连人带马跌入水中。

这是第几次了?

1. 蛤蟆再掉下去之后怎么办?请发挥想像,续写情节,补写一篇500字以上的以叙事为主的寓言故事(用假托的故事或自然物的拟人手法来说明某个道理或教训的文学作品,常带有讽刺或劝诫的性质)。

2. 根据自己补写的故事内容,围绕主题或其中一点,写一篇600字以上的短评,题目自拟。

〔写作指导〕

关于第1题。

审题:找出"蛤蟆爬坡"的中心语"爬",因此应侧重写蛤蟆怎样爬坡。

立意(选材):通过分析材料可推测,情节的发展有两种可能:一是蛤蟆继续探索与奋斗,终于改变思路、路线,成功登上河岸捕食了地老虎,为民除害;二是不知变通,屡遭挫折,半途而废,没有登上河床捕食地老虎。地老虎被其他蛤蟆捕食或逃逸钻进泥土危害庄稼。无论情节沿着哪种可能发展,都只能表达:在失败和挫折面前,只有矢志不渝、脑手并用、有勇有谋,才能获得最后的成功。

构思(组材):这是补写。根据立意迅速选择认定适合于自己写作的一条情节发展思路,即选定一或二。若是选定一,则接着写如何矢志不渝、吸取教训、改变思路,脑手并用,最后取得成功的喜悦;你若选定二,则接着写蛤蟆不知变通,屡遭挫折,由于多次失败产生苦恼、泄气情绪,以致放弃除害努力和取得成功的机会,留下笑柄和祸患。

表达:注意故事情节的因果联系和修辞的得体。

关于第2题。

拟题(审题):由事生理,再由理生题:由立意(主题)或主题的某一点提炼产生出一个短评的题目,如要脑手并用,或想好了再行动,或预则立等;也可用表议论范围的语句作副题目。如《蛤蟆爬坡》给我的启示,或《蛤蟆爬坡》读后感,或有感于《蛤蟆爬坡》等。

立意(选材):题目是文章的眼睛,可以是作者心灵的窗户,也可以是议论的焦点等。题目的含义可以视作短评的立意的某种体现。立意由故事自然生发。

构思(组材):这是读后感,可由"读－议－联－感－结"五板块构成。不能只读不议,只议不联,只联不感,只感不结;也可根据具体内容做适当调整,言之成理即可。

表达:方法是在叙述基础上议论,围绕议论主题就是论点,用事实和道理作论据来论证论点;事实可以是史实,也可以是现实的,称作例证;道理可以是引用名人名言,称作引证。也可以是自己讲道理分析问题的议论,常用类比、比喻、对比的方法,称作类比论证、比喻论证、对比论证。习惯是聚精会神按构思框架和表达方法打开思路,敏捷地使思想融注笔端,遣词造句,安排详略过渡,收放自如。不能走神、随意行文、无病呻吟,更不能畏首畏尾。

〔示范作文〕

蛤蟆爬坡

河床被雨水冲塌了一丈来宽,形成了一段新陡坡。新陡坡的边缘躺着一只不知从哪里来的地老虎。正在下边河水里游弋的蛤蟆望见了,就不顾一切地沿着新陡坡向地老虎爬去。眼看就要捕食到那只地老虎,不料脚下泥土一松,"嗒、嗵"连人带马跌入水中。

这是第几次了?

他好像也忘了这是第几次,他很苦恼,他恨自己没用,人们嘲笑他"癞蛤蟆想吃天鹅肉"。

但是他是益虫,有使命感和倔强的性格,也就是有股不服输的脾气,越难越要上,志在必得。不过,他也知道,这样爬几次败几次,是该清醒清醒了!他检讨自己:"为什么我爬上去了却又掉下来呢?而且多次这样,难道我为民除害错了吗?捕食地老虎这种田间害虫,我蛤蟆义不容辞,老天理应助我成功,没错。那么是什么不助我成功?哎呀,是地!是自己不长进,没有看到地的作用。"

他不禁朝新陡坡上望去,泥壁上确乎留下了几条自己踩踏崩溃的痕迹,而几条痕迹恰好都在浅灰色的沙土层中。他目光扫视了一下,最终落在右边:坡面也比较陡,但上面长着比较茂密的茅草。终于,他的一条新的行动路线——能够避免脚底踩踏虚土的路线,在心中形成了。

胸有成竹的蛤蟆,高兴得连跌痛也忘了,他向右前方游去,又迅速开始了新的征程,按照酝酿的新的路线爬坡。可才爬上有茅草的新坡,就身不由己地颤抖着——可能是因为多次摔倒。但他借助茅草坚持往上爬,并且为了减小阻力、他放低角度斜着往上爬。不料脚下还是一滑,他连忙抓住身旁一颗小桑树苗。虽呼哧呼哧直喘气,但脚步还是迈出。风儿刮起来,他看准前路,小心而大胆地加快步伐,终于爬到河岸接近地老虎躺着的地方。回首望去,"会当凌绝顶,一览众山小"啊。

立即,他意识到现在还不是自豪的时候,害虫地老虎还没有捕食到。于是三步并作两步赶上去,舌头闪过,地老虎连同刚刚过来的飞蚂蚁都被扫除了。

脑手并用　走向成功
——《蛤蟆爬坡》给我的启示

我读《蛤蟆爬坡》,觉得故事内容很好,故事寓意比较深刻;用了拟人的手法来写动物,以物喻人,十分有趣。具体来讲,记叙蛤蟆为了捕食地老虎,在接二连三的爬坡失败之后,仍矢志不渝,改变思路,脑手并用,终于爬上地老虎所在的河床吃掉地老虎的故事,说明在挫折和失败面前,只要矢志不渝,改变思路,脑手并用,就可以走向成功。

  由此我联想到我们做工作抓学习,难免会碰到挫折甚至失败。这也许很可怕,有人就不敢再做工作抓学习了,退避三舍,或者绕道走,"我惹不起还躲不起吗?"更有甚者,与困难和敌对势力同流合污,助纣为虐,做了可耻的叛徒。这些人只能是离成功越来越远,自甘堕落,不会有胜利的结局。还有人认为这样不行那样不行,索性听天由命,无所作为。指望天上会掉下馅饼来,是不切实际的空想。比如有的同学在学习上不好好努力,成绩能够上去吗?是不可能的。还有的不能正确认识自己,对老师同学的教育帮助怀有抵触情绪,做出与学生身份不相符合的举动,弄得家长学校都不喜欢,能够健康成长吗?也是不可能的。这方面的教训太多了。从这些情况可以看出,同学不能从思想上正确认识世界,开动脑筋,找到并分析失败的原因,再去做避免失败、走向成功的实践,是从失败走向失败甚至更糟糕的根本原因。试想,在蛤蟆爬坡多次失败之后,蛤蟆若不想再向上爬,向上爬又不反思失败原因,幻想出现一只鸟把害虫衔给他,怨天尤人,什么时候才有他的成功?等待着它的将是失败和死亡。也有人会发出疑问:坚持开动脑筋,脑手并用,就一定能成功吗?我对此选择是不持怀疑态度的。"种瓜得瓜,种豆得豆。"世界著名化学家诺贝尔研制 TNT 炸药,在遭到千百次失败之后仍坚持不懈地在实验室实验研究,不久"轰"的一声巨响,他血淋淋地从爆炸后的废墟中站起来,欢呼着成功。世界上哪一项发明创造不是脑手并用的结果?社会的主流是进步的。人类社会正是在同困难作斗争,在不断地动手的过程中动脑、在动脑的过程中动手,从一次又一次的失败中逐步走向成功的。

  正反经验提醒我们:在挫折和失败之后,只有矢志不渝,振作精神,吸取教训,改变思路,脑手并用,才可能也一定能走向成功。(用时:40 分钟)

(原载《初中快速作文指导与示范》,陕西科技出版社 1995 年 3 月第 1 版。有改动)

无法抹去的记忆

〔试题设计〕

  题目:无法抹去的_____(闪光点,污点,记忆,功劳,证据等)。

  要求:1. 从括号中选择一个名词或类似的词填入横线上,构成自己最易写好、最感兴趣的文题;2. 运用以记叙为主穿插抒情、议论的表达方式和反衬等表现手法;3. 字数 600 以上。

审题:中心语"记忆"或"闪光点"等,记忆是给自己印象深刻的事物;闪光点是取得的成绩或作出的贡献,获得的荣誉等。"无法抹去"是指事物的存在不可人为消除,且深入人心。

选材:选取自己耳闻目睹或亲身体验的,且留下标志性深刻印象的事物。或美好的,或丑陋的,或中性的。

组材:一般用倒叙,也可顺序,插叙。

表达:用饱含深情的语言。

〔成功技法〕

最佳构思:议论、抒情开篇,用对比法扣题,点明辛酸的往事已成为无法抹去的记忆(略)。主体部分重点叙述吃"大锅饭"的动乱年代的心酸往事:先交代背景,再叙述亲身经历的事情和舆论的荒谬,形成对比效应,照应开头。结尾用抒情的笔调从正面点明主题。

写作技巧方法:A. 运用记叙中穿插抒情议论的表达方式,增强文章的感染力;B. 运用对话细节等描写方法反映生活,增强文章的真实感;C. 运用对比反衬手法,增强文章的表现力。

〔范文通鉴〕

有甜美的往事如过眼烟云,随着时间从记忆中流逝;有辛酸的往事却像生了根似的留在我脑子里,已成为无法抹去的记忆。(议论抒情,对比扣题,总领下文。)

事情发生在"左"的路线走红的那个年代,老实巴交的农民一年到头起早摸黑在生产队里"上工"干农活,间或到生产队仓库去,分得由队长用大杆秤称出的既不及时也不够吃的口粮。(交代背景,为具体叙述张本。)

像一些农家孩子一样,我要吃好,却被妈妈斥责为"好吃"。(概述本段中心,引起悬念)看见妈妈和面,我就捧着她的腿喊:"妈——,我要吃蛋皮儿!"妈妈嗔道:"我就怕你不吃!""我要吃!"(具体叙述,对话描写)我真不懂事,不知妈妈说的是反话——只有家里有稀客来才能摊蛋皮儿啊!(议论点明实情)"蛋皮儿",用冷水加少许食盐,倒入面粉和鸡蛋清黄,调成糊状,再沿着生火的锅口下一圈泼淋成薄薄的一层,用铲子抹平,撒上食用油、葱末,等烙熟就铲出,用刀切成面条状的食物。(说明最好吃的食物不过如此)。

平时吃不上蛋皮儿也就算了。可是后来早晚餐却吃上"山芋茶"、薄元麦糁儿粥和炒冬菜。(承上启下,提示本段中心)一端碗,就有两个"我"在争着喝这亮汪汪的粥或茶,(细节描写逼真)乏味极了!中午呢,我五六岁时(约1963年)在爷爷奶奶家还能吃上黏黏的粟米饭,或在自家吃黏玉米饭;这时十一二岁却只能吃玉米糁儿和冬菜,有时加点面条煮成的粥,叫"糁儿合酸粥"。冬菜,当时叫"甜菜",叶子类似于"糖甜菜",夏季长势旺盛,可是吃起来又涩又腻。因为当时的政策、技术问题,夏季其他菜如青菜、韭菜长不起来。到了夏麦收割之前的农历四月,真个是青黄不接的饥荒来了,熬不过去了,人们收割青元麦和少许青蚕豆倒入大锅炒,炒熟了再炒出来放在石磨上磨成面条状食物,叫"嫩嫩"。我特别爱吃炒熟的青蚕豆。有趣的是,当时我十六七岁学校还煮"忆苦饭"给学生吃。忆苦饭,即仿作新中国成立前穷苦人吃的粗劣食物,如只用水加入大麦粒、冬菜叶煮成的稀饭。现在想起来就要作呕,可当时在老师的"教导"下,也只勉强吃了一点,竟觉得比家里煮的早晚餐实惠!(说明,反衬)出生辛亥革命时期的"贫下中农"的我奶奶和章姓党员老农,忍不住愤慨地说:"还吃忆苦饭呢!过去比现在吃得好嗽!"(引用百姓评论,表现当时官方不能代表民意,而且恰好相反。)

中秋节家家户户似乎总该吃得好一点。当时我父亲勤劳,却"手长衣袖短"(引用民间口语,带比喻性质)。他一咬牙,花一角五分钱买回一个月饼。(交代背景叙事,提示本段中心)全家五人怎么吃?母亲用菜刀切成"十"字分四份儿,让我兄弟仨每人吃一份儿,剩下的一份父母俩再一分为二,见此情景,我感到有点凄凉!不忍拿来吃,我母亲张秀芳笑着催我吃,我吃着那四分之一的月饼,感到十分香甜,可惜很快就没了。我们多想每人独自吃上一只月饼啊!(事例典型,细节真实,令人回味;心理描写准确反映当时凄凉、企盼的心情。)

可是,当时广播、报刊、会堂、课堂宣传的却仍是集体化计划经济的"优越性","我国农业连续九年大丰收,人民生活无比幸福""如芝麻开花节节高"!可是谁也不敢说实话,有点像皇帝的新装一样的恐怖荒谬。(舆论奇怪,更叫人心寒酸。对比呼应,强化表达效果。)

想起这些辛酸的往事,我更加珍惜今天的温饱生活,更加深切地感到我们的改革开放的总设计师邓小平同志是伟大的,"科学技术是第一生产力"是正确的。1992年初的南巡谈话恰似"东方风来满眼春",而且影响深远。(卒章显志)

(原载《考场赛场文通》,成都科技大学出版社1993年9月第1版。有改动)

附录3　观赏优作　七星闪烁(17)

优秀作文评价产生分歧怎么办?

在静静地阅批作文的过程中,我偶尔总能发现叫人眼前一亮的好作文,就好像天上繁星里闪烁的明星。"明星闪烁",若隐若现,有明有暗;明星作文也有亮点有缺点。

我这里是要展示优秀学生作文的真面目,而进行力求恰当的阅批:增删调改补,力求给读者一个真切的优秀作文与准确而积极的评价指南,好像北斗七星一样,引导着同学在作文的成功之路上不迷失航向、少走冤枉路,因此叫作"观赏优作,七星闪烁";也为读者解答阅读主观型题目提供思想和方法的参考。

审题或拟题,从命题、半命题和给材料作文题三种作文题目的语法角度进行赏析,力求提供准确而积极的鉴赏和建议的评价。

选材,提取分析所选的题材,对照题意做出中肯的鉴赏和建议的评价。注意独到之处。

组材,按照题目要求对组织题材的顺序、详略、过渡和首尾以及表现手法进行鉴赏和建议的评价。注意捕捉闪光点。

表达,按照审题或拟题、选材、组材的要求,对语言表达的特色进行鉴赏和建议的评价。语言表达讲究简明、连贯、得体和表达充分。建议主要是针对不符合上述四项要求的语病而提出的,属于不简明的有句式杂糅、语义重复啰唆两种,属于不连贯的有主谓不搭配、动宾不搭配、前后自相矛盾、关联词语使用不当这4种,此外还有前后叙述语体不在一层面、前后词语不相称、前后说法不一致3种。属于从目的对象场合看说法不得体的有用词不当、感情色彩不对两种,属于表达不充分的有主语残缺、缺少谓语动词、缺少宾语中心语、表达不到位4种,共计15种。而常见语病主要指主语残缺、主谓不搭配、动宾不搭配、缺少宾语中心语、句式杂糅、前后自相矛盾、语义重复啰唆、用词感情色彩不对、关联词语使用不当这9种。

(一)回忆童年生活　品味家庭情趣(3)

魅力

一、作文题目

儿童趣事。

1999年中国儿童文学研究会举办喜迎国庆50周年中国小作家文学作品大

赛,诗歌、小说、散文、戏剧等体裁均可参赛,要求有真情实感。

二、优秀作文:

魅力

我孩提时代,整天东跑西跑的,除了睡觉,别的无论什么时候都不会闲着,有时难免会惹是生非,弄得鸡飞狗叫。我跑到奶奶那儿,奶奶总是笑着对我说:"你一到这儿,非把这儿的鬼都吓跑了不可。"

可是,不久有一样东西吸引了我,改变了我。

那是一个晴朗的下午,爸爸从街上带回一个大箱子,我好奇地跑过去问:"爸爸,这里面装的是什么?"爸爸说:"是电视。"我一听,高兴得蹦了有三尺高,因为以前只有很有钱的人家才买得起它。常听他们的孩子说里面有很多好看的东西。我非常羡慕他们,好想也有一台看看啊!……今天我家也买了电视,我当然高兴啦!爸爸刚把电视机放置好,我就急忙打开来看:啊!是红军过草地的场景!我就目不转睛地看起来:有一个老红军和三个小红军走在草地上,他们没有粮食吃,到处找野菜充饥。可是不久,四处的野菜都吃光了,他们只好挨饿。忽然,这位老红军解下一条牛皮带放在盛满水的锅里,找来一些干柴煮起来。煮完了,他们每人拿一点,放在嘴里嚼,嚼了很长时间才咽下去。我看他们那细嚼慢咽的样子,心想:皮带一定很好吃。

我于是找来爸爸的一条旧皮带,拿到厨房去,放了一点水,在煤球炉子上煮了起来。看见锅里冒烟了,我赶紧掀开锅盖,手被里面的热气烫了一下,可我不管这些,就用筷子夹了出来,歪着头使劲咬,可怎么也咬不动,还有一股难以形容的异味!这是怎么一回事呢?

恰好妈妈下班回来了,看见这样子,便问:"小明,你在吃什么?"

"我在吃皮带。"

"你怎么吃皮带啦?"妈妈惊讶地问。

我解释说:"电视里红军吃起皮带来津津有味,我想皮带一定很好吃,所以也煮着吃了。"

妈妈笑着说:"那是红军饿得没办法才吃皮带的!"

我恍然大悟:红军真艰苦啊!想想便不禁放声大哭起来。妈妈连忙擦掉我的眼泪说:"你怎么啦?"我想起我平时吃的蛋糕哭着说:"红军没有吃的,我要把我的蛋糕送给他们吃。"妈妈微笑地点点头。我高兴地跳起来说:"红军又有吃的了!"说完,又去看电视了。

从此,大人们再也看不见我乱跑了,更不用担心我会出什么事了。(而我则从电视的屏幕上猎取了许多知识的乐趣,得到了美好情感的熏陶!这样的电视节目

特具魅力,似乎成了我生活中不可缺少的精神食粮,哺育着我成长。)(初一　贾树明)

（此作文荣获1999年中国儿童文学研究会喜迎国庆50周年中国小作家文学大赛优秀作品奖。《南通教育报》曾有报道）

三、明星闪烁：

自拟题"我爱电视"简明、通俗,但是作为文学作品题目比较浅显、直露,似应改为"魅力",才更准确、含蓄。

选材好：自己小时候对电视情有独钟的儿童的"荒诞不经"而有趣的生活片段,却表现出积极向上、无私奉献的精神:买了电视之后我的喜悦,看了电视后学红军煮皮带吃,要把蛋糕送给红军吃。

构思巧:通篇采用纵向对比映衬的写法:未买电视之前我的乱跑与买了电视后我的安静、专注;在写我为电视所吸引时,记叙了"我"模仿红军煮皮带吃和要送蛋糕给红军吃,看似荒诞离奇,其实可谓神来之笔,暗示了电视所表现的红军的英勇无畏和革命乐观主义精神的艺术感染力,表现了孩子的"我"特有的淳朴、天真而活泼的心理和行为。似在意料之外,却在情理之中。在叙述的基础上的议论抒情,起到升华主题的功效。

语言富有个性动感,天真、率直,充溢激情。如:我孩提时代,整天东跑西跑的,除了睡觉,别的无论什么时候都不会闲着,有时难免会惹是生非,弄得鸡飞狗叫。我跑到奶奶那儿,奶奶总是笑着对我说:"你一到这儿,非把这儿的鬼都吓跑了不可。"

具有童话特色。

但是语言表达还有欠缺,如"我于是找来爸爸的一条旧皮带"语序颠倒,将"于是"和"我"调换位置。"放了一点水,在煤球炉子上煮了起来。"会烧焦的,不合实际,也不连贯,应在"放"后补"在锅里,放上";在"在煤球炉子上"之前补"把锅放";"就用筷子夹了出来,歪着头使劲咬,可怎么也咬不动"不连贯,应在"夹"前面补"把皮带";在"歪着头"前增"然后等凉了些,就";在"怎么"前增"我",后增"咬"。原文至"更不用担心我会出什么事了"结束,意思表达不充分,后面应增"而我则从电视的屏幕上猎取了许多知识的乐趣,得到了美好情感的熏陶!这样的电视节目特具魅力,似乎成了我生活中不可缺少的精神食粮,哺育着我成长。"以揭示与深化主题。

奶奶家的石榴树

一、作文题目：

发现与推荐学生优秀作文：童年的生活天真、浪漫而又多姿多彩，有许多值得回忆的趣事。请回忆童年的美好生活片段，写一篇记叙文。

二、优秀作文

奶奶家的石榴树

我奶奶家有棵石榴树。有一回，我问奶奶这棵石榴树有几十年了，奶奶笑着说："这棵石榴树有八十多年了。""这棵可真了不起，虽然这么老，可每年还能结出200多个石榴！"我惊讶地说。

当春姑娘把人间的花草树木都拽出了一个个小芽儿的时候，浅黑色的石榴树枝上，也露出嫩绿的小芽儿。这些小芽儿开始的时候是嫩黄色的，可是当它们渐渐地长大就变成嫩绿色的了。

过了些日子，一个个含苞欲放的花骨朵出现了，像一个个小的辣椒。

又过了些日子，满树的石榴花开了。啊！这可太美丽了！完全是一棵用各种的香花组成的石榴树。一朵花就像一颗小星星，300朵花，就是300颗小星星。在绿叶的衬托中，又像闪闪发光的小火苗，整个石榴树仿佛一团燃烧的大火球一样，长势旺盛而给人以鼓舞。

早晨，我到奶奶家，一眼就看见了那鲜红的石榴花，被嫩绿的叶子衬托着，好看极了。我拽起一朵花放在鼻子上闻，有一股甜甜的、香香的好闻的味，直钻进鼻孔，甚至散到了全身。

又过了些日子，石榴花的肚子渐渐变大了，就好像一个个小花瓶，瓶口里的全是花，依然是那么鲜红，那么美丽，很像是人们买花插在花瓶里。

每当到了这个时候，我总想摘一朵石榴花，可奶奶却总是用拐杖勾下我的手说："别糟蹋，一朵花就是一个大石榴呢，要爱惜才是。"我只好不摘，可又恋恋不舍。

再过些日子，石榴一个个变成淡青色，春风一吹，石榴像一个个"小淘气"顽皮地摇动着，仿佛在跳舞一样，好看极了。

我又问奶奶：这些石榴要到什么时候才可以吃呀？可奶奶总是敷衍我说："快了，快了！"

我真喜欢奶奶家的那棵石榴树。（初三 张晶晶）

（2006年12月发现并推荐张晶晶同学的作文，在2006至2007年度全国中小学生江苏赛区金钥匙科技竞赛综合实践活动中获一等奖。）

三、明星闪烁：

自拟题"奶奶家的石榴树"中心语"石榴树"，修饰语"奶奶家的"，简洁明白，人文色彩浓郁，洋溢着诗情画意。

选材：从奶奶那里了解到石榴树的年龄，回忆果实丰收抒发赞美之情；描写从春天开始发芽、开花到结果的过程以及我与奶奶的不同心情。

构思：通篇倒叙有序安排，记叙描写说明抒情议论有机结合，描写想象相辅相成。先是扣住题目下笔，通过问答介绍石榴树的年龄和目前的贡献，表达赞美老有所为之情。然后按照时间先后季节的变化描写石榴树一年之中从发芽到结果的过程，并插入祖孙两代人对石榴花果的喜爱的举止言语，给人温馨美好的感觉。结尾抒情点题，耐人寻味。

语言精练，形象，充满诗情画意。如：石榴一个个变成淡青色，春风一吹，石榴像一个个"小淘气"顽皮地摇动着，仿佛在跳舞一样，好看极了。

具有散文特色。

但是白璧有微瑕，需注意准确用词。"这棵可真了不起"指代不明，应在"这棵"后补"石榴树"；原文至"整个石榴树仿佛一团燃烧的大火球"这一段结束，表达意思不够充分，补"一样，长势旺盛而给人以鼓舞"。"瓶口里的全是花"的"的"应改为"头"。

难忘啊那件事

一、作文题目：

在寒假期间注意观察周围发生的事情，选择你认为最精彩的或给你印象最深刻的一件事，以"最精彩的一幕"或"难忘啊那件事"为题，写一篇记叙文。注意运用场面描写和细节描写，以突出中心。

二、优秀作文：

母亲的管教
周华明

那天晚上，学习了一天的我一踏进家门就大喊："累死我了！妈，有饭吃了吗？""瞧你这模样，快去洗手。"妈妈回答说。我想，一定有好吃的。妈妈忙碌而热情地端上菜，却让我的心凉了半截。我忍不住嚷了起来："我不爱吃鱼嘛！"妈妈瞥了我一眼，耐心地劝导说："还有青菜呢！""拜托，我不是吃素的！""想当年，妈妈年轻的时候……""又是那些陈年旧事，现在都21世纪了，还念那套经？""你呀，就是没吃过苦，哪知道甜？饿你两天，吃什么都香！""别说两天，就是两个月不吃，我也不爱吃这些。"我拍着胸脯赌气说。

当天晚上,我就后悔了:这简直是自己折磨自己啊!事已至此,只能硬撑着。妈妈笑着问我:"怎么样?还坚持吗?""当然!"我挺直了腰板回答,"君子一言,驷马难追。"可我心里却在打着鼓点:"这个老妈真是的,居然也不给我一个台阶下。"想到这儿,就想睡觉了。可躺在床上就翻来覆去睡不着:肚子饿哇!此刻我才发现饥饿是一种煎熬,像这样下去,恐怕真的坚持不了两天了,弄不好还会惹出胃病的。有了,偷着吃。对,可是……,我好不容易等到妈妈睡着了,才悄悄地,小心翼翼地下了床;不能开灯,只好摸着走,借着外面照进来的微弱的灯光,终于摸到碗橱里的饭碗;闻了闻,没有什么特别的味道,又去摸了一双筷子,夹着饭送到嘴里,原来是白饭。又小心翼翼地再到碗橱里摸了一下,也没有摸到菜。怎么办?没有菜怎么吃?哎,只好吃白饭了。我一口一口地慢慢吃着,吃一口皱一下眉头。忽然,灯亮了,我转头一看,原来是妈妈!她正笑着欣赏我的吃相呢!见我已经中了埋伏,便笑着说:"慢点儿吃,看你以后嘴还硬不硬!"这下,我可傻了,只得尴尬地吃着白饭,原先那种挑食任性的坏脾气已经灰飞烟灭了。

通过这件事,我懂得了青少年不应该身在福中不知福,挑食,更不应该因此而对父母亲乱发脾气。相反,应该珍爱生活,尊重父母的劳动;我还发现了妈妈表面很倔强,缺少母爱,其实本性很善良。她教育我很有原则很有办法,我敬爱我的母亲,感激我的母亲,并努力好好做人。

(此作文获 2003 年 9 月中国教育报编辑部首届"杏坛杯"全国大中小学生作文大赛三等奖,并被选入《花季写真》一书,有改动。)

三、明星闪烁:

自拟题符合总题目的要求,显得庄重、严肃,又自然、温馨。

选材典型:作为少年学生到了家里,喜欢耍小孩子脾气,任性挑食,先是"不爱吃鱼",又不爱吃青菜,后拒绝认错,硬充好汉。是个典型的"惯坏了"的孩子!深夜饿了,只能摸黑偷偷地到厨房摸白饭吃。又在母亲的巧妙而严肃的管教下悔恨自己、提高认识。

作者运用了对话描写和心理描写推动故事情节,显得真切感人,富有戏剧性:开头的"我"蛮横的语言,把现代有些男孩的怪脾气、小皇帝性格刻画得淋漓尽致。其中偷吃白饭而被发现的场面描写特别精彩,写出了母亲的教子妙策:即使让你偷着吃,也只能吃到白饭而没有菜吃;与先前的嘴硬想呼应。构思奇巧。

语言朴素机灵,又真切感人。如"当天晚上,我就后悔了:这简直是自己折磨自己啊!事已至此,只能硬撑着。""忽然,灯亮了,我转头一看,原来是妈妈。她正笑着欣赏我的吃相呢!"

但语言表达还需考究,如"弄不好还会惹出胃病的"读起来有点拗口,沉闷,应在"惹出胃病"后补"来"字。"我还发现了妈妈表面很倔强,缺少母爱,其实本性很善良"表达不够准确缜密,应在"妈妈"之后增"有礼有节,先礼后兵;",在"表面"后补"上",读起来顺口、流畅。"其实本性"语义交叉,删除"本性"。

(二)品味学校生活　提高自身素养(5)
军训感想

一、作文题目:

2015年8月底,我校开展新生入学军训活动,要求初一每班选送军训感想稿子20－50篇,择优在校园广播站广播和出一两期《军训简报》,列入考核评比。

二、优秀作文:

阳光下的伫立
李心怡

往年的落叶也许幻化成了粒粒细沙,今年的秋风已经吹皱了缕缕阳光。在蓝天与地面交锋的那一条线上,站着我们的军训教官——我们不知道他的名,只知道他姓周,我们的教官,就称周教官。

黝黑的面庞,是被阳光久久眷顾的形象;利落的动作,是努力训练的结果;坚毅的神情,是军人特有的刚强。

响亮的命令,标准的示范,严谨的态度,是我对周教官的第一感觉。训练期间,面对不理解、动作不标准的同学,他总是不厌其烦地传授要点,亲自指导,手把手地教着,指导动作近乎完美。将责任演绎得淋漓尽致的周教官,实在令人赞叹。

调皮的搞怪,新潮的语言,奇葩的表演,是我对周教官的第二印象。阳光的年轻人与年轻人总是容易相处。不在训练时,他总会"脱下"严肃,"换上"活泼,与我们打成一片,甚至露一手高难度的举重动作冲淡之前紧张的气氛。如此富有童趣的周教官,实在青春。

轻微沸腾的阳光俯冲下大地,那伫立的一抹雄伟的身影,是阳光下最亮丽的风景。

(原载2015年9月6日如皋市实验初中《军训简报》)

三、明星闪烁:

自拟题形象鲜明,聚焦军训的典型镜头,体现军训特色,给人身临其境之感。

作为初一学生的军训感想,写谁"阳光下的伫立"?原来是写作者眼中周教官这个人物的外貌、指导训练的认真负责和训练间隙的新潮童趣,表现他的好教官的形象。选材符合要求,有代表性,便于抒情。

能从成千上万篇中脱颖而出,闪烁着明星一样的耀眼的光芒,自有它的理由。全文用散文诗的笔调和夹叙夹议的表达方式,从写景抒情、慨叹时光的流逝开始,聚焦眼前周教官形象,接着从外貌、动作、神情几方面赞美指导训练的认真负责,再从口令、示范、态度特别是态度方面赞美训练间隙的新潮童趣,亦庄亦谐,妙趣横生。最后再次聚焦周教官形象,加以赞美。首尾呼应,强化主旨。构思精巧,结构合理,错落有致,感染力强。

语言文学性强。运用排比、对偶、比拟等手法,写出如此精美的个性化的叙事散文,实乃不易。

但用词有的不够准确,如"黝黑的面庞,是被阳光久久眷顾的形象;利落的动作,是努力训练的结果;坚毅的神情,是军人特有的刚强。"动宾搭配不当,应把"形象"改为"印象"或"纪念","结果"改为"表现","刚强"改为"气质"。有的意思重复,也不是一个叙述层面,如"他总是不厌其烦地传授要点,亲自指导"应去掉"亲自指导"。

我们的老师

一、作文题目:

虽说老师是人类灵魂的工程师,但由于师德在不同老师身上表现各异,人们的修养与世界观又参差不齐,对老师的评价也就各执一词,众说纷纭。请以"我们的老师"为题,回忆学校生活片段,写一篇具有真情实感的记叙文。要求:1. 中心明确,层次分明;2. 有适当的描写和议论。

二、优秀作文:

我们的刘老师

韩志敏

虽说我们校园并不算漂亮、华丽,但是在这所校园里,我们得到的关爱可比别的校园多得多。

今年上半年,全国要求同心抗"非典",我校防"非典"工作可算是周边学校里最认真最负责的。老师们忙碌着,不是为别的什么,而是为我们的健康成长⋯⋯

本学期中途,我们的语文老师脚骨意外受伤了,短期不能来给我们上课了,学校和我们都很着急。

那是一个星期四的早晨,初二(3)班的吴老师走进我们的教室,说明我们初二(4)班刘老师的事,又说他来代我们的语文课。我们觉得心里踏实了点。可是虽然有老师教我们了,但大家仍都觉得有些别扭,因为他毕竟不是我们真正的语文老师。有的时候,在课间几个同学聚在一起,都说:"如果我们刘老师来了,就好了。"别的同学听错了,就问:"刘老师真的来了吗?是吗?"就一边说一边往教室外跑,站在阳台上,向四处眺望,可也没看见,结果长叹一声,都很失望!

也许因为刘老师和我们心心相印吧,不久,刘老师真的来了!同学们都喜出望外。在高兴之余,我们看见的是一个还不怎么能走路的刘老师。大家都很感动,感动得不知说什么好,于是大家不约而同地鼓掌!他只用了近一个月的时间养伤,伤未愈就来给我们上课!有的男生主动地背着刘老师从楼下到二楼教室上课。

上课时,大家都专心致志地听他讲课,都为他的敬业精神所感动:这不仅是敬业,而且也是对我们的爱,同时我们也有对他的爱。爱的力量促进了教学,最终,我们班的语文期末考试成绩在年级四个班中崭露头角!

在我们学校,像刘维臣老师这样的老师还真不少呢,他们怀着对学生对教育的火热的爱心,在平凡的岗位上无私奉献,挥洒着他们的心血和汗水,哺育着一代又一代新人茁壮成长。

(此作文荣获2003年9月中国教育报编辑部首届"杏坛杯"全国大中小学生作文竞赛三等奖)

三、明星闪烁:

"我们的老师"这个题目看来很平常,但却是学生永恒的话题。时代不同,老师不同,学生不同,内容常新。

作者选取老师组织大家抗"非典";刘老师遭意外伤害不能上课,学校安排其他老师代课;同学们仍盼望刘老师来上课,刘老师伤未痊愈就到校上课圆梦的事。可谓是师生患难见真情。

全文以"原本师生见真情"为线索,按时间先后的顺序将三件事情贯穿在一起,详略有致,重点突出,表达了对热爱学生热爱教育的老师的思念和感激之情;也说明了学期中途换老师会给学生带来不适应的教育原理。

在记叙学生盼望刘老师的片段时,运用了谐音、对比的手法,风趣幽默,增添了生活的情趣,增强了表现力。

语言朴素,诙谐,明白晓畅。如:有的时候,在课间几个同学聚在一起,都说:"如果我们刘老师来了,就好了。"别的同学听错了,就问:"刘老师真的来了吗?是吗?"就一边说一边往教室外跑,站在阳台上,向四处眺望。

但要注意语言表达的流畅度,如"虽说我们校园并不算漂亮、华丽"有点拗口,应在"我们"后补"的"助词。"说明我们初二(4)班刘老师的事"读起来有点生硬,应在"说明"后补"了"助词。"可也没看见,结果长叹一声,都很失望!"表达不充分不严谨,应在"看见"后补"刘老师来"。

我的故事

一、作文题目：

"平中杯"南通市中学生作文大赛参考题"我的故事"（平中，平潮高级中学）。

二、优秀作文：

如此比赛
洪湖

元宵节快要到了。扎着元宵灯，我又想起了那次扎灯比赛。

记得，初一第二学期刚开学，学校就开展了庆元宵扎灯比赛。我最出色的就是手工制作了，这下我大显身手的机会来了。心想：这次我得把那个竞争对手给比下去，得一个冠军。于是我就做了一个白兔：从早晨忙到中午，总算完成了。

到了那天，同学们都把自己的作品带到学校。我看了看，他们做的个个像丑怪。我心里一喜，这下冠军稳拿了！忽然她来了，啊！多可爱的小熊猫啊！向来瞧不起她的我，不禁从内心发出感叹。我有点紧张了，要是比不过，那怎么好呢？正想着，忽然一个丑恶的念头从我脑海里热乎起来。

我便走过去说："多么可爱的小熊猫啊！给我看看好不好？"我知道她在这么多人面前，不会不给面子的。她犹豫了一下说："好吧！"我借过熊猫灯，准备做手脚，假装品味着，左看看右看看，爬上桌子给大家看。突然"啊！"的一声，他们都惊呆了——我手中的熊猫灯落下来摔坏了！她哭丧着脸，我以为她把我怎么样，可她什么话也没说，把摔坏了的熊猫灯捡了起来。我心里比吃了蜜还要甜，我还在暗暗地高兴，心里说："你拿我没办法吧！"

离比赛不远了，但她没有慌，不一会儿，一只活泼可爱的熊猫又出现在我们面前！比赛中，她的熊猫灯受到大家的一致好评，她夺取了冠军。

我惭愧极了，现在只要想起这件事，我的脸就火辣辣的。（但那熊猫灯照亮了我不太宽敞的心，它让我懂得了做人的道理：无论做什么事，都要靠自己的本领，勇于开拓，不屈不挠；不要靠那种"小聪明"侥幸取胜。损人利己的竞争，不公平！）

（这篇作文获得 2000 年 5 月 14 日南通教育报编辑部、江苏省平潮高级中学"平中杯"征文比赛初中组二等奖。）

三、明星闪烁：

自拟题是对总题目的注释，含蓄，耐人寻味。

选材难得，似乎涉及道德范畴的个人"隐私"：为了自己扎灯比赛拿冠军，竟怀着嫉妒心，用阴谋的手段损坏别人辛勤劳动的艺术成果。但事与愿违，她很快修复了熊猫灯，拿到了冠军。自己感到惭愧并懂得了做人的道理。

构思精巧,对比强烈,寓意深刻。由扎元宵灯想起那次元宵灯比赛:信心满满想拿冠军;看到她拿着熊猫灯来了,有点紧张,阴谋损坏她的熊猫灯;她经过重新努力终于获得冠军。最终自己惭愧,明白做人的道理,令人警醒。其中还有看到众人的作品的窃喜与看到她的熊猫灯的紧张的对比;自己阴暗心理的描写与最后悔悟的心理形成对比,给读者留下深刻印象,产生深远的教育影响。

语言大胆,俏皮,醇厚。如"我有点紧张了,要是比不过,那怎么好呢?正想着,忽然一个丑恶的念头从我脑海里热乎起来"。"她哭丧着脸,我以为她把我怎么样,可她什么话也没说,把摔坏了的熊猫灯捡了起来。我心里比吃了蜜还要甜,我还在暗暗地高兴,心里说:'你拿我没办法吧!'"

但语言表达上还有欠缺,如"记得,初一第二学期刚开学",上文既然已经想起了,"记得"就是重复啰唆,不需要的,应删除;在这一句前补上"那是",使上下文连贯。"他们做的个个像丑怪"的"丑怪"属于生造词语,应改为"丑八怪"。"不会不给面子的"谁的面子?应在"面子"前补上"我"。"我以为她把我怎么样"不顺口,应在"把我"前补上助动词"要"或"能"。在"现在只要想起这件事,我的脸就火辣辣的"表达不到位,应增"但那熊猫灯照亮了我不太宽敞的心,它让我懂得了做人的道理:无论做什么事,都要靠自己的本领,勇于开拓,不屈不挠;不要靠那种'小聪明'侥幸取胜。损人利己的竞争,不公平!"应有的感想。

圆 规

一、作文题目:

少年儿童时期,我们会碰到一些伤心的事,激动的事,甚至喜悦的事,也会因此而流泪。请回忆自身流泪的经历,想想为何流泪,写一篇主题鲜明、有教育意义的记叙文,不少于600字。题目自拟。

二、优秀作文:

圆 规

陈冰

课间,小玉在教室门口说:"告诉你们一个好消息,吴婷的眼睛终于好了,明天就可以来上课啦!""真的吗?真的吗?太好了!同学高兴不高兴?你的旧同桌又来了。"调皮的小虎奔过来急促地说。"好啊好!"我惊讶地叫道。但高兴的我,心头似乎飘过一片阴云,陷入了一段伤心的回忆。

那是一次放学的时候,我正背着书包一蹦一跳地向车棚走去。忽然,不知谁跑到我背后用双手捂住我的眼睛,叫我猜她是谁。可是我那时真不知道她是谁。你要知道,她可是我们班上拟声最神的。我一时间变得不知所措起来,就用手使劲儿扒她的手。可是她的劲儿太大了,我越使劲扒她越使劲捂。我生气了,就不管三七二十一,使劲用手往后打。开始还没什么,只听有人在嘻嘻地笑;我更加着急,猛地一打,后边忽然传来一声尖叫,她的手也随即放松下来。那是谁的尖叫?是吴婷。我猛然转过来高兴地说:"吴婷,原来是你这个捣蛋鬼呀!"可是不可想象的事情恰恰发生了:吴婷用手捂着眼睛。我还以为她还在跟我闹,我就跟她闹起来,可是她并没有抬头笑,依然捂着眼睛发出尖叫。难道……我望了望自己的手,圆规!圆规!我吓呆了,我扒开她的手,只见她的左眼边划开了一道长长的口子,只差一点就划到眼睛!她为了不让我担心,只是说没事,没事,并一边用纸巾擦着眼边的血。开始流的血还不多,可是后来听同学说:"吴婷自己不小心把眼睛弄伤了,口子还不小呢!我昨天去她家时,她用的手巾上满是血。失血过多,住院了。""自己不小心"、"满是血"?我的心在一阵阵颤抖着:明明是我弄伤她,她怎么说是自己不小心?

我哭了,伤心地哭了,为由我引起的她的痛苦而伤感流泪!新同学看着我伤心地掉着眼泪,笑着说:"吴婷伤好了,你哭什么?你这个人真是的,真不明白。"

三、明星闪烁:

自拟题符合总题目要求,简洁、形象、含蓄,能引起读者的阅读兴趣:为什么伤心?

选材真切感人。听小玉说吴婷伤愈复课的好消息,却引起作者痛苦的回忆:吴婷与自己玩背后用手捂住眼睛猜谜的时候,不幸被我手上的圆规划破了眼边;因失血过多而住院。而把责任归于自己不小心。"我"情不自禁地流下内疚痛苦的泪。

全文采用倒叙的方法,感情变化突兀,情节曲折多变。小玉传开来好消息,彼此高兴,却触动了"我"的心病——一段由玩而生的内疚、痛苦的回忆:"从背后捂眼睛猜是谁"本是寻开心的游戏,谁知却因圆规划破眼皮导致住院而伤心?更为感动使我伤心的是吴婷只说自己不小心弄伤的,而只字未提我的误伤;别人因吴婷伤愈复课而欢笑,"我"却因内疚、感动而流泪。一次意外伤害反衬同学之间的友爱、善良和深情;也警示人们:玩儿也要注意安全。女生的独特心理描写显得婉转、细腻、灵巧;结尾也很含蓄。构思精美。

语言灵动而沉郁,机敏而细腻。洋溢着特有的女生青春气息和缠绵深情。如"可是不可想象的事情恰恰发生了:吴婷用手捂着眼睛。我还以为她还在跟我闹,我就跟她闹起来,可是她并没有抬头笑,依然捂着眼睛发出尖叫。难道……?我望了望自己的手,圆规!圆规!我吓呆了,我扒开她的手,只见她的左眼边划开了一道长长的口子,只差一点就划到眼睛!她为了不让我担心,只是说没事,没事,并一边用纸巾擦着眼边的血。"

但是同一意思用语应前后一致,以便理解。如"陷入了一段伤感的回忆。"的"伤感",根据事件的回忆应改为"伤心",才恰当。"为由我引起的她的痛苦而伤感流泪"的"伤感",应与前后的"伤心"说法统一。

《浅谈初中生学习历史的重要性》读后感

一、作文题目:

为了端正一些同学学习历史课的态度,提高学习历史课的认识和课堂学习效率,老师在历史课上引导同学学习了《浅谈初中生学习历史的重要性》一文,请联系自己的思想认识的转变写一篇读后感。

二、优秀作文:

我心震撼

——《浅谈初中生学习历史的重要性》读后感

田亚萍

在刚开始接触历史课的时候,我天真地认为,所谓历史,就是曾经的、过去事,而我现在要想的是现在,是未来。沉迷于过去,是没有积极向前看的乐观精神。那些不好的过去是应该被遗忘的。我只是看到美好的前方。但是,今天我阅读了我们的历史老师推荐的《浅谈初中生学习历史的重要性》(作者丁辉,来源于2012年2月《中华现代教育》),心灵受到震撼:啊!原来历史学科的作用竟有如此之大!

正是因为人用记录和背诵的方式记载过往的重要事情,才有上一代给予我们的宝贵经验,我们才能够更快地迈向成功,所以我们人才能立于动物的顶端。动物没有这种能力,所以它们的经验不能够传承下去。

"以铜为镜,可以正衣冠;以史为镜,可以明得失。""学史使人明智""学史可以明爱国""学史可以明做人""学史可以明事理"!正是因为有了历史这面镜子,我们才知道古人做过什么好事和错事,我们现代人才知道去学习、继承发扬中华优秀传统,避免重走失误路。

横着看人类,是社会;纵着看人类,是历史。唯物主义认为,历史与现实、未来有相通的东西。事实又何尝不是呢? 纵观天下,只有勇于攀登历史学习的顶峰,才能对世事看得长远、看得清楚。1944年3月19日,《甲申三百年祭》在重庆《新华日报》上发表,迅即引起广泛的关注。时在延安的毛泽东读到该文,非常赞赏,先后两次号召全党学习并把它作为延安整风学习的重要文件,突出强调了戒骄与防腐。这就是说,在抗日战争时期,毛泽东就深感学习历史的重要性,教育全党汲取历史教训,不要当李自成。并把它提到关系革命事业能否成功的高度来认识,从而领导中国新民主主义革命走向了成功。

学好历史,能激发使命感。在老师讲课时,我听到《南京条约》《马关条约》《辛丑条约》等一系列不平等条约的签订,了解了中国的屈辱史后,我只觉得那时的中国清政府是多么昏庸多么腐败!"落后就要挨打"时刻警示着我、刺激着我,我想:如果我在当时,如果我有足够的力量,我一定要把腐朽的清政府灭了!把外国侵略者灭了!但至今,我有什么?我没有力量,我现在只有时间去拼命学习,积攒力量。

今天,中国的历史继续发展,我们应是马克思主义的历史唯物主义者,不应轻视历史、忘记历史、割断历史。我们应把历史经验当作财富,好好学习,争取进步。作为初中生,历史学科真的很重要,我们要求真、脚踏实地地去开创美好人生,目前就一定要铆足了劲儿,去上历史课、做历史作业、提升历史考试分数,实现我们的全面发展、健康成长。

(原载如皋市实验初中2011.12《雉水西园》)

三、明星闪烁:

本读后感以"我心震撼"为题,突出了读后感的感触之深。

讲述了自己读了《浅谈初中生学习历史的重要性》后受到的震撼:认识历史,人因有历史记载而区别于动物;认识学习历史的重要性,历史可以使人明智、爱国、做人、明事理;学历史能长见识,激发使命感;认识如何学习历史,集中精力上历史课、做历史作业。选材具有特殊的教育意义。

文章先从自己以前对历史的个人认识的偏差开始,到与学习了《浅谈初中生学习历史的重要性》之后心灵受到震撼,认识了历史学科的作用。前后运用对比手法凸显自己认识的飞跃,在具体阐述认识历史、认识学习历史的重要性、认识学习历史的要求的主体部分,有序而层层递进地发表感想,使读者的认识也随之得到提升。个性化心理活动使读者感觉格外真切、爽快。构思不同凡响,且层层推进,具有较强的逻辑力量。

语言表达质朴而简洁、明快。

但是,有些地方还需要斟酌。第2段第1句话称谓不统一,将前两个"我们"改为"下一代",删去第三个"我们"。"我们要求真、脚踏实地地去开创美好人生"的"要求真"与"脚踏实地地去开创美好人生"语义层面不相称,应把"要求真"改为"要探求历史的真谛";"人生"改为"未来",因为学习历史不只是为了自己。

(三)摄取社会生活 奏响健康旋律(5)
写一篇景物观察笔记

一、作文题目：

对周围的景物作仔细的观察，写一篇景物观察笔记。要抓住景物特点，作具体描绘。题目自拟，篇幅充足，写字工整。

二、优秀作文：

我爱家乡的小路
徐小萍

我爱家乡的小路。这条小路伴我度过了童年最美好的时光，给我和伙伴留下了深刻而美好的回忆。

这条小路，是我和伙伴小学上学时必须经过的小路，它和我们成了最亲密的朋友。现在我们进了初中，虽然走不到那条小路了，但我对它非常怀念。一个偶然的机会，妈妈让我去接妹妹，我又和我的老朋友见面了。现在是春天，已经下了好几场雨，把小路上一个个鹅卵石般大小的石子洗得干干净净，把它从睡梦中唤醒了。路边的小草偷偷地从泥土里探出了它的小脑袋，想看看过去一个冬天这条路有没有什么变化，给小路披上了绿色的春装;野花就像衣服上的花纹;路边的小河被微风吹得泛起一丝丝绿波;岸边柳树发芽了，再也不像冬天那么坚硬，变得十分柔软了，轻轻拂过水面，就像母亲抚摸着女儿;偶尔还有一两只翠鸟站在垂下的树枝上向河里张望，看见小鱼就像箭一般地飞过去，用它坚硬而细长的小嘴叼起小鱼;河边的芦苇发芽了，这使我想起小时候喜欢拔它的尖头，剥了芯吹，那声音就像蜜蜂在嗡嗡叫，有时还会引来几只蜜蜂，吓得我们赶紧扔了，飞似的往家跑。站在小路上向四周望，小麦碧绿碧绿地已经开始生长了;油菜花开了，金黄金黄的，散发出诱人的香气;已经有几只蝴蝶翩翩起舞了。

这里一切的一切，都使我回味无穷。(她也给了我精神以莫大鼓舞，我的家乡不仅是美丽，而且充满了生机活力，充满了希望，有一种蓬勃向上的力量。虽然她很土，也似乎很渺小，但作为家乡的儿女，永远视她为母亲一样的慈祥、美好与坚强。)小时候心情不好时，一个人静静地坐在河边小路上聆听水的流淌声，会使我心情舒畅得多。

正因为这一切，我爱家乡的小路。

三、明星闪烁：

自拟题"我爱家乡的小路"符合写观察笔记的要求，且个性鲜明，别具一格，显得实在；读来顺畅，自然。

南通大学教授万久富先生说："怀旧是人文的第一要义，创新乃发展的永恒主题。"选材角度小,适合表现仔细观察的景物。以自己熟悉的钟情的小路为描写抒情对象,实现"我手写我心",容易写得细致入微、酣畅淋漓,使人感觉笃实、新颖,个性张扬。

在描写景物时,以家乡的小路为线索,怀着深深的眷恋之情,开篇直抒胸臆"我爱家乡的小路"扣题,主体部分按照时间先后的顺序、由近及远的空间顺序,通过回忆童年上小学时的小路,再到眼前偶然机会再与小路见面,铺陈小路上的石子、小草、野花、小河、柳树、翠鸟、芦苇、蜜蜂、小麦、油菜花和蝴蝶。运用多种修辞手法,表现景物特征各具情态,惟妙惟肖,如写拔芦苇尖尖"喜欢拔它的尖头,剥了芯吹,那声音就像蜜蜂在嗡嗡叫,有时还会引来几只蜜蜂,吓得我们赶紧扔了,飞似的往家跑"。景物艳丽多姿,声情并茂,构成了一幅富于动感的立体画,讴歌这一切与小路有关的景物的美丽和活力,抒发对家乡浓浓的爱意,还表现了小路可愉悦心情的作用。结尾呼应开头,强化主旨;总结全文,收束有力。抒情散文的构思,情调不错。

语言清新,优美,有灵气,巧妙地表现了家乡的小路及其景物的美好情韵。

抒情散文。

但是有些语句需要斟酌,有重复啰唆之嫌,如"是我和伙伴小学上学时必须经过的小路"的"小学上学时"应改为"上小学时"。"小麦碧绿碧绿地已经开始生长了"不合事理,小麦冬天也长,去掉"已经开始","了"改为"着"。"这里一切的一切,都使我回味无穷。"表达不充分,回什么味?应补"她也给了我精神以莫大鼓舞,我的家乡不仅是美丽,而且充满了生机活力,充满了希望,有一种蓬勃向上的力量。虽然她很土,也似乎很渺小,但作为家乡的儿女,永远视她为母亲一样的慈祥、美好与坚强。"这样的语句,更好地表达主题。

好心的_____

一、作文题目:

尽管有人说:丑陋的中国人,但是在我们当今这个社会里还是好心人多。请你回忆生活经历,以"好心的_____"为题(可填姐姐,哥哥,叔叔,阿姨,爷爷,奶奶等)写一篇记叙文,注意运用心理描写、环境描写突出中心。

二、优秀作文:

好心的叔叔
谢刘宏

要是当时没有他,我也许就会被那无情的流水夺去了生命,今天也就不能够坐在这宽敞明亮的教室里学习了。

几天前,我在上学的路上不幸发生了一件出乎意料的事情。那天早晨,我骑着自行车痛痛快快地走在上学的路上。在半路上,我遇到了我的同班同学洪湖。于是我俩就边说边笑地并排骑着自行车。快到学校的时候,从对面驶来了一辆摩托车,那摩托车飞快地从我们身边驶过,刮了洪湖的衣裳,洪湖又朝西一让,碰了我的车子,我就往树上一撞。由于树太小,我连人带车一齐掉进了正在打水、水流湍急的大渠里;由于渠里水流太大又太猛,我在水里挣扎了一会儿就失去了知觉。就在这十分危急的时候,据说一位素不相识的叔叔从北面猛扑过来,衣服都没有来得及脱,就奋不顾身地跳下水去,好不容易才把我救上了岸;然后他又跳下水把我的车子捞了上来。等他上了岸之后,我才发现他身上的衣服已经湿透了,他所站立之处即汪了好大一摊水。此时,我感动得不知说什么好。我想:他不正是一位救命恩人,一位活雷锋吗?……

　　过了几天,我才听人说,原来他那几天正患有感冒,就在救我的前一天,他才到医院去看了病……啊,一位生病的又素不相识的叔叔!我更感到他是现在社会中的一个活雷锋,一个无比高尚的人,一个永远值得我学习和敬仰的人。

　　啊!一位素不相识的叔叔,是你给了我人生的第二次生命!是你把温暖送到了我心中,是你使我感受到了社会主义的温暖!从你身上,我看到了当今社会主义的一种淳朴的人情美。

　　(先谨以此文献给您——救我性命的素不相识的叔叔!)

三、明星闪烁:

自拟题应在总题目范围内,事不离人。含蓄,深刻。

　　我们一向强调学生作文要有真情实感,不要抄袭他人作品或无病呻吟、故作姿态。本文无疑给同学们树立了学习的榜样,也给我们带来了欣慰。本文题材歌颂了雷锋精神在当今得以发扬,形成了一种特有的淳朴的人情美,鞭挞了金钱至上、明哲保身的落后思想,也提醒人们学生上学路上不可并排骑自行车,要注意安全。选材具有代表性和特殊教育意义。

　　以议论开头,以议论结尾,首尾呼应,深化主题。开头议论,设置悬念,引人入胜;结尾议论,画龙点睛,升华主题。中间记叙事情的来龙去脉,情节生动,惊心动魄。补叙听人说的这位叔叔生病的情节,进一步衬托了这位叔叔舍己救人的可贵精神;同时也暗示学生上学放学路上要遵守交规、注意安全。构思独特,具有相当强的表现力。

　　语言生动、含蓄、抒情。如"啊,一位生病的又素不相识的叔叔!我更感到他是现在社会中的一个活雷锋,一个无比高尚的人,一个永远值得我学习和敬仰的人。"

但是,语言表达也存在毛病,如"洪湖又朝西一让,碰了我的车子,我就往树上一撞"不够准确、连贯,根据上下文"我"改为"我的车子";"就"改为"又"。最后还应该表示对这位叔叔的感激,增"先谨以此文献给您——救我性命的素不相识的叔叔!",才更有人情味。

将一则材料改写成寓言故事

一、作文题目:

将下面这则材料,改写成寓言故事。

山坡上有棵老槐树的残干,秋风萧瑟中好像在回忆着它的不幸的过去。当初它只是个幼小的树苗,在漫长的生长过程中,曾遭到过闪电击中,经历过地震、无数次狂风暴雨和干旱的袭击,然而它没有倒下,依然顽强地生长着,终于长成一棵参天大树。可是后来飞来一群飞蛾虫,说是给大树挠痒痒,洗澡,治病,其实它们化为成虫从树叶吃到树枝,再吃到树干,以微笑的却不停止的蛀食,渐渐摧毁了大树的内在力量,参天大老槐树终于毁在一群可以用两个手指捻碎的蛀虫面前。

二、优秀作文:

老槐树残干的回忆
孙培培

山坡上斜立有棵老槐树的残干,秋风萧瑟中好像在回忆着它的过去。

很久以前,山坡上有一棵不知名的小树苗。小树苗非常渴望自己早点长大,去观赏自然界优美的风光。于是小树苗拼命地往上生长,不停地吮吸大地给它的"甘露"。为了实现目标,一次次的雷击火烧,一次次的山崩地裂,一场场的干旱,它都挺过来了,它没有被吓倒。因为它坚信:若怕走崎岖路,就莫想攀高峰。

随着年轮一圈一圈地增大,小树苗渐渐长大。终于可以将万物尽收眼底。于是,它成为槐树家族中的巨人,受到大家的敬佩。它每天都生活在荣誉声中,它骄傲了:"你们看我长得多高,而你们呢?你们不配做我槐树家庭中的成员。""是,我们没你伟大,没你高,但骄傲自满,你会遭到失败的。""闭上你的乌鸦嘴!"

面对这棵生机勃勃但很骄傲的大槐树,飞蛾虫早就垂涎三尺了。于是,飞蛾虫成了马屁精:"大王,你是我们心中的偶像。今天小的特地给你挠挠痒,好吗?""好啊,你们真懂得体贴人。"大树乐开了口。飞蛾虫在大树的身上爬来爬去,大树舒服极了,痛快极了!

一直是这棵大槐树的守护神——啄木鸟知道了,来奉劝它:"你太糊涂了,飞蛾虫会毁了你的……"还没等啄木鸟说完话,大槐树就很生气了:"你是不是眼红了?给我滚!"啄木鸟头也不回地走了,心想:你早晚会后悔的!

过了几天,飞蛾虫就带来礼品"看大树":"大王,我来看您来了,我给你带了点礼物,不成敬意,请笑纳。"说着将一朵野花挂在树枝上。大槐树十分高兴,它说:"别人都说你很坏,我看他们是嫉妒我有你这样一个朋友。""大王,你说我像坏人吗?今天我准备再来为你梳头。""好啊!"飞蛾虫化为成虫开始蚕食大槐树叶子……不久,蛀蚀树皮,慢慢地,蛀虫钻进了大树的腹中;经过几番周折,大树感到浑身没劲。

大树这才想起啄木鸟的话是对的,可现在无论啄木鸟怎么医治,已经无济于事了。况且啄木鸟呢?

在一场狂风暴雨的袭击中,大树再也支撑不住了,终于轰然倒下。在倒下的那一瞬间,它终于明白了,可是……

(此作文获得2003年12月28日第十八届全国中小学生"课本作文"征文大赛优秀奖)

三、明星闪烁:

自拟题通俗易懂,幽默风趣,有讽喻意义。

把原有一则文字材料扩写为一则寓言故事,而思路基本保持:800年的老槐树从幼苗成长为一棵参天大树,经受了闪电雷击、山崩地裂和狂风暴雨和干旱的考验,却没能抵制飞蛾虫的花言巧语的奉承及其背后的蚕食蛀蚀,最后只留下了残破的树干,诉说着悲剧的故事。选材奇特。

作者根据寓言的写作要求,用假托的故事或自然物的拟人手法,进行精心的构思:展开丰富神奇的想象,形成完美的动人的故事情节和深刻的寓意。用对大槐树与闪电雷击、山崩地裂和狂风暴雨等的考验而茁壮成长,与长成参天大树后听信蛀虫阿谀奉承毁于一旦的对比,突出主题寓意:追求梦想,就要坚持不懈,谦虚谨慎,防微杜渐;不要盲目自大,贪图享乐,听信谗言。老槐树、啄木鸟和飞蛾的拟人化描写,推动了故事情节的发展,增强了艺术感染力。构思拟人生动,对比鲜明,寓意深刻。

语言表达粗犷而细致,急促而委婉,多夸张。如"飞蛾虫在大树的身上爬来爬去,大树舒服极了,痛快极了!"

但是语言仍有不少缺陷。"一次次的雷击火烧,一次次的山崩地裂"数量词"一次次"修饰不当,似应分别改为"一阵阵"、"一场场"更为生动、准确;"它都挺过来了,它没有被吓倒"在第二个"它"后增"也"。"它每天都生活在荣誉声中,它骄傲了:'你们看我长得多高,而你们呢?'"的"你们"指代不明,应在"它骄傲了"后补上"对槐树家族同伴说"。"啄木鸟头也不回地走了,心想:你早晚会后悔的!"语序颠倒,用词不当,应改为"啄木鸟回应道:'你早晚会后悔的!'就头也不回地飞走了。""说着将一朵野花挂在树枝上。大槐树十分高兴"的"高兴"不足以形容大槐树此时的神态,应改为"荣耀"。"经过几番周折,大树感到浑身没劲。"意思表达不完整,应在句末补上表示变化的助词"了"。"大树这才想起啄木鸟的话是对的"句子杂糅,应改为"大槐树这才想起啄木鸟的话,感觉啄木鸟的话是对的。"最后一句"可是……"影响"豹尾"的功能,应删去。

隔壁王叔叔

一、作文题目:

以"有这么一种人"为题,要求:有现实针对性;写一篇记叙文,在记叙中作必要的描写和议论;字数 600 以上。

二、优分作文:

隔壁王叔叔

刘沛一

假如你问我最厌烦谁,我会毫不犹豫地回答你:"隔壁王叔叔。"

前年,我上五年级,到了临考初中时,我的学习更紧张了,每天做作业都要做到晚上十点多钟。忙了一天的我,一下子扑在床上睡着了。突然,一阵急促的脚步声,将我从梦中吵醒,接着又传来一阵阵刺耳的音乐声。原来,是隔壁王叔叔又和几个人在家里"潇洒走一回"呢!这下子,我的脑袋可是被涨得又大又痛,难受极了!爸爸忍不住,走到王叔叔家门前,好言相劝:"小王先生,睡吧,这样搞影响儿童休息啊!"可王叔叔却不以为然:"我唱歌跳舞是关着门的,有什么影响不影响的?"说完关上门,又继续唱起"你总是心太软,心太软……"你瞧,这位王叔叔的心太硬了吧?后来听说,那几个人都是什么李科长、陈主任的弟侄子舅们。

王叔叔在单位里是个有名的"马屁精",人们送给他一个绰号"马主任"。可他却不以为耻,竟说:"马屁拍得好,一世不挨搞。"他还列了张"奉承表",他的顶头上司李科长排在第一位。

王叔叔喜欢附庸风雅,但他毕竟是个小人物,不得不注意人间烟火。王叔叔新买了一批煤球儿堆放在门前。一天下午,几个小孩儿在他家前玩,一个小男孩不小心碰倒了他几个煤球儿;平时不大喜欢小孩儿的王叔叔见状一把抓住这个小男孩儿,别的小孩一见大势不妙都一哄而散了,有的跑去求救了。王叔叔一看这小男孩面生,心想:"这不会是李科长的小儿子吧?前天在迎接李嫂子时,见她带的小孩儿好像不是他!"于是王叔叔脸一沉:"你爸爸是谁?"早已吓得半死的小男孩儿,结结巴巴地正要开口,忽然传来了一个妇女的声音:"孩子,你怎么了?"那小男孩一见那妇女,就哭叫起来:"妈妈——"王叔叔转头一看,是个陌生的女人,不是李嫂。他想:"这回有点竹杠敲敲了。"他怒气冲冲地对那妇女说:"你看,你儿子把我的煤球摔碎了,你说怎么办?"那妇女连忙陪礼道:"真是对不起!我回去一定好好管教他……""停、停、停!就这么算了?打坏人家的东西不赔就这么算了?真没教养!"王叔叔嚷道。那个妇女再要分辩,却又传来了一个妇女的声音:"哟!谁在这儿吵架呀?"王叔叔一瞧,原来是李嫂子!他刚想说几句奉承的话,可李嫂却朝向那位妇女说:"表姐出了什么事呀?"这一句话,犹如晴天里的一个霹雳,吓得王叔叔虚汗直冒,但说迟,那时快,只见王叔叔的脸上早堆起了笑容,对那李嫂子说:"这位大嫂人品不错。瞧,这小孩相貌堂堂,又很机灵,将来一定大有出息!他一下子竟打坏了好几个煤球儿,真是好样的!哈哈哈!"又朝那小孩说:"几岁了?来,让叔叔抱抱!"说着,抱起了小孩,又赶紧推开了门朝李嫂子和那位妇女连声说:"快,里边请,里边请!"……

从此,我看见她,就好像看见了一株墙头草,又好像看见了一条巴儿狗。

(该初二作文获1999中国儿童文学研究会"迎国庆"征文竞赛活动优秀作品奖)

三、明星闪烁

自拟题"隔壁王叔叔"是作文题"有这么一种人"的具体化。

选取隔壁王叔叔为了讨好上司夜晚载歌载舞惊扰学生睡眠且不听劝阻我行我素,为小孩碰倒几个煤球的事不断变态的材料,契合作文题"有这么一种人"的讽刺用意。

开篇点题,快人快己,"厌烦"二字贯全文。主体叙写王叔叔二三事,形成纵向对比,讽刺了拍马溜须的人物性格劣根性;揭示了害人又害己的规律性。情节紧凑严谨,富有戏剧性和紧迫感,有三国演义的意味。在大量有序的记叙中穿插语言动作描写和适当议论,有突出主题的功效。

语言朴素明快而凝炼。作为初二学生作业的确无愧于"优秀"赞语。

但是,描写还可以再具体生动一点。如前后四次写了传来的声音。第三次"忽然传来了一个妇女的声音"宜加修饰语"焦急而关切的"。第四次"那个妇女再要分辩,却又传来了一个妇女的声音"宜加修饰语"老辣而霸气的"。

独自出发

一、作文题目:

2014"七彩语文杯"江苏省第十三届"中学生与社会"作文大赛:独自出发。

二、优秀作文:

独自出发

喻越

我说伦敦是我和父亲两个人的城。父亲大学时渴望赴英留学,但在那时,贫困的家境让英国梦成为泡影。而现在的我,却背上行囊,独自赴英游学。

　　"多穿点儿……"母亲的叮咛让一月的候机楼俨然进入了夏季。窗外是停机坪,飞机的起降、升落,或带着憧憬,或带着失落,每一次出发与抵达,迎来的是旅人或完整或破碎的梦。

　　父亲不说话,默默坐着替我照看行李。他凝神望着窗外,眼神空洞,或许是飞机的起降让他回想起了他那不无遗憾的青春吧。他捏着我的登机牌,抚摸着"到达——伦敦"一行字,沉默了许久,点了一支烟,笑着冲着我招手。

　　"第一次独自出发,爸相信你。"她吞吐一阵烟雾,露出了最真挚的笑。我知道,爸内心比我还想去伦敦,那是他的梦想之城,他的青春圣地。

　　他在包里摸索着,摸到些什么,有些迟疑,最终却利落地拿了出来。我愣住了,那是一个黑色的包,边角早已磨得起了毛边,黑色的皮革显然有了年月,折射出一种黯淡而深沉的光泽。父亲小心打开,里面竟卧着一个相机——那是十几年前流行的"卡片机",虽然是老古董,但看上去很新。"十几年前买了准备带去英国,后来……不提了!带上它吧,替我……替我看看伦敦。"

　　父亲支支吾吾,挠挠头,有些憨憨地笑着。他显得有些尴尬,搓了搓手,仰起头来看我,目光里满是真诚和恳求。

　　我点点头:"一定会带上它!"不知为何,我的心底已经泛起一阵酸涩。父亲当年满怀希望地想去留学,家庭的贫困却让这个血性的汉子犯了难。这个照相机,凝聚的是父亲不甘失落的梦啊。我多想带上父亲一起出发,但这一次,我一定要独自出发。

　　"浦东开往伦敦的航班开始登机……"广播响起,是时候出发了。我背上包,拉上行李,快步走向登机口。父亲唤了我一声,我回头,他挥手,我转身,他一定在注视。我拿着他给我的卡片机,仰头朝着一架起飞的飞机"咔嚓"一声,我与父亲相隔近二十年的青春之旅,终于开始了。

　　手里的相机很沉,我向前走着不回头。寒风拂过,我知道我在走我的路。我想起龙应台的《目送》。而今,我也在父亲的目光中渐行渐远,但这种力量却让我觉得与父亲越走越近。

　　飞机起飞的轰鸣声掩盖了一切。我倚着窗口,眼前是无数摇晃的梦。卡夫卡说,人们为了获得生活,不得不抛弃生活。父亲多年前的无奈之举,赋予了他新生活,他没有走完的青春,由我再次启程。我独自出发,却怀揣梦想,我不孤单。我父亲在干吗呢?还在抽闷烟吗?我想不会了。青春在指尖悄悄燃烧,燃尽了烦恼,窗外不见了年少。

十三个小时过后,当飞机盘旋在伦敦城上空时,我久久凝视着。独自出发,独自到达。我知道,我释然出发,终将坦荡抵达,而这样的旅行,这样的青春,世界都在看。

(此作文获得2014"七彩语文杯"江苏省第十三届"中学生与社会"作文大赛一等奖)

三、明星闪烁:

喻越同学的这篇现场作文,表现的是生活的积累、考场作文的心理素养和作文表达能力。

面对"独自出发"的作文题,他头脑是清醒的:"出发"应是一次不简单的旅行,于是选择了出国去伦敦游学的不平凡的出发,这个"不平凡的出发"还承载了父亲未曾了却的伦敦留学梦想,有他赠予的当年的"卡片相机"相伴;"独自"不再依赖父母,却又不得不写出这种送行的藕断丝连的思念情愫。内涵丰满。

通过母亲的叮咛、父亲的抽烟、挥手和从旧而显新的皮包里拿出相机、临行满怀情思的话别,由此表现了父母与子女的惜别真情,反映我们的人民走向世界的美好的梦想,也歌颂了改革开放的这个经济社会的飞速发展、人民生活水平迅速提升的新时代。

语言描写简短而凝练,恰当地表达了父母的独特心情;父亲的动作、细节描写富有个性和内涵,抽闷烟似为失落的青春梦想而追念;给相机是一种梦想的传递与托付。

语言凝练而含蓄,有散文诗的情调。如"我父亲在干吗呢?还在抽闷烟吗?我想不会了。青春在指尖悄悄燃烧,燃尽了烦恼,窗外不见了年少。"

但是有的言语不够准确、顺畅,如登机牌"到达——伦敦"应为"到达站 伦敦"才符合实际。"我一定要独自出发"与语境不大协调,论场合不得体,应改为"我只能带着父亲的梦想独自出发"。"手里的相机很沉,我向前走着不回头"论场合不得体,应改为"手里的相机很沉,我向前走着不禁回回头,也向父亲挥挥手。""父亲多年前的无奈之举,赋予了他新生活"主谓不能搭配,"赋予了他新生活"应改为"被赋予了新内涵"。有两处比较乱:一是第五段描写父亲从包里拿出什么,自己"愣住了",接着就描写包和父亲的打开包的所见是相机、所说。不合事理:拿出什么应该直接交代,无须卖关子,否则"愣住了"没有依据;"愣住了"之前已经从包里拿出来了,之后竟然又写包的色泽和父亲打开包的动作以及看到的相机:前后顺序颠倒;类似的还有倒数第二段的第一句,都应按照事情发展的顺序改过来。

(四)抓住事物特征　有序有趣介绍(1)
介绍家乡的土特产

一、作文题目：

在你的家乡，有没有当地的农作物、水产或食品加工业？你不想把它推介出去，取得经济效益、推动当地经济发展？如果想，就请选定一种加以介绍。如以"_____（农作物名）的种植"或"_____（家禽家畜名）的饲养"或"_____（食品名）的制作"为题，写一篇说明文。要求：1 抓住事物特征，有序介绍；2 采用恰当的说明方法，体现趣味性；3 内容充实，卷面整洁。

二、优秀作文：

香肠的制作
刘蕾

提到香肠，恐怕是无人不知，无人不晓。特别是我们江苏如皋的香肠，更是如雷贯耳。就凭那美丽的颜色和迷人的香味，就足以令人垂涎三尺；吃上一口，更是让人回味无穷，吃了还想吃。每个吃过香肠的人只要提到香肠，嘴角就会露出一丝赞美的微笑！香肠是如此的香甜可口，那么香肠又是怎样制作的呢？

别急，我现在就讲给你们听。

首先要准备好配料：猪肉，生姜，味精，盐，红糖，葱花等。需要的工具有：菜刀，漏斗（给热水瓶注水的或用雪碧壶剪成的），肠衣（小肠皮），粗棉线等。制作香肠所需要的东西都准备好后，便开始制作香肠了。

第一步，用菜刀把大块猪肉切成小块儿。切成的小块不宜过大，也不宜过小，每个小块长约为2厘米，宽约为1厘米。肉切好后，再将生姜切成小片，生姜等应切细碎一些。

第二步：把肉、生姜、葱花、红糖、味精、盐等按比例调拌好。

第三步：将肠皮的一端用细绳系上，另一端套在漏斗里，用手把肉慢慢压入肠皮内，就这样往下压，一直压到整个肠皮内灌满为止（注意：灌进去的肉要分布均匀，不能有的地方多，有的地方少）。

第四步，用细绳将套在漏斗口的肠皮的那一端扎起来。

第五步，将制作好的香肠用竹竿挂在干燥的通风处半个月左右，直到香肠变成油光红亮时，即可随时蒸煮食用。

香肠在一般情况下是做冷菜。当家中来客人时，你便可以切一根香肠放在盘子里。在切的时候，一般切成片；当盘子放在桌上时，远远望去，就像一朵盛开的花，真叫人直流口水。

怎么样？听了我的介绍，你也来试试吧！

(此作文获得2003年12月28日第十八届全国中小学生"课本作文"大赛三等奖)

三、明星闪烁：

半命题填空,完成了题目"香肠的制作",符合总参考题目之一"＿＿＿＿＿＿＿(食品名)的制作"的要求,也显得简洁、明白、通俗。

香肠在作者当地很普通也很特殊。所谓普通,是指逢年过节、宴请宾客,几乎家家都要制作或购买这种较高档次的食品；所谓特殊,如皋香肠早已闻名遐迩,又是长寿文化食品。作者选择介绍香肠这种食品的制作程序和方法符合命题意图,也很有价值。

开头用议论紧扣题目,渲染烘托夸张,设问引人入胜；主体说明香肠制作的原料配料、工具、工序和方法,有条不紊,明白生动。如用分类别的方法说明了所用原料配料、工具和制作步骤,用列数字的方法说明原料加工的尺度,用打比方的方法说明香肠切成片状放在盘子里的美丽形状。最后的议论呼应开头,且强化主旨。全文抓住"香"的特点按照制作程序介绍,用多种说明方法说明颇有情趣。构思成熟且富有魅力。

语言简明、生动、口语化,有亲切感,容易感染读者。如"就凭那美丽的颜色和迷人的香味,就足以令人垂涎三尺；吃上一口,更是让人回味无穷,吃了还想吃。"

但有些语句需要斟酌,如"每个吃过香肠的人只要提到香肠,嘴角就会露出一丝赞美的微笑！香肠是如此的香甜可口,那么香肠又是怎样制作的呢？"指代不明,什么香肠？应在第二个、第三个"香肠"前补上"如皋"二字作为定语；最后一个为了避免重复应予删除。

"别急,我现在就讲给你们听"是否过于情景化,毕竟不是在做现场讲解,显得做作,应改为"别急,我现在就给您做个详细的介绍"或者直接删除。"首先要准备好配料：猪肉、生姜、味精、盐、红糖、葱花等。"缺少一样"白酒",应在"葱花等"后增"还有白酒"；第一句应统领全段,显然用语不当,应增"首先要准备好原料、配料和工具"或"首先要准备好制作香肠所需要的东西"。"每个小块长约为2厘米,宽约为1厘米。"介绍不全,还有高度,应增"高约1厘米"。"肉切好后,再将生姜切成小片,生姜等应切细碎一些"比较啰唆。应在"肉"前补"猪",将"生姜切成小片,生姜等应切细碎一些"改为"将生姜切成'生姜米'"。"把肉、生姜、葱花、红糖、味精、盐等按比例调拌好"指代不明,"肉"改为"猪肉","盐"改为"食盐"；"将肠皮的一端用细绳系上,另一端套在漏斗里,用手把肉慢慢压入肠皮内"的用词欠准确,"肠皮"改为"肠衣",与上文名称一致。"细绳"改为"粗棉线","系"改为"扣紧"或"扎紧"；"漏斗里"的"里"改为"嘴上",还要增"用一只手握住"。"用手"改为"另一只手"。"用细绳将套在漏斗口的肠皮的那一端扎起来"的"细绳""口""肠皮"从上改,"那"改为"这"。"直到香肠变成油光红亮时,即可随时蒸煮食用"有与上下文意不连贯和表达不到位的语病,应改为"直到香肠风干了,即可收藏在干燥通风处,随时蒸煮食用"。"当家中来客人时,你便可以切一根香肠放在盘子里"表达意思不到位,应将"当家中来客人时"改为"当需要食用时,洗净放在锅里蒸煮熟了"。"听了我的介绍"有点情景化做作,可删除。

(五)观点鲜明正确　论述精辟可信(3)
写一篇简短的演讲稿

一、作文题目:

针对社会上用字不规范的现象,写一篇简短的演讲稿,宣传规范汉字的意义。

要求:1 贴近听众心理,语言通俗化、生动化;2 感情充沛,观点鲜明,说理充分。

二、优秀作文:

识　字
孙娴

大家都知道,字呢从古代就有了。在新中国成立前后,有许多人都不识字,经常为字闹出许多笑话来。在现代这个时代就有被淘汰的危险,记得上一次到菜市场买菜,逛了一圈,把我的肚子都笑疼了:那些摊主在摊前用木牌写上蔬菜的名称和单价。这本没有什么奇怪的,但是那些农民,不知道有没有上过学,上面净写些错别字:"黄瓜"写成了"王瓜","青菜"的"青"写成了"清水"的"清";"菠菜"的"菠"写成了"碧波"的"波";"山芋"写成了"翻雨"。还好这是在如皋,大部分人都还能看得懂。如果一个外地的知识分子,到了这儿还以为我们如皋的蔬菜都是些怪产品呢!另外,路边的一些小摊也是如此,"草莓"的"莓"写成了"发霉"的"霉",叫人家理解为发霉的草,简直笑话!还有一些卖鞋子的人,用如皋方言在那儿大喊,听起来好像在说:"卖鞋(孩)子啦卖鞋(孩)子啦!"如果被人拽到派出所,定是贩卖儿童罪,还会纳闷是怎么回事呢。所以啊,字在人们的生活中还是很重要的,搞不好就会闹出笑话来,影响人们的正常交往和生活秩序。

当前社会上一些人乱造简化字,随便写错别字,滥用繁体字以及书写马虎潦草等现象,已成为一种社会公害。这在生活中造成了一些麻烦,那还在其次;在工作中造成重大损失,那可怎么得了?

也许大家曾经在报纸上看到,改革开放初期,乌鲁木齐市某公司为产品制作包装,由于将乌鲁木齐的"乌"字错印成"鸟"字,致使在日本制作的几十万份包装都作废了,白白损失了巨大的制作费!

我们社会上的每一个人,都必须识字,尤其是我们青少年,更要认真学习汉字。今天的世纪是一个新的世纪,是中国走向世界的世纪。作为中国未来的栋梁和劳动者,应该看到这一点的严肃性,认真学习语文知识,多识字,不写错别字,不读错字音。为弘扬中国语言文化,推动经济社会发展而努力!

三、明星闪烁:

讲演稿是公开场合面对听众阐明意见、主张或讲述某种知识的一种说话形式的文稿,属于议论文。一般要求内容有针对性;中心明确,观点鲜明;语言通俗易懂,生动活泼,富有感情。

作者这篇讲演稿除了符合上述要求外,还有其独特的个性:

自拟题"识字"抓住规范汉字的关键,通俗、醒目、简洁。

选取自己逛市场时看见的不规范使用汉字的例子,进行具体分析,从反面警示人们不规范汉字的弊端及其危害,从而论证识字的重要性。选材具有现实针对性。

开头先说汉字有悠久的历史,接着说新中国成立前后许多人都不识字,闹出了许多笑话;现代不识字的小商贩写在木牌子上的错别字又闹出笑话、影响交往和秩序,例证有趣味有说服力;最后正面点题,得出结论,发出号召。构思有哲理,先破后立;说理和举例结合,反面和正面相融,富有说服力。

语言通俗口语化,风趣形象化。如:"山芋"写成了"翻雨"。还好这是在如皋,大部分人都还能看得懂。……另外,路边的一些小摊也是如此,"草莓"的"莓"写成了"发霉"的"霉",叫人家理解为发霉的草。还有一些卖鞋子的人,用如皋方言在那儿大喊,听起来好像在说:"卖鞋(孩)子啦卖鞋(孩)子啦!"

语言表达需注意用词是否准确而不产生歧义,如"字呢从古代就有了"的"古代"范围太广,应改为"距今约四五千年的黄帝,中国远古时代华夏民族的共主时的仓颉造字后",更准确更有知识性;"在现代这个时代就有被淘汰的危险"表达不严谨,应在"时代"后面增"不识字"。"但是那些农民,不知道有没有上过学,上面净写些错别字"指代不明,应在"农民"后补"摊主","上面"前补"木牌";"如果一个外地的知识分子,到了这儿还以为我们如皋的蔬菜都是些怪产品呢!"的"知识分子"范围小了,论目的不得体,影响表达效果,因此应改为"人"。有些语言表达不够准确和简洁。如"这在生活中造成了一些麻烦,那还在其次,在工作中造成重大损失,那可怎么得了?""在生活中""在工作中"影响连贯性和简明性,应改为"给生活""给工作"。"乌鲁木齐市某公司为产品制作商标,由于将乌鲁木齐的'鸟'字错写成'鸟'字,致使在日本制作的几十万份精美商标都作废了"与事实不符,将"商标"改为"化肥包装袋",将"错写成"改为"设计成"。

以"我爱这样的美"为题写一篇讲演稿

一、作文题目:

以"我爱这样的美"为题写一篇讲演稿,要求:1 观点鲜明,感情充沛;2 论证严密,说理充分。

二、优秀作文:

我爱这样的美
支海波

我曾一度非常向往外表美的华丽,也做着诸如此类的美梦。可现实,却常常破梦而入,把我心目中的外表美分割殆尽,使我举步维艰。

后来,我总算明白,心灵美比外表美更美。它无所不在。你瞧它,有时隐,有时现,有流动的气息,能引起你的眼睛做变化无穷的追索……

心灵美可不和外表美相同:外表美是一个人在别人眼中的图案,有时反而体现出他的奢侈。当他消失时,他在别人眼中的图案随之消失;心灵美则是在各个方面、各种环境中,都帮助别人,解决问题。

心灵的美,在于自然。

雄伟的山峦,英姿挺拔,给人们欣赏,使人们感到快乐;滔滔的大江,水流滚滚,给人们提供无限水源;光热无穷的太阳,热情地给予我们温暖;皎洁澄清的明月,让人们在晚上行走时,不易跌倒;波涛汹涌的大海,使航海的人得到充分的锻炼,使他的毅力更强,信心更坚。

然而,心灵的美远不止这些。

现代社会竞争激烈,你追我赶,不甘落后。而有一些人,在落后于别人、而无法领先于别人时,他们会立刻重整旗鼓,进行最后一计——以不正当的方法去损坏别人的利益,甚至不择手段地领先别人,这又何必?这样心灵丑恶,则会使社会退步,经济落后,走向贫困。反之,又会怎样呢?

据说,某一小城市有两家纺织厂。这两家工厂,彼此激烈竞争。接下来一家纺织厂丑闻暴露,致使信誉全无。另外一家纺织厂,并没有乘虚而入,反而诚恳地去帮助他,使得两家工厂的关系更加密切,事业更加兴旺。

这,才是心灵美的具体表现。我们只有做到心灵美,才能更好地提高我们的竞争力。作为学生就能更好地提高学习的成绩。因此,我要说,心灵美,是人们彼此公正、进步的阶梯。我爱这样的美——心灵美。

(此作文获 2003 年 12 月 28 日第十八届全国中小学生"课本作文"大赛三等

奖)

三、明星闪烁:

半命题填空题目"我爱这样的美"完整而含蓄,醒目而有悬念,能吸引读者的阅读兴趣。

用亲身体验来说追求外表美的困境、追求心灵美的活力,追求外表美的虚幻、追求心灵美的实惠。心灵美在于大自然的陶冶和人文的互助,而不是损人利己的倾轧,心灵美值得弘扬。选材典型,有针对性。

将外表美的困境与心灵美的活力、外表美的虚幻与心灵美的实惠进行对比,自然过渡到对心灵美的诠释:在于自然,在于人文而不在于损人利己的领先,并且表明态度:心灵美的作用很大,要爱护心灵美。构思对比鲜明,过渡自然,阐述生动,卒章显旨。

语言质朴、生动,又有口语化适合演讲。如"我曾一度非常向往外表美的华丽,也做着诸如此类的美梦。可现实,却常常破梦而入,把我心目中的外表美分割殆尽,使我举步维艰。"

语言表达能力尚需提高。如"你瞧它,有时隐,有时现,有流动的气息,能引起你的眼睛做变化无穷的追索"主谓搭配不当,心灵美有时隐不是用眼睛去追索的,应删去"的眼睛";"皎洁澄清的明月"形容词"澄清"修饰不当,应删除;"这两家工厂,彼此激烈竞争"的"这两家工厂"与前面称谓不一致,不连贯,应改为"这两家纺织厂"或删除;"彼此激烈竞争"语序调整为"彼此竞争激烈",主谓结构的陈述句。"并没有乘虚而入,反而诚恳地去帮助他"之间应补"落井下石,","他"改为"它",指称第一家纺织厂。"作为学生就能更好地提高学习的成绩"与上文语气不连贯,将关联词"就"改为"才"。"心灵美,是人们彼此公正、进步的阶梯",将"彼此"删除,因多余。

成才靠什么

一、作文题目:

请阅读下列材料,然后根据材料写作文。

1. 天将降大任于斯人也,必先苦其心志、劳其筋骨……曾益其所不能。

2. 课间10分钟,同学们一起闲聊,一位同学唉声叹气地说:"可惜我的父母不是大学毕业生,也不是老师,否则我的学习成绩也会好的。"

3. 书山有路勤为径,学海无涯苦作舟。

近年来人们对成才的看法众说不一,作为二十一世纪的中学生,你对此一定也有自己的想法,请以"成才靠什么"为话题,写一篇作文。

要求：

1. 立意自定，问题自选，题目自拟；
2. 全文不少于600字；
3. 不得出现真实学校名、班级名、姓名。

二、优秀作文：

成才靠什么
刘蕾

似乎每个人都想成才。自古以来，每个父母都是望子成龙、望女成凤，他们把一切希望都寄托在子女的身上。子女靠什么去成才呢？在近年来，这个问题一直都在社会上议论纷纷，各有各的说法。有的人说：能不能成才，取决于父母是不是大学毕业生；有的人说：能不能成才，要看你这个人运气好不好；甚至有的人为了成才去相信什么鬼神之类的东西，去搞封建迷信……这些都是谬论。其实，成才要靠人的努力和勤奋，刻苦，良好的心理素养。我国的史学家司马迁曾游历名山大川，反复阅读史书和有关资料，……最后终于著成了闻名中外的《史记》。著名的中国数学家陈景润为了钻研论证《哥德巴赫猜想》，不分昼夜地翻阅有关资料，不断计算，反复研究，他花了十年时间，终于完成了《哥德巴赫猜想》的证明。给祖国甚至全世界的人们贡献了他的智慧和精力。这样的例子古今中外，举不胜举。他们都是靠自己的努力奋斗采摘了科学上的皇冠，成就了辉煌的业绩。

我对成才的看法也是靠自己的刻苦努力和勤奋好学。古人云：书山有路勤为径，学海无涯苦作舟。让这句名言告诉我们：渊博的知识，是通过勤奋和刻苦的途径获得的。成才靠勤奋和刻苦，恒心和毅力，因为知识是无止境的。只知享乐，懒惰，是没有成才的可能的。作为21世纪的中学生，我们应该埋下头来，刻苦学习，努力，努力，再努力！

同学们，我们肩负着国家的未来，祖国的希望。我们学过的《孟子三章》里不是有这样几句话吗？"天将降大任于斯人也，必先苦其心志，劳其筋骨，饿其体肤，空乏其身，行拂乱其所为，所以动心忍性，曾益其所不能。"努力吧，为了能够成才，肩负重任，发扬吃大苦、耐大劳的精神；努力吧，像古人一样凿壁偷光，程门立雪。"一分耕耘，一分收获。"我相信我们靠自己的勤奋和刻苦，发扬螺丝钉的精神，一定能成为国家的栋梁，成为社会主义的有用人才。

三、明星闪烁：

题目就是话题，一个设问句，仅有5个字，发人深省，简明生动。

选取总题目所提供的三点材料，加上古今人物勤奋刻苦学习成才的事迹。符合题目要求。

将总题目提供的材料按照逻辑顺序组织在文中,并加以分析、发挥、拓展与深化。所谓"逻辑顺序",就是遵循议论文写作结构规律,提出问题:有人认为成才靠父母和命运;分析问题:成才靠自己(提出论点,展开论证:摆事实,讲道理);解决问题:成才靠刻苦加勤奋,发出号召:为了成才、能肩负起国家民族的重任而努力。

语言雄辩,流畅、自然,如"似乎每个人都想成才。自古以来,每个父母都是望子成龙、望女成凤,他们把一切希望都寄托在子女的身上。子女靠什么去成才呢?""作为21世纪的中学生,我们应该埋下头来,刻苦学习,努力,努力,再努力!"

但是尚有一些不够成熟的语句,如"在近年来,这个问题一直都在社会上议论纷纷"不够简明和得体,应将第一个"在"删去,在"这个问题"之后增"似乎","一直都在社会上议论纷纷"绝对化,缺乏实际依据,应改为"成了社会上人们聚焦的热点问题"。"成才要靠人的努力和勤奋,刻苦"意思重复啰唆,也欠准确,应将"人"改为"自己",将"努力和"删去。"终于完成了《哥德巴赫猜想》的证明"不符合实际,只是证明了"1+2"定律这个关键的一步,在"证明"前增"'1+2定律'这个关键的一步的"。"这样的例子古今中外,举不胜举"语序不顺,应将"古今中外"调至句首。"我对成才的看法也是靠自己的刻苦努力和勤奋好学"表意不清,需要调整,应将"对"删去,将"成才"移至"也是"之后。"我们肩负着国家的未来,祖国的希望"意思重复,将"祖国"改为"民族"。

第二章

机智解读

"人读本"的语文需要智慧解读,还需要机智解读:以"脑筋灵活,能够随机应变"为优势的语文课堂教学及其一切读书活动;作为初中语文是老师关注和贴近天真纯朴、活泼好奇、憧憬幻想的童心童趣的课堂教学及其一切读书活动。机智解读关键是心态

(背景:我们语文老师需要进一步解放思想,尊重同学的个性发展。如阅卷客观题需要参照"标准答案"评判;但是主观型的答题,应"能给则给,意思对即可",对同学的解答要求刻板,几乎达到不可能的程度,对吗?)

49 解放与包容同学的语文发散思维、创新意识
——读李镇西主编《做个好老师并不难·第三编 课堂兵法》
(解放包容心)

著名教育家李镇西老师主编的《做个好老师并不难》一书,是一本旨在服务教师、指导教师、帮助教师提高自我修养和教学艺术的职业素质培养书。特别是"第三编 课堂兵法"汇聚了《共享:课堂师生关系新境界》(李镇西)、《给学生辩论的平台和机会》(李迪)、《我理想中的课堂教学》(石春红)和《打造无恐惧感教室》(梁岗)等论文,虽然论述各有侧重,各有个性,但是其共同点也很突出而鲜明,那就是语文课堂教学离不开"学生富有个性和创见的独立思考","学生在阅读教学过程中的'仁者见仁,智者见智',正体现了能力的形成和知识运用方面语文学科不同于其他学科的独特性","可以求同存异甚至不求同只存异","世间很多讨论根本就没有标准答案,我们不能说谁对谁错";"对话,不仅仅是指教师和学生通过语言进行的讨论或争鸣,而主要是指师生之间平等的心灵沟通"。

长期以来,我们对学生的评价欠公允,缺乏对学生的发散思维创新意识的理

性包容和爱心呵护。上课对客观型阅读题讲究标准答案,可对主观型阅读题也习惯于甚至喜欢死啃答案,搞一刀切,导致学生噤若寒蝉。现在批阅语文试卷,有的老师还是用计负分的方法。有人可能会觉得奇怪:计正分和负分不是一样的吗?错的对不了,对的错不了。其实大不一样,像语文,许多阅读主观题如阅读理解题的主观性题目、作文,本身就只有"参考答案",应遵循"能给则给、意思对即可"的评分原则。如果用负分法,站在同学的对立面开展工作,目的是寻找、发现同学的答案有多少不足之处,因此很容易倾向于扣分越多才学越高、贡献越大。有的同学阅读理解题的答案意思对甚至比参考答案还好,而说法与"参考答案"有所不同,有老师竟对照参考答案一概计负分,太冤了! 如一份初二语文试卷现代文阅读(一)敬业与乐业"第二要乐业"一段。"1. 这段文字阐述的重点是什么? 作者认为人生是否苦乐的关键在于什么? 2. 短文的开头使用'第二'序数词的好处是什么?"应该属于主观型阅读理解题,不是客观题。同学解答:"我们要乐业。""能否在工作中找到快乐。""使内容更加清晰。"答案却全被视作错答而计负分,结果是本来可以也应该给分的答案却没有给分,因为死啃"参考答案":"乐业""全在主观的心,不在客观的事""层次清楚"! 这是多么武断与残忍! 请问这种阅卷老师:该同学回答的意思哪里错了? 从尊重同学个性角度讲,不但对,而且贴切、有活力。第1小题第1问、第2小题的解答比参考答案还准确呢! 而第1小题第二问,学生的答案也更有深度。如此评卷的目的是什么? 老实说,这样做恐怕不如学生,需要不耻下问呢!

语文教育的发展新趋势:解放与包容同学的发散思维创新意识。

一、语文教学必须尊重"学生富有个性和创见的独立思考"。新的一轮课程改革,动摇了以往固有的教育思维模式,而大大拓宽了教师的视野,也活跃了广大同学的思想,催生了学生的创造性。但对于教师来讲,是一种新挑战:不是要禁锢同学的思想的封建式的师道尊严,而是要解放同学的思想的民主觉醒;不是追求、固守主观题答案的标准化,而是要解放、包容同学的个性发散思维、创新意识。

应科学地理解、包容同学的发散思维创新意识。如阅读《假如你想做一株腊梅花》③倒数第二段,"我把做腊梅的幸与不幸、欢乐与痛苦,都告诉你。现在请你告诉我,你还想不想做一株腊梅?"假如你就是作者的朋友,请你来回答这个问题,并说明理由。参考答案:1 想。只有像腊梅那样,经过风雨和严寒的磨砺与锻炼,人生才会完美;2 不想。因为腊梅太辛苦,太寂寞,有时不被人们所理解。现在思想解放了,以人为本,兼容并蓄,尊重同学的个性,允许个人发表不同的看法,况且"有时不被人所理解"也是对不公平现象的愤懑和批判,有正确的一面。如果去一味强调不怕苦不怕死,看不到社会的复杂性,就不是实事求是的态度。如在新民主主义革命时期,许多坚持革命斗争的优秀共产党人,没有死于国民党蒋介石的白色恐怖,也没有战死在抗日的战场,却死于红军内部的"肃反"、新中国成立以后的运动如"文化大革命"的冤假错案!这是多么令人心寒和恐怖的值得汲取的历史教训。足见解放同学的思想之必要。尽管第一种答案观点鲜明,哲理深刻,但并不能因此否定第二种答案的真实性和给整个社会的警示作用。这一点有必要告诉同学,让他们也解放思想,鼓励探索创新,学会科学地看问题,具有"海纳百川,有容乃大"的胸怀。

应全面地解放、鼓励同学的发散思维创新意识。又如,结合《多问几个假如》《使用你的想象力》阅读下面材料,说出你的看法:

材料一、某一小学课堂,老师提问:"雪融化了是什么?"同学回答:"春天。"老师摇头,转身在黑板上写下一个"水"字,并要求同学记住这个标准答案。

材料二、某一中学老师说:"烈士的鲜血染红了山茶花。"一个同学举手发言,说鲜血不可能染红山茶花,并解释了花朵呈不同颜色的科学原理。但老师并不认同。

材料三、美国中学生头脑奥林匹克比赛中有一道竞赛题,要求参赛学生设计一种水上飞机运载工具。但要打破常规,强调求异思维。许多学生设计了各种造型的运载工具,但总是摆脱不了大家熟悉的船的形状和结构。唯独有一位学生设计了一只硕大的"水蜘蛛",不像船那么在水上航行,而像蜘蛛那样在水面上爬行。虽然这个设计在最后的设计操作中失败了,但几乎所有的评委都给了他最高分。

不设统一答案。参考要点:1.(我国)中小学生课堂教学中,老师扼杀了学生的想象力。2. 美国中学生课堂教学注重社会性、想象力、操作性,创新教育。3. 我国的课堂教学,也要学习美国的培养学生创新思维、求异思维的先进理念。

这类阅读理解题批评了(我国)中小学长期以来禁锢同学的自由思想,束缚同学个性发展的倾向,表现在语文教学中一味追求阅读理解的主观型题目答案的唯一性、绝对化的弊端。材料一:如果从语文角度讲,学生回答雪融化了是春天,具有想象力、跳跃性,有诗情画意。答案很好,应该给予鼓励、喝彩,绝对不应该摇头,武断否定;如果是物理题或生物题,老师在肯定前面同学回答的创造性的基础上给予正确的引导,从物理学、生物学的角度分步讲解让同学理解接受:雪－水－植物萌发开花－春天。不能"一根筋",显得小气和狭隘。材料二如果是从生物学角度讲,同学的回答具有直观性和科学性,是对的,老师没有任何理由不认同。如果是语文政治试题,老师也应该首先肯定同学严谨的科学思想,然后再引导同学思考:红色的山茶花生长在哪里?祖国的大地。人民的江山是怎么得来的?是烈士的鲜血换来了人民的江山,也包括山茶花;文学允许想象和联想,允许用比喻、夸张的修辞手法来表达自己的情感。要解放、包容同学的任何有益的探索，辩证地肯定引导同学的探索精神，因为同学的参与、同学的发散思维和创新，比答案本身更为金贵；再通过材料三美国老师对学生创新、求异思维的培养，即使没有试验成功的创新设计方案，也给予肯定和鼓励！与中国老师的只看结果不重过程的实用主义僵化思想形成的强烈对比，多么发人深省！我们必须坚持改革开放，学习借鉴西方先进的教育理念，破除师道尊严、老师讲学生听的封建传统教育模式，鼓励同学根据自己的体验提出自己独到见解的发散思维创新意识，为国家为人民多培养思想解放的创新型人才。这就是时代赋予我们的教育使命。

二、语文教学应充分认识与教材的对话是"师生之间平等的心灵沟通"。刻意追求语文课表象的热闹如学生发言的频率、命中率，是肤浅的不成熟的认识。石春红老师在《我理想中的课堂教学》论文中指出："在我们的课堂教学中，在我们引导学生与祖国的语言文字进行对话，体悟历代名家名篇的思想内涵，享受语言文字熔铸的丰富意境时，我们更需要把目光投入到学生的学习过程，而非聚焦于学生理解得是否深刻，表达得是否精彩，朗读得是否动情"。很显然，因为我们成人关注的，往往是结果，而忽略了过程；孩子所感兴趣的，往往是过程的享受，并不是结果的敲定。我们的语文教学应当选取的视角是成人的还是孩子的？显然应当是孩子的视角。有了孩子的视角，才能实现"师生之间平等的心灵沟通"。目前有些语文老师还在刻意追求学生发言的频率这样的外表形式，并为此感到困惑，就是因为没有认识师生、生生与文本的对话本质应是"师生之间平等的心灵沟通"，核心是"'语言－思维－人的发展'的相互作用和相互促进"④。有了"师生之间平等的心灵沟通"，即使学生只是在倾听、记录、微笑和瞩目，而暂时没有发言、讨论、板书和表演，也照样有所感悟有所进步，这是不争的事实，也是学生的心声和目前减负的需要。

注释：

①华东地区省属师范大学协编教材《教育学》，河海大学出版社1988年2月第一版，第255－256页。

②王学东《中学语文研究论集》，中国国际广播出版社1993年4月第1版。

③赵丽宏《假如你想做一株腊梅花》，查看全文：http://www.thn21.com/Article/shan/30252.html。

④李镇西主编《做个好老师并不难》，青岛出版社2015年8月第1版，第165页。

（背景：在赏析课文的基础上背诵课文,是语文老师和同学的共同任务。如何才能高效率地背诵课文,特别是帮助难以背诵课文的同学过关？）

50　破格引导同学背诵课文的启示（破格鼓励心）

同学学习语文的难点之一,就是背诵课文。

去年植树节的第二天,我到城里去看朋友。有两个孩子在那里背诵语文课文。其中有一男孩大约十一二岁,朋友说他背书难,开学以来(已有半个月)还没有背诵过一篇课文！请我帮助他。我让他背古诗课文。他背得很吃力,我就叫他读三遍背一遍。他读过了三遍,一遍没背好；又读三遍……,终于有一次只有一点小问题了：多了个"我",我就破格让他过关了。我解释说"作为你长期背不了课文的,现在能够背诵得这样,也就可以了。"说着就给他打上五角星。他很是感动,拿了一个甜番茄给我,算是感激我的宽容与鼓励。接着他继续往后背课文,我发现他不很流利,又叫他再读三遍,背一遍。让另一孩子不要插话提示干扰。于是他继续读背,还有出入,竟不以为然地说："哪个完全对？"我立即指出："就有完全对的！这个你还怀疑？你不能因为自己老有错的,就猜想别人也像你。这叫什么？我教给你一句古语：'以小人之心度君子之腹'。"我又说："别人不提示了,让你自己想；你背诵错了,我也不说了,让你自己想。"于是他读了之后就闭上眼睛来背课文——算是排除了外界的干扰,消除了依赖感,竟破天荒地流利、正确地背诵了课文！就这样,原本几乎从未完全背诵过课文的孩子,终于能一篇又一篇地往后背诵了！他很开心地指着书上需要背诵的课文,对同学说："我也已经背到了这里了。"真可谓一波三折！

这个案例让我兴奋、激动许久。这是一次化解背诵课文难题的成功探索。通过对这次探索的回顾,我明白了要解决同学如背诵课文这类语文学习难题,"老师"（同学）应不断运用抓矛盾主要方面的哲学原理,及时教给同学科学的学习方法如读三遍背一遍；在同学做出最大努力仍不能完全达标时,应尊重同学的付出,破格让他过关——给予鼓励(他会很感激你的)。而不能死啃要求,一见他学习如背诵课文落后了,就加压力带歧视,一味地嫌弃与责备。但如果他出现麻痹松懈的思想波动,要及时批评纠正,而不能撒手不管、拂袖而去。还应充分尊重学生的学习主体地位——让他践行自主学习,并为他排除包括提示性的一切干扰、使之全神贯注地去探索背诵。

我想起我们的同学的读书背诵课文的难题,看着要背长课文谁的心中不有点为难害怕？不要说学困生和偶遇挫折的同学了。班级授课制不可能像上述例子中使他得到细心照料。但他们的为难，也同样是值得关心、注意的。

从辩证唯物主义的角度来梳理一下，结合我校同学背诵课文的实际，我们至少有以下几点值得在班级授课时注意：

一、我们应给同学以科学的方法引导。在成功赏析课文的基础上，要促进同学读书的内因转化："读三遍背一遍"，实际上是厚积薄发，集中力量让同学反复练习、加深理解和形成记忆；也要促使同学读书的外因转化，我们要促进有效记忆，就要放弃琐碎的提示性帮助，为他排除所有干扰，促使他自己更加专心于理解记忆，有效"厚积"。

二、我们应给同学以必须的人格尊重。为了增强同学学习的自信心，必须客观分析他的"得"，肯定他的些许成绩，调动他的学习积极性，并鼓励他发扬成绩，不懈努力，扩大成果；适时肯定同学已有的哪怕是点滴进步，给他们带来成就感，培养读书学习的兴趣。当他确实做出了很大努力、有了明显进步而不能达标的时候，也应灵活地给予破格肯定和鼓励，令其感动，诱导他愿意跟你学。绝不能用带有歧视、侮辱人格的言行来实行恨铁不成钢的教训，加深他的学习悲观、畏难思想情结。

三、我们应给同学以一定的思想压力。当他受到肯定甚至破格鼓励之后，出现思想反复、自满自足、放松要求的时候，要提醒他正视自己的不足和与别人的差距，促使他不懈努力。不能粗糙教育，或放手不管，任其自生自灭。及时指出存在问题，分析读书学习存在问题的危险性、危害性，认识读书学习的重要性、迫切性，正反对比，强化教育，以理服人。也可以具体分析家庭的期望、家人的辛苦，历史上宋濂《黄生借书说》的读书经历，甚至现身说法，以情动人，增强他读书学习的思想感情动力。

对于语文读书学习的难题，我们要注意教育策略：课堂力求高效阅读赏析；并及时科学引导巩固提升。如果只通过班级阅读课堂不能解决问题，可否也通过个别细心引导，及时调整，使同学迷途知返，真正奋起直追，赶上趟儿？

（原载2012年1月《快乐阅读》，并被评为论文一等奖）

51 作文的功夫(探询劝导心)

有儿童黄诚(音),面对《身边的雷锋》作文题好久好久一个字也写不出,催了一次又一次,问:你知道什么是雷锋吗?没有回答。讲解:这里的"雷锋"就是像雷锋同志一样做好事、乐于助人的人。如红领巾象征少先队员,象征是用具体的事物表示某种特殊的意义。而"雷锋"本是一位全心全意为人民服务的解放军战士。写了两三行字又擦掉了。"身边的"是什么意思?没有回答。讲解:在学校里、家里,左邻右舍,离自己比较亲近的。还是握着笔对着本子发愣。又问:离你比较亲近的人多啊,就没有做好事如主动帮助别人或你的?你同学、老师有没有帮助过你?还是没有回答,愣着。无奈,我又问:"你有什么作业做好的吗?"回答:"数学作业好了。"听他妈妈说数学老师讲课他很感兴趣,考得还不错。我赶紧说:"那就把数学作业拿出来,照着题目和解答把解题过程记录下来。然后写数学老师怎样关心你的。"他说是以前的数学老师对他关心。我说也行。于是暂时"离开作文题",写数学作业完成的过程,等写完了,我抓住机会再溯源而问:"好了。你会做这些数学题,是谁教育的结果?"沉默。"数学老师上课下课有没有关心你?""以前的数学老师关心我。""那好,就写以前的数学老师怎样关心你的学习的事情吧!如上课有喊过你回答问题吗?有叫你上黑板演算的吗?"终于回答:有。"有,就记叙下来吧!"

一个成绩不怎么样的同学,往往缺少老师同学的关心,也就很难体味到身边的温暖,因而无法理解"身边的雷锋"。这是理所当然的、再正常不过的现象。如果老师此时再横加责备,甚至于不予理睬,那么这种后进生将再无进步的信心、希望和勇气。教育教学则归于失败。失败的苦果不仅会由同学、家长和教师来品尝,还会由社会和国家来品尝。教师于心何忍?同学没有学习生活的阳光,就没有学习生活的温暖;没有学习生活的温暖,就没有学习生活的亮点;没有学习生活的亮点,就没有学习的欲望,当然也就写不出作文。因此关心是教育的首位要素。而用关心创造学生身边的阳光生活,发现生活的亮点,是突破学生作文写什么瓶颈的基础工程之一。

宋代诗人陆游说:"尔等要学诗,功夫在诗外。"由此我们是否可以得到这样的启示?

一、用关心的阳光照亮"学困生"的心坎,使他们感受学习生活的温暖和亮点,找到作文的活水源头。"世界上没有一朵鲜花不美丽,没有一个孩子不可爱。因为每一个孩子都有一个丰富美好的内心世界,这是学生的潜能。"①。但是在只重结果不重过程的应试教育的背景下,正如上文提到的"学困生"黄某,"身边的雷锋"对他来讲是多么的陌生!为什么?因为他成了"学困生",而在比考试成绩的背景下,课上的老师对他不可能感兴趣,表扬他;课后同学又有多少能够去关心她,给他温暖?而家长知道自己的孩子学习不好,往往也不能给予细致的关心和热情的鼓励,所以在他看来,老师的关心、同学的关心、甚至家长的关心、帮助都会渐行渐远,而成为很久以前的历史甚至陌生的话题。所以他就不理解"身边的雷锋"或者"猛抬头,我撞见了美"。也就想不到、写不出"身边的雷锋"或者"猛抬头,我撞见了美"。老师绞尽脑汁,问:你的老师关心过你吗?沉默,没有感觉到。问:你的同学关心过你吗?沉默,没有。问:你在家里爸妈关心过你吗?沉默,没有。直至问你以前上学有老师关心过你吗?才回答两年前数学老师关心过,上课提问,数学成绩也不错。又问:"你现在还对数学感兴趣吗?"他回答:"是的。今天的作业已经完成了。"我叫他拿出来看看,他就把数学作业本上今天完成的作业拿给我看了,果然不假。又如 2010 年南通市初二地理生物会考,我教了初二(3)班地理,班上有个学生智力有点问题,复习期间我也关心他、鼓励他,结果其他学科几乎全部不能及格的他,地理还考了个合格等级 C。你看,只要对学生关心了,即使是这样的学生,也会取得超常的成绩!即使是两年之前的关心,也会延续到后来若干年的学习兴趣与成绩!可见关心(爱心)的教育影响力之大!因此可以说,有关心才有温暖,有温暖才有亮点,有亮点才有学习的欲望,才有一篇作文的完成乃至于学习的成功。

因此,我们仍然要营造学习的良好氛围,要关心和鼓励每一个孩子成长。

二、用耐心的诱导探询"学困生"的思维,使他们回忆曾经有过的学习生活的精彩,写出曾经有过的精彩故事。"教育,这首先是关怀备至地,深思熟虑地,小心翼翼地触击年轻的心灵,在这里谁有细致和耐心,谁就能获得成功。"②。讲解题目意思即审题进行初次诱导探询。如老师已经讲清楚了作文题目的意思,"猛抬头,我撞见了美",猛抬头,说的是什么状态下?伏案学习或埋头做其他有益的事,因突然有所刺激而抬起头。我撞见了美,是突然间碰见的美,"美"是指什么?外形美,更是蕴藏在外形之中的内在美。好的同学就可以写作文了,可是他不行;问

---

① 冰心:世界上没有一朵鲜花不美丽,没有一个孩子不可爱 - 斯语 - 花儿朵朵 5051428449 - 校讯通博客 http://blog. xxt. cn/showSingleArticle. action? artId = 2104261
② 苏霍姆林斯基有关爱学生的名言_名人名言精选 http://www.diyifanwen. com/tool/mingrenmingyan2/14550044442968224105. htm

他:身边就没有突然发现过好人好事?没有反应,好久写不出。于是老师就要进行第二次诱导探询:寻找身边的家长、老师、同学的助人为乐或者做公益的好事,哪怕一个细节。仍然不行,好久写不出;于是进行第三次诱导探询:离开作文题目谈其他做好的作业。才回答做好了数学或是其他什么活动。于是赶紧抓住线索进行第四次诱导探询:数学作业或是其他活动在哪里?怎么做的?写下来。写完了做数学作业或其他活动的过程,还需要进行第五次诱导探询:为什么能够对数学作业或其他活动感兴趣而完成?由于以前的数学或其他老师很关心他的数学学习或其他活动,对他帮助不小。于是进行第六次诱导探询:他以前的数学老师或其他亲友是怎样关心的?想出来,就写下他突然发现老师等关心帮助自己或别人的情况。通过六次诱导,学生终于完成了一篇作文。

这一篇作文是完成了,可是今后还有许多次的作文练习和考试,怎么办呢?从现在开始,我们的每一位老师课堂上必须真切关心"学困生"的学习,课后付出更多的细致和耐心,不断创造学习生活的精彩,才能实现可持续的有效的作文教学。

"人本"语文解读 >>>

（背景：参加2015年南通市专业成长论文评比活动。文本解读的视角问题是一个关键问题。）

52 关注初中语文文本解读的同学视角（理智关注心）

从内在素养讲，初中语文老师的专业成长，也就是指提高以合理的语文知识结构为基础，具有初中语文学科的教育教学能力，并能有效地创造性解决初中语文学科教育教学领域中的问题的教师素养。从外在表现看，初中语文老师的专业成长，是指初中语文老师以本职课堂教学为核心的教育教学专门业务的逐步成熟、进步与超越。既然是以初中语文课堂教学为核心的，那么就应当首先关注初中语文文本解读的视角，因为初中语文文本解读的视角将影响且决定着初中语文课堂教学的设计与实施的走向与效果。

不可否认，不同视角下的初中语文文本解读多种多样，正如观看莎士比亚戏剧《哈姆雷特》，有一个观众就有一个哈姆雷特。不过说到初中语文老师专业成长的文本解读的视角，应当从初中语文课教学设计和实施的角度出发，大致分有两点：第一点是教参编辑者等指导的文本解读的成人视角，第二点是面对教学对象的文本解读的学生视角。长期以来，有些老师图省事、近功利，为了应付统一考试，把教学参考书编辑者和其他老师包括优秀老师的成人文本解读奉若神明，视为圣旨——作为标准，拿到课堂上不敢越雷池半步地照本宣科；结果是别人的好鞋不一定适合自己的脚，自己讲不好，同学也听得半懂不懂，迷迷糊糊，昏昏欲睡；语文期末考试命题者（某教研员）竟然毫不顾忌儿童的认知水平、能力、规律和学习心理特征，照抄教参《小橘灯》关于"思考和练习""小姑娘镇定、勇敢、乐观的精神与小橘灯朦胧的橘红的光有什么内在联系？"的答案三句话："小橘灯象征着小姑娘的美好心灵和镇定、勇敢、乐观的精神。小橘灯朦胧的橘红的光冲破了阴沉黑暗，小姑娘镇定、勇敢、乐观的精神也鼓舞了'我'"，作为语段"我提着这灵巧的小橘灯，慢慢地在这黑暗潮湿的山路上走着。这朦胧的橘红的光，实在照不了多远；但这小姑娘镇定、勇敢、乐观的精神鼓舞了我，我似乎觉得眼前有无限光明！"阅读理解题中"小橘灯"的含义的"标准答案"，自然"标准答案"也要一字不差！难不怕，就怕难得不合理、本末倒置。这明摆着就是要"死记硬背"文本解读的成人视角！毕竟，教参成人的文本解读并不是教给学生唯一的最好的解读，正如先生教私塾里的小孩鲁迅们直接读背"厥土下上上错贡苞茅橘柚"，甚至还不如！再说这种答案又不是如字词和文学常识、背诵课文一类的客观性知识。如此折腾折磨师生,这算是什么教学?这是本末倒置的违反教学认知规律的教学,典型的"注入式"的僵化教学。这属于照搬第一点的教参编辑者指导的文本解读的成人视角!学生身心发展和创新能力的培养遭到折腾;教师的身心健康和专业发展遭到折磨。而著名语文特级教师于漪早年从复旦大学教育学系毕业,当上中学语文教师,第一课就自主阅读教材、自主创新为同学备课上课;然后通过上课进行教学反思和交流(关注同学),再自主阅读教材、自主创新备课上课,摸索出自己的语文教学经验,逐步提高语文课堂教学能力和质量。她关注的是第二点面对教学对象的文本解读的同学视角。无独有偶,21世纪初,江苏洋思初中蔡林森校长推出"先学后教、当堂训练"的教学模式和教学效果,在全国产生了轰动效应,也给初中语文教学带来了课改的希望与活力,让我们看到了初中语文文本解读的同学视角折射的教学曙光,引领了第二点的文本解读的同学视角;同学真正成为课堂学习的主人和主体,助推了同学的健康成长和老师的专业成长。"学生的学习应是自主的、独立的、系统的、完整的,是看得见的。无论是学习过程还是结果,是困惑、错误还是主见、创见,都应暴露在现在的课堂,都是呈现在现在的课堂教学中。这是能力导向课堂的核心特征,也是提高课堂教学的根本保障。"①只有让同学把学习的一切都呈现出来,老师的教学才会有针对性、现实性和科学性,同学的学习也才会有努力的方向、目标和动力。"课堂由教为主转变为学为主是时代的潮流和教育改革趋势。把'重教'的'讲堂'转变为'重学'的'学堂'。是当前课堂变革的核心。"②那么初中语文教师专业成长的文本解读的视角,应当选择哪一点呢?答案就在这里:应当选择关注初中语文文本解读的同学视角,才是明智的。

什么是同学视角?同学视角,从初中语文教学层面来讲,就是儿童视角;视角,观察问题的角度;初中同学是儿童,较小的未成年人。初中老师都应该知道,儿童同学的性格特点是天真,淳朴;活泼,好奇;对世界充满憧憬,富有幻想。那么儿童同学的视角应当是具有天真淳朴、活泼好奇、憧憬又幻想的特征的观察问题的角度。初中语文文本解读的同学视角=同学的视角+初中语文文本解读,就是用儿童同学的视角来进行初中语文文本解读。这是相对于文本解读的成人视角来说的。

---

① 余文森《课堂教学的基本问题与改革创新》,2015年南通市中小学教师网络远程培训视频。
② 李新平《初中语文学本课堂构想》《上海教研》2014年第2期。

"人本"语文解读

初中语文文本解读的同学视角分析表

视角\解读	朗读	整体感知	重点难点	巩固提升
天真纯朴	全文语气语调	思路线索主旨句	表现主旨、写法	复习巩固
活泼好奇	局部语气语调	质疑探究	思考交流发言	拓展创新
憧憬幻想	选择		想象联想	联系升华

关注初中语文文本解读的同学视角,为"以学为主"的课堂教学奠定良好基础和定下合适的调子,我们应当如何努力?

第一、在逐步转变成"作为教师的儿童"的过程中自觉形成文本解读的同学视角。

江苏省教育科学研究院成尚荣先生指出:"我坚定地认为,教师教育,教师专业发展的'第一专业'是儿童研究;儿童研究,即引导教师去不断地认识儿童,理解儿童,促进儿童发展。在这一过程中,教师发现了自己'内在的儿童',成为'作为教师的儿童',这样他才会成为真正的教师,成为优秀的教师;这样教师教育、教师专业发展才真正完成自己的使命,才可能构建大智慧的教师教育学。"①教学无论是初中语文还是其他学科,都应确立和遵循"以学为主"的新课程理念,把儿童同学放在首位开启教学,把儿童同学作为主体进行教学,把儿童同学定为中心完善教学。因此初中语文教师专业发展的课堂教学的前前后后都要关注儿童同学,认识儿童同学;关注儿童同学,认识儿童同学,就要理解儿童同学;理解儿童同学,就要通过语文课堂为核心的教育教学,不断地去促进儿童同学发展。而作为初中语文老师正是在这样的过程中发现自己"内在的儿童"——童心,成为"作为教师的儿童";真正做到"作为教师的儿童",不仅内心有了童心,而且外在表现也融合在儿童中。"作为教师的儿童"来进行自主的初中语文课文本解读,就不可能没有文本解读的儿童同学视角。

初中语文老师在逐步转变成"作为教师的儿童"的过程中,自觉形成文本解读的同学视角,就要照顾儿童同学的性格特点,自觉用儿童天真淳朴、活泼好奇和憧憬幻想的视角进行文本解读。南通市教育科学研究中心的李凤老师,现为江苏省特级教师、正高级教师,应该说在专业上已经成长为"作为教师的儿童",也就是真正的教师,优秀的教师。她执教初中语文《七颗钻石》,就成功运用了文本解读的儿童视角,显示了"无痕教学"的风格。在第一步骤的第 1 环节要求同学用"讲故

---

① 成尚荣《教师教育:为教师构建"第一专业"》2014 年第 2 期《上海教育科研》。

事的口吻朗读课文",先是自由读,再展示读;第2环节要求同学"跳读课文,看水罐和水发生了什么变化",引导同学做出文本解读的答案:

水罐:木——银——金(材质)

水:没水——装满水——跳出七颗钻石——涌出水流——升到了天上,变成了七颗钻石(内涵)

在第二步骤的第1环节,要求同学"阅读探究:水罐为什么发生了神奇的变化?"引导同学做出了文本解读的答案:

关键词:孝心　同情心　无私而广博的爱　自我牺牲精神

第2环节,要求同学"互动领会:'七颗钻石''大熊星座'的含义:

(1)七颗钻石的一般含义和文化解读;

(2)大熊星座寓意的美好期望。"(略)

第3环节,要求"故事的开头和结局的作用",引导同学做出文本解读的答案:

背景(铺垫)

结局(升华)。

不难看出,李老师的文本解读的儿童同学视角是十分突出的:提取课文关键词信息,分析思路清晰,并建立起因果关系的联系;还有"焦"字的会意分析及其举例"煮""点""烈"等,还有关于"七"的文化解读,北斗星的寓意,都是在阅读的过程中适时解读的。妙趣横生,形成符合儿童同学的天真淳朴、活泼好奇、憧憬和幻想的视角,赢得了同学的积极参与和喜欢;为我们在逐步转变成"作为教师的儿童"过程中,自觉形成文本解读的同学视角,做出了精彩的示范;值得我们细心研究、诚心学习与借鉴。

第二、在常态课教学达成"三维目标"的过程中努力追求文本解读的同学视角。

课程改革的深化要求坚守"三维目标",即知识与技能、过程与方法和情感态度与价值观目标,因此初中语文老师专业成长的以课堂教学为核心的教学,应当坚守并努力达成这"三维目标"。要在初中语文以课堂教学为核心的教学中最大化地达成"三维目标",其中基本的关键的因素就是追求文本解读的同学视角。

只有追求文本解读的同学视角,如讲究导入艺术用对联、儿歌、故事、古诗等,诱导同学的兴趣,引导同学根据课文内容恰当地自主、展示朗读课文,联系旧知识和生活实际资讯,发现、解决文本中字词句篇的整体知识问题;引导同学根据课文内容重难点有序有趣地创新阅读教学方式方法,积极参与讨论探究;引导同学以文本内容的提炼为依据进行生发、分析比较判断,形成素养。同学才容易接受,容易理解,容易感悟而大有所得,最终达成"三维目标"。相反,在初中语文课堂教学过程中,要想达成"三维目标",不追求文本解读的同学视角,而用文本解读的成人视角去生硬灌输知识与技能,如直接拆分讲解文本中的生字词句子段落和篇章知识;被动地经历听讲、记载过程,等于回到了课改之前,儿童同学会觉得难以接受,难以理解,难以感悟而很少甚至没有所得,会很痛苦,与"三维目标"越走越远。那不仅是竹篮打水一场空,而且是误人子弟。

在常态课教学达成"三维目标"的过程中追求文本解读的同学视角,应追求原生态文本解读的同学视角。福建师大余文森教授指出:"倡导原生态学习(本源性学习),直接面向文本(教材)的阅读与思考,例如,语文需要直接的读和想,而不是进行语文分析,摘字、词、句、篇地拆零研究。前者才是人的语文素养形成的基本过程,读的是原汁原味的文章本身,想的是依据文章而发的自身提炼。于是,在读和想中,人的语文积累就丰富了,人在最质朴的活动中就提升了,阅读能力、思维能力、创新能力就提高了。"[①]这里提倡的读是儿童同学自己读,自主读,是天真淳朴、活泼好奇的读;想是憧憬的幻想的想,儿童同学依据读的文章而生的有感悟的提炼。在读和想的过程中,可以接受知识与技能,转化过程与方法的能力,提升情感态度与价值观的素养。在自主学习的前提下还可小组合作学习,在小组合作学习的前提下还可全班师生交流探究。任何一篇课文,我们都可以追求原生态文本解读的同学视角,现代诗歌,散文,小说,戏剧文学类的,古代的诗歌,散文,小说,戏剧类的,外国诗歌,散文,小说,戏剧类的;一般应用文如说明书,请柬,申请书,书信,借条,收条,请假条等等,只要是教材里有的,都可以追求转化为文本解读的同学视角。如此常态课教学,一定能够为引导儿童同学达成"三维目标"铺平道路。如东县某老师执教的《皇帝的新装》,打破了教学参考书上的文本解读的成人视角模式,创建了文本解读的儿童视角模式。课文探究:(一)、骗子嘴里的"新装";(二)、成人眼前的"新装";(三)、小孩眼里的"新装";(四)、皇帝心中的"新装"。江苏省第二届特级教师曹津源在题为《解读有度　引领得法》的评论中指出:"一、文本解读适度,避免了时代局限。1837年,丹麦作为英国的附庸国,人民过着饥寒交迫的贫困生活;而统治者穷奢极欲,挥霍无度。作者在第一段结尾原文写道:'在他住的那座大城市里,生活很轻松,很愉快。'作者无意像以前有的成人解读的那样:批判封建统治阶级的荒淫无耻,而是讽刺了社会的弊端和人性的弱点。二、学生活动充分,体现儿童立场。给全体同学朗读课文的时间、小组讨论的空间和齐声读文的氛围以及发言的机会。三、朗读形式多样,突出童话特点。

[①] 余文森《课堂教学的基本问题与改革创新》,2015年南通市中小学教师网络远程培训视频。

如对与老大臣、官员、皇帝这些成人的内心独白和语言描写,让学生进行朗读表演,体会人物的心理活动和思想性格,给人身临其境之感。突出了童话想象、夸张和教育的特点。"

在常态课教学达成"三维目标"的过程中努力追求文本解读的同学视角,还应当以儿童同学正常的社会生活心态和视角来进行文本解读。如确定重点和难点;展开有序解读:发现问题,提出问题,思考问题,探究问题,解答问题。始终围绕正确理解和运用语言文字的语文教学宗旨来突破重点和难点,达成教学"三维目标"。"基础教育为什么要设置语文课程?我们一直认同并赞赏历次课标(教学大纲)的这一表述:为了培养学生正确理解和运用祖国语言文字的能力,即母语的读写听说能力。这是我们进行语文教学的宗旨所在,其实,它也是语文素养最为简洁明了的概括。"①可以在课前、课后对学生进行文本解读的视角调查,并做出相应的调整,把文本解读的视角更加贴近甚至融合在同学的视角中。如教学《冰心诗四首》课文前,我问同学:你最感兴趣的是哪两首?答:后两首《成功的花》《嫩绿的芽儿》。于是我又问这样解读好不好?感情朗读,思考和解答:《嫩绿的芽儿》中的嫩绿的芽儿、淡白的花儿和深红的果儿本不会说话,为什么作者却让他们说话?(拟人手法,把植物写活了写神了,引起阅读兴趣。)为什么都对青年说?(诗歌是想象的,抒情的。青年注意观察了它们,觉得它们对自己很有启发,就好像在对自己说。)它们说的话一样吗?为什么?(不一样,表现了各自的特点和对青年的希望。)三者之间的顺序可不可以调换一下呢?(不可以,因为芽儿、花儿、果儿是按照植物的生长规律排列的,是递进关系。)对我们读者有哪些如主旨和写法的启发?(在社会生活中,青年要为祖国的未来奋发有为,无私无畏地努力前行。像嫩绿的芽儿一样发展自己,像淡白的花儿一样奉献自己,像深红的果儿一样牺牲自己;连植物的器官都有如此觉悟和境界,我们青年更不能懒散守旧、自私麻木和苟且偷生。这首诗用了反衬、铺垫的手法激励青年奋发有为,显得更为含蓄隽永)背诵。同学回答:好,容易懂。于是就采用了这样的文本解读的同学视角,达成了"三维目标",赢得了赞誉。

此外,在微型课程、翻转课堂、慕课的开发新潮中,应当坚持初中语文文本解读的同学视角,选择适合同学学习的内容。上述课改,是信息化时代互联网背景下的进步要求和发展取向。如微型课程的开发和利用的教学优势日渐显著,微型课程因为教学时间较短、教学内容较少、教学设计精致、教学形式多样的特点,越

---

① 王尚文《论语文素养-》-《语文建设》2007 年 05 期 http://www.cnki.com.cn/Article/CJFDTotal-YWJS200705003.htm

来越受到教育管理者和广大师生的青睐。这些信息化教学课型,可能更加接近和适合于一些儿童同学视角,但不一定更加接近和适合于初中语文文本解读的同学视角。比如演示文稿类微型课程的设计,既注重内容的设计,还注重视觉传达的设计。利用2010版的PPT,以页面为单元。一图胜千言;可为页面画面配音;还可插入一段影片,一种情景;图文并茂、声情并茂将成为课堂教学的现实。初中语文教学的文本解读,必须围绕正确理解和运用语言文字的宗旨来进行。哪些环节的内容接近和适合于微型课程开发值得研究。因此在内容的设计上要求坚持文本解读的同学视角,拒绝把什么内容都一哄而上。如把相对内容短小、主题集中、存有疑难的初中语文知识制成微型课程,做到内容简洁,层次分明,富有启发性、适度性等,确保微型课程足以提质增效。

(2016年1月10日获得南通市第九届教师专业成长优秀论文评比一等奖)

53 初中"活动单导学"模式下的优秀生和后进生心理调适的研究（心理调适心）

如皋市微型课题申报表

编号：_____

姓　名	刘维臣	性别	男	年龄	53	学历	本科
学　科	语文	职称	中高	职务	教师	邮编	225600
所在学校	如皋市实验初中	E-mail	706810509@qq.com			电话	051368811812
课题名称	初中"活动单导学"模式下的优秀生和后进生心理调适的研究							
课题题解（把课题名称里的主要概念解释清楚）	初中语文（或历史）活动单导学模式下学生自主、合作、展示与反馈的过程，虽然同步进行，本来有利于小组全体成员的进步，但由于社会影响的复杂性、学生的个性差异，学习过程、效果并不同步：相对的优秀生、后进生不断产生与变化。所谓的优秀生就是积极参与学习活动且学习效果显著的学生，所谓后进生即不愿或不能参与学习活动且学习效果不好的学生。学生自主学习、小组合作探究却有少数学生置身度外，不参与学习活动；有的虽然参与学习但是效果不理想。优秀生往往抢着发言，不顾其他学生的感受，一遇挫折就发脾气甚至也不参与活动；后进生往往由于得不到重视自暴自弃。要解决这些不和谐问题，就要对问题学生进行心理调适：采取有效手段促使他明确学习的目标，珍惜学习的机缘，正确认识自己和对方；主要的是教育问题学生要尊重优秀生，虚心学习优秀生的学习思想、态度和方法。当"问题学生"思想认识真正有所转变的时候，老师、优秀生也要改变对他的认识，关心、帮助和鼓励他学习进步。							
研究本课题的主要理论依据	美国哈佛大学心理学家梅约根据他从1927——1923年在霍桑工厂进行德尔大量实验研究,1933年出版了他的名著《工业文明中人的问题》，第一次提出了人际关系理论。认为自由宽容的群体气氛、工作情绪、责任感与工作效率相关较大。 布鲁纳的认知-发现学习理论的基本观点 如何促进学习：a、知识的呈现方式：类目化过程应该是自下而上，从具体到一般，从低层到高层。应该向学生提供较低层次的类目或事物，让他们去"发现"新的类目与类目关系。b、学习的内在动机：布鲁纳认为，要使学生真正能愈来愈自觉地、持久地学习，必须使学生得到"内在奖励"。所谓"内在奖励"，就是要激发学生的学习兴趣和好奇心，使学习本身对学生产生"诱惑力"，使学生能通过完成学习任务本身获得满足和愉快。 斯金纳的操作性条件反射理论和加涅的学习层级说。 《孙子兵法》"攻城为下,攻心为上。"等							

研究的目的	进行"活动单导学模式下的优秀生和后进生的心理调适的研究",是为了消除"活动单导学"模式下的优秀生和后进生由于各种原因产生的歪理邪念的消极灰暗学习心理、培养向上向善的积极明朗的学习心理,并且形成健全健康勇于探索和发现且互鼓励和增长智慧的优良品格。
研究的内容	语文或课历史课"活动单导学"模式下的优秀生和后进生的心理调适的研究,研究某优秀生期中考试成绩下滑的原因;研究任教的两个平行班有一个班上课参与活动的程度、检测和期中考试成绩都落后的原因;研究同一个班学生总是一两个小组发言交流踊跃而其他组偃旗息鼓的原因。并对症下药采取恰当而有效的心理调适的方法。
研究的方法	组织法:组织小组内、或班内优秀生、后进生"结对子"开展"竞赛"。 实验法:在某小组开展实验(观察、记载、总结),发现成果及时在班上推广。 文献法:注重学习新的教育教学理论,解决优秀生如何更优秀、后进生如何能转变的问题。 问卷法:设计、发放学生语文课、历史课学习(优秀生、后进生)心理动态问卷调查问答题若干,以便进行有效的调适。
研究步骤	一、提出课题(2012年2月1日至7日) 为了有效解决优秀生培养、后进生转化过程中出现的心理问题,为学生创造良好的历史或语文学习环境,同时响应和配合学校省级"互慧"课题,语文组申报招标课题"活动单导学"模式下优秀生培养、后进生转化的研究,经过思考和讨论,提出"初中活动单导学模式下的优秀生的和后进生心理调适的研究"子课题。 二、申报课题(2月7日至13日) 随着语文组招标课题的申报,积极开展研究活动。 三、实施课题(2月13日后) 1. 结合语文"活动单导学"模式教学活动,调查了解班上优秀生和后进生人员心理活动变化情况; 2. 按照小组组织"活动单导学"模式下的优秀生和后进生心理调适的工作,为"优优对""后后对""优后对"制订活动计划; 3. 按照计划进行切实引导和探索:学习目的、态度、方法,珍惜缘分机遇,加快进度; 4. 开展读书活动、教学活动交流,并作记载; 5. 及时回顾总结,撰写叙事案例、论文等,提高认知水平 四、申请结题(2013年春或2014年1月)
预期成果及呈现方式	优秀生、后进生心理调适实验记载,观察日记,实验叙事,实验报告,实验论文、读书摘记和心得。
学校意见	签名(章)　　　　年　　月　　日

备案记录	签名(章)　　　　年　月　日

《"活动单导学"模式下初中优秀生、后进生心理调适的研究》结题报告

一、课题研究背景

优秀生培养及后进生转化,是一项贯穿整个教育教学工作始末的重要工作,也是一项艰巨且富于挑战性的常议常新的课题。许多专家和同仁已有不少研究成果,有对优秀生培养或后进生转化的研究,有对优秀生或后进生成因的探讨,有对优秀生或后进生学习状况的关注等,对具体个体的研究、辅导计划的制订与实施的探索更是数不胜数。但因为教学模式、区域教育水平、群体水平、个体状况等方面的差异,很难用现成的模式、方法或措施来解决实际问题。

本市推行"活动单导学"教学模式取得了很好的效益,学生通过自主、合作学习展示群体的合力,产生了生动活泼的学习效应,对于群体发展、个体成长起到了很好的助推作用。但也面临一些现实问题,从所观察了解到的课堂教学和学生发展状况来看,学生个体成长受到了一定的制约,尤其是不同学校、班级、学科的"优秀生"和"后进生"的发展状态呈现不均衡的状态,在不同的学校教学改革中也出现了不同的效果。这种情况已经引起了许多专家和同仁的重视,而这样因地制宜的教学改革是不可能有现成的经验可以直接借鉴的。

本校教师尤其是本组全体成员一直在这方面进行着探讨,在实践中不断进行尝试和总结。本课题旨在遵循学生身心发展的规律,探索初中阶段优秀生和后进生心理问题及成因,研究并总结出在"活动单导学"教学模式下培养优秀生和转化后进生中心理调适的切实有效的各种方法,使优秀生和后进生互慧共成长,促进全体学生的共同发展。

二、课题核心概念界定

(一)"活动单导学",是指以"活动单"为媒介引导学生在"活动"中自主、合作学习,实现教学目标的过程。

"活动"是指学生主动作用于教学内容的方式及其过程,包括内在的思维活动、物质操作活动和社会实践活动。"活动"是"活动单导学"的主题,是一个从教师预设向课堂生成、从封闭向开放、从单一向多元、从形式向内涵转变的崭新平台,通过"活动"促进学生发展是"活动单导学"的根本目标。"活动单"是呈现教学目标、教学内容、活动方案等教学元素的平台,是导学的主要手段。"导学"就是教师通过创设情境、点拨启迪、评价提升等手段引导学生自主学习,主要包括导

趣、导思和导行等。

"活动单导学"模式是"高效课堂"的一种执行模式,是由优秀的学习活动单、协调的合作学习小组、科学的活动模型、可控的课堂教学效果的反馈与评价组成的一项教学系统工程。

(二)本课题的研究对象为本校及协作学校的初中学生。"优秀生"和"后进生"是相对而言的两个概念。

1."优秀生",是指思想品德、行为习惯、学习水平等多方面综合素质明显优于同龄人的学生。

2."后进生",是指思想品德、行为习惯、学习水平等多方面综合素质明显滞后于同龄人的学生。

3.优秀生、后进生心理调适:理论上优秀生、后进生在"活动单导学"的模式下本应同步学习成长,但事实上不可能同步学习成长:正常情况是后进生和少数优秀生由于多重因素的作用,心理出现了复杂的变化,如置身度外,不参与学习活动;有的虽然参与学习但是表现不积极,效果不明显。有的优秀生抢着发言、不顾其他学生的感受,一遇挫折就发脾气甚至也不参与活动;后进生往往由于得不到重视自暴自弃,不愿参加活动甚至捣蛋。要保障活动的有效进行,就要对问题学生进行心理调适:如采用引导法,根据不同个性学生采取有效手段如促使他明确学习的目标,珍惜学习的机缘,正确认识自己和对方;教育引导"问题学生"去关注优秀学生,虚心学习优秀生的学习思想、态度和方法。当"问题学生"思想认识真正有所转变的时候,老师、优秀生也要改变对他的认识,关心、帮助和鼓励他学习进步。心理调适是消除歪理邪念的消极灰暗学习心理、培养向上向善的积极明朗的学习心理的手段,不是应试教育的手段,要防止唯考试分数论英雄,对学生恐吓、威逼等不正确的教育手段。

三、课题研究的意义

1.在"活动单导学"教学模式下注重对优秀生和后进生的心理辅导和行动指引,使优秀生保持昂扬向上的积极心态,产生源源不断的前进动力,突破发展瓶颈,力求追求卓越,带动群体进步;挖掘后进生的发展潜能,帮助他们树立信心,调动学习的兴趣,培养健康健全的心理,促使他们向积极方面转化。

2.改革教育教学方法,寻找优化的教育教学途径,尤其是充分发挥"活动单导学"教学模式的优势,最大限度地挖掘资源,提高培养和转化的成效,使优秀生和后进生在"活动单导学"教学模式下互慧共成长,促进全体学生的共同发展,为"活动单导学"教学模式下特殊群体的教育教学积累经验。

四、课题研究的指导思想

1."面向全体学生"是"活动单导学"教学模式的基本理念。"全面发展"是"活动单导学"教学模式的基本价值取向。"让学生主动发展"是"活动单导学"教学模式的基本策略。(《"活动单导学":小课堂演绎大课改——如皋市教育局局长金海清专访》、《活动单导学实用手册》、《活动单导学实践案例》等"活动单导学"教学模式的丰富理论和实践经验)

2."关注个体差异与不同需求,确保每一个学生受益",是新一轮基础教育课程改革提出来的课程新理念。这个理念,对我们在教学中如何根据学生的不同情况,进行因材施教、区别对待,改革教学方法,提高教学效果,是具有重要意义的。而"一切为了每一位学生的发展"更是其中的核心理念。这里"每一位学生"不仅包括"优等生"、"中等生",也应包括"后进生"。

3.《论语》曰:"子游能养而或失于敬,子夏能直义而或少温润之色,各因其材之高下与其所失而告之,故不同也。"其中的"因材施教"更是高度凝练地蕴含着今天我们所说的"承认差异"、"尊重个性"乃至"多元智能"的深刻内涵。所以,教师要从学生的实际情况、个别差异出发,有的放矢地进行有差别的教学,使每个学生都能扬长避短,获得最佳发展。

4. 李镇西《爱心与教育》中,把更多的关注投向"后进学生",怀着强烈的人道主义情怀给他们以心灵的呵护,帮助他们树立起人的尊严,他善于利用集体的健康舆论促进他们的转化。同时他意识到"优生"教育的艰巨性、复杂性,绝不亚于对其他学生的教育。他适当淡化学生的"优生"意识,帮助他们去掉自己头上的"光环",以恢复他们普通学生的感觉,为他们的人生发展奠定回归现实的心理基础。

5. 李镇西《对优生培养的思考》"我们的社会既需要像陈章良那样的杰出科学家,也需要像李素丽那样的普通劳动者;但是,对少数具有出类拔萃潜质的'优生',我们则应理直气壮地向他们提出'追求卓越'的希望。"

6. 苏霍姆林斯基《给教师的建议》第一篇就讲到了分层教学问题,他觉得学生生来就是有差距的,不同的孩子对教材感知、理解与识记的能力是各不相同的。因而,他建议我们,课堂教学要学会分层要求,因材施教,"要使每一个儿童的力量和可能性发挥出来,使他享受到脑力劳动中的成功的乐趣"。他认为,"在我们创造性的教育工作中,'后进生'的工作是最难啃的'硬骨头'之一,这样说没有哪一位教师是不肯赞同的。"

7. 著名教育家陶行知先生说过:"你的教鞭下有瓦特,你的冷眼里有牛顿,你的讥笑中有爱迪生。"说明老师眼中的后进生是完全可以转化为优秀生的。

8. 吉姆·柯林斯在《从优秀到卓越》认为"优秀是卓越的大敌",一个集体或个人只有超越自我才能稳定持久的卓越。

9、《孙子兵法》说:"攻城为下,攻心为上。"要解决"问题学生"的问题,无论原来是优秀生还是后进生,主要是解决在各种因素作用下产生各种的心理问题,用心理调适的方法引导他们积极向上向善。

五、课题研究的内容

遵循学生身心发展的规律,关注初中阶段优秀生和后进生形成心理问题的各方面表现,探索初中阶段优秀生和后进生形成心理问题的原因,研究并总结出在"活动单导学"教学模式下培养优秀生和转化后进生的心理调适的切实有效的各种策略、方法,使优秀生和后进生"互慧"共成长,促进全体学生的共同发展。

研究对象:如皋市实验初中、如皋市磨头镇初中、如皋市第一中学、如皋市滨江初中、如皋市港城初中、如皋市袁桥初中等学校相关班级优秀生和后进生群体和个体典型。

六、课题研究的实施:我校高度重视课题研究工作,坚持走"科研兴校"之路。自如皋市招标课题《"活动单导学"教学模式下初中优秀生培养及后进生转化的研究》开题以来,我校把推进该课题研究作为工作重点,精心组织,科学运作,规范管理,努力追求课题研究工作的科学性、针对性和实效性。力争通过课题研究,促进全体教师在对优秀生培养及后进生转化的心理调适方面进行一些反思总结,使研究工作和教育教学实践具有一定的方向性、系统性和科学性。希望能在遵循学生身心发展规律的前提下,探索初中阶段优秀生和后进生心理问题形成的各方面原因,研究并总结出在"活动单导学"教学模式下培养优秀生和转化后进生的心理调适切实有效的各种方法,使优秀生和后进生"互慧"共成长,促进全体学生的共同发展。

(一)加强学习,明确课题研究重点。

随着课题研究的深入,我们感到对课题的核心理论理解还不够深刻,一些核心问题成为我们研究的障碍。比如,如何界定优秀生和后进生的概念,如何面对每个个体之间共性和差异性,学生成长过程中不断出现的变化,如何根据学生成长周期的特点采取适切的教育教学策略等等。为了快速理清概念,提升课题组成员理论水平,我们定期从各类教育教学刊物上精选有关优秀生培养和后进生转化的心理调适的相关教育教学方面的文章,印发给课题组成员学习研讨;举行专题沙龙研讨活动、经验交流活动,发挥集体智慧解决研究中出现的问题。

通过多次讨论,进一步突出了课题研究的重点:

1. 调查分析并比较优秀生和后进生的基本特征。

"优秀生"和"后进生"是相对而言的两个概念。"优秀生",是指思想品德、行为习惯、学习水平等多方面综合素质明显优于同龄人的学生。"后进生",是指思想品德、行为习惯、学习水平等多方面综合素质明显滞后于同龄人的学生。

为了探究出学生发展偶然性中的必然性,我们以教学活动为关注点,以学习活动为切入口,了解探究优秀生和后进生的基本特征及其成因、相互之间的影响和作用。我们对根据研究需要确定跟踪对象进行多种形式的调查:抽样调查问卷、个别谈话、小组会议、电话沟通、家访等,初步归纳出优秀生(综合优秀生)和后进生(整体后进生)的一些基本特征。

综合优秀生:

(1)目标明确并比较长远,用自己的行动践行自己的诺言。热爱学习,保持着浓厚的学习兴趣和旺盛的斗志,善于从艰苦中寻觅乐趣,在竞争中享受成败得失带来的种种感受。

(2)认真细致、勤奋踏实,有着明确的学习计划和很强的自我控制能力,能够排除外界干扰,专注于眼前,并且能够自我加压,针对自身情况进行有效的调整,包括主动寻求外界帮助。

(3)善于提出新问题,有进行创造性学习的能力;在解决同题的过程中能产生出多种可能性,角度新颖且多样,有丰富的想像力;解决问题时独立性强,坚持思考的时间长,在展示的过程中投入全部热情,享受过程和结果带来的快乐。

(4)学习效率高,成绩优异,学科之间比较平衡,并且有自己的优势学科,状态比较稳定。积极展示自己的才能,乐于跟他人分享自己的学习成果,并且善于向别人学习,具有不断探究,超越自我的愿望。

(5)独立性比较强,能很好地遵守各项规章制度,成为集体中的表率,并且具有环保等方面的良好社会意识。能够家校如一,尊敬并体贴长辈,有着良好的个人生活习惯和一定的独立生活能力。有很多业余爱好,往往是自己喜欢并主动要求去参加多种培训。

(6)责任心强,能为他人着想,与同学相处融洽,但在涉及原则性的问题时不肯退让。能够与他人共享成果,尽力帮助他人共同进步,在合作学习中起到带头作用,看到受自己帮助的后进生取得进步,比自己取得了好成绩还要高兴。对于超过自己的对手,尽管内心有时也有些不自在,但还是表示由衷的敬意,并且选择向其学习。

整体后进生:

(1)缺乏明确的目标,或目标比较低,得过且过。部分人希望能够上高中和大学,少数人对学习前途不抱希望,只是迫于各种原因留在学校。或者有较大的目标,但言行难以一致。

(2)缺乏学习的兴趣，喜欢做表面文章，甚至不能完成学习任务。注意力容易分散，不能投入到课堂活动中去，充当着课堂的看客而非参与者，会有意无意地做一些与学习无关的事情。情绪不稳定，缺乏自控能力，只有一些新奇的事情才会引起他们的注意，容易接受外界的不良影响。

(3)各门功课成绩都居于班级后列，很难有什么明显起色。不愿意展现自身学习的状态，但有时能够参与非学习类的展示。对小组合作状况往往不满意，这一切取决于别人能否帮助其提高成绩，而自己往往又游离于活动之外，不去主动讨论交流，只是依赖别人的努力。

(4)缺乏学习动力，对智力活动的兴趣淡薄。对求知的过程反感，但部分学生动手能力强；观察力弱，抽象思维能力差，语言缺乏条理和系统性；缺乏独立思考的能力和习惯，依赖性强，等着现成的成果，或是被动地参与展示。课堂学习效率比较低，课堂参与度低，没有或少有记笔记的习惯，一心想着玩或者只是发呆，整个人游离于课堂之外。学习上出现了问题，只是消极等待别人的教育或帮助。

(5)生活依赖性比较强，生活习惯比较差。基本没有什么良好的爱好，也没有精力去参加各种活动。往往有一些不良嗜好，比如上网、打架等，还会对群体产生影响。有时喜欢出不良的风头，来提高自身在集体中的"影响力"。自卑冷漠、恐惧焦虑，不能正视现实，喜欢生活在幻想之中。少数学生又显得自负，蛮横无理，狂妄自大，不考虑别人的感受，企图成为学习外的霸主。

(6)缺乏责任心，不愿为他人、为集体奉献自己的力量。不能积极参与到合作学习中，又常常认为小组合作不到位，效率偏低，小组讨论对学习成绩的提高影响不大。不考虑跟他人合作，喜欢卖弄自己所知，有时会将小组合作引向歧途。

2. 探究优秀生和后进生心理问题的成因。

我们通过各种方式尝试了解探究这些差异形成的原因，一方面引领学习优秀生向综合优秀生发展，或者是在优秀的基础上不断追求卓越，成为出类拔萃的人才；另一方面，采取适当的措施促进后进生的转化，更要防止一部分学习后进生向整体后进生转变，给个体、集体带来严重的后果和影响。

"父母是孩子的每一任老师""好妈妈胜过好老师"，家庭教育对孩子的成长起到至关重要的作用；学校教育会强化并完善家庭教育成果，或者弥补家庭教育的不足，使孩子在群体比较中更好地审视自己，也在与他人的合作、竞争中享受到快乐；社会氛围最终直接或间接影响到孩子的价值取向和兴趣爱好，是不可小觑的潜在教育因素；个人因素是最终发挥作用的根本点，其他一切外因都必须通过内因才可能发挥作用，教育最终应该是个体的思想品德、行为习惯、学习水平的不断优化和提高。以下就从家庭教育、学校教育、社会氛围、个人因素四个方面来探究优秀生和后进生基本特征的成因,以探讨在活动单导学教学模式下如何积聚各方面的合力更有效地开展优秀生的培养和后进生的转化工作。

(1)家庭因素

优秀生家庭:对孩子的评价比较高,相信孩子是最棒的,同时又向孩子提出明确要求和殷切希望,希望孩子自信、勇敢,能够主动克服自身的缺点,更加具有果敢的精神,对社会、家庭都要有责任感,鼓励孩子参加各种实践活动,不断提高各方面能力,引导孩子全面发展,不断超越自我。家长往往善于学习,了解孩子的需求,与孩子共同成长。注重培养孩子各方面的良好习惯,对子女的教育,方法得当。爱而不宠,严而不苛,鼓励孩子自立,鼓励孩子参加社会实践活动,尊重孩子的选择。父母能够以身作则,给孩子做好榜样。好的父母给家庭带来洁净和温暖,给孩子带来心灵上的快乐和慰藉。家庭气氛和谐,生活美满幸福。注重精神享受,尊重他人、关爱他人成为家庭的良好风尚,家人互相体贴理解,能够及时化解矛盾和冲突。父母经常与孩子沟通,尊重孩子的意见,给孩子自由发展的空间。家长进取心强,不断学习,往往是同业人中的佼佼者。就算是没有能力或精力给孩子以引领和示范,也通过自身的吃苦耐劳、不断奋斗的精神激励孩子不断奋进。

后进生家庭:不少家长因为自身因素和家庭实际情况对子女放任自流,对孩子在校的一切情况不闻不问,有家长还抱着上大学无用的思想,当然也有家长常常把自身成长过程中的种种"遗憾",用最美好的"希望"寄托在孩子身上,因而对孩子"成才"的期望值较高,一旦感觉无望后,就转变为绝望。他们对子女的教育要么自顾不暇,放任自流,要么恨铁不成钢,进行简单的粗暴的惩罚式教育,要么心甘情愿地吃苦受累,一切为了孩子的分数,可收效甚微,甚至引起孩子的逆反心理。有些家庭父母离异,或是家庭关系恶化,或是父母长年在外打工,这些孩子由于得不到父母完整的爱,或亲情完全缺乏,变得任性、自私、孤僻、冷漠、忧郁多疑,有的甚至出现暴力倾向。家长本人胸无大志,得过且过;不少父母跟孩子相聚时间很短,不但没有正面的引领作用,反而有时会带来负面效应。

(2)学校因素:"活动单导学"教学模式强调自主学习、合作探究,希望能够在大面积提升教育教学水平的同时,培养出更多的综合优秀生。对优秀生的期望值相当高,当然给他们的压力也会相当大,注重弥补学科的不平衡现象,当然更多的是鼓励他们的"悟""自觉"。关注优秀生各方面的发展,希望通过他们的模范带头作用,能够带动群体共同进步。对于优秀生,教师平时少有批评,起码很少会公开批评,最多是个别交流,以维护优秀生的自尊心。鼓励优秀生主动积极地参加社会实践活动,并且给他们创造较多的机会。因为他们学有余力,尤其希望他们在集体中能够凭借自身的优良表现起到模范带头作用。

"活动单导学"教学模式关注后30%后进生的成长,希望他们能够有所突破,最起码能够转化为一个合格的社会建设有用人才。但实际操作中往往表现为对他们学业不抱希望,很难公平公正地对待他们、尊重他们,只是希望少一点拖集体的后腿,或者是希望能够不要惹是生非,定位比较低。后进生经常受到教师、家长和同学的批评与嘲笑,刺伤了他们的自尊心,产生了消极对抗、防范心理和逆反心理,师生关系等变得紧张而冷淡。不希望后进生参加更多的实践活动,认为他们应该将主要精力投入到学习中去,安分守己即可。

(3)社会因素:飞速发展的网络传媒体系,带给优秀生更广阔的视野,缩短了他们跟外界的距离,丰富了他们的精神世界,让他们见识到更精彩的世界,激发了他们的不断追求更高远目标的愿望。生活环境比较和谐温馨,邻里关系和睦,能够感受到社会的温暖,周围还有不少成功人士会给他们的人生以引领,让他们在健康快乐、公平竞争的氛围中享受到生活的乐趣。社会认同学习成绩好、乖巧懂事的优秀生,甚至连父母都因此更加受到社会的敬重。

对于后进生而言,网络带给他们很强的视听觉的冲击,生活在比较吵闹复杂的环境中,鱼龙混杂,令他们难辨美丑、善恶、是非,很容易受到思想意识差、行为习惯差、学习能力差的人的影响而不自知。他们往往会深陷其中,难以自拔,成为网络的奴隶,使整个人变得颓废,甚至受到其中的不良影响,造成严重的后果如网瘾网痴。学习成绩差、表现不好的后进生,父母在别人面前都觉得难以抬头。

(4)个人因素:优秀生目标明确并比较长远,阶段目标的不断实现,为他们提供了源源不断的奋斗动力。认为学习是自己的事情,在学习活动中,主动积极参与,并且能够起到引领小组和班级的作用,带动其他同学共同进步。在这个过程中,他们既享受到自身成功的快乐,又感受到帮助别人带来的喜悦,极大地增强了他们的自信心、成就感和幸福感。培养了坚忍不拔的意志和顽强的毅力,能够迎难而上,勇于挑战。能够自觉抵制外来的不良影响,许多时候能够改变周围环境。

后进生往往视学习为难事,缺乏应有的自信,很少主动参与学习活动,即使参与,更多的也只是重复别人的答案,很难有自己的独立思考;即使有想法,也不敢当众表达出来,有时就养成喜欢自言自语的习惯,享受不了学习活动中的乐趣。自卑感很强,常常表现为抑郁、冷漠、恐惧、焦虑等情绪,容易与周围人特别是老师产生对立情绪,关系变得冷淡。往往通过一些不恰当的途径发泄,给自己和他人带来危害。

3. 探究优秀生培养和后进生转化的心理调适的策略

从调查结果中发现,综合优秀生与综合后进生在许多方面有着截然不同的表现,但事实上他们中许多人的智力水平、甚至在小学阶段的学习等方面的表现相差其微,有的甚至发生了巨大的变化。

"关注个体差异与不同需求,确保每一个学生受益",是新一轮基础教育课程改革提出来的课程新理念。这个理念,对我们在教学中如何根据学生的不同情况,进行因材施教、区别对待,改革教学方法,提高教学效果,是具有重要意义的。而"一切为了每一位学生的发展"更是其中的核心理念。这里"每一位学生"不仅包括"优秀生""中等生",也应包括"后进生"。

今天的"优秀生"明天不一定就是"优秀生";今天的"后进生",明天不一定还是"后进生",更何况所谓优秀生与后进生的评判标准本身就有其局限性和片面性。我们只有辩证、发展地看待每一名学生,用爱心对待学生,才可能在培养优秀生和转化后进生工作方面取得突破,才能有利于整体水平的提升和超越。

4."活动单导学"教学模式下优秀生及后进生心理调适的研究的理论深度解析

心理调适是使用心理学科学的方法对学生认知、情绪、意志、意向等心理活动进行调整,以保持或恢复正常状态的实践活动。既可以自己进行心理调适,也适用于帮助别人。

(二)关注"活动单导学"教学模式下优秀生和后进生的发展状况,寻找科学有效的调适方法。充分发挥"活动单导学模式"的优点,利用科学设计的有针对性的活动,加强活动中的合作,积极引导,寻找符合优秀生和后进生的有效完善的心理调适方法。使优秀生和后进生的心理调适能够相比传统教学模式有更高的效率,使优秀生和后进生都能得到提高和健康成长。

在实际教育工作中,越来越发现,很多有行为偏差的学生的问题根源,不是思想问题,而是心理问题。中学生阶段是完成自我同一性整合的阶段,自我意识的稳定和价值观的形成是中学阶段社会化发展的两个核心问题。在这一阶段对自我有怎样的认识,尤其是对自我价值有怎样的评价,这会影响一个人一生的自我意识的深化和成熟的社会交往模式。而一项对中学生心理健康情况的调查发现,5.2%的中学生存在明显的心理健康问题,如躯体化、强迫症状、人际关系敏感、抑郁等;77.9%的中学生存在轻度的不良反应。心理健康问题已经成为影响未成年人健康成长的重要因素,其中,"两极"(成绩优秀和成绩较差)学生更容易出现心理问题。

通过调查,掌握了比较准确的数据。我们结合本校实际,确定了课题研究的对象,并在此基础上设计了一套问卷调查表,这套调查表中,包含选择题、问答题,利用调查表,我们对全校学生进行随机抽样调查,并对调查结果进行采集,在对其进行充分的整合和分析后,形成一套翔实的数据。如果要加以分门别类,那么其中包括:生活方面的心理问题、学习方面的心理问题、社会交往方面的心理问题等等,产生的原因有自身原因、家庭原因、学校原因、社会原因等。当然,"活动单导学"模式下优秀生和后进生心理调适的研究途径和方法不是只凭一些抽象的数据就能得出的,必须根据数据,发现规律,在实践中及时分析、探求,从而获取科学的方法,找到正确的途径。

我们将从细微处进行观察、分析和研究,着重探讨在"活动单导学"教学模式下如何注重对优秀生和后进生的心理辅导和行动指引,使优秀生保持昂扬向上的积极心态,拥有源源不断的前进动力,突破发展瓶颈,力求追求卓越,带动群体进步;同时挖掘后进生的发展潜能,帮助他们树立信心,调动学习的兴趣,培养健康健全的心理,促使他们向积极方面转化。

(三)达成共识,将课题研究常态化

课题研究工作以心理调适课题组为基地,全组教研工作开展得更是如火如荼,半年的时间已显蔚然成风之势。课题研究组全体成员团结进取、求实创新,且能与其他各组通力合作、资源共享。将优秀生培养和后进生转化工作的心理调适贯穿在平时的教育教学实践之中,使课题研究更具针对性和实效性。全组在研究过程中,在以下几个方面达成共识。

1. 用辩证的观念看待

从辩证的角度一分为二地来看,任何学生都会同时存在优点(即积极因素)和缺点(消极因素)两方面,只是优秀生的优点是显而易见的,容易被老师关注,但他们的缺点容易被忽视;对后进生则易于发现其缺点,看不到优点,使他们丧失成功的机会。这种不正常的现象有碍学生的进步与发展,甚至给他们的未来埋下隐患。对于优秀生来说,如何引导他们自我超越与突破是一个关键;而与优秀生相比,后进生更需要理解与鼓励,需要帮助他们树立自信心。

2. 以发展的眼光看待

综合优秀生和综合后进生在整个群体中所占的比例还是相当小的,更多的是界于"优秀生""后进生"之间的一些学生。学生在成长的过程中会出现缺点或错误,但是他们都有进步的愿望。作为教师,不管是优秀生还是后进生,用发展的眼光来对待他们,要给他们创造一个个超越或改正的契机,"要使每一个儿童的力量和可能性发挥出来,使他享受到脑力劳动中的成功的乐趣"。对于优秀生来说,挫折教育也是必不可少的,而对于后进生来说,一成不变的漠视批评只会让他们更加自卑与消极,而适当的肯定与鼓励会激发他们的自尊心与积极性。比如许多在校的优秀生,在社会实践中不一定就很出色,而有一些所谓在校时的后进生,倒还表现出了创造性。这就要求我们运用"活动单导学"教学模式也要进行创新和超越,要对学生进行多元绩效评价,用发展的眼光看待学生的成长过程,并且坚持抓两头带中心面向全体,将素质教育、均衡教育落到实处。

3. 用饱满的爱心对待

用一颗公平公正的爱心对待每一名学生,帮助他们发现自身的优点、缺点,以发扬优点,克服缺点,潜移默化中让他们彼此用爱心善待。对后进生更应抱平常的心态,厌恶、责骂只能适得其反,他们应享有同其他学生同样的平等和民主,也应享受到优秀生在老师那儿得到的爱。把更多的关注投向"后进学生",怀着强烈的人道主义情怀给他们以心灵的呵护,帮助他们树立起人的尊严,善于利用集体的健康舆论促进他们的转化。作为一个教育者在对待所有学生时,应该因人而异,因材施教,不但要晓之以理,更要动之以情。对少数具有出类拔萃潜质的'优秀生',我们则应理直气壮地向他们提出"追求卓越"的希望。同时又要适当淡化学生的"优秀生"意识,帮助他们去掉自己头上的"光环",以恢复他们普通学生的感觉,为他们走好漫长的人生道路做好现实的心理铺垫。

(四)活动引领,发挥集体力量扩大教育影响。

在课题研究过程中,我们开展了丰富多彩的活动,让学生在活动中感受成功的喜悦,尽享学习和生活的快乐,提升各方面的能力。

1. 重视活动,寻求有效途径。校园生活是学生心理状态调适的主要渠道。对学生进行心理调适的核心是创造愉悦的学习生活和人际生活,设身处地地从每一个学生的生存处境出发,帮助每个人获得自尊,过上安全、积极、友善、向上的集体生活。学生时代绝大部分时间是在各类活动中度过的,集体人际生活是校园生活之精髓,因此,学校活动也是优秀生和后进生心理调适的摇篮。我们在研究过程中,重视课堂,因为"活动单导学"模式下课堂就是活动的舞台,要想让学生能够真正达到心理调适的目的,必须加强指导,课堂教学中的每一个活动都是很好的契机。当然,这并非只是纯技术性的指导,它是跟学生实践紧紧联系在一起的,因为在其中,我们设计了大量的实践活动,不断尝试、改进、总结。

2. 多渠道丰富学生的生活。充分发挥学校"读书节""艺术节""体育节""科技节"的作用,开展丰富多彩的活动。经典书籍诵读比赛、有读书心得征文比赛、有经典诗文朗诵比赛、读书笔记展览等等,极大地调动了学生阅读写作的兴趣;扎实搞好第二课堂和学生社团活动。认真组织学生办好校园广播电台和"雉水西园"文学社。鼓励各班开展特色活动。各班均开展了各具特色的活动,班级均建有图书角,定期举行班级读书汇报、体育比赛活动、歌咏比赛、发明创造展示等活动,丰富学生的课余生活,发展学生的特长。定期带领学生走出校园,走进大自然、走进社区,体验生活,陶冶情操;定期举行专家讲座。邀请专家进校园和师生零距离接触,畅谈体会,分享写作经验。通过合理的管理,完善监督和测评机制,"活动单导学"模式下优秀生和后进生的心理调适效果可以及时地得到反馈。

当然,我们更要改革教育教学方法,寻找优化的教育教学途径,尤其是充分发挥"活动单导学"教学模式的优势,最大限度地挖掘资源,提高优秀生培养和后进生转化的成效,为"活动单导学"教学模式下特殊群体的教育教学积累经验,使优秀生和后进生在"活动单导学"教学模式下"互慧"共成长,促进全体学生的共同发展。

(五)科学管理,保证研究持续深化。

1. 目标管理,确保过程有序。以市招标课题为龙头,引导每一位教师结合自己的实际情况,选择心理调适方面自己感兴趣的内容进行研究。子课题负责人和学校签订了课题研究目标责任书,对课题进行目标管理,明确责任,确保课题研究高效、有序地进行。我们还鼓励教师将招标课题研究和省、市级课题,尤其是学校省十二五立项课题《互慧教育校本实践的研究》结合起来,既高瞻远瞩,又立足当前,从自身实际出发,选择自己感兴趣的课题进行有针对性研究。

2. 拓宽渠道,加强科研培训。一是加强校本培训,通过"自我研修——集中辅导——体验感悟——总结反馈——检查测评"的方式,提高课题组成员的教科研素养。二是扎实推进教科研"青蓝工程",充分发挥教科研骨干的传、帮、带作用。三是重视对教科研骨干教师的培养,坚持以教科研骨干队伍带动整个教师队伍业务素质的提高。学校尽一切可能安排骨干教师参加各级各类的培训学习,对骨干教师的科研成果提出明确要求,培养出一批科研能力较强的教科研骨干教师,以此带动本课题组教科研的蓬勃发展。

王学东老师来校就课题研究工作进行了具体指导。他从课题研究的意义、课题的选择、如何进行课题研究以及课题研究需要注意的问题等几个角度进行了具体指导,通过实例进行具体分析,全体成员受益匪浅,增强了课题研究的信心和动力。

3. 定期交流,"互慧"碰撞火花。

每周二由组内成员执教一节研讨课,如作文课《泼墨如水细雕琢》、阅读课《紫藤萝瀑布》《夏》《囚绿记》《阿里山纪行》《我的第一本书》等。课堂学习是学习的主阵地,只有抓住课堂才抓住了教学和研究的关键。听课者根据提供的课堂观察量表,对优秀生和后进生的表现从不同角度进行观察;执教者课后进行一定的统计。根据大量的一手资料进行分析总结,发现优秀生和后进生的优缺点,寻求提高课堂效率、培优转后的策略。

定期开展沙龙研讨活动,已经举行过多次研讨活动,如《加强课题研究促进师生成长》《将课题研究落实处 让智慧碰撞出火花》等。

课题组成员展开研讨,明确各自分工,制定问卷量表,对优秀生及后进生开展问卷调查,进行数据统计与分析,完成一份调查报告,并与学生、家长进行交流,了解他们的思想动态,剖析"活动单导学模式"下优秀生的培养和后进生形成的原因。在此基础上,进行个案研究,探索有效转化的策略。充分利用平时和假期时间,课题组成员阅读有关课题研究方面的理论书籍,撰写读书心得。课题组成员开展各种课堂形式的研究,各人撰写教学反思,提出改进意见。大家在交流的过程中,用智慧碰撞出火花,在研究中一起享受成长的快乐。

4. 完善制度,建立激励机制。加大教科研经费投入,加大教科研工作的管理力度,根据学校《实验初中教科研工作制度》《实验初中教科研工作考核评价制度》及《实验初中教科研成果奖励办法》,加强教科研工作的过程管理,极大地调动了课题组成员参与教科研的积极性。

七、课题研究成果

1. 教师专业成长迅速。

课题组老师充分发挥主观能动性,以课题为平台,把课题研究看作是一种自我发展和提升的机会。积极开展研究,多名教师执教省市公开课、比武课、研究课 7 课:2013 年 6 月淮安考察团来如皋学习"活动单导学"模式,成功开设《我的第一本书》;2013 年 9 月,参加如皋市班主任基本功大赛获得一等奖第一名;2013 年 10 月,在宝应城北初中与本校的联谊活动中成功开设《阿里山纪行》一课;2013 年 11 月,云南靖远学校来我校学习"活动单导学"模式,成功开设《都市精灵》课;2013 年 11 月,在三校共同体活动中成功开设《幽径悲剧》课;2013 年 11 月,应吴窑镇中、九华初中邀请,成功开设试卷评讲课和《有的人》课,受到高度称赞。

不断进行理论总结,撰写调查报告和论文,一年多来,共撰写调查报告、论文发表或获奖 7 篇:《细心引导及时调整》发表于《快乐阅读》杂志 2012 年第 1 期,《用生命生存教育滋润后进生心田》发表于《华夏教师》2013 年第 16 期;2012 年 9 月《在生活教育的实践中探究问题学生的问题》获 2012 年省第四届"行知杯"二等奖,2012 年 12 月,《体验式学习在文学作品阅读教学中的运用初探》获南通市第四届教师专业成长论文评比三等奖,2013 年 9 月,《从揠苗助长到瓜熟蒂落》获 2013 年省第五届"行知杯"二等奖。同时,课题老师撰写了大量教学反思和案例分析文章,已汇编我校课题研究教案集、论文集、教育案例和教育故事集。

2. 各项活动中表现突出。

2012 年"心中的烛光"荣获南通市第七届校园艺术节朗诵比赛特等奖、江苏省一等奖,硬笔书写获全市团体一等奖。学生发表习作几十篇;在各级各类征文比赛活动中,我校学生成绩斐然。2012 年城区作文联赛中,初三一共 18 个一等奖,本校占了 17 个,另外二、三等奖也占绝对优势。2013 年"中学生与社会"现场作文大赛中三名学生代表如皋参加南通市和江苏省比赛均获得一等奖。2013年江苏省网络读书征文活动中,一人获金奖,二人获银奖,另有若干名铜奖及优秀奖。

2013年8月校刊《雉水西园》获"银瑞杯"江苏省首届校报校刊评比一等奖,执行编辑冒谨红老师获"十佳编辑"的荣誉称号。

3. 中考成绩斐然。

初一、初二在教育均衡后,也取得长足的进步。共同体考试,整体水平明显提升。均衡后的初三后30%接近其他学校的总均分,初一、初二整体水平也有了大幅度的提高。

4. 建立成熟的"互慧"共同体。

在互帮互学的过程中,建立"师徒互慧""优生互慧""书法师徒"等多种形式的小组形式。优秀生和后进生均取得长足的进步,得到更好的发展,促进学生的整体进步。

5. 带动区域教育教学水平的提升。

与高明学校、下原初中、吴窑初中、九华初中联谊,组织送教活动、集体备课、联考活动等,促进了帮教学校整体水平的提升。

今后我们将继续从大处着眼、从细微处进行观察、分析和研究,着重探讨在"活动单导学"教学模式下如何注重对优秀生和后进生的心理辅导和行动指引,使优秀生保持昂扬向上的积极心态,拥有源源不断的前进动力,突破发展瓶颈,力求追求卓越,带动群体进步;同时挖掘后进生的发展潜能,帮助他们树立信心,调动学习的兴趣,培养健康健全的心理,促使他们向积极方面转化。当然,我们更要改革教育教学方法,寻找优化的教育教学途径,尤其是充分发挥"活动单导学"教学模式的优势,最大限度地挖掘资源,提高优秀生培养和后进生转化的成效,为"活动单导学"教学模式下特殊群体的教育教学积累经验,使优秀生和后进生在"活动单导学"教学模式下"互慧"共成长,促进全体学生的共同发展。(与叶茂、姜红杨老师同组)

2014-1-15

江苏省如皋市教育规划课题结题证书

由刘维臣同志主持的如皋市教育科学"十二五"规划微型课题《"活动单导学"教学模式下优秀生及后进生心理调适的研究》已完成结题工作,通过专家鉴定。

如皋市教育科学规划领导小组办公室(印章)

二〇一三年十二月

第三章

互动解读

"三人行,必有我师焉。"四人坐,可有新突破。

"人读本"的语文有智慧解读、机智解读,还有互动解读:老师与老师(含命题者)、老师与学生、学生与学生等自主并合作地解读文本,也特指组织者精心设计、组织、培训和参与的以小组活动展示为核心的读书交流。

54 教师与教师(兼命题者)的互动解读

教师与教师(兼命题者)的互动解读,推行备课组集体备课制度。

"最优的思路流程、最佳的板书设计、最好的题目选择、最棒的难点突破、最绝的点拨解析"等往往都在集体备课的过程中生成。——意义

一般来说,各备课组每周要安排固定的半天时间在固定的地点用于集体备课。——时空

集体备课时,要根据学科特点,明确集体备课程序和教案、"活动单"的撰写要求,简化形式,注重实效。全组人员围绕"活动单导学"教学模式实施过程中发现的问题,共同研究教材中的重点和难点,理清教学思路,探讨最佳教学方法,规范作业内容和形式,研究学生自主学习的方法,研究如何让学生乐学、会学、好学,并从中培养学生的分析、判断、归纳、综合等能力。——任务

在集体商讨、研究的过程中,努力提高教师个体对教材分析、处理的能力,提高教者教育教学能力,使集体的智慧能够迅速转化为最优的教学设计,取得最佳的教学效果,真正实现脑力资源共享。——目标

集体备课结束后,组长将讨论初定的下周所有课时的《"活动单"教案(教师用)》和《课堂学习"活动单"(学生用)》打印,分发给全体组员进行二次备课,最后定型成稿,上课使用。——实施

(阅读参考金海清主编张俊副主编《活动单导学实用手册》江苏教育出版社,

2010.12 第 212 页)。

某校初一语文组集体备课:第一讲 上周困惑;第二讲 主讲《观刈麦》(限时讲授、合作学习、踊跃展示);第三讲 主备人答复组员的建议。——实例(2016年5月听课笔记摘要)。

55　教师与学生的互动解读

教师与学生的互动解读,教师是主导,主导学生读课文,要把学生的学习主体导出来;学生是主体,要彰显学生的学习主体地位。因而教师要做学生学习活动的引导者、倾听者、组织者、鼓动者、协调者。

教师引导学生解读文本,一要正确解读,尊重文本;二要掌握尺度,照顾儿童的心理特征;三要准确用词造句,表达解读要求。如《为你打开一扇门》课件:

第一帧　为你打开一扇门(配图)
　　　　赵丽宏(当代作家)2'
第二帧　教学目标 1'

1. 快速而准确地阅读课文,识记生字词,理解课文内容结构,从中获得阅读文学的理性趣味和人生启迪。

2. 品读文章的优美语言,在品读中积累精彩的词语,培养亲切含蓄和生动理趣的语言表达能力。

第三帧　第一课时教学目标 1'
　　　　初谈课文,整体感知主要意思
第四帧　作者简介(配照片)2'
　　　　赵丽宏,散文家,诗人。

1951 年出生于上海。"文革"期间曾下乡插队,1977 年考入华东师范大学中文系,1982 年毕业。在《萌芽》月刊从事多年文学编辑工作,1987 年应聘为上海作家协会专业作家。现为上海市作家协会副主席。80 年代初至今出版散文集、诗集、报告文学集等 40 余部,有多种著作在台湾和国外出版。

第五帧　写作背景 1'
　　　　课文是作者为语文出版社和天津教育出版社联合出版的《中国学生必读文库·文学卷》写的序文,文学卷共分四卷(散文卷、小说卷、诗歌卷、戏剧卷),共 200 万字,由赵丽宏主编。序文写于 1997 年春季。这套文库 2000 年已出版。

第六帧　识别体裁 1
　　　　什么是序文?这篇序文属于哪一种?
　　　　序文,也叫序言,一般写在著作之前的文章。有作者自己写的,多说明写作宗旨和经过。也有别人写的,多介绍或评论本书内容。

这篇节选的序文,属于后者,以评论为主。

第七帧 解题明意

题目"为你打开一扇门"应如何理解？6'

1. 补充省略成分,并解释题意。

("我"赵丽宏)为你打开一扇(文学的大)门——亲近、阅读文学作品。

第八帧 解题明意

题目"为你打开一扇门"应如何理解？6'

2. 质疑:"你"是指谁？为什么不直接说"读者"？为什么不点明是"文学"？"门"怎么讲？

解答参考:读者。这样显得亲切、温馨,显得含蓄,吸引读者阅读探究的兴趣。门,比喻学科的界面。开……门,开卷。

第九帧 快速阅读,整体感知:19'

(活动方式,自主带笔快速阅读思考——小组合作分工——班上积极展示交流——踊跃质疑、反馈——各自完善)

1. 你在朗读过程中碰到哪些生字词？怎样读音、解释？

2. "为你打开一扇门"是指那一扇门？全文主旨句(中心句)在哪里？为什么？

3. 为什么开头还要说打开无数紧闭着的门？如何理解"打开这些门"？显然课文讲了两层(部分)意思,请划分课文层次并归两层意。

第十帧 快速阅读,整体熟知19'

解答1:正确朗读下列红色的生字、注音,并注意写识记

诠释 quán　　憧憬 chōngjǐng　　裨益 bìyì　　广袤 mào

徘徊 páihuái　　肃穆 mù　　帷幕 wéi　　热泪沾襟 jīn

第十一帧 快速阅读,整体熟知19'

解答1:用文中词语表示下列说法(3')

经历世事——阅世　　　　向往——憧憬

大略地看——浏览　　　　益处——裨益

详尽解释、说明——诠　　人的思想、性格和习惯因受各种因素的影响,无形中起了变化——潜移默化　　故意说吓人的话使听的人吃惊——危言耸听

第二十帧 快速阅读,整体感知,19'

2. 为你打开一扇门是指哪一扇门？请找出全文的中心句(主旨句)6'

参考答案:为你打开一扇非常重要的文学大门。

亲近文学、阅读优秀的文学作品,是一个文明人增长知识、提高修养、丰富感

情的极为重要的途径。

第十三帧　快速阅读,整体感知 19'

3. 为什么开头还要说打开无数紧闭着的门？如何理解"打开这些门"？

显然课文讲了两层意思,请划分层次并归的层意。7'

参考答案:为着重论述打开文学之门做好铺垫,以免给人突兀之感。"求知和阅世的过程,就是打开这些门的过程。"

第一层(1-2 节)论述打开无数紧闭着的门——探寻各门学科的意义。

第二层(3-5 节)论述打开一扇非常重要的文学大门——探寻文学的重要意义。

第十四帧　复习巩固提升 12'(可质疑)

1. 选择 4-6 个你认为最有难度的精彩词语加以朗读,并用来写一小段精彩文字表达对某种学科的兴趣。

2. 这篇课文标题特别吸引人,你觉得原因是什么？请再举一个好标题加以赏析。

3. 朗读记忆中心句。

(此课件 2017 年 1 月被中国人生科学学会教师发展专业委员会、中国梦·全国优秀媒体教学课件评选大赛组委会等评为一等奖)

56　学生与学生的互动解读

　　"学习小组的理想状态是一种自动、互动、连动的学习小组。自动是指与自我、与课本的对话；互动是指在体现学科特点的基础上，进行生生（伙伴）互动，可采用垂直、水平、交叉等方式；连动是把学习小组捆绑在一起，重视兵教兵、兵强兵的价值，让每一位学生均会关注、关心、关怀别人，力求各小组在互帮互学中高效运转。"——概念

　　学会管理是对小组长培训的首要任务。小组长一般分为常务小组长和学科小组长。组长首先是对自己的管理。教师对学科组长提出的要求是，应当不断提高自身的学习能力，做好老师的助手，塑造自己组内学科学习领袖的角色。各学科的小组长应依据学科而定，让学生在不同学科既能体验到成员的角色，又能体验到组长的角色，从而达到团队学习的效能。这样也就促进了组内更多的成员作为学习小组长管理好自己。常务小组长应当塑造组内行政领袖的角色。教师提出的要求应当包括：有大局观、责任心、荣誉感、自制力、洞察力、协调力和执行力。作为教师，应当充分提供机会以锻炼、展示组长的才能。——组织

　　在建立小组之后，教师要指导组长通过创设组名、制作组标、形成组训、制定小组公约、确定目标等举措来管理自己的小组。在平时的学习过程中，教师可指导小组长学会根据学习任务和组内个性特点进行合理的角色分工，如资料员、监督员、记录员、联络员、检查员、汇报员等，并定期进行角色互换。还需要指导小组长组织小组会议，多开展一些小组活动，对组员多鼓励，多表扬，让组员体会到成就感；小组长还可以经常组织一些组与组之间的知识竞赛或者其他活动，增强组员之间的凝聚力。——管理

　　小组合作初级阶段：合作学习的最好的体现是"一帮一"，结成"学习对子"，当然也可以是"一帮二"。在此阶段，教师应把重心放在帮助学生建立相互信任和相互悦纳的情感上，使学生在小组中体验到归属感和安全感，形成良好的合作氛围。

　　小组合作中级阶段：小组成员逐渐掌握的技能有：任务分工、发言交流、综合归纳、澄清问题、提供反馈。由各个成员负责掌握特定的学习内容，然后在小组中分别教会别人，使全组对学习内容达成全面的理解和把握。

　　小组合作高级阶段：技能训练重心由操作程序再到思想碰撞。表现为提出建议、制定计划、发表异议、寻求反馈、概括总结等环节。教师要求以创造性的小组

成果来表现集体合作的思想优势,并安排在全班范围内交流各小组的创造性成果。——成长

小组合作发言讨论的技能主要包括以下方面:1 提议:提出新观念、建议或行为方案的能力。2 引导或阻止:引起其他人讲话或使其停止讲话的能力。3 支持:对别人正确的意见以点头、微笑表示赞同,还可以说"我完全同意 xxx 的意见"等。

小组合作过程中发言的另一面互相倾听是互动生成的前提。倾听是一种尊重,倾听是一种能力。学生对倾听的理解水平分为复述、概括、提升三个层次,是听者对倾听内容递进式的加工。每个学生在组内都必须在学会发言的同时学会倾听,在倾听的过程中学会吸纳、取舍、提炼,才能在全班展示活动中充分表达小组合作探究的成果。——技能

教师分配展示任务采取小组自愿的原则。作为小组长将展示任务分配到每一个组员学生。基础不同的组员学生分配难度不同的问题。作为组员应当积极承担自己相应的问题,并密切配合其他组员来展示小组的共同成果,如问答层次、分角色朗读、情景表演等。应当人人参与,学困生优先,方式多样。每一个组员既要关注本组成员已经展示的内容,做到及时补充、纠正和完善,又要关注其他小组展示的内容,并及时质疑、追问和评价。——运作

(阅读参考金海清主编张俊副主编《活动单导学实用手册》凤凰传媒出版集团江苏教育出版社,2010.12 第 1 版 82—87 页)。

语文小组活动:

建立共同体,编排合作学习小组:有 4 人组,5 人组,6 人组。要使小组成员明白:这种小组编排的寓意,不仅为了方便学生讨论,而且为了让学生从内心意识到我们这一小组成员是一个整体,一个共同体。

初中语文课堂教学的小组合作的学习活动形式一般分为两种:

一、探究式合作学习形式。学生积极主动地在活动过程中凭借已有的经验和知识,互相合作,尝试解决新的问题获得新的知识。活动教学中的探究合作学习更是注重学生学习的过程,在过程中获得寻求答案的解题技巧。

第一步,明确任务,组员或师生间讨论合作。

这要求小组成员合作讨论时,要有明确的讨论任务,而且组内要有能够协调的组长和需要时及时点拨的教师。例如,教学《画山绣水》一文时,为了学生能整体感知课文内容,快速找到能概括桂林山水特点的句子,安排了这样的讨论环节。

活动内容:

快速浏览课文,小组讨论合作,用文中的词句概括桂林山水的特点。

学生讨论结果:桂林山水——清奇峻拔(外)。

教师在这个活动过程中,也参与学生的讨论,发现学生很容易概括出桂林山水的外在特点,却寻找不到内在特点,因此教师就要适当点拨,桂林山水不仅有清奇峻拔的外在美,而且还蕴含着丰富深邃的内涵美。终于学生从文中找到答案:凝结着劳动人民的生活感情和泛滥着劳动人民的智慧想象(内)。

这种讨论合作的学习形式,不仅培养了生生之间的交流,还拉近了师生之间的距离。

第二步,分工展示,小组间质疑补充。小组展示时其他小组补充质疑,经常会在全班生成一个新的讨论环节。应鼓励学生勇于发言,敢于叫板。

例如,泰格特的小说《窗》,学生探讨远窗病人的性格特点,一小组展示,总结出远窗病人是丑陋、卑鄙、自私、道德低下等特点。

另一小组成员就站起来评价补充说:你们这一小组对远窗病人的评价太绝对了,其实,我们组认为,远窗病人并不是一开始就是这样的人,我们常说这样一句话"人之初,性本善",其实,远窗病人只是被嫉妒的心理占据了上风,并且这种心理不断膨胀,才让他成了这样的人,我们应从中汲取教训,消除嫉妒冷漠的心理,弘扬助人为乐的精神!

接着又一小组站起说:我们组想补充,文章的结尾处"只看到光秃秃的一堵墙",我觉得这样的结尾意蕴深刻,出乎意料,又在情理之中,但是却让我们感受到远窗病人已经受到了灵魂深处的谴责。

从以上示例可以看出,学生在展示的过程中,各小组之间不断地进行补充质疑,不仅打开学生的思维广度,更是提升学生的思维深度。

二、体验式合作学习形式。主要让学生在观察、参与情境等活动中体验合作学习。

第一种,朗读体验式合作。

语文课堂教学更注重学生在读中体会,经常让学生小组内分工合作朗读。例如《皇帝的新装》一文人物多,每个人个性特征鲜明,我们就可以借助朗读来揣摩人物的内心世界。

活动内容:选读课文,揣摩人物内心。

各小组选择自己喜欢的相关情节,进行分角色朗读。(注意:语气、表情,要符合人物的身份和个性特征,也可以朗读配表演)

(小组选择喜欢的部分——组长分工——组内模拟展示——全班展示,其他组评价)

第二种,情境(或表演)体验式合作。在语文课堂教学中教师经常设置相关情境,让学生有身临其境之感,结合相关的情境去理解文本,使学生的体验更加真切。一般有对话描写的片段,古文难以理解的记叙的活动场景,可以让学生进行情景体验式合作。如教学《晏子使楚》。

第三种,实践体验式合作。

让学生亲自参加实践活动,学生的体验才会更真切,更深刻。例如,教学《汉字》专题时,让学生小组分工合作,两人把平时到大街上实地考察、了解商铺店名、广告语使用汉字是否规范的情况;还有两人了解网络语言中、作文本中汉字使用是否规范的情况,进行汇总,在全班展示。

学生对汉字的规范使用的意义就会有真实具体的体验。——举例

(阅读参考谢霞《浅谈初中语文课堂教学中学生显性合作学习活动形式》)。

教学案例10个：

57　初中语文目标性精要讲解：《送东阳马生序》[①]

一、本课学习目标是什么？

1. 识记文言实词"序""致"等意思和虚词"以""之"等的用法，读懂每一句话；

2. 学习古人热爱学习、刻苦用功的精神；

3. 理解和欣赏文中运用对比手法增强表达效果的写法。

二、你了解与本课文有关的信息吗？

1. 作者档案：

宋濂(1310—1381)，字景濂，号潜溪。明初文学家(著名散文家)，浦江(今浙江省浦江县)人。他生活在元末明初。少年时，曾跟从元末散文家吴莱、柳贯、黄晋等人学习。元朝至正九年(1349)召他为翰林院编修，他借口父母年老，坚辞不就(职)。隐居龙门山著书10余年。朱元璋起兵取婺州(今金华)，召他为五经师；朱称帝后，他又被任命为江南提举和太子经师。洪武二年(1369)奉命修《元史》为总裁官。当时朝廷祭祀、朝会、诏谕、封赐的文章，大多由他执笔。官至学士承旨知制诰(朝廷的重要文书)，从事《国史》《日历》的修编以及开国之初许多典章制度的制订，被誉为"开国文臣之首"。年老辞官回家。不久，因长孙宋慎列入胡惟庸党，全家被谪往茂州，中途病死于夔州(四川奉节)。正德时追谥文宪。著有《宋学士文集》(有的版本称《宋学士全集》或《宋文宪公全集》53卷)。与明初刘基、高启为明初散文三大家。宋濂的散文以传记小品和记叙性散文最为出色。宋濂文名远播国外，当时，高丽、日本、安南等国使节曾以重价购其文集。

2. 背景解密：

明朝洪武年间，宋濂官至翰林学士承旨知制诰，洪武十年(1377)致仕(辞官)。第二年，宋濂至应天(今江苏南京)去朝见明太祖朱元璋。其时，在国子监读书的东阳(县名，今属浙江省)人马君则，以同乡晚辈身份(写长信作见面礼)来拜访宋濂。宋濂有感而发，写了这篇赠序送给他。作者现身说法，用自己求学而功成名就的事实，勉励后辈专心向学、刻苦自励。

[①] 参见义务教育课程标准实验教科书《语文》八年级(下册)(江苏凤凰教育出版社2009年10月第7版)。(2007年8月)

三、怎样节约而高效地阅读课文呢？

1. 题目解说：

（参见注释）送东阳马生序：送给同乡东阳马姓读书人的增序。序，赠序，临别赠言性质的文体，并非现代书稿前的序言。

2. 正文解读：

（正文见课本）

（1）你会朗读字词和句内停顿吗？

利用注释里的生字注音。

查字典正音的字：弗之怠(dài)　硕(shuò)师　绮(qǐ)绣

句内停顿：根据音节表示的意思和需要强调的程度，例：以是/人多以书借余。（以是：因此，表示由于以上原因而引起以下结果的关联词语，强调原因，提示结果）

（2）借助注释读解课文意思，仍需补充的注释有哪些呢？

无从致书以观：以观，来阅读。以，来，表示目的关系的连词。

手自笔录，计日以还：手自然地拿笔抄写，计算着约定的日期而归还。笔，用笔，名词作状语。以，表示顺承关系的连词，相当于"而"。

弗之怠：不敢怠慢抄书这件事。之，它，指代"笔录"（抄书）这件事。古汉语中否定句代词作宾语，宾语前置。

以是人多以书假余，余因得遍观群书：因此人们常常愿意把书借给我，我于是能够看遍许多书。以是，因此。后"以"，把，介词。假余：借于余，借给我。得，能够。

益慕圣贤之道：更加羡慕圣人和贤人的道德学说。

先达：学术界前辈。

未尝：不曾。

余立侍左右：我站着等待、伺候（在他的）身旁。

或遇其叱咄：有时受到他的训斥。或，有时，代词。其，他的，代词。

色愈恭：（我的）脸色更加谦恭。色，脸色。

不敢出一言以复：不敢说出一句话来辩解。以，表示目的关系的连词，来。

伺其欣悦：等到他高兴的时候。其，他，指先达。

则又请焉：就又（向他）请教了。焉，语气助词，了。

故余虽愚，卒获有所闻：所以，我虽愚笨，终于还能有所收获。故，所以。卒，终于。

当余之从师也：当我跟从老师（学习的时候）。之，结构助词，放在主谓之间，使成主谓短语。也,语气助词,表陈述。

足肤皲裂而不知:脚上的皮肤因寒冷干燥而破裂我却没有感觉出来。而,表转折关系的连词,可是,却。

拥覆:围着,盖着。

久而乃和:过了好久,才暖和。而,表修饰与被修饰的关系,不译。

绮绣:丝绸做的华丽衣服。绮,有花纹的丝织品。

盖余之勤且艰若此。我(学习的)勤奋与艰苦,大概就是这样。盖,大概。若此,像这样。

诸生:各位学生。生,入太学(官学)的学生,又称生员。

问而不告,求而不得:有问题却得不到回答,有要求却得不到满足。

所宜有:应该有的。宜,应该。

不必若余之手录:不必像我那样亲自抄书。之,代词,那样。

其业有不精,德有不成者:他们(如果)学业有不精通,德行有不成器的人。成,成器。

甚称其贤:很赞赏他的贤能。甚,很,非常。

用心于学甚劳:在学习上非常用心劳累。于,表方位的介词,在。

其将归见其亲也,余故道为学之难以告之:他将要回家探望父母,所以我讲述求学的艰难来告诉他。两个"其"都是人称代词,他。前一个"之",结构助词,的。后一个"之",人称代词,他。以,来。

(3)课文结构解谜:

找出各段的中心句并归类,概括主要意思。

第一段(1):"盖余之勤且艰若此"(中心句)——讲述自己求学之艰难,在极端艰苦情况下读书之勤奋。(段意)

第二段(2):"其业有不精、德有不成者,非天资之卑,则心不若余之专耳,岂他人之过哉?"(中心句)——讲述今天的太学生学习条件优越,如果学无所成,就只能责怪自己不专心。(段意)

第三段(3):"其将归见其亲也,余故道为学之难以告之。"(中心句)——点明写作背景和写作意图。(段意)

(4)第一段探秘赏析

在朗读的基础上思考:

本段是按照什么顺序讲述自己求学之艰难、读书之勤奋的?

请找出有关表示这种顺序的词语,并划分层次归纳层意。赏析其中的写法和关键词。

解答参考：

A 按照时间先后和求学过程的顺序。

B 余幼时　既加冠　当余之从师也　寓逆旅　第一层（余幼时即嗜学……余因得遍观群书。）讲述幼时求学的情况。如何理解"嗜学""家贫"？"嗜学"为全文定下基调。"嗜学"与"家贫"是矛盾的，由此引出求学的勤苦。勤苦在这一层的表现是借书抄录：手自笔录，大寒不息，走送不逾期。结果是"遍观群书"第二层（既加冠，益慕圣贤之道……故余虽愚，卒获有所闻。）叙述成年后求学的情况。关键词"趋百里外"表现要克服路途遥远的困难。"立侍""俯身倾耳""色愈恭，礼愈至，不敢出一言以复""又请焉"表现在老师面前必恭必敬、一心向学的神态。这些既说明了"援疑质理"的求教之难，又表现出作者求知的渴望和决心。第三层（当余之从师也……久而乃和。）写求知的行路之苦。行"深山巨谷"，冒"穷冬烈风"，"足肤皲裂……不能动。""久而乃和"，写跋涉的艰难。第四层（寓逆旅……不知口体之奉不若人也。）与同舍生作对比，说明作者一心向学，不追求"口体之奉"的情况。最后一句"盖余之勤且艰若此"，总结全段"勤且艰"是对前四层意思的归纳。勤奋、艰苦是有联系的两个方面，有了主观的勤奋，一切艰难困苦都可以克服。这正是作者学有所成的原因。

（5）第二段探秘赏析

朗读思考：

本段从哪几个方面讲述当时的太学生学习条件的优越？意在说明什么？

解答参考：从"有廪稍之供""裘葛之遗"与上文"日再食""无鲜肥滋味之享""缊袍敝衣"形成对比，"坐大厦之下而诵《诗》《书》"与"行深山巨谷中"形成对比，"未有问而不告"与"未尝稍降辞色""叱咄"形成对比，"凡所宜有之书皆集于此"与"假借于藏书之家，手自笔录"形成对比。即从吃的穿的、走路的远近、老师的态度、所读之书这样四个方面对比阐述以突出太学生学习条件的优越。意在说明：是否学有所成，关键在于自己的勤奋与否。

（6）第三段探秘赏析

朗读并思考：

本段是如何赞美马生"善学"的？"余故道为学之难以告之"的意图是什么？

解答参考："流辈甚称其贤""辞甚畅达""言和而色夷""少时用心于学甚劳"，表明马生是专心致志而学有所成的，也是善学的。"余故道为学之难以告之"是为了进一步勉励马生更加刻苦学习，这是本篇赠序的写作意图。

四、总结升华

主题领悟：作者通过自己青少年时求学的种种艰辛和现在太学生学习条件的

优越的对比,说明是否学有所成,关键在于自己的勤奋与专心与否,赞扬马生的谦虚好学,表达对他的勉励之情。

写法体味:运用对比手法。文章整体结构运用了对比手法,在具体的记叙过程中运用了对比,有利于分辨事理,增强文章的感染力、说服力。

关键词提醒:

余(我)　嗜学　家贫—勤奋　艰苦(成就)

太学生　厌学　富有—不专心　业不精、德不成

马生　善学　用心劳苦　贤(赠序勉励)

五、探究练习摊牌

第一题:所谓"感受最深",是自己从课文中所受到的教育、得到的启示最深。可以是爱好学习的,可以是刻苦学习的,也可以是虚心求教的,就某一点谈自己学习宋濂的精神最大的收获。(开放题)

第二题:1. 走:跑。2. 汤:热水。3. 再:两次。4. 腰:挂在腰间。5. 诸:之于。

第三题:1. 表承接关系的连词,相当于"而"。2. 用,介词。3. 因为,介词。4. 把,介词。

58 《窗》[①] 教(学)案

教学目标:

通过赏析课文,理解两位病人的心理、动作的对比描写所显示的人性美与丑,表现的"扬善贬恶的道德力量";

把握精巧的构思,耐人寻味的结尾;

识记文学常识、生字形音义。

教时:1课时

教程:

一、导入课题、题解:

喜欢靠窗的同学请举手,能说说为什么吗?

好,我们现在就来看看澳大利亚作家泰格特(板书)写的一个关于《窗》(板书)的耐人寻味的故事吧!

由课文出处可以知道这是什么体裁的故事吗?小说。

二、组织朗读课文,要求思考问题(幻灯):

1. 生字读音准不准?

2. 小说交代的是在什么样的环境里,有哪几个人物,发生了怎样的故事(情节的开端、发展、高潮和结局是什么?)?

三、师生共同活动,检查朗读和预习效果:

1. (幻灯)显示生字形或音,请学生注音或写汉字:

俯瞰(kàn) 一泓(hóng) 争相斗妍(yán) 气喘吁吁(xū) 充塞(sè) 消qiǎn (遣) 树yīn(阴) bānlán(斑斓) késòu(咳嗽) 按niǔ(钮) shù(漱)口 胳膊 zhǒu(肘)

2. 小说交代的环境:病房窄小 窗户—外界

人物:靠窗的病人 不靠窗的病人(板书)

故事:两人关系融洽,靠窗的讲述美景(1—3 开端)

不靠窗的人从"享受"到"困扰"(4—7 发展)

靠窗的人病危,不靠窗的人见死不救(8—12 高潮)

[①] 参见九年义务教育三年制初级中学教科书《语文》第五册,江苏教育出版社2003年5月第4版。

光秃秃的一堵墙(13—15 结局)(幻灯)

四、师生共同活动,赏析故事。

1. 组织学生找出并赏析故事开端(1—3)交代的地点、时间、引发故事的关键人和物,表示关系融洽的语句及其主要原因。

2. 组织学生找出情节发展阶段人物的心理、动作描写,赏析形成对比的作用。在学生自读 4—7 段的基础上思考:

(1) 第 4—7 段写靠窗的病人描述了窗外哪些美景?描述得怎样?

(2) 他每天讲述两小时有没有什么困难?对此他是怎样想的?表现了他什么样的心灵?

(3) 不靠窗的病人听讲的感觉如何?产生了怎样的想法?这说明了什么?

3. 在讨论的基础上,明确、归纳:

(1) 齐读 4、5、6 段有关语句。描写得栩栩如生。

(2) 病情严重,强忍病痛。竭尽全力,为同伴减痛、享受。心胸宽广,视野开阔。

(3) 不靠窗的病人听得津津有味,一种享受。为什么偏偏是他,不是自己,该是我。说明他只为自己,私欲膨胀(嫉妒)。

板书:(为同伴减痛、享受)　　　　　　(为自己　私欲膨胀)
病情严重　　　　　　　　　　　　　　津津有味　一种享受
不断编造"美丽景象(谎言)"　　　　　　为什么偏偏是他,该是我

4. 组织学生细读高潮 8—12 段,思考:写靠窗的病人"大声咳嗽""呼吸急促""只要……就……"表现了什么?不靠窗的病人"纹丝不动地看着"表现了什么?为什么会这样?(幻灯)

在讨论的基础上明确、板书:

(病危　急需救助)　　　　　　　　　　(见死不救　嫉妒　自私残忍)
大声咳嗽　呼吸急促　　　　　　　　　纹丝不动　看着
只要……就……　　　　　　　　　　　心想:凭什么……

五、师生共同活动,赏析结局部分,并明确"构思精巧"的写作特色。

指名学生朗读 13—15 段,思考:

"光秃秃的一堵墙"与靠窗的病人讲述的美景形成对比,产生了什么效果?

如果开头就说透过窗户看到的只是光秃秃的一堵墙,小说的表达效果有什么不同?

在充分讨论的基础上,明确,适当板书:

讽刺了不靠窗的病人心胸狭窄,目光短浅,丑恶;反衬了靠窗的病人心胸宽

广,视野开阔,善良。

没有悬念,不能产生强烈的讽刺效果。

板书:　　　　　　　　光秃秃的一堵墙

　　(心胸宽广　视野开阔　善良)　　(心胸狭窄　目光短浅　丑恶)

六、总结:

讨论;故事以什么为线索?表达的主题是什么?

明确:相互之间所持态度(板书)

通过对两个重病人相互之间所持态度的描写,表现美与丑两种截然不同的心灵和扬善贬恶的道德力量。

品味语言特色:(举例)精练含蓄。

七、作业;

为不靠窗的病人看到光秃秃的一堵墙之后,续写心理活动和结局;

附板书:

　　　　　　　　　　　　窗
　　　　　　　　　　　(澳)泰格特

靠窗的病人(美)	相	不靠窗的病人(丑)
(为同伴减痛享受)	互	(为自己私欲膨胀)
病情严重	所	津津有味　一种享受
不断编造"美丽景象(谎言)"	持	偏偏是他,该是我
(病情急需救助)	态	(见死不救　自私冷酷)
	度	纹丝不动看着
只要……就……		心想:凭什么------
		光秃秃的一堵墙

(心胸宽广 视野开阔　善良)——扬善贬恶——(心胸狭窄　目光短浅　丑恶)

[2003年10月,在张红梅副主任大组长的领导下,上镇级教研课的教学设计,有改动]

59 《五柳先生传》①教(学)案

教学目标:

通过赏析课文,领悟陶渊明甘守贫贱、不慕荣利、旷达自任的高尚品德和情趣;

识记文学常识、文言词义和简练生动的语言。

教学时间:1课时。

教学过程:

一、导入课题。

请同学们欣赏55页插图:请问图上画了一个什么人?在做什么?古代称识字的人为什么?(板书:先生)这位先生住所的环境有什么特色?(板书:五柳)作者是谁?(板书:陶渊明)他要为五柳先生作什么?(板书:传)

二、题解。

"传"是什么体裁?请某某同学回答:传 zhuàn,传记,指记载某个人或群体事迹的文字,也指以演述人物故事为中心的文学作品,如《水浒传》。(学生读"文学常识")我们以前曾学习过陶渊明的哪篇文章?出处呢?(《桃花源记》,《陶渊明集》)还记得陶渊明的简介吗?陶渊明,又名潜,字元亮,东晋文学家,我国历史上著名诗人。他有两句赞美田园生活的诗:(学生:"采菊东篱下,悠然见南山。")"不为五斗米折腰"说的是什么事?(不满官场黑暗,弃官归田)这篇课文也选自《陶渊明集》。

三、朗读课文,扫除阅读障碍。

1. 教师范读。

2. 学生自由朗读,解决生字词。

3. 检查生字形音的学习效果(幻灯):

注音:辄(zhé) 吝(lìn) 褐(hè) 箪(dàn) 晏(yàn) 黔(qián) 汲(jí) 俦(chóu) 觞(shāng)

4. "先生不知其何许人也"如何朗读?有两种读法请选择?(1)先生不知其何/许人也;(2)先生/不知其何许人也。为什么?

---

① 参见九年义务教育三年制初级中学教科书《语文》第四册,江苏教育出版社2002年11月第7版。

四、学生小组合作,深入读懂并理解课文第一段。

1. 自由朗读第一段,结合注释、工具书和投影仪材料读懂每一句话。

(用幻灯)补充注释:因,因此。号,别号,人名外的自称。焉,语气词,表决定,相当于"矣"。性,人的本性。嗜,喜爱、爱好。如此,指上文所说的"性嗜好,家贫,不能常得"。或,有时。置酒,准备酒。招之,邀请他。尽,指喝完酒。期,期望,希望。萧然,冷落、空旷的样子。穿,破。结,缝补。瓢,舀水葫芦。如,形容词词尾,相当于"然"。著,写作,撰述。自娱,使自己欢娱。忘怀,不放在心上,忘记。

2. 师生共同活动,结合思考题和练习一朗读、讨论:(1)开头介绍传主的姓字籍贯有什么用意?为什么以"五柳"为号?(2)作者写了五柳先生哪些生活、性格?最突出的是什么?如何理解"好读书,不求甚解"?

3. 在双边活动的同时,理清问题:

(1)开头介绍传主姓字籍贯"先生不知其何许人也,亦不详其姓字",说明他是一个隐士。晋代是很讲究门第的,陶渊明本可以炫耀一下自己煊赫的家族史,曾祖陶侃做过东晋大司马的高官,祖父、父亲也做过太守一类的官,可是避而不谈,表明他有明确的对立于门阀世俗的思想。以五棵柳树为号,宅边并无桃李,只有那么几株柳树,与"环堵萧然"一致,生活贫困,显示他志趣清净、淡雅、简朴。(幻灯)

板书:介绍姓字籍贯　对立门阀世俗思想

　　　五柳为号　　　清净、淡雅、简朴志趣

(2)作者写了他"闲静少言、不慕荣利",是他最突出的地方,并不等于他没有志趣。他有三大志趣:读书,饮酒,写文章。高雅。作为隐士,他读书不是为了做官求荣利,不必适应官府的标榜,不风流。反而因为贫穷有酒就喝,一醉方休。任性而放肆,获得亲友的宽容。住房破漏,衣服破旧,饮食不继,安然自若,仍然写文章,抒怀述志,为了自娱,自得其乐。(幻灯)

板书:闲静少言　不慕荣利

　　　读书　　　不为做官(求知)

　　　饮酒　　　任性旷达

　　　写文章　　自得其乐

五、师生共同活动,同法研读第二段:

1. 齐读第二段。

2. 指导学生借助注释读懂语句,并思考:(1)这些赞语的实质是哪两句话?正好照应了前边关于五柳先生最大优点和特点的是哪四个字?(2)"衔觞赋诗,以乐其志"和以无怀氏、葛天氏自比的两个句子有什么表达作用?(幻灯)

3. 在组织讨论的基础上,小结:(1)赞语的实质是:不戚戚于贫贱,不汲汲于富贵。照应"不慕荣利"的优点、特点。(2)"衔觞赋诗,以乐其志"表达了作者达观、旷远、飘逸的性格。末尾两个问句更生动、凝练地表达了他卓尔不群的思想:希望人类社会返璞归真,过上先民淳朴无争、人人怡然自乐的生活。(幻灯)

板书:甘守贫贱　不慕荣利
　　　旷达自任　怡然自乐

六、自由朗读课文,思考有关问题,理清文章的结构脉络:

1.(幻灯)思考题:(1)传记是记载个人或集体事迹的文字,本文记载了五柳先生哪些方面的事迹?(2)史传体文章结尾的评语叫什么?本文结尾的"赞"评论了五柳先生哪些性格特点?

2. 朗读并讨论、归纳:

第一段:记载五柳先生关于家境、习性和志趣的事迹;

第二段:评论五柳先生不愁贫贱不求富贵、怡然自乐返璞归真的性格特点。

(板书:记载　　赞语)

七、自主整合,完成认知构建。

1. 贯穿五柳先生的生活、性格的一条主线是什么?

闲静少言,不慕荣利。

2. 结合思考和练习一讨论、归纳主题:

作者以五柳先生自托,描绘了一个爱好读书、不慕荣利、安贫乐道、忘怀得失的封建时代知识分子形象,表达了作者卓尔不群的理想。

3. 读文体会:本文语言特色是什么?

感觉特别的语句"先生不知其何许人也""好读书,求不甚解""每有会意,便欣然忘食""不戚戚于贫贱,不汲汲于富贵""衔觞赋诗,以乐其志",早已成为千古名句。特色是简练生动。

八、作业:整理笔记,写出心得,可长可短。

附板书设计:

五柳先生传
陶渊明

记载   赞语

介绍姓字籍贯   对立门阀世俗思想
五柳为号   清净、淡雅、简朴志趣   甘守贫贱   不慕荣利
闲静少言   不慕荣利（主线）
读书   不求做官（求知）
饮酒   任性旷达   旷达自任   怡然自乐
写文章   自得其乐

(2004年6月校级研究课教学设计,有改动)

60 《凡尔赛宫》[①]课堂教学设计

教学目标：

1. 了解和感受凡尔赛宫这一"人类艺术宝库中灿烂的明珠"的独特艺术魅力，从而感悟人类的聪明智慧和对美的追求；

2. 理解和欣赏《凡尔赛宫》抓住特征、突出重点并按一定顺序说明的写法；

3. 识别不同的说明方法，品味准确而富有文学性的语言。

教学重点：上述1、2。

教学难点：插入"历史轶闻"的必要性；品味准确而富有文学性的语言。

教学时间：1课时。

教具准备：每生一份《凡尔赛宫》课堂学习活动单（附后）

教学过程：

一、导入课题（1分钟）：

教师安排学生30秒快速浏览活动单"知识博览"，然后提问：大家读了"世界十大著名宫殿"知道法国有什么著名宫殿吗？学生回答：凡尔赛宫。教师板书课题。教师问是谁写的，学生回答：吉祖英，教师写下作者姓名。教师又问：有谁看见过或了解了凡尔赛宫吗？学生能够说说更好；不能说出，就引导学生阅读课文，感受凡尔赛宫这一欧洲皇家宫殿的艺术魅力吧！

二、自读感知，预习检测（活动一：根据要求快速大声自读全文、自主检测，如遇疑难组内讨论、全班交流。10分钟）：

1 谈谈你初读课文后了解到的凡尔赛宫。从建造时间、面积布局、建筑特色等任一方面介绍均可。

2 为下列汉字注音、再按注音写汉字，还可写出自己的生字和注音：

摒__弃　镶__嵌__　静谧__　恬__静　参__天　轶__事　加冕__　心旷__神怡__　波光粼粼__　气势磅__礴__　络__绎__不绝

三、自读探究，比拼见解。（活动二：用自己喜欢的方式选读课文，可朗读，可默读——自主探究以下问题，可圈点勾画，可批注——组内交流完善、选题汇报——班级交流，不看材料，真正理解。15分钟）

[①] 参见义务教育课程标准实验教科书《语文》七年级（下册），江苏教育出版社2007年10月第7版。

1. 本文是什么体裁？说明文一般抓住什么加以介绍？请找出体现凡尔赛宫总体特征的一句话来(打比方)。

2. 课文从哪些方面介绍凡尔赛宫是"人类艺术宝库中一颗灿烂的明珠"的？其中哪方面是重点？

3. 本文介绍以上内容是按照怎样的顺序来写的？结构上有什么特色？

4. 本文在介绍凡尔赛宫的修建情况时插入了一段历史轶闻，能否去掉，为什么？

5. 试从课文中找出不同类型的说明方法，并说明各自特点和作用。（提示：如列数字——准确说明……摹状貌——生动说明……）

班级交流并明确(师生共同完成板书以下1、2内容)：

1. 说明文

总说特征　人类艺术宝库中一颗灿烂的明珠

2. 分说方面　修建时间　1661年——1756年

　　　　　　外观　宏伟、壮观

　　　　　　内部　陈设装潢　富有艺术魅力　重点

　　　　　　正宫前面　大花园　风格独特

　　　　　　修建(原因)　历史轶闻　路易十四、财政总监大臣　身份显赫(承上启下)

总说地位　世界瞩目的政治中心(昔)

　　　　　举世闻名的游览胜地(今)

3. 从上述讨论结果可以看出，在说明建筑过程时按照时间先后的顺序；在说明建筑布局时按照由外到内、由宫殿主体到大花园附属设施的空间顺序。结构特色：总、分、总。

4. 不能去掉。历史轶闻对上文交代建筑这座皇宫的原因，对下文引起对历史上特殊政治地位、今日特殊旅游地位的介绍。承上启下，过渡自然。

5. 引导学生辨别和欣赏，例如"全宫占地111万平方米，其中建筑面积为11万平方米，园林面积100万平方米"用了列数字的说明方法，准确说明了凡尔赛宫主体建筑和园林两部分的占地面积的大小和比例。属于摹状貌的如"漫步在镜廊内，碧蓝的天空、静谧的园景映照在镜墙上，满目苍翠，仿佛置身在芳草如茵、佳木葱茏的园林中。"生动说明了镜廊的奇妙的反光效果，给参观者带来的愉快的感觉。（教给学生欣赏应遵循的规律和方法。）归纳语言特色：准确而富有文学性。

四、朗读课文，随堂演练(活动三：学生朗读有关课文、自主思考问题解答——小组讨论疑难问题——班级交流巩固。19分钟)

朗读自己喜欢的段落,重点研讨1—3自然段:

(1)第一自然段交代了凡尔赛宫的_____,并用_____的说明方法突出说明了凡尔赛宫的艺术价值。

(2)第二自然段交代了凡尔赛宫修建和竣工的时间,接着用_____的说明方法说明了_____,从中可以看出凡尔赛宫分为_____和_____两大部分。

(3)说明凡尔赛宫的宫殿建筑,布局严密协调的具体内容是_____ _____。

(4)第三段用_____和_____的说明方法,这一段具体说明了凡尔赛宫的_____。

附1. 板书设计:见上"班级交流并明确"1、2点。
附2.《凡尔赛宫》课堂学习活动单
学习目标同上"教学目标"
活动一、活动二、活动三同上"教学过程"二、三、四(除板书和解答部分)。

知识博览:
世界十大著名宫殿
1. 白宫　美国总统官邸,是一座白色二层楼房,在首都华盛顿,后成为美国政府的代称。

2. 白金汉宫　英国王宫,在英国伦敦。

3. 克里姆林宫　在俄罗斯莫斯科市中心,现也作为俄罗斯政府的代称。

4. 凡尔赛宫　法国封建时代的帝王行宫,在巴黎市西南凡尔赛城。

5. 故宫　是中国明清两代最大的皇家处理政务和生活起居场所。现为国家级博物馆供中外游客参观游览。位于北京市中心前通天安门,后倚景山。

6. 布达拉宫　在中国拉萨的红山之巅,有一座世界闻名的宫堡式古建筑群。

7. 托普卡普皇宫　在博斯普鲁斯海峡与金角湾及马尔马拉海的交汇点上,是15世纪到19世纪奥斯曼帝国的中心。

8. 贝勒伊宫　伊斯坦布尔的著名宫殿。

9. 莱尼姆宫　位于英国的牛津郡,这座杰出的宫殿已列入联合国世界文化遗产名单。

10. 卢浮宫　1981年,法国政府对这座精美的建筑进行了大规模的整修,从此卢浮宫成了专业博物馆。

反思:在每一个教学环节即活动过程中,都必须精心组织,努力使每一位学生处于高度紧张、积极参与的状态,特别是程序三宜点到为止,不必纠缠。否则难以实现全覆盖、按序时推进的效率。

良方:重视学生对白话文的第一次朗读,节省时间;重视每一环节即活动时学生的自主练习,保障实效。

(2009年获镇级活动单导学验收领导好评,发表于2010年第9期《初中教学研究》)

61 《夏》①课堂教学设计

教学目标：

1. 通过引导学生朗读课文，初步感知课文的语言魅力，并利用注释和词典识记有关文学常识和自己的生字形音、新词的含义。

2. 通过引导学生阅读课文找出重点词句，来理解夏天的特点及其有关描述，理清文章的思路，提高对文章的内容和结构的整体把握能力。

3. 通过引导学生朗读、品味课文，体会比较对比手法的作用，感受作者对紧张、热烈和急促的夏天的热爱和对农民辛勤劳动的赞美之情，引导学生学会辩证地全面地看待事物的思想方法。

教学重点：上述2、3点。

教学难点：上述3。

教学设想：本文语言生动准确，风格独特，宜组织学生进行如下活动：从引导学生通过朗读感受语言魅力入手，理解课文关键词语、主要内容及其内在联系，从而理清文章思路结构，欣赏对比、比较的手法及其作用，体会作者特有的思想感情。并及时运用知识的迁移，联系自己的生活体验，复习巩固，拓展延伸。最后布置作业，有效训练。

教具：每个学生或每两名学生一份"学习活动单"。

教学过程：

一、导入课文、板书课题作者：(1分钟)

出示《水浒传》中《智取生辰纲》白日鼠白胜唱词"赤日炎炎似火烧，野田禾稻半枯焦，农夫心内如汤煮，楼上王孙把扇摇。"请问唱的是什么季节的景色？梁山好汉眼中的夏是怎样的？（夏，旱情严重，世道不公。）那么当代作家梁衡心目中的夏又是怎样的呢？现在我们来一起探究欣赏他的优美的散文《夏》。

二、根据课文的特点和学生认知，教师引导和组织学生开展如下学习活动：

1. 活动一　自读课文，感知精彩。（小组内各人自主朗读、解答问题——组内释疑——再存疑班级讨论、总结）(7分钟)

(1) 学生自读（自主读）课文，划出自己最喜欢的语句并说出原因；(3分钟)

---

① 义务教育课程标准实验教科书《语文》七年级（上册）（江苏教育出版社2005年6月第3版）

(2)写出利用注释和词典所学字词知识;(2分钟)

(3)思考、讨论第二段"凝成""烘烤"的表达效果,并联系刚才(1)的探讨,归纳语言特色(生动准确)。(2分钟)

2. 活动二 朗读课文,欣赏内容。(15分钟)

(1)引导学生朗读(或领读或指名读)课文,寻找体现课文主要内容及其联系的重要词句。

(2)分析文章思路结构,并欣赏写作特色。可围绕以下问题展开(主要靠自主探究——辅助以小组讨论——全班交流结论):

作者开门见山、快人快语,一开始就总体提示夏的特点是什么(词序能否颠倒)?而课文2、3、4段内容分别展示了夏的什么特点?从哪些角度来展示的?第二段有哪些语句是描写"沸腾"的?(6)

作者说夏的旋律既"紧张"又"急促"是否重复?为什么?(2)

课文最后用了对比的手法凸显主旨,主旨是什么?(2)

本文描写夏天的情景给你的感觉怎样?为什么能够写得如此逼真感人?(3)

全班交流、完善板书设计:

夏(梁衡)

夏天的主旋律(特点)展开描述　　　　　　　　　　　　"我"的感情

(1)

紧张　农民　快割、快割　快打、快打挥镰　弯着腰　流着汗
　　　早起晚睡　半夜还要听听、看看
　　　赶快追肥、浇水(分述)
　　　肩上挑着夏秋两季(概述)
　　　(4)　　　　　　　　　　　　　　　　　　　　大声赞美
(突出人的因素　赞美农民紧张劳动)　　　　　　　　　　　　(5)

热烈　炉子上的沸腾的水(比喻)
　　　细草　长成　厚发
　　　绿烟　凝成　长墙
　　　蝉儿　长鸣
　　　太阳　烘烤　大地
　　　麦浪　翻滚　扑打　扑打(详)
　　　热风　浮动　吹送
　　　(2)

急促　夏金黄色　收获之已有而希望还未尽　最后的冲刺
春冷的绿
秋热的赤(比较)
(3)

3. 活动三:总结课文,拓展延伸(4分钟)

(1)针对最后一段用一句或一段话谈学习课文的感受或心得;试答探究练习三即阅读下面这首诗,说说与课文表达的思想感情有什么不同。(幻灯)

山亭夏日

〔唐〕高骈

绿树阴浓夏日长,楼台倒影入池塘。

水晶帘动微风起,满架蔷薇一院香。

(2)说说自己见闻感受到的有意义的某一季节情景。

4. 活动四:当堂作业,复习深化(自主练习10分钟——小组质疑4分钟——全班交流6分钟。共20分钟)

1. 给下列汉字注音

芊芊(　)磅礴(　)匍匐(　)澹(　)黛(　)

2. 解释词语:

主宰

融融

闲情逸致

3. 阅读课文第1—3段,回答下列问题:

本文作者是____作家_____。

"夏"留给作者的总体印象是_____、_____、_____。"好像炉子上的一锅水在逐渐泛泡、冒气而终于沸腾一样",这句话照应第一段哪个词?下文你感觉哪句话最能表现"沸腾"?

第三段为什么要写春之色、秋之色?找出最能体现夏之"急促"的语句。

第四段含有夏的"紧张"的特点的一句话(中心句)是什么?通过哪些词语来表现农民的紧张?"田家少闲月,五月人倍忙"用了什么修辞手法?引用了谁的哪首诗?起到什么作用?

附:课堂学习活动单

课堂学习目标:

1. 通过自读课文,初步感知文章的语言的精彩,并利用注释和词典识记有关文学常识和自己的生字新词知识。

2. 通过朗读课文,感知课文的内容及其内在联系,理解夏的特点及其描述,理清思路和结构,提高对文章的内容和结构的整体把握能力和词语的感悟能力。

3. 通过朗读、品味课文,感受作者对夏天紧张、热烈、急促的热爱和对农民紧张劳动的赞美之情,培养学生辩证全面看待事物的思想方法。

课堂活动程序:

1. 活动一 自读课文,感知精彩。(7分钟)(主要靠自主探究,辅助以小组交流、全班交流):

学生自读(自由读)课文,写出利用注释和词典所学字词知识;

划出自己最喜欢的语句并说出原因,讨论探究练习二即第二段"凝成""烘烤"的表达效果,并归纳语言特色。

2. 活动二 朗读课文,理解内容。(15分钟)学生朗读(或轮流读或指名读)课文,寻找体现课文内容联系的重要词句,分析文章思路结构。欣赏写作特色。可围绕以下问题展开(自主阅读思考、小组探究疑难、全班交流总结):

作者开门见山、快人快语,一开始就总体提示夏的特点是什么(词序能否颠倒)?而课文2、3、4段内容分别展示了夏的哪个特点?从哪些角度来展示的?第二段有哪些语句是描写"沸腾"的?(6)

作者说夏的旋律既"紧张"又"急促"是否重复?为什么?(2)

课文最后用了对比的手法凸显主旨,主旨是什么?(2)

本文描写夏天的情景给你的感觉怎样?为什么能够写得如此逼真感人?(3)

3. 活动三:总结课文,拓展延伸(4分钟)(自主探究、小组质疑、班级交流)

(1)针对最后一段用一句或一段话谈学习课文的感受或心得,并试答探究练习三即阅读下面这首诗,说说与课文表达的思想感情有什么不同。(幻灯)

山亭夏日

〔唐〕高骈

绿树阴浓夏日长,楼台倒影入池塘。

水晶帘动微风起,满架蔷薇一院香。

(2)谈谈自己见闻感受到的有意义的某一季节。

4. 活动四:当堂作业,复习深化(自主练习10分钟——小组质疑4分钟——全班交流6分钟。共20分钟)

1. 给下列汉字注音

芊芊(　　)磅礴(　　)匍匐(　　)澹(　　)黛(　　)

2. 解释词语:

主宰

融融

闲情逸致

3. 阅读课文第1—3段,回答下列问题:

(1)本文作者是____作家_____。

(2)"夏"留给作者的总体印象是_____、_____、_____。"好像炉子上的一锅水在逐渐泛泡、冒气而终于沸腾一样",这句话照应第一段哪个词?下文你感觉哪句话最能表现"沸腾"?

(3)第三段为什么要写春之色、秋之色?找出最能体现夏之"急促"的语句。

(4)第四段含有夏的"紧张"的特点的一句话(中心句)是什么?通过哪些词语来表现农民的紧张?"田家少闲月,五月人倍忙"用了什么修辞手法?引用了谁的哪首诗?起到什么作用?

教学反思:

语文"活动单导学"模式备课,同样需要因材施教。这篇课文语言很有特色和魅力,因此从感知语言的精彩入手是选对了切入口,易于操作。由语言品味而感知内容及其内在联系,进而摸清思路、结构,欣赏写法和对比、比较的表现手法,流程不同于一般,学生容易入门而不乏味。但在规定的时间内,不仅师生交流时要完成解答和板书,有些问题还要提示得恰到好处,因此就需要充分而科学地利用多媒体演示文稿引导,需要全力以赴、强化自主、主体学习意识,营造生动、有趣的学习气氛。

(2011年5月30日获中国教育学会重点课题组、《学园》杂志社编辑部教案评选一等奖)

62 《端午日》教学设计

教学目标：

1. 识记有关文学常识和生字新词。
2. 通过阅读,品味准确清晰、简练明快的语言;
3. 通过用普通话朗读品味课文,了解湘西端午的习俗:赛龙舟和追赶鸭子比赛的热闹场面,加深对民族文化的喜爱之情,增强合作努力的思想;
4. 通过阅读,理解条理清晰、详略得当的写法。

教学重点:上述2、3。

教学难点:品味准确清晰、简练明快的语言。

教具:课堂学习竞赛活动单(每个学生一份)

教学过程:

一、导入课题(1分钟):

同学们,我们这里在什么日子家家户户裹粽子、还有的人家插菖蒲、悬艾草呢？端午日(板书课题)。端午,夏历的五月初五,大都认为是悼念投汨罗江自沉的战国时期楚国爱国诗人屈原的日子。现在让我们的思想随着现代作家沈从文(板书作者)的笔调走进湘西的端午日,来欣赏一下我们大多未曾感受到的富有民俗特色的美妙风情吧!

二、初读课文,感知内容(12分钟)(竞赛活动一:自主迅速朗读思考、动笔墨——小组置疑释疑、推选代表——准备班级展示对下列问题的看法)

1. 检测:文学常识、生字新词有没有错误:

《端午日》节选自《沈从文小说选·边城》。沈从文,湖南凤凰人,现代作家。代表作有小说《边城》《长河》,散文集《湘行散记》等。

硫化砷(shēn)　蘸(zhàn)酒　茶峒(dòng)　缠裹(guǒ)　呐(nà)喊　老鹳(guàn)河　泅(qiú)水　戍(xù)军

还可查字典写出自己的生字和注音(另黑板显示)

2. 沈从文先生的《端午日》表现的环境气氛有什么特点(从课文中找出一个词来回答)？主要通过记叙哪两场比赛来表现的？你从课文里的那句话得知？

3. 课文分别在哪两段叙述这两场比赛的？

班级展示(师生合作):

1. 有:戍 shū

2、3：　　　　　　　　　　　热闹

赛龙舟（一）、　　　　　　　　追鸭子（二）（板书）

（最后一句）船和船的竞赛，人和鸭子的竞赛，直到天晚方能完事。

三、再读课文，感悟精彩(17分钟)

（竞赛活动二、再读课文，自主思考——小组释疑、推选代表——班级展示对以下问题的看法）

1. 作者怎样写赛龙舟的全过程（环境、场景、奖励）的？划船比赛获胜领赏时感觉到的（获胜原因）是什么？

2. 你特别欣赏哪些语句？为什么？（可结合探究·练习一二进行）你还欣赏课文的哪些语句？为什么？

3. 作者怎样写"追赶鸭子"的？

4. 全文按照怎样的顺序记叙的？怎样处理详略的？为什么？

班级展示（师生合作）：

穿新衣、画王字等　　　　　　　　合　　　成军长官（策划者）

军民看划船（岸上）　　　　　　　作　　　为了与民同乐（目的）

准备和进行划船比赛（河里）　　　努　　　善于泅水的军民人等下

（持、划、拿、挥动等：表热闹）　力　　　水追赶鸭子得鸭（奖项）

领赏（感觉到的）（岸上）　　　　　　　　水面各处追赶鸭子（效果）

（详）　　　　　　（时间先后、空间顺序）　（略）

语言准确清晰、简练明快　　　　　　　　（板书）

四、检测反馈(15分钟)：（竞赛活动三、各自努力——个别举手班级交流）

1. 给下列加下划线字注音或看拼音写汉字

硫化砷（　）zhàn（　）酒　茶峒（　）缠 guǒ（　）　老鹳（　）河 qiú（　）水

2. 简介现代作家沈从文的三篇代表作。

3. 请模仿本文讲述或写作一篇关于某比赛的短文，表现热闹气氛和合作努力的精神。（另幻灯显示）

附：教具《课堂学习活动单》

学习目标：见上述"教学目标"

活动方案：见上述"二、三、四"除"班级交流"答案部分。

(2012年5月4日参加教育部基础教育课程教材发展中心组织开展的"全国中学教学设计创意大赛"征文活动，被评为二等奖)

63 《七律　长征》课件

第1幅　《七律　长征》课件
江苏省如皋市实验初中　刘维臣
第2幅 1 回顾　再现情境之美

回顾历史,学习课文:1934年10月—1936年10月中国革命历史上发生了什么重大事件?

(播放视频《红军长征简介》)

1935年10月,毛泽东率领中央红军越过岷山,长征即将结束,回顾长征一年来红军所战胜的无数艰难险阻,作者满怀喜悦的战斗豪情,以极其轻松的笔调,写下了这首气壮山河的伟大诗篇——《七律　长征》

介绍出处:该诗最早收入美国记者埃德加．斯诺的《红星照耀中国》(《西行漫记》)一书。后经作者同意,正式发表于《诗刊》1957年1号。

(链接知识七律:律诗是中国近体诗的一种。格律严密。发源于南朝齐永明时沈约等讲究声律、对偶的新体诗,至初唐沈佺(quán)期、宋之问时正式定型,成熟于盛唐时期。律诗要求诗句字数整齐划一。律诗由八句组成,七字句的称七言律诗。五言和七言基本句式:七言律诗每首八句,每句七字,共五十六字。一般逢偶句押平声韵(第一句可押可不押),一韵到底,当中不换韵。律诗的四联,各有一个特定的名称,第一联叫首联,第二联叫颔联,第三联叫颈联,第四联叫尾联。按照规定,颔联和颈联必须对仗,首联和尾联可对可不对。七律的朗读节奏是二、二、三。)

第3幅　阅读课　学习目标
初读,感知音律之美
再读,感悟结构之美
研读,欣赏艺术之美

第4幅　二、初读,感知音律之美
1. 正确朗读生字并组成优美词语:
2. 朗读时注意标出句内停顿、重音、押韵的字,感知节奏的美:

wěiyí　　pángbó　　yá　　　　　　mín
逶迤　　　磅礴　　　崖　　　　　　岷

山势　　　昆仑山　　悬崖峭壁　　　岷山常年白雪

逶迤　　气势磅礴

第5幅　二、初读,感知音律之美

红军/不怕/远征/难,万水/千山/只/等闲。
五岭/逶迤/腾/细浪,乌蒙/磅礴/走/泥丸；
金沙/水拍/云崖/暖,大渡/桥横/铁索/寒；
更喜/岷山/千里/雪,三军/过后/尽/开颜。

第6幅　三、复读,感知结构之美

1. 认识七律结构,批注相应名称：

七律,七言律诗,每句七个字,每首八句。每两句为一联,分为首联、__颔联__、__颈联__和尾联,颔联、颈联需用__对联(对偶)__。

2. 重读关键词,读出层次感：抓住"万水千山"和"五岭"、"乌蒙""金沙""大渡""岷山千里雪"朗读,分出层次。

第7幅　三、复读,感知结构之美

3. 品读词语,归纳层意：注意首联"不怕""等闲"和颔联"腾""走""暖""寒""喜"等关键词,用自己优美的语句归纳层意如总写什么、分写什么。

一、总写红军亘古未有的大无畏的勇毅精神和藐视一切困难的英雄气概；二、分写红军在长征途中征服各种困难的历程,展示的一幅幅"征难图"画。

第8幅　三、复读,感知结构之美

4. 用自己比较整齐精当的词语概括红军长征途中几幅征服困难的威武雄壮的画图(征难图)如腾越五岭或山势逶迤的五岭图……

参考：腾越五岭、疾跨乌蒙、巧渡金沙江、飞夺泸定桥、喜踏岷山雪或山势逶迤的五岭(腾越)图、群峰叠起的乌蒙(疾跨)图、水拍云崖的金沙(喜气)图、桥横铁索的大渡(考验)图、千里雪盖的岷山行军图

第9幅　四、研读　欣赏艺术之美

1. 事长诗短：长征经历了无数的艰难险阻：如血染湘江、遵义会议、四渡赤水、巧渡金沙江,飞夺泸定桥、翻越夹金山、穿过松潘草地等,作者用短短的七律却精辟地展示出红军的历时两年、行程两万五千里克服数不尽的艰难险阻的不凡经

历,表现了红军战士伟大的革命英雄主义和革命的乐观主义精神,这体现了作者什么样的诗歌创作特色?

高度的艺术概括性

2. 有景有情:假如诗歌这样读,你有什么发现?红军远征——不怕难,万水千山——只等闲。五岭逶迤——腾细浪,乌蒙磅礴——走泥丸。金沙水拍云崖——暖,大渡桥横铁索——寒。岷山千里雪——更喜,三军过后——尽开颜。

写景抒情、情景交融

第10幅　四、研读　欣赏艺术之美

3. 品词悟情:为什么颔联把"五岭逶迤""乌蒙磅礴"和"腾细浪""走泥丸"一起合说?如何理解颈联"暖""寒"?

用故意缩小视觉效果的方法(夸张)表现了红军藐视高山等一切困难的英雄气概和战胜一切困难的(革命乐观主义)精神伟力;"冷""暖"对照,表现红军征服两种异乎寻常的大河等艰难险阻以及所表现出来的不屈不挠(革命英雄主义)的精神。

第11幅　五、背诵　体验综合之美

突出层次感和感情色彩,然后默写。

第12幅　缩略图

一、回顾,再现情境之美

二、初读,感知音律之美

三、复读,领悟结构之美

四、研读,欣赏艺术之美

1. 事长诗短;2. 有景有情;3. 品词悟情

五、背诵,体验综合之美

(2013年6月获"全国优秀多媒体教学课件评选大赛"一等奖)

64 《冰心诗四首》教学设计

一、教学目标
1 了解冰心诗歌的特点。
2 体会诗中蕴含的丰富的情感和深刻的哲理。
3 感知丰富的想象、奇妙的构思、凝练的语言,培养学生阅读诗歌的兴趣。

二、学情分析
本班共有65名学生,来自于本市西南郊区的施教区及其农村小学,基础并不最优。约一半学生的阅读学习积极性、良好学习习惯有待耐心、细致地培养。

三、重点难点
1 体会诗中蕴含的丰富的情感和深刻的哲理。
2 感知诗歌丰富的想象,奇妙的构思,凝练的语言。

四、教学过程
4.1 第一学时
教学目标
1 了解冰心及其诗歌特点。
2 体会诗歌前两首《母亲》《纸船 寄母亲》作者抒发的丰富的情感。
3 感知诗歌丰富的想象、奇妙的构思、凝练的语言,培养阅读兴趣。

学时重点:
正确阅读感悟诗歌作者抒发的丰富的情感。

学时难点:
正确理解、欣赏诗歌的表现手法如联想、想象、兴,虚写实写结合,词语的锤炼。

教学活动:
活动1【导入】回顾母爱、导入新课1'
同学们,从小我们都离不开一个人的精心哺育啊,这个人是谁呢?母亲。体验到母爱的同学请举手!好,请放下。谁能用一句话来表达母爱?母爱也早已成为古今文学的一个重要话题。能背诵一首或一句母爱的古诗吗?(如唐代孟郊的《游子吟》演示文稿)。今天让我们一起走进《冰心诗四首》中的前两首《母亲》《纸船 寄母亲》,神游其中吧!(演示文稿、板书课题)出示课时教学目标(PPT)。

活动2【讲授】链接作者、认识"冰心体"小诗(介绍作者冰心)。

(活动方式:一学生介绍,其他人补充、质疑)2'

ppt明确:冰心,原名谢婉莹,福建长乐人,现代著名作家,儿童文学家。她的诗集《繁星》《春水》除了表现母爱外,还记录了作者零星的感受和玄想,文笔隽逸,艺术精巧。她所创建的"冰心体"诗歌,模仿印度诗人泰戈尔的《飞鸟集》,短小精悍,在看似随意地挥写中蕴藏着丰富的感情和朴素的哲理,自然深远。

活动3【活动】三、研读《母亲》,欣赏特色

1 朗诵竞赛3'。

《母亲》。下面我们来一个诗歌朗诵比赛,看看哪个小组是今天的诗歌朗诵的最佳小组。在比赛之前,我们以小组为单位进行试读。鼓励有创意的合作朗读方式。开始吧!

(活动方式:自由朗读——小组合作朗读——班级展示。提示:读准字音、读出感情、韵味。)

母亲

母亲呵!
天上的风雨来了,
鸟儿躲到它的巢里;
心中的风雨来了,
我只躲到你的怀里。

2 抓住主旨,品味词语4'。

通过朗读,我们应该了解这首诗的主要意思,请找出这首诗的中心句,并赏析"心中的风雨""躲""怀里"等词语。

(活动方式:独立思考,批注式阅读——小组交流演练1+3——向全班展示)

明确:"心中的风雨来了,我只躲到你的怀里。"(中心句)

"心中的风雨"——比喻内心的苦闷,烦恼,精神上的挫折。这里指心灵受到的打击。

躲——把母亲当成人生可靠的心灵避难所,表达了对母亲的依恋之情;怀里——表现母爱的温暖、伟大。

板书:我   躲   怀里
　　(依恋)(温暖、伟大)

3 诗人为什么一开始还要写天上的风雨、鸟儿呢?2'

(活动方式:独立思考——小组讨论——个体展示-评价)

明确:用联想和类比"兴"的事物来做铺垫,更自然、形象地过渡到下文"我"躲到母亲怀里的情感抒发,给人以美感。

板书：鸟儿　躲　巢里
　　　（联想、类比）

4 赛一赛，看谁背得好。2'
（活动方式：组内1+1互背——小组合作演练——对全班展示风采）

5 拓展延伸，体会母爱。（学生自读ppt三例，然后思考、讨论、回答问题）3'

例一：在苏联的一次地震中，母子两人被压在断墙残瓦之下，在无粮无水的情况下，母亲毅然咬破自己的手指，让幼小的孩子吸着她的血。当救援人员挖出他们的时候，母亲已死，孩子仍存。

例二：《血色母爱》的报道中讲了一个真实的故事：一位母亲下岗了，但是她不忍心看着她的女儿整天闷闷不乐，便决定带她的女儿去滑雪，还买了两件银色面包服，让她女儿高兴。但不幸的事却发生了：她们太兴奋，滑得远离了指定的地方，导致雪崩，母女俩穿的银灰色衣服与白色相似，救援飞机根本看不到她们，母女俩都要冻僵了。最后，母亲把自己的血管割破，用鲜血写了"SOS"使她的女儿获救，而这位伟大的母亲却因失血过多，永远地离开了她的女儿。

例三：一个猎人追杀一只藏羚羊，眼看走投无路时，这只藏羚羊突然不再奔跑，而是面对猎人跪下了，猎人感到奇怪，但未动恻隐之心，举枪打死了羚羊。回到驻地，猎人解剖发现，原来这只羊的腹中竟有一个胎儿。猎人明白了，她的求饶正是为了孩子。猎人十分后悔，丢掉猎枪，再也不打猎了。

由这三例故事和《母亲》这首诗，你能说出"母爱"的特点吗？
（自主思考——小组交流——主动展示——反馈）
"母爱"伟大无穷、温馨无比。

活动4【活动】研读《纸船》，感悟特色。

复习导入：母亲的怀抱是儿童时期的儿女唯一可靠而温暖的港湾，作为远离故乡身在海外的青年儿女，又该怎样表达对母亲的爱呢？下面欣赏《纸船　致母亲》。简介《纸船》写作背景。2'

1 观看视频鞠萍朗诵《纸船》视频，小组合作朗读《纸船》。3'
（活动方式：自由朗读——小组合作创意朗读——主动展示。提示：语调深情、低沉、缓慢；形式创新。）

2 品味词语，理清线索 ppt。6'
请找出揭示作者叠纸船寄母亲的目的的语句（中心句），从哪些词语可以看出作者为了达到这一目的所作出的努力？找出线索并归纳段意。
（活动方式：独立思考，批注式阅读——小组交流——全班展示：各小组在全

面探究的基础上选定一处,1+1或1+3集中展示)

明确:

从不肯、总是、

叠成一只一只——仍是不灰心、

每天的叠着、

总希望——倘若、不要。

初寄母亲——再寄母亲——三寄母亲(线索)

"万水千山求它载着她的爱和悲哀归去。"(目的)

板书目的、线索的内容。

解释:悲哀,因远离母亲而产生的悲痛、哀愁。

3 欣赏梦境,品评效果。3'

叠的纸船固然难以穿越万水千山,诗人最后用什么表现手法来实现自己的愿望呢?这样的手法好不好?为什么?

(活动方式:独立思考,批注式阅读——小组交流1+2演练——主动展示全班)

明确:用虚写假设的梦想(想象)的表现手法来实现愿望;新奇瑰丽、大胆奇异,虚实结合,充分表达诗人思念母亲之情的强烈。

板书:假设梦想　大胆奇异　思念强烈

4 归纳梳理,拓展延伸。6'

背诵《纸船》,思考:

总体看,你读到了诗人对母亲一种怎样的情感?诗人是用什么方式寄托这种情感的?

(活动方式:独立思考——个体展示)

明确:思念母亲;

托物寓意:叠纸船寄母亲;

板书:思念母亲

托物寓意。

叠纸船原是儿童的一种游戏,作者已经长大了,为什么还会有这样的行动呢?诗中的纸船象征着什么?从中我们可以看出她对至爱的母亲持有什么样的态度?

(活动方式:独立思考——小组合作——1+3展示)

明确:诗人以纸船为题,托物言情,以小见大,赋予纸船特别的含义。

纸船象征漂泊无依的孤独,象征思念母亲思念祖国的赤子心,象征诗人纯洁、美好的心愿。

诗人叠纸船致母亲这一行为表达了对至爱的母亲的感恩和回报。

板书:感恩与回报。

拓展:母爱的格言、俗语。

母爱不仅仅是指母亲对孩子的爱,也包含孩子对母亲的爱。——穆尼尔纳素夫(科威特)

妈妈,您是母亲、知己和朋友的完美结合!——泰戈尔(印度)

结束语:

母爱,以不变的初衷筑成一个温情的港湾,而儿女是一艘小船,永远驶不出母亲慈爱的牵挂。母爱如灯,点亮你的人生;母爱如歌,吟唱你的幸福。母爱无价,人生苦短,孝心不能等待。同学们,好好珍惜母爱、努力感恩和回报母爱吧!

活动5【活动】五、辨析两首诗表达情感的异同

都是冰心写母爱的代表作,仔细品味和辨析:两首诗所表达的感情有没有区别?造成这种区别的原因是什么?

(活动方式:独立思考,批注式阅读——小组交流1+1演练——全班展示。提示:总结上面的分析;区别可以从作者的年龄、母女情感交流的方式的角度思考。)3'

都是表达母爱,但有区别:从修辞的表达上看,前一首主要写的是儿童时期寻求母爱保护,而后一首则是写步入青年以后对母亲的思念。在情感交流的方式上,儿童时期寻求母爱的保护对母亲的依恋,表现了母爱的伟大和温暖(被动);而青年时期的对母亲的思念,则表达了对母爱的感恩和回报(主动)。

造成区别的原因:母子或母女之间的感情,是一个随着双方年龄不断变化而互相转移的过程。

板书:儿童　青年－母亲　感情交流

活动6【练习】六、巩固提升

在你成长的历程中,你的母亲有哪些让你至今难忘的动人瞬间呢?请你挑选其中之一把它写下来吧,注意仿照冰心诗作的手法表达对母亲的爱!(最好也创作一首诗送给母亲)8'

(活动方式:独立思考着笔——个体展示——师生评议)

4.2 第二学时

教学目标

1. 阅读诗歌《成功的花》《嫩绿的芽儿》,体会诗中蕴含的深刻的人生哲理。

2. 感知诗歌的丰富的想象、奇妙的构思和凝练的语言特色

学时重点:

正确阅读品味诗歌,理解诗歌蕴含的深刻的人生哲理。

学时难点:

破解诗歌中"花""芽儿"的象征意义;感悟芽儿、花儿、果儿对青年说的构思由来,芽儿、花儿、果儿的特点、拟人的铺垫反衬作用。

新设计:

读出意味、读中感悟;小组合作、交流、展示,教师引导、点拨。

《成功的花》的阅读突破口是"花""芽儿"的正确解释:象征意义,然后感知哲理。《嫩绿的芽儿》的突破口是芽儿、花儿、果儿为什么都会对青年说:青年观察植物生长历程所得到的感想;铺垫、反衬作用。感悟哲理。

教学活动:

活动1【导入】检查复习、导入新课:

"冰心体"小诗的最大特点:"言有尽而意无穷",简短的诗行中蕴含了丰富的感情和深刻的哲理。

今天我们来学习寄托了诗人对人生的感悟的两首诗——《成功的花》、《嫩绿的芽》。板书课题。出示教学目标 ptt 3'

活动2【活动】二、研读诗歌《成功的花》

1 小组合作朗读诗歌 ppt 2'

(活动方式:自由朗读——小组合作朗读——班级展示。注意:读出意味。)

2"成功的花"的"花""芽儿"是植物的器官吗?从全诗看,"花""芽儿"用了什么修辞手法?①象征,用具体的事物表示某种特殊意义。②借代,不直接把所要说的事物名称说出来,而用跟它有关系的另一种事物名称代替它。③借喻,直接借比喻的事物来代替被比喻的事物,被比喻的事物和比喻词都不出现。

辨析词语。Ppt 4'

(活动方式:自由朗读——小组合作讨论——1+1班级展示)

选①象征。象征着什么? 花,象征着事业的结果,荣誉;芽儿,就象征着工作、努力的过程。

明确并板书:象征。

3"花"的成功表现在哪里?"只"如何理解?作者要揭示的"花"的成功真正原因是什么?如何理解"泪泉""血雨"? ppt 3'

明确:"花"成功:惊羡、明艳。只,只是,仅仅是,表示不足,轻微的否定。

奋斗、牺牲"芽儿"(板书)

"泪泉""血雨"比喻芽儿付出的奋斗和牺牲极大。

4 有意味地朗读背诵诗,并思考:这首诗告诉我们什么样的哲理(智慧道理)?

举一例或仿写一首诗。ppt 4'

（活动方式：独立思考、批注——小组讨论——1+2集中展示——评价。提示：托物寓理,不同于那种空洞乏味的说教,给人留下鲜明的印象）

明确："花"的成功来自于"芽儿"付出极大的奋斗和牺牲!

不要只惊羡别人成功所得到的荣誉,而要了解这成功后面蕴含的工作的艰苦努力。学习"芽儿"的精神,从"花"的成功中吸取成长的经验,这才是最重要的。

2014年中考状元花落我校,荣耀,而真正的成功来源于三年中师生付出的极大的劳动汗水和牺牲心血!

小诗

竹子

你长得很高很精神,

可是当初你的根,

经受了世俗的多少冷眼,

爆出了笋?

笋做出了怎样的努力,

顶开了土层、石砖?

活动3【活动】三、研读诗歌《嫩绿的芽儿》

1 小组合作朗诵诗歌。Ppt 3'

（活动方式：自由朗读——小组合作创意朗读——班级展示）

2 芽儿、花儿、果儿为什么都会对青年说？各有什么特点？它们之间的顺序能否调换？为什么？ppt 5'

（活动方式：独立思考,批注式阅读——小组交流——1+3全班展示）

明确：其实是写青年看到芽儿、花儿、果儿之后的感想。然后运用了拟人、反复的手法表达青年的积极人生态度,具有铺垫、反衬作用。

芽儿需要成长发展；

一旦开出花儿,就不要孤芳自赏,而是要装点大地,美化贡献；

最终结成"果儿",就要奉献、牺牲,才显价值。

不能,因为它们说的话与各自的特征是紧密联系的,是指果树从抽芽、开花到结果的一个生长过程。它们之间是递进关系。

板书：芽儿——成长发展

花儿——美化贡献（铺垫、反衬） 青年 积极人生态度

果儿——奉献牺牲

3 年轻人在投入社会生活的大海时,该如何把握人生的方向？找出原话作答。

这首诗诉说了什么深刻道理？4'

"发展你自己！"

"贡献你自己！"

"牺牲你自己！"

芽儿需要成长发展。一旦开出花儿，就不要孤芳自赏，而是要贡献自己美化生活。最终结成"果儿"，就应奉献、牺牲自己。植物如此明理，青年人应受启发，更需要学习提高使自己成才，以自己的青春年华贡献社会注进旺盛的活力，还要不惜以牺牲的精神为社会创造业绩，使人生更辉煌。

4 小组合作分角色有意味地朗读并试背。1'

活动4【讲授】四、总结冰心诗四首的特点3'

（活动方式：独立思考总结——小组交流总结——班级展示）

明确：短小精悍，蕴藏丰富的感情和深刻的哲理；丰富的想象和精巧的构思，或托物言志或借物抒情；用比喻、拟人、反复、排比等，语言清丽、淡远、自然、深沉。

活动5【练习】五、复习巩固提升13'

1 背诵这两首诗。

2 分别写出这两首诗的读后感。提示：可从思想哲理、构思、修辞手法、用词等方面着手。

检查、反馈。

(2015年6月17日被教育部"一师一优课　一课一名师"活动评为县市级优课)

65 《字词表》课件

讲故事,入课题

相传现代历史上军阀混战时期,冯玉祥将军的一名军官把进军的地点河南"沁阳"的"沁"多写了一划成了"泌阳",而造成了无可挽回的军事失利。这样的案例在工业生产等其他领域也有,如化肥包装袋设计者把"乌鲁木齐"写成"鸟鲁木齐",被大量印制出来了。怎么办?

板书:字词表

明确学习目标

1 复习易读错的字的正确读音、易写错的字的正确写法和理解词语的关键字义;

2 分析总结易读错的字、易写错的字的错因和理解常用词语的关键字,提高读字写字与理解词语的水平和兴趣。

第一课时:朗读熟悉字词

朗读易读错的字、朗读辨析易写错的字、朗读常用词语解释疑难字。

活动一、复习第一课,争做好榜样

1 第一课:读准字音:憧、裨、博,写对字形:衰、聊、聚、商,分析错因;质疑词语:阅世、浏览、诠释等14个词语。5'

(活动形式:各自读、写、解——小组交流——班级展示疑难——点评。提示:如憧,不能读童。衰,不能写哀、蓑。裨益,裨,益处。诠释,诠,详尽解释、阐明。)

2 分析错因总结经验3'

笼统"秀才识字念半边",是不对的;

多一划、少一划,都会导致写错字。

理解字义:联系字形想字义,如衰,衣服包着嘴脸,中午遮阳疲惫;口中喘气,要倒下了,形象不健旺,衰败。诠,所说完全周到,即详尽解释、阐明。

活动二、分栏复习,提速增效

1 自主复习第2-最后"诵读欣赏"易读错的字,识记正确读音。(自读思考——查看课文或字典解决——同座讨论释疑——班上展示)6';

2 自主复习第2-最后一课易写错的字,识记正确写法。(自看注意比较形近

字——同座讨论释疑——班上展示)10';

3 自主复习第2-最后一课常用词语,理解疑难字义。(自读词语——查课文注释或字词典释疑——同座讨论释疑——班上展示)12'。

活动三、师生互动释疑,分析总结。
班级互动释疑,总结:2'
笼统"秀才识字念半边",是不对的,如裨 bì 不读 bēi 益;但形旁不同声旁相同的字读音相同,如奴婢 bì。
多一划、少一划,都会导致写错字。如析-杤。
理解字义:联系字形想字义,如擢(zhuó),用手接触短尾鸟羽毛,这里是伸出来的意思。机杼(zhù),古代织布机用木头做的给予纱线的梭子

活动四、趁热打铁,及时巩固
1 给易读错的字注音,如憧 chōng 憬,不读 tóng;但声旁相同形旁不同的字读音相同,如艨艟 chōng。
2 给易写错的字找形似字,如衰-哀;
3 读读常用词语,解释疑难字词,如"浏览"的"浏",形容水流清澈。浏览,大略地看。

第二课时:苏教版语文七年级上册《字词表》课堂作业(针对字词表,印发)附录:练习题
1 给易读错的字注音,如憧 chōng 憬;
裨( )益 广博( )纳( )凉 摇摇欲坠( )模( )糊 妄( )弃 叠( )成 泪( )泉 载( )着 窟( )窿 一刹( )那 半裸( )湍( )急 酣( )睡 蓦( )地 屹( )立 履( )行 自度( )遂( )宁( )信 遽契( )惑( )乎 折载( )匿( )笑 沐浴( )涟漪( )熠熠( )小桡( )徜( )徉 梁山泊( )浩淼( )绚( )丽 雕镂( )镌( )刻 童稚( )项为之强( )凹( )凸 鹤唳( )白驹( )进( )溅 穹( )隆 积攒( )沉淀( )摒( )弃

2 给易写错的字找形似字,如衰-哀;
聚-( )商-( ) 幻-( )嫩-( )翼-( )辨-( )殴-( )桨-( )遽-( )已-( )融-( )临-( )缭-( )微-( )帐-( )缘-

（　）届－（　）铆－（　）冠－（　）飓－（　）匆－（　）荧－（　）衷－（　）髦－（　）辣－（　）阕－（　）搜－（　）篷－（　）躁－（　）啄－（　）黎－（　）蜡－（　）黏－（　）蹿－（　）钓－（　）潺－（　）捏－（　）瓢－（　）癫－（　）楫－（　）拇－（　）鞭－（　）戍－（　）脖－（　）炕－（　）晾－（　）崇－（　）恭－（　）圆－（　）婵－（　）眨－（　）御－（　）溯－（　）篮－（　）镶－（　）毯－（　）梁－（　）憾－（　）霄－（　）琐－（　）斑－（　）祈－（　）胁－（　）径－（　）隔－（　）梵－（　）

2 给易写错的字找形似字，如衰－哀

讫－（　）殆－（　）侮－（　）驰－（　）瞑－（　）暇－（　）毙－（　）苦－（　）黠－（　）叼－（　）冒－（　）街－（　）罐－（　）捡－（　）舔－（　）澈－（　）璧－（　）玫－（　）碌－（　）蠢－（　）赐－（　）聘－（　）裁－（　）皎－（　）随－（　）

3 读读常用词语，解释疑难字词，如"浏览"的"浏"，形容水流清澈。浏览，（像看清澈的水流一样地看）大略地看。

解释下列词语加粗的字（看字形想字义，如"昧"，日未出，昏暗——不明白）：

半明半昧（　）酣（　）睡 肇（　）事 履（　）行 匿（　）笑 百看不厌（　） 心旷神怡（　） 明察秋毫（　） 撷（　）取 惆（　）怅 自诩（　） 不屈不挠（　） 茅塞（　）顿开 冥（　）思苦想 蘸（　） 佞（　） 臣 曦（　） 月 襄（　）陵 沿溯（　）乘奔（　）御风 凋澈（　）

3 读读常用词语，解释疑难字词，如"浏览"的"浏"，形容水流清澈。浏览，（像看清澈的水流一样地看）大略地看。解释下列词语加粗的字：

摇曳（　）静谧（　）心不在焉（　）等因（　）奉此 卷帙（　）孜孜（　）不倦 大穰（　）罔（　）不耻（　）下问 不愤（　）不启 不悱（　）不发 干涸（　）近在咫（　）尺 陛（　）下 擢（　）机杼（　）不成章（　）盈盈（　）一水 脉脉（　）不语

（该课件2016年2月获教育部中国人生科学学会教师专业发展专业委员会"中国梦·全国优秀多媒体教学课件评选大赛"二等奖）

（背景:2016年7月,为参加江苏省中小学课件比赛而作。）

66　童年的朋友

高尔基

（课件）

导入新课:文学常识小练习(知道下列说法指的是谁的就举手)

1 他早年丧父,寄居在经营小染坊的外祖父家。外祖母对他很好。外祖父做小本生意,生意不好,脾气暴躁,曾经打断过一根擀面杖。他11岁开始独立谋生,其童年和少年时代是在旧社会的底层度过的。

2 他是苏联作家。

3 他原名阿列克赛·马克西莫维奇·彼什科夫。

4 早年的不平凡的经历在他著名的自传体三部曲中作了生动的记述,其中包括《童年》《在人间》和《我的大学》。代表作有长篇小说《母亲》和剧本《小市民》。

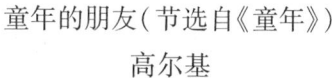

教学目标

1. 在解读过程中识记关于高尔基的文学常识、背景知识、生字词如生字噗、皱、脯、兜、绺、鬃、颊、嗅,生词如咕哝、诅咒、丰润的形音义。

2. 从题目开始朗读欣赏课文的中心、结构,记叙的主要事件及其作用。

337

3. 通过赏析生动传神的人物描写、对比反衬的运用,品味外祖母对世界无私的爱和对作者的深远影响。

活动一、朗读课文,寻找全文中心句(自主品读,小组合作,班级探究)

1 注意识记每一个生字词的形音义;

2 扣住题目寻找并画出全文的中心句;

3 从中心句、表达方式的角度理解文章的内容结构。

1 自主·合作·探究:生字词

噗 pū(拟声词)　皱 zhòu(皱纹)　脯 pú(胸脯)(fǔ 果脯)　兜 dōu(兜底)

绺 liǔ(绺窃)　鬃 zōng(马鬃)　颊 jiá(面颊)　嗅 xiù(嗅觉)

咕哝 gūnong(都是口旁,古、农的音不高——小声说话)诅咒 zǔzhòu(言旁,且,表进一层;两个口说几许——祈祷鬼神加祸于所恨的人;泛指咒骂)丰润(形容鲜花丰茂、滋润)

2、3 自主合作探究:中心句、结构

"她马上成为我终身的朋友……"(中心句)

第1——6段分记叙三件事,描写外祖母语言、外貌、动作。

第7段总抒情议论,揭示文章主题。

活动二、赏析记叙事　品味朋友情

1 自主品读、小组合作1——6段,思考:作者主要通过哪几件事情表现长辈外祖母是我"童年的朋友"?(尽可能用原文精彩词语)为什么?

2 班级探究:

(1)用温暖而柔和腔调回答头发问题:"看来这是上帝给我的惩罚"。幽默风趣,与"样子很凶"形成对比(给趣味)。

(2)"你睡吧!还早着呢,——太阳睡了一夜刚起来。""不想睡就不睡好了"。用孩子的语言,轻松、平等、和谐(给自由)。

(3)"昨天怎么把牛奶瓶子打破了?你小点声说!"怕被我母亲知道这件事而惩罚我(给保护)。

3 赏析外貌动作,品味传神作用

(1)自主欣赏、小组合作:作者主要通过语言描写外祖母对我的深厚爱的三件事,第1段和第6段外貌、动作描写能否去掉?为什么?

3 赏析外貌动作,品味传神作用

(2)班级交流:

第1段外貌:皱眉、嘀咕,头发多、密、长、厚、黑、亮;黑眼珠　闪耀　气愤光芒;动作很费劲地梳进——表现她生活不顺心的烦恼、不满,为回答"我"问话的温暖、柔和做反衬,间接突出了对"我"深厚的爱。

第6段外貌:说话好似用心唱歌像鲜花温柔、鲜艳、丰润。微笑:黑眼珠 闪出愉悦光芒,雪白的牙齿,面孔年轻、明朗;眼睛 永不熄灭、快乐、温暖的光芒;动作大猫似的轻快而敏捷、柔软。——直接表现外祖母用永远年轻的心、坚毅的性格影响着我。

活动三、品味背诵抒情议论段

用恰当的语气朗读最后一段,思考:外祖母为什么能成为作者终身的朋友、最知心的人、最了解最珍贵的人?

在她没来以前,我仿佛是躲在黑暗中睡觉,但她一出现,就把我叫醒了,把我领到光明的地方,用一根不断的线把我周围的一切连结起来,织成五光十色的花边,她马上成为我终身的朋友,成为最知心的人,成为我最了解、最珍贵的人,——是她那对世界无私的爱丰富了我,使我充满了坚强的力量以应付困苦的生活的。

活动三、品味背诵抒情议论段

运用对比手法从时间跨度上突出外祖母带给我清醒、光明和多彩的生活,对我无私的爱,乐观的精神和坚毅的性格丰富了我的精神,使我充满了战胜一切困难的信心、勇气和力量。

背诵比赛,又好又快。

拓展延伸

1 古诗中有大量描写亲情、朋友的诗句,比一比看谁背得好又多。

例:慈母手中线,游子身上衣。临行密密缝,意恐迟迟归。谁言寸草心,报得三春晖。(游子吟 唐·孟郊)

2 向同学说说,你童年时代最难忘的朋友是谁?你能学习课文用第一人称"我"——一个孩子的视角来传神地描写你心目中朋友的形象吗?

《童年的朋友》(缩略图)

(1)她用温暖而柔和腔调回答头发问题:"看来这是上帝给我的惩罚"(给趣味)

(2)"你睡吧!还早着呢,——太阳睡了一夜刚起来。""不想睡就不睡好了"(给自由)

(3)"昨天怎么把牛奶瓶子打破了?你小点声说!"(给保护)

眼睛 永不熄灭、快乐、温暖的光芒;动作大猫似的轻快而敏捷、柔软(给影响)

"她马上成为我终身的朋友……"(主旨)

跋

初中老师总结过:初一相差不大,初二始分高下,初三天上地下。没错,这"天壤之别"其实就是在3年1000个日夜中细微差异的累积导致的。身为初中生的你不妨自我检测一下;初中生的家长们也帮助孩子进行检查、监督,防患于未然;倘若刚为人父母,也不妨学习一下,为孩子早作准备。1 你做好心理准备了吗? 初中一下子科目那么多,你要做好学习强度大的准备。如果面对高强度心理准备得不好,那就有了第一类差异。2 你的语文能力怎么样? 如果你多年来没有重视语文学习,那就有了第二类差异;因为语文是理解其他学科的基础,理解表达不好除了学习上吃亏、生活上吃亏外,吃亏了还影响心情反过来也影响学习。(http://user.qzone.qq.com/245316624/blog/1414584968《导致初中三年后天壤之别的九类差异》)

我从事初中语文教学,转眼就是三十六载! 回顾往事悠悠,感慨良多:备课上课考试科研考核,风云变幻:或历经磨难,艰难探索,或倍感欣慰,乐在其中。但始终探索着"传道、授业、解惑也";也探索着与部分领导、同学、同事和名师的真诚而有趣的交流。

1981年1月我师范毕业被分配到一所初中学校教初一语文,百废待举,自己也啥都不懂,只会拿着教导主任给我的语文教材和教参去"上课"。没有科学有效的正面指导;也没有教学研讨活动,只有压迫式管理、注入式教学与学生考试分数的比拼! 我感叹并发誓:总有一天,我一定要、也一定能探究出系统切实的语文教育教学的科学理论来!

为了普遍提高初中同学们语文知识、能力和素养,我们在语文和语文教学领域进行了不懈的努力和探索,我结合教学自费参加了《文学青年》杂志等社团组织的培训活动,也积极参加学历提升进修,在教育教学中学习教育教学。终于,语文课堂教学和语文考试中成绩优秀者如雨后春笋,不断涌现。如二十世纪八十年代中期任初二语文兼班主任工作、学生语文考试成绩处于学校、乡先进行列;二十世纪八十年代后期,在同班班主任陈老师、英语张老师等的协作下,原本初一时语文在乡基础薄弱的班到了初二就崭露头角,初三在区组织的35个班语文竞赛中,名列第3;九十年代中期,任初一班主任教语文,同学期末语文考试成绩优秀且综合百强生数名列乡第一。1991年开始在省级报刊公开发表语文教学论文,在教科研领域初露头角……2014年我与副高级教师智浩被如皋市实验初中和如皋市实验初中工会评为优秀师徒。2017年12月在如皋市实验初中第二届"自能教育人才"评选中,被评为"教研标兵"。光明正大的教学成绩离不开读书学习提升。饮水思源,这里我衷心感谢1989~1992众多南师大中文系老师(按任教先后排序)鲁同群、顾复生、李志、方向东、沈孟璎、沈义贞(班主任);张采民、徐克谦、朱晓进;秦寰明、许海燕、程均、乔建中;王星琦、沈新林、沈义贞(兼)、李葆嘉(课间看见站着小憩的刘丹青老师);王长俊、赖先德、张中原、钱平凤;何永康、朱林清等,深切缅怀谈凤梁校长、吴调公、吴奔星等教授的讲授,非常欣赏王臻中副校长教授的介绍,诚挚感谢南通市语言学会会长、南通大学图书馆馆长、教授万久富等组织的学术活动,感谢我们如皋市教育局章士友王永山等同志第一中学正高级教师时鹏寿主任等等领导、同事的理解、帮助与支持!

亲爱的朋友们,老师同学们,把三十多年来探究语文学科教学及其一切读书活动的体会,用科学、严谨而新颖的文本形式呈现出来,是作者努力追求的著作整体结构的创造性目标。内容简介的构思,是从狭义的"人本"语文的外延与内涵,到广义的"人本"语文的内涵与外延。"人本"语文:"人为本"的语文,以人为本,教育关键岗位的人以特定的人为关注对象;"人读本"的语文,即人如何科学解读文本。这二者之间的关系,是承接关系,也是条件关系:没有"人为本"的语文,就没有"人读本"的语文。"人为本"的语文,从人的因素出发,探究语文学科教学及其一切读书活动的教育背景问题:父母、学校和教师分别在自己的教育岗位上恪尽职守、发挥上位影响。"人读本"的语文,从人和书本的因素出发,探究语文学科教学及其一切读书活动的教育技术问题:囊括智慧解读、机智解读和互动解读,这些从语文教育教学实践中探究出的理论,以及从探究出的理论中生发出的专业名词。"解读"是指探究……的体会,表达了"人本"语文不仅是一种理论发现,而且是一种实践探索,具有理论性、实践性、创造性。每一篇文章都是作者长期从事语文教育并克服语文教育教学困难的技术创新,每一个卷章节和技术术语都是作者运用所学呕心沥血斟酌的学术造诣。我憧憬着能够给语文教师、学生提供最有价值最有趣味的学习交流的平台和机会,带来最美的享受和最好的心情!

子曰:"不愤不启,不悱不发。举一隅不以三隅反,则不复也。"让我们继续努力拼博,为达成初中"人本"语文知识与技能、过程与方法、情感态度与价值观三维目标,注重读书学习,更新教育理念,创新教学方法,培养更多热爱祖国语文、为实现中华民族伟大复兴的中国梦而不懈努力的一批又一批新人!

欢迎语文老师们、同学们参与进来!

欢迎广大读者朋友参与进来,甚或不吝指教!

鸣谢一切关心、支持和帮助本人从事语文教学和教科研工作的领导、老师、同学和亲友们!

刘维臣
2018 年 6 月 13 日于和字楼